# 全球通史

## 从史前文明到现代世界

【英】乔治·威尔斯　【美】卡尔顿·海斯◎著

李云哲◎编译

A History
of
the Global

中国友谊出版公司

图书在版编目（CIP）数据

全球通史 /（英）乔治·威尔斯，（美）卡尔顿·海斯著；李云哲编译． — 北京：中国友谊出版公司，2016.9（2024.5重印）

ISBN 978-7-5057-3815-7

Ⅰ．①全… Ⅱ．①乔… ②卡… ③李… Ⅲ．①世界史 Ⅳ．①K10

中国版本图书馆 CIP 数据核字（2016）第 195326 号

| 书名 | 全球通史 |
|---|---|
| 作者 | ［英］乔治·威尔斯　［美］卡尔顿·海斯 |
| 译者 | 李云哲　编译 |
| 出版 | 中国友谊出版公司 |
| 发行 | 中国友谊出版公司 |
| 经销 | 新华书店 |
| 印刷 | 北京盛通印刷股份有限公司 |
| 规格 | 787 毫米 ×1092 毫米　16 开 |
|  | 31.5 印张　510 千字 |
| 版次 | 2017 年 1 月第 1 版 |
| 印次 | 2024 年 5 月第 36 次印刷 |
| 书号 | ISBN 978-7-5057-3815-7 |
| 定价 | 49.80 元 |
| 地址 | 北京市朝阳区西坝河南里 17 号楼 |
| 邮编 | 100028 |
| 电话 | （010）64678009 |

如发现图书质量问题，可联系调换。质量投诉电话：010-82069336

# 目 录

## 第一章 石器时代——人类历史的开端

002 人类起源和旧石器时代诞生

006 猿人的诞生和进化

011 尼安德特人

015 和我们一样的人

020 旧石器时代的结束与新石器时代的开始

025 新石器时代的农业革命带来的影响

## 第二章 人类文明的起源和早期文明

030 文明的起源和发展

034 两河流域的文明

040 埃及文明

047 希腊文明

051 印度河流域的文明

056 中国古代文明

**第三章　文字和语言的起源**

068 人类语言的起源之谜

071 一些早期的语言

074 一些特殊的语言

078 文字的诞生和对人类的影响

**第四章　亚洲对世界的贡献**

086 雅利安人对印度的影响

090 乔达摩的诞生

094 佛教的教义和对印度教的影响

101 阿育王的影响

106 来自中国的导师

110 佛教的败落和如今的分布

**第五章　欧洲的信仰**

116 犹太人的信仰

119 耶稣其人

123 早期的宣讲

128 东西大分裂

131 马丁·路德的改革

134 复兴与扩张

## 第六章　阿拉伯世界

140　阿拉伯半岛的历史

143　穆罕默德

149　征服时期

154　阿拉伯帝国政权

156　伊斯兰文明

160　哈里发统治的衰落

## 第七章　罗马帝国的兴衰

164　罗马帝国的开端

171　罗马帝国的崛起

177　罗马的统治者们

181　罗马文明的鼎盛时代

184　西罗马的消亡

188　复活的希腊

## 第八章　中世纪的欧洲

192　封建社会时期的西欧

197　中世纪西欧居民的生活

203　欧洲大陆的信仰

207　十字军东侵

## 第九章　陆路时代的大帝国

214　亚洲游牧民族

216　成吉思汗的统治
　　　221　对欧亚的侵略
　　　225　马可·波罗游历
　　　230　奥斯曼土耳其
　　　232　蒙古人的生活

## 第十章　西方的复兴

　　　238　新思想的萌芽
　　　242　文艺复兴（1）
　　　249　文艺复兴（2）

## 第十一章　美洲文明

　　　256　遥远的美洲大陆
　　　260　早期的美洲文化
　　　261　玛雅文明
　　　267　阿兹特克文明
　　　270　印加帝国
　　　277　和美洲类似的文明

## 第十二章　中国文明

　　　282　隋朝统一中国
　　　283　大唐帝国
　　　289　宋朝的影响力
　　　291　汉族重新掌权
　　　295　中国文明对日本的影响
　　　298　孤立中的日本

### 第十三章 列强的诞生

302 新航路的开辟

308 新的海上霸主

314 殖民帝国

319 俄国的扩张

321 伟大的工业革命

325 英国议会改革

327 法国启蒙运动

332 法国大革命

339 拿破仑的叱咤时代

### 第十四章 帝国主义的发展

346 德意志的复兴

351 日本明治维新

355 俄罗斯帝国

### 第十五章 旧列强的衰落与新列强的诞生

362 奥斯曼帝国的兴衰

367 英帝国的兴衰

370 俄国大革命

373 美国的崛起

380 民族主义运动的起源

## 第十六章　第一次世界大战

384　大战爆发
388　欧洲战场
394　1917年的俄国革命
398　美国参战
401　第一次世界大战结束
406　第一次世界大战对世界的影响

## 第十七章　新秩序的建立

412　布尔什维克在俄国的胜利
416　德国的势力均衡
419　意大利成为法西斯国家
424　印度的非暴力运动
429　资本主义大萧条和希特勒上台

## 第十八章　二战前夕

438　三足鼎立的博弈局面
443　外交集团的建立
447　意大利入侵埃塞俄比亚
451　西班牙内战
457　二战的爆发

## 第十九章　第二次世界大战

464　从一战到二战

466　战火弥漫

470　盟军行动

473　太平洋战场

476　第二次世界大战对世界的影响

## 第二十章　大战结束与冷战开始

480　雅尔塔会议

483　联合国的建立

488　欧洲战后问题和冷战开始

493　**结　语**

# 第一章

石器时代——人类历史的开端

## 人类起源和旧石器时代诞生

  我们生活在一个奇妙的世界。这里原本是一片荒芜,在历经漫长的岁月之后,诞生了生命。生命的形式从简单逐渐演变得更为复杂,直到出现了植物、动物。气候的变迁曾经让一些生命灭绝,但是,仍然有一些生命顽强地存活了下来。直到大约200万年前一种生命的出现,它彻底改变了这颗星球。

  我们的地球家园是身处银河系第三旋臂上的一颗微不足道的行星,在广袤的宇宙中,地球仿佛是太平洋中的一滴水,无比渺小。地球形成至今已经有45亿年了,在最初的岁月里,地球上一片荒凉,直到15亿年之后,才出现了最早的生命。此时的生命形式极其简单,只是单细胞的原生生物。过去,人们通常认为生物与非生物之间存在严格的界限,但是现在,科学家们改变了这种看法。他们认为,生物是由非生物进化而来的。所有的物质都由原子组成,原子组成了分子,分子又组合成不同的聚合体,其中的某一种物质,逐渐演变成了后来的生物。

  科学家们通常认为,生命诞生在海洋之中,它们的进化是由低等级向高等级不断演变的。从早期的单细胞生物进化到植物,例如海藻;接着进化成无脊椎动物，例如各种水母；之后进化成脊椎动物。大约3亿年前，一些脊椎动物和其他的无脊椎动物、植物登上了陆地，并成功地在陆地上存活下来。最早来到陆地上的是两栖动物，之后是爬行动物和鸟类，最后是哺乳动物。哺乳动物成为地球统治者的时间已经有6000万年了。

自然界经过几十亿年才进化出人类这一智慧生物，但是对于进化的过程，人类并不是总能理解。人类意识到自身是自然选择的结果这一点，才不过100年。在这之前，对于人类的诞生，我们总把它归结为神灵的创造。在全世界几乎每个民族的神话传说中，都有神创造人类的记载。神创造人类的说法被科学家们称为神创论。通过现代的科学研究，我们发现的各种证据却指向了人类的另一种诞生过程。在进化论面世之前，考古学家已经发现了一些经过打制的石质工具。但是人们无法把这些东西与人类联系在一起，因为人们难以想象，在神创造人类之前，地球上会有人类出现。直到进化论确立后，一些眼界超前的科学家才开始在世界各地寻找古人类的遗迹。大量的人类化石和工具被发现，这些化石和工具向我们揭示了人类进化的艰难历程。

为了在残酷的自然环境中生存下来，人类的祖先用石头制作成工具和武器。这个时代，被称为石器时代。石器时代又因为制作技术的不同，而被分为旧石器时代和新石器时代。旧石器，指的是用打制方法制作出的石器。整个旧石器时代都以打制石器作为重要的标志。旧石器时代从距今180万年前开始，一直持续到1.5万年前。旧石器的早期，人类的祖先依然带有明显的猿类特征，所以被称为猿人。时间追溯到大约25万年前，也就是到了旧石器时代中期，人类的祖先开始从猿人阶段向现代人类演变。

远古人类的祖先，也就是接近人类形态的猿人，有些就已经能使用简单的工具和武器了。这些猿人经过长期不断的自然选择，进化成了人类。在各类猿人中，最早出现的是一些灵长类，这些灵长类如今已经灭绝了。它们最早出现在非洲东部和南部的草原上，时间大约距今200万年。不过，最近在埃塞俄比亚的一项调查发现，这种灵长类出现的时间或许可能提早至400万年前。这种灵长类具有和现代人类几乎一样的骨盆和腿部，但是脑容量只有现代人类的1/3，还不如存活至今的类人猿的脑容量大。所以这些动物像人类一样直立行走，但是却拥有和猿类一样的大脑，智力低下。而智力水平是和语言及制造工具的水平息息相关的。我们通过这个调查可以了解到人类并不是先有了强大的大脑，才开始创造人类的文化，两者是在互相影响中共同进步的。语言能力和制造工具水平的提高，既是大脑得到发展的原因，也是这一过程带来的结果。

目前已经发现的最古老的人类化石，是在坦桑尼亚的奥杜威峡谷中发现的能人。利基是英国的古人类学家，他在大学学习完非洲历史的相关专业后，决定去东部非洲寻找人类化石。在当时，也就是20世纪初，关于早期人类化石的发现地主要集中在亚洲，因此，他的这一想法受到了很多人的嘲笑。但是这并没有影响利基的热情，他与夫人一起前往奥杜威峡谷开始自己的考古工作。这个峡谷位于坦桑尼亚北部，长40千米，深约100米。经过几十年锲而不舍地工作，利基夫妇终于在1961年发现了早期人类化石，这些早期人类的生存年代约为190万年前至170万年前。

在能人之前，人类还有更为古老的祖先，这就是南方古猿。20世纪70年代，人们在非洲陆续发现了一些变异跨度巨大的人类化石，它们大约在500万年前至100万年前存在。这些化石的发现有里程碑式的意义，因为在发现南方古猿之前，科学家们认为，人类最基本的两个特征是制造工具和直立行走，而且这两个特征同时出现。但是，南方古猿化石的发现改变了这一说法。

南方古猿是能够直立行走的，但是它们无法制造工具。体现这一点的证据，是科学家们于1976年在坦桑尼亚的莱托利平原上发现的两个南方古猿的脚印。这些脚印属于两个古猿个体，分别是一个成年古猿和一个幼年古猿。它们的脚印被火山灰覆盖，说明这是在一次火山爆发之前留下的，但是脚印显得从容不迫，看起来它们已经见惯了火山喷发。

南方古猿之后，又经过了上百万年的进化，到了旧石器时代早期，人类已经能够按照设想加工各种工具。这时候出现了各种用途的石器，比如，刮削器、尖削器、砍砸器、手斧等。古人类的另一个重要特征是直立行走。

直立行走不仅把人类的双手解放了出来，也使身体的其他部位发生了显著的变化。人在学会直立行走后，腭部隆起，吻部萎缩，人的口腔和喉部形成了一个直角。这是人类和其他动物的区别之一，也使得人类具有独特的发音器官，更加有利于发出各种声音。而且，在人类懂得使用火之后，食物从生食慢慢转为熟食，这让人类的咀嚼器官日益萎缩，牙床变小。这样带来的结果就是口腔内的发音器官有更大的活动空间，这也十分有利于人类发出共鸣音和唇音。

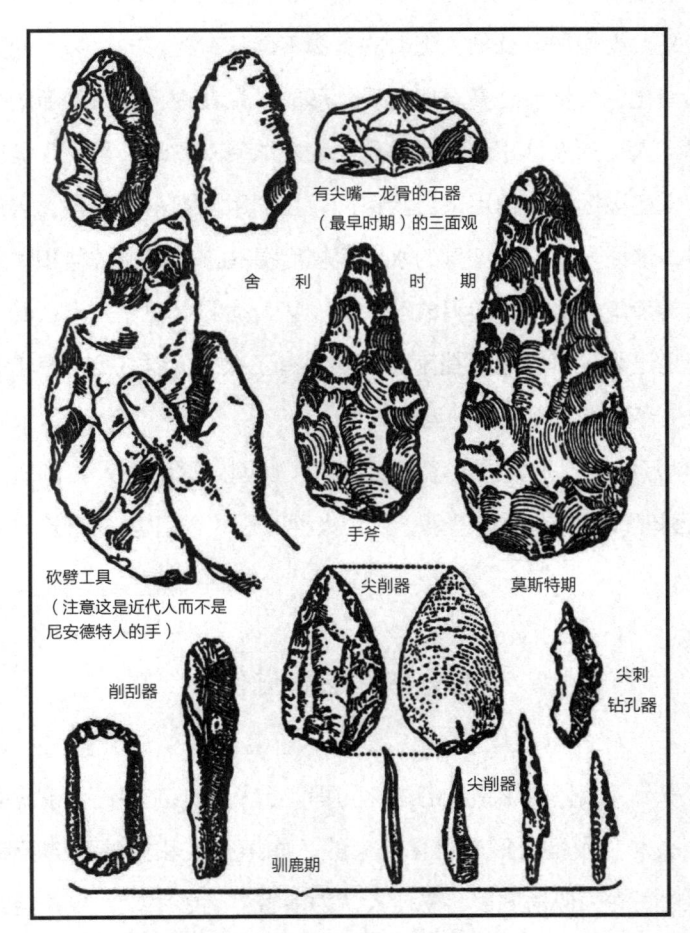

旧石器时代的石器（用图中的人手作比例）

　　有尖嘴—龙骨的石器可能是亚人所加工或只是自然力所形成的。舍利期的石器是属于海德堡人和猿人的。莫斯特期的石器是属于尼安德特人的。图底一行（驯鹿期）的石器是真人的制作。

早期人类获取食物的方法主要是采集和狩猎，用各种工具来进行。它们用尖刺、石斧和劈砍工具来猎杀和切割各种性情相对温和的大型动物，比如野马、大象、羚羊，甚至还会猎杀长颈鹿。与此同时，它们采集各种植物的根茎和果实，还有鸟蛋，捕捉昆虫、鸟类和鱼类。

在100万年前到50万年前的漫长时间里，一些古人类慢慢掌握了使用火的技能。在肯尼亚的切斯旺贾和中国的山西以及北京周口店的猿人遗址，都发现了人工使用火留下的痕迹。在人类的进化史上，火的使用具有无法估量的巨大意义。火能加热食物，烧熟的食物不但具有更好的口味，而且便于人类咀嚼和消化。食物经过高温加工后，形成了生食中不具有的新的化合物，大大加快了人类的大脑和内脏的进化。火还能用来取暖，帮助人类度过漫长的冰期。火还被远古人类用来自我保护，它们用火把驱赶野兽。火还被用来加工木器，这让人类制造工具的水平大幅度提高，使更加凶猛和体形巨大的动物，如剑齿虎、野牛、猛犸象等，也成了人类的食物。人类从此不再风餐露宿，而是迁入了可以遮风挡雨的洞穴。有了火，人类在100万年前开始的大冰期中生存下来，并迁徙到世界各地。

大约5万年前，人类进入了旧石器时代晚期。这时的人在体质形态方面已经同我们现代人没有什么差别，三大人种的形成过程也已完结。

## 猿人的诞生和进化

在这一节，我们讨论猿人的进化历程。自从达尔文的进化论确立以来，人们通常认为，人是从猿类进化而来的。如果把人和大猩猩的骨骼摆在一起，二者之间的相似程度很容易让人认为前者自后者中来，只是经过了一个进化和大脑升级的过程。但是如果从细节上来看，二者还是有很大的差异的，尤其是行进方式不同。人类是通过脚跟和脚趾的配合进行行走的。人类的大脚趾在行走时起到杠杆的支撑作用。在猿类和猴类里，只有一些狐猴的大脚趾是和人类的大脚趾类似的。猩猩、大猩猩和黑猩猩在行走时都是用脚的外缘作为支撑，这一点和人类十分不同。

大型猿类在森林中生活，它们虽然并不像猴子一样可以敏捷地爬树，但是依然习惯在树上而不是在地面上生活。它们很少走路，即便是在地面，也更多地使用前肢来活动。在奔跑时，它们的肘关节也会着地，这和人类有很大的区别。它们的前肢和人类的前肢相比要长许多。它们也像猴子一样用手臂在树枝间摆荡，但是又和猴子不同，因为它们没有尾巴可以借力。而人类不管是慢步还是快跑都十分自如、迅速，但是已经不再善于攀爬了。

到了新生代，一种善于奔跑的猿类改变了祖先一直以来的习惯，开始到地面上生活。它们在岩石间的洞穴中藏身。它们依然善于攀爬，可以用脚趾做很多事情，但是它们不再像猴子一样在丛林中生活了。这些猿类，就是人和亚人的祖先。还有，通过人类并非天生会游泳、而是需要通过习得这一点来看，人类的祖先已经离开水很久了。

在我们发现最早的工具的时候，就已经发现了最久远的亚人的骨骼化石。现在，通过大量的化石和遗迹，我们可以把亚人分成两种：南方古猿和亚洲猿人。亚洲猿人在时间上出现得较晚，和现代人类更为接近。按照时间的顺序排列，大概南方古猿是亚洲猿人的祖先，亚洲猿人是现代人的祖先。

南方古猿的第一块化石标本是1925年在博兹瓦纳发现的，这是一个幼年的猿人的头骨。这个标本的外形和猿类接近，但是在牙齿等细节上却与人类十分相似。这之后，在南非发现了大量的头盖骨、牙齿和其他骨骼化石。在各个遗址中，科学家们一共发现了80具以上的南方古猿遗骸，这其中还不包括零散的骨骼和牙齿等。

南方古猿在非洲已经生活了很久。它的外形看起来不像是猿，也不像是人类。它的身高大约为4英尺，下肢和人类相似，头部接近猿类。它的头骨很厚，前额低且平直，眉毛浓重，眉骨突出，没有下巴，长着巨大的臼齿。其实，即便是它的头骨的各部有些像猿，在细节上也已经更加接近人类了。

它的骨盆和股骨还有头颈的细节表明，它们是用双脚直立行走的，像人类一样，它们比之前的任何猿类都站得更直一些。

南方古猿

因为能够直立行走，南方古猿解放出了双手，从而可以打制各种石器。但是有些关于南方古猿的资料是存疑的。在坦桑尼亚，人们发现了两种南方古猿，其中一种具有巨大的臼齿和硕大的颚，能够咬碎坚果。科学家们在它的居住点发现了它的遗骸，同时发现的还有一些简单的石器和被石器砸碎的动物的骨头。另一种古猿体形较小，行动也更为敏捷，人们把它叫作能者。发现这一物种的考古学家利基博士认为，它已经属于人类，所以把它叫作能人，并且认为只有能人才能制造工具。但是也有人持不同看法，认为能者只是南方古猿的另一种形式。

这样看来，人类专门用来行走的腿，是在人类的大脑进化之前形成的。或者说，能够让大脑得到长足发展的，正是直立的双腿。人类的祖先在一开始时只是猿类动物，等到它们的腿产生了变化，让它们能够直立起来，它们就从森林里来到地面上，以采集和捕猎为生。它们的双手能够自由活动，于是捡起边缘锋利的火山石作为捕猎的工具。之后，它们开始有意识地对工具进行加工。从这时开始，就像考古学家奥克利博士所说的，它们的脑容量快速增加。智力的提升和适应能力的增强，使它们在激烈的自然选择中，占据了有利的地位。

接下来，南方古猿进化为猿人。长期以来，这一物种的确切证据只能从一些零碎的骨骼碎片上得知。1891年，在爪哇的特立尼尔，人们发现了一块猿人的头盖骨碎片、一根腿骨和几颗牙齿。这之后的许多年，人们都没有再发现这一物种存在的依据，直到第二次世界大战前夕，科学家们才又在爪哇的中部和东部发现了几个完整的猿人骸骨。这些猿人生活的时间大约在50万年之前，这时正是欧洲的第二次冰期。

猿 人

爪哇的猿人身高不到5英尺，头骨很厚，形状扁平，眉骨突出，没有下巴。这些猿人与南方古猿相比，更接近于人类而不是猿类。它们的脑容量比南方古猿大，是现代人类脑容量的2/3。爪哇猿人的股骨和骨盆已经和现代人几乎没有区别了，虽然面部和人类还不一样，智力水平也不如人类，但是它们已经可以像我们一样直立行走并且奔跑了。

还有一种猿人是在中国发现的。20世纪20年代末到30年代初，在北京的周口店出土了很多猿人的头骨和牙齿化石，还有一些四肢残骸。最初，考古学家把这些猿人定名为中国猿人，认为它们和爪哇猿人是不一样的，但是现在这一说法改变了。北京人被包含在猿人里，只是和之前的那种不一样，可能它们存在的年代更接近现在。但是，要想了解它们，只能通过图书和复制的标本了，因为原始的资料已经在第二次世界大战时遗失了。据推测，可能是运送它们的船在海上沉没了。

虽然我们不了解爪哇猿人的生活方式，但是在中国发现的北京猿人可以让我们了解到它们的许多生活细节。它们可以制造石器和骨器，而且懂得使用火。因为在发现它们遗骸的地方，科学家们同时发现了它们用以捕猎的工具，还有生火加工食物的灶具，以及被烧焦的动物骨头。

如此看来，猿人是从非洲开始出现的，随后进入了亚洲。考古学家已经在北非发现了与爪哇猿人和中国的猿人十分类似的猿人头骨。

还有一些其他种类的亚人遗骸被发现，但是它们在猿人中的地位并不确定。在海德堡附近，考古学家在一个沙坑深处找到了一块颚骨。这块颚骨的所有者的生存年代在大约50万年前，也就是爪哇猿人生活的时期，所以它们之间可能十分相似。这块颚骨与人类的颚骨不同，但是在各个方面都非常接近人类的颚骨。这块颚骨的主人显然没有下巴，颚也比人类的大很多，但是后部窄小，令人怀疑它无法自如地活动舌头，进而发出清晰的声音。这块颚骨上的牙齿和人类的几乎一模一样。由于对它与人类接近程度的理解不同，它被科学家称为海德堡人或者海德堡古人。

它生存的年代与能够制造工具的早期亚人生活的年代距离很近。发现这块遗骸的地方的地层沉积物表明，这一时期同时存在的生物还有野牛、犀牛、马和大象等，但是剑齿虎已经不复存在，狮子遍布整个欧洲。在这一时期，这种猿人制造的工具已经较早期石器时代有了长足的进步。这些石器制作精良，但是和其他人类制作的工具相比，体积要大很多。可能海德堡人是身材魁梧的猿人，有着巨大的前肢，这正好配得上那块粗壮的颚骨。到了1954年，人们又在阿尔及利亚发现了几块与之相似的颚骨，在这些遗骸的附近也发现了早期的工具。

还有一种和人类相似的巨大生物，叫作巨人。科学家们在爪哇发现了它，这种生物是在大约70万年前被一只鳄鱼吃掉的。在这块被发现的颚骨碎片上，还清晰地保留着鳄鱼的巨大牙齿咬下的痕迹。

## 尼安德特人

在猿人出现的几万年间，它们留下的证据全都与用石头制造的工具有关。随着时间的推移，石器的质量也在不断提升，各种工具的用途可以明显地区别开来。但是，骨器的数量还是十分稀少的。考古学家在英国肯特的斯温斯肯比发现了几块头骨碎片，其中的两块是于1935年发现的，到了1955年，科学家们又发现了另一块碎片。这几块头骨属于一个年轻人，25岁左右，也可能更年轻一些。这些碎片除了明显比人类骨头要厚之外，和现代人类的头骨几乎一样。斯温斯肯比发现的古代人类生活的年代在20万年前，在之后的很长一段时间里，都没有留下什么人类的骸骨。即便是发现了一些，也往往不够完整。但是到了第四次冰期时，人类留下的遗迹明显多了起来，因为在这个时候，人类已经开始了穴居生活，在他们居住的洞穴里，发现了大量的遗迹。从欧洲、非洲到亚洲，在很多地方发现了人类的遗骸。这些人类的骨骼和现代人类有一些差别，而且他们之间也存在一些差别，但是毫无疑问，这些骨骼属于人类。

在这些发现人类遗迹的洞穴中，最著名的是德国尼安德特的洞穴。1856年，科学家们在尼安德特的洞穴中发现了第一批遗骨，而这些遗骨明显是人类的骨骼。科学家们把这些遗骨的主人称为尼安德特人。通过他们留下的资料，我们可以知道，这些人在第四冰期开始的时候，在欧洲的大部分地区和亚洲都有分布。他们的颅骨厚重，虽然直立行走，但是弯着腰，而且低着头，无法像现代人类一样昂首挺胸。这些人没有下巴，可能也不会说话。他们粗壮且笨重，和现代人类属于不同的种。但是，他们的头已经和现代人一样大了，所以，要把他们归入人的这一属。

这些还保留着野兽特征的"人",也许正是猿人进化为智人的链条中缺失的那一环,但是这个看法也可能站不住脚。在上一段所说的那个典型的尼安德特类型的人之前,在他们生活的同一片地方,还存在着另一种人类,这种人类与我们更加接近。有时我们会把这类人称为概括化的尼安德特人,他们之间有很多相似的特征,但是与智人更加相似。概括化的尼安德特人的骨骼同时具有现代人类和尼安德特人的特征。人们在欧洲的很多地方都发现了这种人的骨骼残骸。存在这样一种可能,就是曾经有一种原始人,衍生成了不同的两支,一支发展成了像我们这样的人类,另一支则保留了粗野和笨重,进化成了尼安德特类型的人。

尼安德特人

在很久之前,欧洲的地形和今天是完全不同的。如今的大西洋西部海水下的地方,在那时还是陆地。爱尔兰海和北海在当时是一片河谷。与如今格陵兰的巨大冰盖一样的冰川,在欧洲的北部不断扩张又消融。地球两极的巨大冰盖冻住了大量的水,于是海平面下降了,大片的土地暴露了出来。现在,这些陆地再一次淹没在了海水之中。在当时,地中海地区可能是比海平面低的一块盆地,这个盆地十分寒冷。在它南面的撒哈拉,在当时也并不是一片荒芜的沙漠,而是富饶肥沃的土地。在北方的巨大冰盖和南方的阿尔卑斯山以及地中海的盆地之间,有一片荒凉的平原,这里的气候从寒冷变得温暖，到了第四冰期，又再次陷入寒冷。

在这片平原上，生活着各种各样的动物。最初的时候，这里有河马、犀牛、大象和猛犸，剑齿虎在此时已经濒临消亡。随着气候不断变得寒冷，喜爱温暖的动物们不再到这里来了，而剑齿虎彻底灭绝了。长毛猛犸和长毛犀牛、野牛还有驯鹿分布在这片平原上，温带植物不见了，取而代之的是耐寒的植物。到5万年前，冰川向南的扩张达到了最高峰，这之后又逐渐消退了。

在这个时期的早期，有一些以家庭为单位的古代人类在这片平原上生活。这些人类可能是亚人，也可能是尼安德特人。除了一些零散的骨骸和石器，并没有其他的证据证明这些人类曾经存在过。可能还有其他种类的人类，也能够制造工具，但是我们无法证实，只能猜想。这些人类使用的可能是木制的工具，他们可能用木头加工成各种形状并加以使用，这种处理木材的方法后来被应用到了石头上。但是因为木制的工具没能保留下来，所以我们只能猜测它们的形状和功用。

到了气候最冷的石器时代，尼安德特人找到了新的居住地点，那就是石壁下面和洞穴里。这时的尼安德特人似乎已经学会了用火，他们在洞穴中留下了大量的生活痕迹。在他们住进洞穴之前，他们是在靠近水源的野外生活的。发展到这一时期，尼安德特人的智力水平已经使他们能适应各种艰苦的自然条件了。

在能够躲避寒冷的洞穴中，不但有人类，还有狮子、熊之类的大型猛兽。人类在进入洞穴之前，就要想办法把里面的动物驱赶出去，并且防止它们再次进来。使用火，毫无疑问是驱赶野兽和自我保护的好办法。在最初的时候，人们只会到达足以躲避寒冷的深度，而不会再向深处前进，因为无法持续地照明。他们在洞穴的角落里储存食物和用以点火的木柴，还会在洞口设置阻挡野兽的装置。这个时候，人们点燃火把来提供光亮。

尼安德特人获取食物的方法主要是靠捕猎。他们通常捕捉体形较小的动物，但是大型动物有时也出现在他们的菜单上。捕猎大型动物时，他们会使用木棍和石头制成的武器。用这些武器，他们能杀死驯鹿、熊，甚至是巨大的猛犸象。他们往往会跟踪猎物，等到猎物生病或是受伤时，他们就趁机下手，杀死这些猛兽。直到今天，生活在拉布拉多的印第安人仍然使用标枪来捕猎驯鹿。在英国的达伍利什，考古学家们发现了一条被人工开凿出的壕沟，这条壕沟被认为是当时捕猎大象的陷阱。尼安德特人杀死猎物后，通常会把肉当场吃掉，带有骨髓的大骨头则被带回洞穴，砸碎之后再慢慢吃。在尼安德特人的洞穴中发现的大量动物骨骼化石，大部分都是被敲碎了的大骨化石，而只有很少一部分是肋骨化石和其他骨头化石。尼安德特人会用兽皮包裹身体，他们中的女性负责把兽皮加工成衣物。

尼安德特人的用手习惯和现代人一样，通常是右手，因为负责支配右半边身体的左脑通常比右脑大。他们的后脑部分很发达，这个部分主要负责体力，但是负责智力的前脑部分却相对较小。他们和现代人的脑子差不多大，但是比例不同，所以在智力水平上他们与现代人有很大差距。这些人比现代人类更为低级，他们与现代人发展的路线完全不一样。他们可能不会说话，或是很少说话。他们发出的声音，还不能称之为语言。

这些原始的人类没有容器，所以需要在水源附近居住，并且要靠近石壁，可以随时取得石头来制造工具和生火。气候寒冷，所以使用火是很有必要的，而且点着的火一旦熄灭了，很难再让它燃烧起来。这些人似乎是用铁矿石和燧石互相撞击产生火星点燃干草来生火的，不需要大火的时候，火种会被封起来。通常，人们会围坐在火堆旁的干草里，妇女和孩童要不断收集干草，使火堆不至于熄灭。

一群原始人中间，会有一个带头人，他是这个群体的领袖。他懂得生火，所以孩子们模仿他的行为，学习如何使用这种燧石。妇女会在收集干草的同时寻找合适的燧石，她们从石壁中找出燧石，并带回居住的地方。

洞穴中通常有各种各样的兽皮。由此看来，很早之前，原始人就知道利用兽皮了。他们可能用兽皮包裹幼儿，或是铺在洞穴中的地面上，隔绝潮湿和寒冷。妇女负责处理兽皮，她们用石片把残留的肉刮干净，然后把兽皮展平，钉在地上，在太阳下晒干。男人则到处寻找食物。到了晚上，所有人都集合在火堆旁边，这时火会烧旺起来，用来抵御猛兽的进攻。在一个群体中只有一个成年的男性，其余都是女性和幼儿。当儿童中的男孩儿长大了，威胁到这个成年男性的地位，他就会被赶走，或者被杀掉。有些女孩会跟着被驱逐的人一起离开。这些人开始流浪，直到遇到另一个肯接纳他们的族群。当有一天，一个群体里的男性开始衰老了，他的牙齿脱落，不再有力量，这时，会有一个年轻的男性站出来挑战他，并将他杀死，这个年轻男性就会取代他获得领导的地位。上了年纪的人会被杀掉，当他们开始衰老，死亡就会降临到他们头上。

尼安德特这个类型的人类，在欧洲生活了几万年。这些和现代人类无比相似的人留下了大量的证据，证明曾经存在这样一个种类，他们按独特的路线超前发展，并且繁衍了很长时间。但是，在5万年前到2.5万年前，当冰期即将结束，气候开始变得温暖的时候，另一种类型的原始人出现在了欧洲，并且最终消灭了尼安德特人。

## 和我们一样的人

欧洲出现的新的类型的人，可能是从非洲和亚洲发源的。随着大量的人类遗骸和相关证据被发现，我们对这种早期人类的了解也越来越多。这些人已经可以称为真人。他们是在哪个地方慢慢发展壮大的，我们还不清楚。我们能够知道的是，这些人和尼安德特人一样，都是从猿类的祖先进化而来，但是他们走上了一条和尼安德特人完全不同的进化之路。经过数万年的发展，这一类人懂得了如何使用双手，智力的发展水平也得到大幅度提高。等到他们出现在我们的视野里的时候，就已经远远超过尼安德特人的进化程度。这些人分化成了几个不同的种族。他们在气候变化的过程中，不断追随着食物和水源，经过漫长的时间，他们来到了欧洲。随着冰雪的消融，各种植物开始生长，由此引来了大量的动物。各种各样的野兽在这里繁衍生息，给这一支人类带来了丰富的食物来源。科学家们把这一类人种和我们人类自己归属于同一个种，统称为智人。这种人的头部和手已经和现代人十分接近了，他们的牙齿和颈部，从解剖学的角度来讲，已经是和现代人类一样的了。

在这一时期，欧洲有两种这样的智人留下了生活过的遗迹，他们分别被称为克罗马农人和格里马尔底人。很多人类的生活遗迹和他们使用过的工具附近，都没有发现人类的骸骨化石，或者骸骨化石太少，无法判断这些东西与人类之间的关联。而在克罗马农人的洞穴中，科学家们发现了完整的人类骨骼化石。这是一种进化得更完善的人类，是一种类型的真人，被称为克罗马农人。

这些人身材高大，有宽阔的面部，鼻子挺拔而狭长。即便是以现代人的标准来看，这些人的脑容量也是相当大的。在克罗马农的洞穴中发现的一位女性人类的脑容量，甚至比现代的男性的脑容量还要大。在同一个洞穴中，人们还发现了一个老年男性的完整骨骼化石，他的身高几乎有6英尺。洞穴中还有两个青年男性以及一些孩童的骨骼残片化石。除了遗骸之外，洞穴中还有石头制成的各种器具，甚至有作为装饰品的贝壳，上面打了孔。这是目前已知的最早的真人生活的写照。

克罗马农人

考古学家们还在门汤的格里马尔底发现了另一种旧石器时代晚期的人类骨骼。这些骨骼和克罗马农人的差别很大，是另一种类型的真人。克罗马农人和格里马尔底人与尼安德特人同时存在，但却是两种完全不同的类型。

第四次冰期结束后，人类的进化产生了质的飞跃。克罗马农人和格里马尔底人的前脑部分几乎和现代人一样，他们的智力也几乎达到了我们的水平。他们将尼安德特人从洞穴里赶走了，这造成了尼安德特人的灭绝。而且这些人并不像野蛮的占领者一样，把对方的女性当作奴隶，用来繁衍下一代。他们和尼安德特人严格地保持着距离，一点儿都没有种族杂交的迹象。这些新来者在前一种人生活过的地方落脚，他们也使用石器，并且更为先进。

我们并不清楚尼安德特人的长相究竟是什么样子的，但是通过一些间接证据，我们似乎可以知道，他们身上披着厚重的毛发，长得很丑。他们低矮的前额和凸起的眉骨，还有低头弯腰的模样，会令人心生恐惧。有人曾这样形容尼安德特人：这种怪物步履蹒跚、行为诡异；他们浑身是毛、牙齿锋利；他们像猩猩一样，甚至会吃人。他们是这样的怪物，民间传说中的妖魔鬼怪，也许正是以他们为原型的。

取代了尼安德特人的真人们，面对的是比过去温暖许多的气候。虽然他们占据了尼安德特人留下的洞穴，但是他们依然习惯在旷野生活。他们靠打猎为生，大量猎杀猛犸、驯鹿、野牛和野马。因为水草丰美，这里生活着大量的野马，所以他们吃马肉。在一个真人聚居的地方，科学家发现了数量庞大的野马遗骨，大概有10万具之多。从这些遗迹似乎可以看出，在前后的几个世纪里，他们都在这里聚居。他们可能是追随着一个野马群在这片草原上生活的。他们大概已经摸透了这群野马的生活习性，这样才能保证不会跟丢。看起来，这些人会花大量的时间来观察各种野兽的活动规律。

这些人类是否已经能够驯服马匹，目前尚无定论。或许，人类是经过几百年的漫长时间，逐渐掌握了这一技能。在旧石器时代晚期的壁画上出现的一些马，它们的头部有一些痕迹，非常像是套在头上的笼头。还有一个马头的雕塑上，也有绳索的痕迹。如果他们已经能够驯服马，那么他们是用作骑乘，还是出于别的目的，我们就不得而知了。这个时期他们能见到的马，都是小型马，不能载着人走太远的路。人们似乎也并没有把它们的奶作为食品。就算是他们真的驯服了马，这也是这个时期他们能驯服的唯一的野兽，羊和牛，还有狗，当时都还没有成为人类蓄养的牲畜。

作为和我们具有一样的人类属性的标志之一，这些早期的真人有很高的绘画造诣。他们的作画水平十分高超，即便他们依然是野蛮人，但也是在艺术方面十分高明的野蛮人。在人类真正进入近代文明之前，没有任何一种人的绘画技巧比这些人高。他们在山崖上作画，在从尼安德特人手中夺来的洞穴的石壁上作画。他们还在鹿角和骨头上绘画，还会进行小型的雕刻创作。通过他们留下的这些精美绘画，考古学家们可以从不同于骨骼和遗迹的另一个角度来理解这些人的生活。旧石器时代的晚期，这些人类不但通过绘画留下了宝贵的历史记录，而且在他们的坟墓里也放入日常生活的证据。他们把死者生前的装饰品、武器还有食物和死者一起埋葬。有时，他们还在尸体上涂色，这也证明他们在活着的时候身上就有彩色的文身。这些人使用褐色、红色和黄色等颜色的颜料，这些颜料直到今天依然色彩鲜艳。在法国和西班牙的很多洞穴里，都能看到这些仿佛是刚刚画上去的壁画。在各个种族之中，只有这些人善于并且乐于绘画。

在旧石器时代晚期，人们的这种绘画行为持续了很长一段时间，作画的水平也有高有低。早期的壁画内容往往很原始，像是儿童画的一样。一只动物的四条腿，通常只用一条前腿和一条后腿来表示，就像今天的孩童在画动物时一样。好像如果要把四条腿都画出来，对于当时的人来讲是一件很困难的事。这些早期的绘画作品，就像是小孩子的信手涂鸦。还有一些人用石头在洞壁上刻画简单的线条，这些刻画的线条和图画一样年代久远。这些早期的创作，证明这些人在当时还不具备精确描绘事物的能力。

经过数百年的发展，这些人的艺术水平提高了。到了后期，他们笔下的各种野兽栩栩如生。但是，即使是在他们创造水平的巅峰时期，他们也只会画动物的侧面。透视的技法和显示景深的技法，他们还是无法掌握。这些绘画作品中，最常出现的形象是野马和猛犸。有些洞穴中的壁画里没有人类的形象，只有各种动物。晚期也有些洞穴中的壁画里有人的形象出现，甚至还有人用象牙或者皂石雕刻了人像。这些早期的人物雕像往往造型夸张，在这一点上，他们对人的刻画的真实程度，远远不如他们笔下的动物。

一幅驯鹿时代的杰作

再到后来，人类形象的雕塑开始变得精致。比如，在一个用象牙雕刻的小型作品上，有一个发型精美的少女头型。在晚期，这些真人还在各种骨头和象牙上雕刻各种东西。其中有些图是刻在圆形的骨头上的，让人无法一下看到全部图案。而且，虽然这一时期的人还不会使用陶器，但是他们已经会用黏土塑像。

有很多壁画在洞穴的深处，这里无法轻易进入，而且没有光。要想在石壁上作画，绘画的人必须使用火把或者照明的灯。在这里，考古学家们发现了一些皂石制成的灯盏，可以通过燃烧动物油脂发出光亮。我们并不知道，在什么情况下，这些壁画是可以被看到的，它们是否是某种仪式的一部分。因为在有些地区，绘画作品并不在洞穴深处，而是在光线明亮的石壁上。

目前已知的最早的建筑，是在旧石器时代的晚期被建造出来的。这些建造房屋的人在欧洲的东部和西伯利亚地区生活，他们主要靠捕猎猛犸为生。他们建造了各种形状的棚子，有时会使用黏土搭成矮墙，也有用木材做支撑，用兽皮树枝做屋顶的。但是，这些不是旧石器时代晚期人类的普遍情况，这些人是超出了这个时代的平均水平的。

在这片广阔的草原上，人们生活了大约200个世纪。这比从公元纪年到现在的时间还要长十倍。由于气候日益温暖，欧洲出现了大片的森林，人类生活的旷野越来越少。野马和驯鹿不再像以前一样到处都是，人类开始转变为新的类型。他们不再迁徙，而是居住在固定的场所，社会的组织变得日益庞大起来。这些曾经靠捕猎为生的人必须做出改变，否则他们就要像尼安德特人一样被消灭了。

## 旧石器时代的结束与新石器时代的开始

在大约1.2万年前，因为森林面积的不断扩大，动物种群也开始发生变化。在欧洲，早期人类一直以来的捕猎生活受到了巨大的影响，即将宣告结束。驯鹿从这里消失了。因为环境的变化，新的疾病也袭击了人类。旧石器时代结束了，人类正在向一个新的时期前进。这个过渡时期的文化，通常被称为中石器文化。

当最后一次冰期结束后，两极的冰盖大幅度缩小，使世界各地的气候也发生了变化。现在北非和阿拉伯地区的广袤沙漠，在当时是水草丰茂的平原，各种动物生活其间。经过大约1万年的时间，当大多数原始人类在法国、德国和西班牙的大草原上过着一成不变的捕猎生活时，在他们的东南方，一些更有进取心的人开始发展农业，发展手中的工具，建筑房屋，驯养动物。当北方的气候变得温暖的时候，这些人跟着到北方来了。

在这个时期，世界的地貌已经开始和今天变得接近。山川河流的走势、动植物的分布也逐步显示出现在的特征。欧洲的森林面积越来越大，其中生活着大量的野牛、巨牛和大脚鹿。这个时候，猛犸已经灭绝了。巨牛，也叫作欧洲巨牛,现在已经绝迹,但是直到罗马帝国时期还能在一些地方看到它们的身影。这种牛从来没有被人类驯服过。人类蓄养的牛是从别处传入欧洲的,而且种类不同。欧洲巨牛之所以得名,是因为它的身体特别巨大,从它的肩部到地面高达11英尺,已经和大象一样高了。

巴尔干半岛上还生活着狮子,直到公元前1000年左右,这些狮子才退出了欧洲的舞台。在德国南部生活的狮子,体形是现在的两倍。当时的俄国南部和中亚地区拥有茂密的森林,生活着很多动物,大象也在叙利亚出现过。

在这之前,欧洲的人类从未到达波罗的海以北的地方,但是现在,人类已经可以生活在俄国或者斯堪的纳维亚半岛上了。在挪威或者瑞典这样的北欧国家,从来没有发现过旧石器时代的遗迹。人们来到这里的时候,已经进入新石器时代了。在近东地区,人们会聚起来,形成了最早的农业社区。到了5000年前,新石器时代的文明在欧洲和亚洲分布着,从爱尔兰到中国,再到非洲。人们靠捕猎来获得食物,他们猎杀赤鹿和野牛,还有野猪。有时人们也吃狐狸,但是这种肉的味道很糟糕,所以在食物充足的时候,是没有人肯吃狐狸肉的。不过,尽管兔子是很容易捕猎到的动物,但是人们很少吃兔子肉。有些野蛮人部落直到今天仍然不吃兔肉。据说,这是因为人们觉得兔子是软弱的动物,如果吃了它的肉,自己也会变得软弱。

但是,在如今的世界上,仍然有这样一些孤立的人群,他们至今仍处于旧石器时代,现代文明没有影响到他们。塔斯马尼亚人和我们是一个种类的人类,他们生活在塔斯马尼亚岛上。荷兰人首先发现了他们,当时他们还在旧石器时代。这些人生活的环境中缺乏刺激和竞争,这使他们无法学习和进化。跟世界上其他的人类相比,他们已经大大地落后了。1876年,随着最后一个塔斯马尼亚人的死亡,这个人种就灭绝了。在澳大利亚,当地的土著也还停留在中石器时代的水平。他们使用石器和木制工具,驯养猎犬,以捕鱼为生。当白种人刚到达南非时,那里还有人在制作石器,靠采集和捕猎生活,不懂得农耕为何物。

大约1万年到5000年前,欧洲的人类开始进入新石器时代,但是在他们的东南方，可能在几千年前就已经到了新石器时代的水平。当欧洲的大片草原变成了森林的时候，新石器时代的文化也从南方向北，逐渐进入了欧洲。

新石器时代的特征，是通过一些重大的技术革新体现出来的。首先，石器的制作水平大幅提升。从早期的通过敲击使石头边缘变得锋利的方式，转变为磨制石器，这样制造出的石器更为锋利。其次，人们还给石斧装上了木柄，大大提高了石斧使用的便利性。后来，人们除了把石斧作为武器，还用它来制造木器。这个时期的石器，即便是没有磨光的，其制作方式也和旧石器时代有了很大的不同。

这时已经出现了早期的农业，人们开始懂得利用植物的种子来播种。通过考古学家们的大量发现，我们可以知道，在新石器时代的早期，捕猎依然是获得食物的最重要的方式，男人们并不安于农业。可能的情况是，妇女们在采集植物的时候得到了种子，在男人们去捕猎时，女人随手把种子撒在了地上。等到地上长出了果实，人类才慢慢开始了定居的生活。

人类从这个时候开始畜养家畜。很早的时候，人类就开始驯养狗，后来又相继驯化了山羊、绵羊、牛和猪。人类的身份开始转变了，从捕猎的猎人，变成了畜养和放牧的牧人。与此同时，人类开始用黏土制作陶器。

早在3000年前，欧洲的人类就开始冶铁。在小亚细亚地区，人类冶铁的时间还要更早一些。人类早就发现了铁这种物质，但是它们都是来自陨石中的陨铁。铁陨石的主要成分就是铁和镍。因为陨石十分罕见，所以在过去通常被当成珠宝或者巫术中使用的法器。等到人们掌握了冶炼技术，铁就显得不再那么神奇了。人们用烧旺的火将铁熔化，不断锤炼，制作成铁器。最开始，人们制作的还是小型的器物，除了给武器和工具带来了一些改变之外，铁器并没有对人的生活产生本质的影响。直到18世纪初期，在欧洲的一些偏僻地区，农民的生活和5000年前刚刚定居的新石器时代的人的生活并无二致。

新石器时代的人类遗迹正在不断被发现，有证据表明，对于这个人类历史上的关键阶段，我们可能有新的认识，那就是，畜牧的出现似乎是早于农耕的。最初，东欧和土耳其地区的人开始驯养牛，克里米亚的人养猪，北方的人则养羊。

当森林不断扩张的时候，蓄养牲畜的生活方式也开始在欧洲大陆传播开来。这种方式已经存在了一段时间，从它刚开始产生，已经有几千年之久。这段空白的时间里，我们只能猜测它发展的过程。一开始，人类作为猎人，在野生的牛和羊附近徘徊。作为竞争对手，人类又和狗产生了友谊，并把这种野生且凶猛的动物训练成为捕猎的帮手。牛群或者羊群如果跑远了，人类开始学着把它们赶回来，并试着带领它们去茂盛的草地。后来，他们又试着把牲畜赶到山谷中，这样他们就能准确地掌握这些牲畜的方位。在牲畜们饥饿时，人类喂它们食物，就这样慢慢地把它们驯服了。早期的农业也可能是以为牲畜准备饲料开始的，这个过程一定是先收割、再播种。旧石器时代，当肉食不能保证充足的时候，人们要靠收集植物的根茎和果实来填饱肚子。事实上，我们甚至可以怀疑，早期的人类是否真的有一段时间完全以肉食为生。

对于原始人是如何进行耕作的，我们了解得不多。在人类的遗迹中并没有发现犁或者锄头，因为这些是木制的器具，无法保留到今天。新石器时代的人已经开始种植和食用大麦、小麦和小米。他们把谷物晒干，用石头将其磨碎，然后储存在陶土制成的罐子里。在遗迹中，我们发现了一些原始人制作的食物，那是一些硬而厚的饼。这时他们还没有酵母，所以根据这一点也可以知道，他们没有酒精类的饮料。

这时人们的主要衣物是兽皮，但是他们也开始制作粗亚麻布。在遗迹中，我们已经发现了亚麻布的残片。人们用来捕鱼的网也是用亚麻制成的。自从人类学会了制作青铜器，他们身上的装饰品大大增多。很多证据表明，在原始人的长头发上面，密密麻麻地插着很多东西。通过这一时期人类的绘画，我们能够知道，这些人的衣服上只有简单的方格、斑点图案或者毫无装饰。在青铜器普及之前，人们没有桌子和凳子，所以他们都是蹲在地上的。这时候猫还没有自我驯化，老鼠也没有适应人类的居所。人们的食物中，也还没有家禽的蛋。

新石器时代的人类使用的主要工具和武器是斧,其次是弓箭。箭头通常用石头磨制成尖形,然后绑在木制的箭杆上。在播种的时候,他们可能使用一根装着鹿角的木棍来松土。他们使用叉子来捕鱼,也用亚麻制成的渔网。他们同时也用网来捕鸟。地面通常会铺上黏土,或者使用踩实的牛粪。屋子里会摆上陶土制成的瓶子和罐子,还有用树枝或者树皮编成的篮子。罐子里装着磨好的谷物,一些陶盘和陶盆挂在墙上。屋子里还有一个空间养着家畜,在冬天还可以用它们的体温来取暖。孩童去放牧,然后在天黑之前把牛羊赶回圈里。这就是新石器时代人的生活。

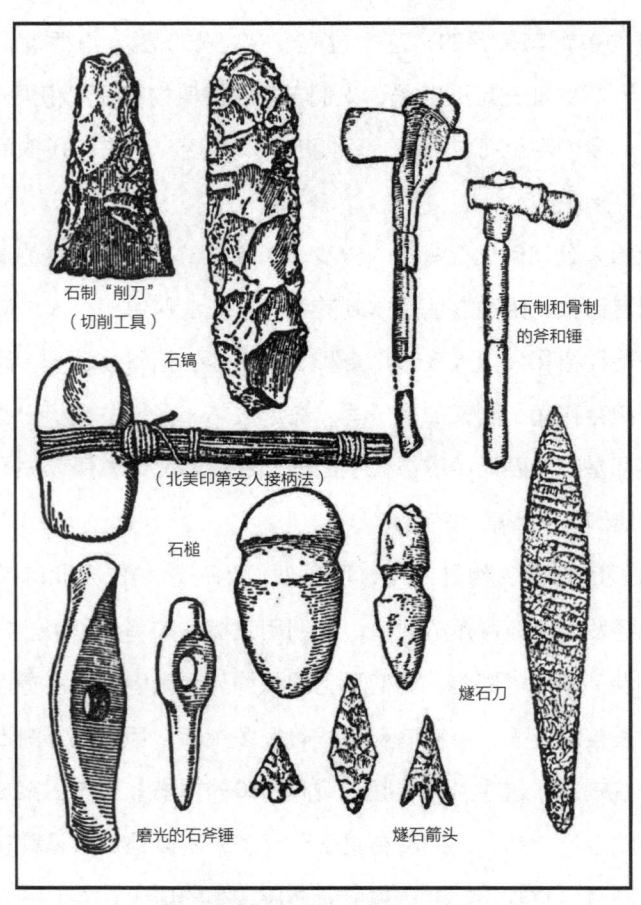

石制"削刀"
(切削工具)

石镐

(北美印第安人接柄法)

石槌

石制和骨制的斧和锤

燧石刀

磨光的石斧锤

燧石箭头

新石器时代的工具(各件比例不同)

## 新石器时代的农业革命带来的影响

旧石器时代的原始人类之所以能够进化成人，是因为他们学会了制作工具、使用火和说话。这几个本领，与其他动物相比，人类大大领先了。但是在某些方面，他们依然保持着和其他动物相近的习惯。比如，他们和那些靠捕食其他动物的野兽一样，还是靠捕猎为生；和那些完全靠自然资源生存的动物一样，靠采集植物和昆虫为生。因为他们对大自然的依赖程度还是很高，所以被大自然支配着。为了追赶猎物，寻找更多的食物，早期的人类不得不过着流离迁徙的生活。而且，由于一个地方能提供的食物总数是有限的，所以人类只能分成一个个小群体，分散开来。在气候温暖，食物丰富的地方，1平方英里的土地也只能养活一到两个人；而在那些寒冷的地区，在丛林或者沙漠地带，20到30平方英里的土地，才能养活一个人。

到了新石器时代，人类在两个方面大大超过了他们的先辈。一个是不再用打制的方法，而是用磨制的方法制作石头工具。另一个是，他们获取食物的途径，大部分甚至是全部都来源于蓄养的家畜和栽种的植物，而不必靠采集和捕猎为生了。在这两个方面中，后者更加重要。这并不是说新石器不重要，与古老的旧石器相比，新石器更加锋利和耐用。在新石器时代的后期人类的重大发明——车轮和犁，正是凭借对锋利的新石器的加工技术，才能够被人更加方便地使用。但是与人类获取食物的方式的转变相比，打磨得更加光亮的石斧也显得无足轻重了。

农业革命带来的最明显的改变是人类从追逐猎物、不断迁徙变为定居生活。为了饲养驯化的动物，栽种植物，人们不得不安定下来。于是，在新石器时代，人类的最基本群体单位从一个个流浪的小团体变为了村庄。这种生活方式在18世纪末期之前，一直是人类的主要生活方式。直到今天，一些经济欠发达地区，还沿用这种生活方式。

一旦定居下来，人类就拥有了更加丰富的生产和生活资料。过去，由于捕猎需要到处流浪，所以随身携带的东西十分有限，这就限制了生活水平。现在，生活在新石器时代的村庄中的人，可以居住在坚固的房子里，使用更加便利的工具和生活用具。这时，新石器时代的人类学会了使用黏土制作陶器。一开始，他们还只是做一些简单的容器。后来，他们逐渐掌握了黏土的特性和更好的技术，能够制作更加精良的器皿。到新石器时代晚期，在近东地区的人开始建造烧制器皿的窑。通过窑烧火，可以获得更高的温度，这样能够给陶器的表面上釉。表面有了釉的陶器能有效地防止液体的渗漏和蒸发，这样一来，器皿变得不但可以储存谷物，还能用来烹调和存放液体。

定居的生活方式也改变了人类的群体构成，游猎的群体转变为统一的部落组织。一个地方的村庄形成了一个部落，每个部落的语言和风俗习惯都不同，这让它们彼此区分开来。一些部落发展水平落后，处于原始经济状态，依然比较散乱，和之前的游猎生活相比，提高的程度有限。但是有些部落则发展壮大，产生了强有力的头领，原始的贵族和平民阶级开始产生。但是此时的贵族和平民之间的界限还很模糊，没有形成后来的文化中的阶级排外主义。

一般来说，新石器时代的村庄是以一个个小家庭为单位组成的。小家庭里包括夫妻和他们的孩子，若干个小家庭组成一个大家庭。与小家庭相比，大家庭在处理生活中遇到的问题时更为有力。他们还收养从别处流浪而来的流浪者。对于需要众多人手合作才能办到的事情，比如砍伐森林、放牧或者收割庄稼，大家庭带来的好处更是显而易见的。这种集体生活的方式还能更好地利用土地。一些家庭成员在定居点照料家务，看管附近的土地；另一些成员在定居点外管理更远地方的庄稼，或者放养家畜。

这一时期的村庄的明显特征，是每个人都彼此平等，社会地位是平等的。每个小家庭都具备生产和生活的技能和工具，而且都拥有维持生活的自然资源。所有开垦的田地和放牧的牧场，还有其他的自然资源，都是共有的，小家庭自动组合成了一个大的村庄。在这个时期的部落里，没有人是土地的拥有者，也没有一个耕种的人是没有土地的。

因为这种平等的关系，使得这种部落社会的生产力发展受到了束缚。不论是在新石器时代，还是现在的部落社会都存在这个问题。因为，只要保证每个家庭的基本需要，产品的产量是不需要提升的。人们并没有主动生产额外的产品的动力。劳动在日常生活中只是一个简单的活动，虽然劳动的内容多种多样，但是时间十分有限。每天都要进行大量的工作的情况是不存在的，对于一个部落的成员来说，他的工作时间比现代人要少很多，而且对他来说，工作是一件令人愉悦的事。造成这一现象的根本原因在于，这一时期的人在进行劳动和生产的时候，是以社会中的一员的身份出现的。工作对他们来说，是伴随社会关系产生的附属物，而不是为了谋生而必须忍受的东西。如果一个人帮助他人收割庄稼，他只是出于亲属或者社会关系，而不是为了获取回报。

人们从游猎者转变为定居的耕作者，新的神——或者说新的宗教也随之产生了。在捕猎时期人们信奉和崇拜的神灵，到现在已经变得不合时宜。这些耕种的人开始想象出能够保护他们的家畜和土地的新的神灵。这时，他们的头脑中已经构建出了一个模糊的造物主的形象。而且重要的一点是，几乎在所有地方，都出现了对土地女神的崇拜。土地女神，也叫丰产女神，她就是大地之母。在当时的人们看来，农作物获得丰收、女性产子，都是这位丰产女神的功劳。生命的诞生和死亡，也都是由她决定的。所以，对她的崇拜十分流行。我们发现了很多反映丰产女神的雕像，这些雕像对女性的特点进行了夸大，她们大腿粗壮、乳房丰满下垂。这样的雕像在整个欧洲地区都有发现，在印度地区也曾出土过。这也从侧面印证了农业从中东发源，传向欧洲的事实。

农业革命也导致人口的爆炸性增长，增长的规模可以和人类刚刚形成时的增长幅度媲美。旧石器时代，因为人类学会了制造工具，生产力大幅提高，人口大大增加了。在大约100万年前，猿人的总数只有12.5万，但是到了1万年前的时候，靠捕猎为生的人类的总数已经达到了532万之多，数量增长了40多倍。这一次，通过农业革命，食物的供应比以前更为充足了，因此，人口的增长也更加迅速。从1万年前到2000年前，在这8000年中，人类的总数从532万增长到1.33亿，增长了25倍。

随着人口的一次次迁移，农业传播到了世界各地。这样带来的结果就是，曾经是组成所有人类的狩猎者，到了1000年，所占比例已经不足人类总人口数的1%。人类身份的转变也导致了种族的变化。在1万年前，高加索人、蒙古种人、黑人、布希曼人、俾格米人和澳大利亚人这六个种族的比例大致平衡。但是到了1000年，平衡已经被打破了。农业革命带来的结果显然更有利于从事农业的蒙古种人、高加索人和黑人。仍然靠狩猎为生的布希曼人和俾格米人受到很不利的影响。澳大利亚人因为与世隔绝，所以在当时没有受到冲击。但是，当18世纪时欧洲的探险家们发现了这里，岛上土著的最终结局却更加悲惨。

农业革命对各人种的影响表现得最为明显的地区是非洲的撒哈拉沙漠以南地区和东部亚洲。东亚地区的蒙古种人依靠农业带来的优势积极向四周扩张，占领了原本属于俾格米人和澳大利亚人的地盘。到今天，这一种族的人类在人口的总数上，以压倒性的优势占据第一位。与此类似的是，在非洲，黑人通过农业和冶铁带来的各种好处，冲出了原本居住的草原，向非洲南部扩张。在公元前4000年，生活在非洲的黑人、布希曼人和俾格米人还保持着一种合理的平衡，但是到了1000年，这一平衡被黑人打破了。从总体上看，农业革命对各个种族带来的影响是结束了几千年以来种族间的平衡秩序，建立起了蒙古种人、黑人和高加索人占据优势的新秩序。这一秩序一直延续到今天。

## 第二章

人类文明的起源和早期文明

## 文明的起源和发展

当我们探讨文明的时候，我们在探讨什么呢？文明的确切定义，到底是什么呢？经过科学研究，学者们总结出了文明与新石器时代的文化之间的区别。这种区别在于，文明是文化发展到较高阶段的产物。当文化发展到某个阶段，文字已经开始广泛地应用，人文科学和自然科学也形成了各自的雏形，社会成员中出现了等级和阶级观念，社会制度、政治制度、经济制度发展日趋完善，出现了巨大的公用建筑，有些地方出现了城市中心。发展到这种程度的文化，就可以称作文明。当然，并不是所有文明都包含以上的这些特征。比如，在南美洲的安第斯山脉诞生的文明是没有文字的，埃及人和玛雅人的文明中也没有所谓城市的概念。但是，在一般情况下，这些特征可能在世界范围内的文明中是普遍的，可以当作一个衡量的标准。

世界上最早的文明诞生在幼发拉底河和底格里斯河中间的一片原野中。早先，人们曾经一度认为是尼罗河哺育了人类最早的文明，但是现在人们一致认为人类文明诞生之地是苏美尔。在基督教的圣经《旧约全书》中说到的希纳国，指的就是这里。苏美尔位于美索不达米亚平原上，这个平原地处如今的伊拉克南部，南面就是波斯湾。它是由很多零散且土地贫瘠的小块平原组成的。大约公元前3500年前，一些在这片土地上生活、生产技术水平得到提高的村庄，实现了从原始的新石器时代的部落文化到文明的飞跃。

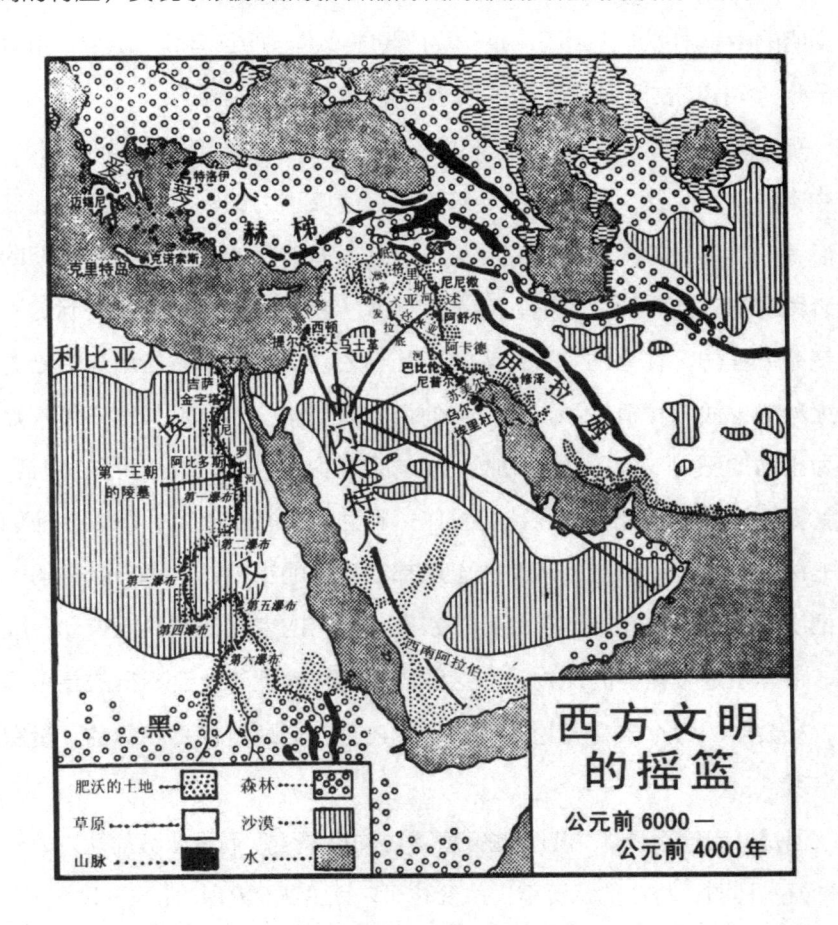

**西方文明的摇篮 公元前6000—公元前4000年**

文明随着人类生产水平的提高而在世界各地产生，并且形成的文明各不相同，类型是十分多样的。在早期的新石器时代，各种特定的环境滋生了各种不同的文化。人类生存的各种环境，因为其中耕种的种类不同，蓄养的动物不同，畜牧和耕种在生活中所占地位的不同，所诞生的各种文化也有显著的不同。和这一点对应的是，文明在世界各地也是不同的。而且，文明之间的相关程度和各自发展时与世界其他地方的联系程度不同而表现出相应的区别。例如，美洲的玛雅文明、阿兹特克文明和印加文明都是在与世隔绝的情况下发展出来的，所以，与欧亚大陆上诞生的文明相比，这些文明有着明显的不同。即便是同在欧亚大陆之上，文明也充满了多样性。每个文明的独特之处都取决于它们的诞生之地与文明起源地的地理位置的远近。在中国和早期文明的中心中东地区之间，是一片广阔的沙漠，而且有高山阻隔，所以从古至今，中国的文明与欧亚大陆上的其他文明一直是不同的。

那么，为什么人类会走向文明之路呢？当人类发展到新石器时代时，社会中奉行平等主义，而这一社会结构是很有吸引力的。在马达加斯加岛上生活着一群塔纳拉人，他们直到最近才从石器时代的文化过渡到早期的文明阶段。通过这个活生生的社会进化标本，我们似乎可以了解文明的进程究竟是怎样的。在塔纳拉人进入文明社会之前，他们依然使用最古老的刀耕火种的方法来种植旱稻。头一年他们会获得丰收，但是从第二年开始，因为土地的肥力下降，他们的收成也越来越少。等到土地变得贫瘠时，他们就要迁徙，重新找个地方建起村庄。因为居所并不固定，所以在他们中间无法实行土地私有制。所有的土地都在集体的手中，村里有威望的长者会把所有土地尽可能地均分给每个家庭。所有的家庭都在一起劳动，收获时，每个家庭按需要分配物品。这种典型的部落型的社会奉行的是平等主义，社会中的每个人，无论是经济地位还是社会地位都是相似的，没有什么差别。

但是，当这个群体中的一些家庭不再种植旱稻，而是像其他地方的人学习种植水稻时，村庄的状况就发生变化了。因为天然的水稻田并不多，不用所有家庭一起劳作，所以这些新开辟的农田就由一些家庭独自经营。这些小家庭在一年收获过后，不再把水稻田归还给集体进行再分配，而是从此就占有了水田。因为适合种植水稻的田地很少，所以之前没有阶级之分的塔纳拉人之间开始分裂了。少数人成了土地的拥有者，其他大多数人在耕地失效之后就没有了土地。

种植旱稻的耕作者因为自然条件的限制要定期地迁徙，但是种植水稻的人还在之前的水田旁定居，这也让阶级的分化变得更加明显。新型的经济也使战争受到了影响，要在一个地方定居的人，开始不惜花费大量的时间来建造坚固的堡垒，保护自己的土地不受侵犯。他们还把到处流浪的人俘虏过来，当成自己的奴隶。奴隶开始变得比原来更为重要，因为在用传统的方法耕田时，奴隶派不上什么用场，但是现在，能够让奴隶在稻田里一年到头地替自己干活。在原来的平等社会里的民主现在也发生了改变，这个新生社会的最上层是专制的国王，国王下面是贵族，他们的土地是国王分给他们的。贵族之下是占人口大多数的平民，平民之下的最底层是奴隶，奴隶是由流民、战俘和他们的后代组成的。到了这时，提高社会地位的唯一标准就是财产的多少，社会的准则也因此改变了。

塔纳拉人从村落到王国之间的转变，经历了漫长的过程。它原本是一个靠劳动自给自足、需要经常迁徙的部落型村庄，没有阶级，所有家庭都平等地生活在一起。到了王国时期，所有人都定居下来，不再迁徙，并出现了一个集权的政治中心。因为经济水平的区别分化出了不同的阶级，各个门第之间出现了复杂的礼仪。我们向前一点点寻找塔纳拉人社会转变的原因时发现，水稻的种植影响了改变的每一步。塔纳拉人的变化，可以看作是一个时代的缩影。在公元前4000年左右，新石器时代的社会结构逐渐瓦解，最终，城市和文明出现了。

文明首先在美索不达米亚平原诞生，接下来在欧洲和美洲也产生了各自的文明。随后，文明的火种向周围传播。就如同早期的捕猎社会被新石器时代的部落社会取代一样，文明社会也逐渐取代了部落社会。欧亚大陆的边缘在部落时期时，在大陆的中心地带，部落已经被文明社会替代了。沿着大河流域，文明一步步向外扩张，吞并了处于蛮荒中的地区。这个扩张的过程是如此势不可挡，到了公元纪年开始的时候，文明已经从英吉利海峡蔓延到了中国海。

美索不达米亚平原上出现文明的时间大约是公元前3500年，其他地区的文明出现的时间稍晚。埃及文明大约起源于公元前3000年；印度河流域的文明在公元前2500年左右出现；在中国的黄河流域，大约公元前1500年出现了文明；在美洲，到了公元前500年，文明也出现了。

我们通常认为，美洲的文明和它的农业社会一样，是在与世隔绝的情况下独立发展出来的，没有受到欧亚大陆的文明的影响。中国的文明也和早期的其他文明存在差异，那么，它是这片土地上自行萌生的，还是在中东文明的影响之下发展出来的，目前尚无定论。尼罗河和印度河流域的文明，是在美索不达米亚文明的传播过程中得到了促进并最终成形的。

文明发展的最终结果，就是各大文明都遵循着一个共同的基本格局。但是即便如此，每个文明都有其独特的类型特点。这些特点是在几千年的独立发展中形成并固定下来的，它们不断发展和完善，一直到今天，这一过程仍然在继续。

## 两河流域的文明

在西亚，幼发拉底河和底格里斯河自北向南流过大陆，汇入波斯湾。这两条河性格迥异，底格里斯河狂野暴躁，而幼发拉底河温顺平缓、徐徐流动。在两条河的下游，有一个冲击形成的平原，名叫美索不达米亚，在希腊语中这个词的意思是两条河流中间之地。因为这片土地形状像是一弯新月，所以也被称为新月沃地。在今天，这里因为丰富的石油资源而变得富庶，但是，在人类文明的开端，因为这里土地贫瘠、物资匮乏，人们不得不跟着自然的脚步不断迁徙、四处征战。但是历史总是出乎人们的意料，人类文明的第一棵新芽，就在这块土地上萌生。这里诞生了世界上最早的城市，产生了最早的文字。这样的奇迹是如何发生的呢？

大约在4000年前，来自东部山区的苏美尔人创造了两河流域文明，他们发明了楔形文字，这是人类最早的象形文字，他们的语言和汉语非常接近。苏美尔人开始了农业生产，他们发明了犁和轮子。他们不仅挖掘沟渠，创造了最早的灌溉系统，还发明了冶炼技术，把矿石加热变为液体，这样就炼出了青铜，铸造出工具和武器，但因为资源和技术条件所限，他们还没有发现铁,青铜器的应用也不普遍,农业生产基本上还是使用木质农具。苏美尔人非常相信占卜,最早的星象天文学也是由他们创造的。

苏美尔人创造了城市,建起12个城市国家,其中最大的国家拥有5万居民。他们用土石构筑城墙,用土木构筑房屋,用晒干的泥砖砌成墙体,这与白种人用巨石构筑房屋区别很大。苏美尔文明存在的时间很短暂,很快就神秘地消失了,经过考古发现和史料证明,早在公元前2900年始,苏美尔各城邦就开始了争夺霸主地位的纷争。这时,埃利都、基什、拉格什、乌鲁克、乌尔和尼普尔属于比较大的城邦。为了水权、贸易道路以及游牧民族的进贡等问题,城邦之间进行了千年的征战,苏美尔人的文明遭到了毁坏,加上外来的闪米特人的征服,苏美尔人创造的文明终于结束了,被征服的一部分人留了下来,与闪米特人建立了阿卡德帝国。

当阿卡德帝国进入后期,中央集权也行将瓦解。阿卡德王国被蛮族库提人所摧毁,但后者没有实现稳固的统治,这样就给苏美尔人以喘息机会,各城邦借机重新崛起,在乌鲁克城邦,库提人被驱逐。大约公元前2113年,苏美尔人在乌尔建都,美索不达米亚得到统一,乌尔第三王朝建立。

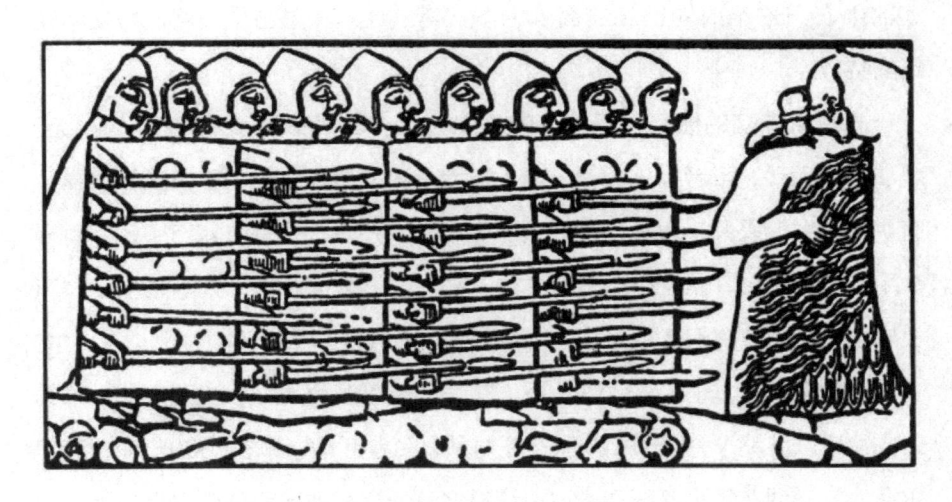

一块极早的苏美尔石刻(图中为苏美尔的方阵战士)

乌尔城邦的第三王朝时期又被称作新苏美尔时期。创建这个新的苏美尔人王朝的，是乌尔城邦的一个军官，名叫乌尔纳姆。在他的领导下，两河流域的南部重新得到统一，原来的苏美尔地区和阿卡德地区合在一起。乌尔纳姆的儿子舒尔吉在父亲的功绩的基础上，进一步把乌尔王朝建设成了这一地区有史以来最为强大的国家。他还颁布了世界上第一部成文法典，许多学者认为这部法典是乌尔纳姆颁布的，所以也叫它《乌尔纳姆法典》，其实这是舒尔吉的功劳。后来被全世界人所熟知的《汉谟拉比法典》正是以这部法典为蓝本编制的。乌尔王朝从公元前2113年到公元前2006年间存在，绵延了一个多世纪。后来，一群阿莫里特人来到了这个流域，他们的首领就是著名的汉谟拉比。在汉谟拉比的领导下，阿莫里特人经过长期的战争，建立起了巴比伦帝国。

两河流域虽然出现了一些强大的帝国，但是这里的文明实质上仍然是商业文明和城市文明。国家的最基本单位是城市，每个城市中都有一尊主神，城市是掌管这里的主神的领地。每个城邦都有一个保护神，各个保护神的神庙就是城邦和城邦之间，甚至是苏美尔地区与周边地区之间经济活动的中心。这个时期神庙最高处的多层塔式建筑，是古代两河流域文明建筑的特色。

国王和寺院的僧侣位居国家的顶端，富有的人把财产投入手工业、土地、商业活动，或者向外放债。占人口大多数的平民谋生的手段多种多样，有耕种土地的农民，也有各种匠人、商人和放牧者。在每个城市中，都有一个手工业者阶层，这个阶层包括木匠、铁匠、制陶人和珠宝匠。他们在集市上出售自己制作的工艺品，并以此换取货币或实物。

因为两河流域的特殊地理位置，这里连接着几个大陆，交通方便。苏美尔人很早以前就十分善于和外国交往与从事商业活动。早在6000年前，苏美尔商人就出现在了小亚细亚、波斯湾沿岸、阿富汗地区和印度次大陆上。他们通过陆地和海上运输，把两河流域出产的粮食和鱼类制品运往各地，交换回石料、木材和矿产。当然，一些富有的人还会进行奢侈品的交易。

随着苏美尔商人在各地的商业活动，苏美尔的文明也随之传播了。这些传播的载体，主要是用苏美尔的文字书写的楔形文字泥板。苏美尔的文字在当时是一种十分重要的文字，但是到现在这种文字已经不复存在，没有任何人在使用它，所以已经成了死文字。苏美尔人十分勤劳和好学，一生中总是在学习。世界上最早的学校就是苏美尔人建立的。人们在尼普尔发现的苏美尔人学校有两个教室，大的教室可以容纳45名学生，小的也可以容纳23名学生。在教室的遗址中还发现了学生写作业使用的泥板。这个学校培养的学生将来会成为王室和神庙里的官员，他们在这里学习用苏美尔语写作，还会学习代数和几何等自然科学。

在社会文明的发展中，苏美尔人根据面临的各种实际需求，不但丰富了语言和文字，还极大地发展了数学等学科。在他们最早的数学文献中，详细记述了对牲畜、谷物和土地的测量方法。他们还在计时、计量和测量方面做出了很大的贡献。早在公元前3000年，苏美尔人就开始有意识地观察和记录天体的运动。在他们看来，天体的活动是由神来决定的，明白了天体的运动情况，就能清楚神的旨意，并做出反应。所以，在很长时间里，两河流域的占星家留下了大量的星象资料，这对后来天文学的发展起到了重要的作用。

苏美尔人虔诚地相信神，他们会向神祈求丰收和平安。在苏美尔人建造的城市中，最高大辉煌的建筑物就是供奉神明的神庙。苏美尔人和他们之后的人的宗教信仰，受自然环境的影响很大，最大的影响来自每年都会泛滥的底格里斯河和幼发拉底河。洪水泛滥的不可预见性，极大地困扰着苏美尔人。美索不达米亚平原北部山上的积雪常常会引发特大洪水，经过灌溉的沟渠冲毁农田。在苏美尔人看来，洪水之神尼诺塔不是一个慈悲的好神灵，而是带来灾难的恶毒的神。

对于洪水的恐惧，和对外族入侵的担心，使苏美尔人天生就对人生有着悲观态度。在他们看来，自己要面对的是无法掌控的巨大的力量。从苏美尔人写的诗里，我们可以清楚地看到这种情绪，诗里写道："人的寿命不长，不论他做什么，换来的都是虚无。"这种人生观也反映了周遭条件的艰苦。

苏美尔人认为，人生来就是为神服务的，而神的行为谁也弄不清楚。为了解决这个问题，他们使用各种办法来预测，试图看清未来。其中一个方法是解梦，另一个方法是通过观察被杀死的动物的肝脏来进行占卜。还有一个方法，就是前面提到的占星术。在苏美尔人的想象中，天体的运动影响着人类的命运，所以可以通过对天体的观测预言人生。与此同时，每个人都有一个属于他的神，他在心里供奉这个神，把它作为人生的导师。他们认为，自己的愿望能够通过心里的神传达给更为遥远的神明们。

生活在这里的人，通过编制完备的法典来减轻人们心中的不安感。《汉谟拉比法典》是这一时期的经典，也是后期其他民族，如亚述人、希伯来人和迦勒底人制定法律的蓝本和依据。在这部法典的开头，汉谟拉比写下了一段引言。引言里说，神明们早已确定，这个世界至高无上的统治者就是巴比伦。巴比伦的重大使命，就是要"让正义之光普照大地，消灭一切罪人和恶人，使弱者不受强者的压迫"。这篇引言之后，是法典的正文。法典全文有300条左右，目的在于通过这些条文明确且永久地处理社会中的一切关系。

苏美尔人还没有臣服于闪米特人时，在底格里斯河的上游，生活着一群闪米特人，这就是亚述人。这些人居住在阿舒尔城和尼尼微城，还有其他一些小城市组成的城邦里。他们长相奇特，鼻子很长，嘴唇厚实，与今天定居波兰的犹太人有些相似。他们都留着长长的胡子，戴着高帽子，身穿长袍。他们和西部的赫梯人之间总是互相争斗。萨尔贡一世曾经征服过这里，但是没过多久，这里又再次独立。很多个世纪里，这里的亚述人都把自己称为

亚述人
（采自萨尔贡二世宫殿的浮雕像）

"世界之王"。

亚述人是一个凶猛的民族，男人们都性格剽悍，他们的一生中主要从事的职业通常是战士。亚述人对美索不达米亚平原的统治经历了古王国、中王国和帝国时期，在每个时期，每个国王的最重要的事情就是发动战争，并且平定内部的叛乱。除了这些，或许国王们最大的爱好就是狩猎。

从亚述统治时期的考古发现来看，尤其是在亚述统治后期的帝国时期遗址里，发现了大量描绘捕猎行为的雕塑。其中有猎杀野牛和狮子的画面。这些画面十分生动和逼真，甚至能使我们联想到捕猎时雷鸣般的鼓声、厮杀声和动物临死时的哀鸣声。据说，帝国时期的一个亚述国王，曾经亲手杀死过4500头狮子。

就在两河流域的平原被亚述人统治的时候，在巴勒斯坦的西部地区产生的犹太文明和在伊朗高原上诞生的波斯文明都相继借鉴了其他文明，形成了自己独立的文明。

在大约4000年前，一个名叫亚伯拉罕的人从乌尔城来到了迦南，犹太人的历史从此开始了。在犹太人的传说中，亚伯拉罕的孙子雅各和一个天使角斗了一天一夜，后来得名以色列，意即神的勇士，以色列因此而得名。300年之后，摩西带领一群犹太人走出埃及，重返巴勒斯坦，建立了犹太人的国家。到公元前1000年前后，大卫王带领犹太人进入了最为辉煌的时期。在这个时期，大卫王主持修建了耶路撒冷城。耶路撒冷，意为和平之城，它在大卫的儿子所罗门时期宣告建成，同时建成的还有对犹太人影响深远的圣殿。到现在，圣殿只残留了一面哭墙，犹太人把这面哭墙当成精神支柱。

公元前597年，新巴比伦王尼布甲尼撒攻陷了耶路撒冷城，俘虏了大批犹太人，这就是巴比伦之囚的由来。而这只是犹太人悲惨命运的开始。在这之后的数千年中，犹太人屡次遭到外族的迫害和屠杀，他们失去了自己的家园，分散在世界各地。欧洲各国、美洲甚至是中国，都曾经有犹太人的身影。

但是，两河流域的文明能够长久流传，主要归功于犹太人。基督教的圣经《旧约全书》中的很多事迹，比如上帝七天创造人类、大洪水和诺亚方舟、伊甸园的故事等，都是从犹太人的典籍中汲取的，这些故事都可以从两河流域的文明中找到原型。东方的许多传统，也是通过犹太人才得以保留，并在今天仍然影响着人们的生活。其中，最主要的就是一神论的思想，这一思想对基督教和伊斯兰教都产生了深远的影响。

人类的文明之光——两河流域的文明，随着时间的推移，逐渐被希腊文明掩盖了，但是它带来的丰富遗产对后世的文明依然有着深刻的影响。经过数千年的发展，人们已经把两河文明逐渐抛在了脑后。但是到了19世纪中叶之后，关于两河流域文明的若干考古发现又把我们带回了那个年代，并让我们意识到，许多在今天习以为常的习惯和耳熟能详的故事与传说，都来自那个时期。当我们回望两河流域文明时期的艺术、文学和建筑时，依然会感叹于它的神奇和伟大。

## 埃及文明

在苏美尔的古代文明蓬勃发展的同时，另一个文明也以类似的轨迹在埃及出现。这两种文明相似的程度以及起源的相似之处，至今都没有一个准确的结论。

埃及的石器时代遗留下来的证据很难判断年代。在埃及同时存在着旧石器时代和新石器时代的遗址，这些留下痕迹的远古居民，是否是埃及人的祖先，也是很难确定的。这些原始人和他们的后代显然是有区别的。他们在埋葬死者的时候，会把尸体分成很多块，而且从尸体上的痕迹来看，很明显有些部分是被吃过的。也许他们这样做的目的是出于对死者的尊敬，或者是用这种形式来保留死者生前的一些可贵的力量或品德。这种分食尸体的习俗曾经在非洲的黑人中间流行，现在已经绝迹了。

在公元前5000年前后或者更早的时候，这些原始人不再存在，取而代之的是真正的埃及人。那些原始的人类依然处于新石器文化的初级时期，只会建造简单的窝棚。但是真正的埃及人已经能用石头和木材搭建更为坚固的房屋，他们已经步入了新石器文化的高阶时代。在这之后不久，他们已经能够制造青铜器，并创造了象形文字。这套文字发展的完善程度已经可以和苏美尔的楔形文字媲美，只是在字体上有很大的区别。在大约公元前3100年，埃及统一，有了唯一的国王，这个国王被称为法老，所以这个时期的埃及又被称作法老埃及。到了公元前332年，埃及被亚历山大大帝征服，古埃及的历史，到这里就结束了。

埃及文明是如何出现的呢？虽然没有确定的结论，但是在很大程度上，它是受到两河流域文明的影响。通常认为，使这两个文明之间产生交集并且互相影响的因素有两个：一个是在尼罗河和红海的交界处有金矿，吸引了苏美尔人来到这里。还有一个是黎巴嫩，那里的木材也吸引了埃及人。在互相进行贸易的过程中，埃及人被苏美尔人的文明深深折服，并且被激励着产生自己的文明，这也促使了埃及人的文明更早地到来。但是，埃及人的文明不是对苏美尔人的简单复制，而是具有与埃及自身的环境相关的独有特点，有它本身的独到之处。

和两河流域不同的是，尼罗河流域的东西两侧分别是阿拉伯沙漠和利比亚沙漠，南边有大瀑布，北边则是没有海港可以停泊船只的海岸线。这些天然的阻隔使得这片区域很难受到外部的袭扰，可以专心发展自己的文明。在这片安全的土地上，埃及人能平静地生活，而不必每天提心吊胆地担心受到闪米特人或是印巴人的无休止的侵略。所以，埃及人的种族能够从法老时期一直存续到现在。生活在当代尼罗河沿岸的农民的样貌，与埃及的神庙与金字塔上刻画的人物十分接近。他们同样身材矮小、体格瘦弱，拥有黑色的直发和深邃的眼睛以及钩状的鼻子。

对于埃及来说，这种相对安全的环境不仅带来了种族的延续，还为政治的连续性提供了宝贵的条件。埃及的王朝没有像其他文明一样如车轮般更替，尼罗河就像一个安全的摇篮，把整个流域包裹在里面，形成一个独立且稳定的王国。尼罗河的河水流淌得十分缓慢，这使得船只北上时不用费多少力气，到了返航时，北风和西北风又帮了大忙。因此，埃及人在运输方面拥有极为便利的条件，这也是在公元前3100年时整个尼罗河流域得到统一的原因之一。

在之前的几个世纪里，最早在埃及生活的农业的先驱者，就像美索不达米亚平原上的人一样，在尼罗河流域开始耕种。这里的土地十分肥沃，所以生产出的物品大有富余，这样就能养活生活在城市里的不事生产、但是具备各种专门技能的人。这时的埃及地区存在两个王国，分别是上埃及王国和下埃及王国。这两个王国都有大约20个省。到了公元前3100年，上埃及王国美尼斯统一了整个埃及地区，埃及的王朝时期正式开始了。这时的埃及已经有了专门的官员、士兵和工匠，也形成了自己的文字，可以说已经具备了文明的应有特征。

这一时期埃及的主要特征是政治上的连续性。从公元前3100年到公元前2270年的8个世纪里，埃及的王朝延续了六代，这被称为古王国时期。像这样持久稳定的政治状况，翻遍两河流域的历史也无法找到。到了第六王朝末期，国王不再拥有绝对的权力，他的地位受到了下辖的州长的威胁。在公元前2270年到公元前2060年这一时间段，州长们纷纷独立，以国王自居，这个混乱的时期被称为"第一中间时期"。在这个时期，来自亚洲和利比亚的侵略者趁机向埃及进犯。到了公元前2060年，也就是埃及的第十一王朝，埃及又逐渐恢复成一个统一的国家，进入了中王国时期。不过这次的稳定没有延续多长时间，不到3个世纪。公元前1785年，历史再次重演，"第二中间时期"开始了。在这个时期，埃及再次遭受侵略，这一次喜克索人征服了埃及。

和埃及的政治一样，埃及的文明也是稳定的，但是它并非停滞不前。从古王朝开始，一直到喜克索人征服埃及，在长达15个世纪的时间里，埃及文明的制度和习俗都向前发展了很多。不过，也有一些特点是埃及人一直坚持的，比如，与苏美尔人的悲观不同，埃及人天生自信并且乐观。因为底格里斯河和幼发拉底河每年泛滥的时间不确定并且洪水凶猛，造成苏美尔人的悲观和没有安全感。尼罗河也每年泛滥，但是时间和周期是可以预知的，这让埃及人获得了乐观和自信的天性。在苏美尔人看来，掌管洪水的神是恶的，但是埃及人把洪水之神看成一个善良的神，认为"它的到来会带给每个人快乐"。

埃及人拥有复杂的宗教信仰和独特的习俗，他们崇拜自然，尤其崇拜太阳神。这种崇拜和信仰后来逐渐形成了权力巨大的祭司集团。到现在为止，我们能够知道的埃及的神明的名字，已经有2000个之多。但是崇拜这些神的人们并不完全敬畏或者遵从神的旨意。在埃及人看来，如果是为了保护自己或者公众的利益，是可以不遵循甚至违背神的旨意的。可以出于道德的目的求神，也可以出于不道德的目的求神帮助。因此，神庙中举行的复杂的仪式，既是一种对神表达崇拜的活动，也可以理解为是祈求神的帮助的活动。在新王朝时期，人们开始相信，在今世如果正直并且善良，那么就可以在来世获得永生，这种来世说在民众中越来越普及。

埃及墓画里的种族类型

因为越来越多的埃及人都相信来世，新王朝时期，一本叫作《亡灵书》的小册子开始为埃及人提供通往来世的指南。这本书价格不高，而且能够随身携带，因而埃及人通常把这本书放在自己的墓中。这本书的流行，在很大程度上也成了民众崇拜冥神奥赛里斯的助力。很多人相信，在《亡灵书》的指引下，每个人都能得到永生。

对埃及人来说，没有人知道来世的样子，所以来世是充满未知的，只能在头脑中加以想象。在埃及人想象的世界里，来世是个有很多道门的地方。要想在来世中顺利地遨游，就必须清楚每一扇门的作用。但是因为没有人了解来世，一张导航的地图是如此必要，所以《亡灵书》应运而生了。它是一份可以指导人们如何在来世穿行的地图，还能教会人们怎么样通过死亡后的审判。如果离开了《亡灵书》的指引，就会在来世中迷失。

《亡灵书》价格低廉，每个人都买得起。人们相信，有了它的保护和指引，每个人都能在死后通过审判，并且在来世获得永生，因此，通往来世的大门是一直敞开的。这样的思想代表了古代埃及人第一次产生的自我意识，但是这种自觉却立刻被巫术的思想扼杀在萌芽中了。

因为相信来世，所以埃及人不但把死去的尸体制成木乃伊，也想要这具肉身所处的墓穴能够坚固。因为这个朴实的理由，埃及人用石头建造陵墓，金字塔就是这样的陵墓。所有金字塔都建造在尼罗河的西岸，因为埃及人认为，就像太阳是从西方落下一样，来世的方向就在西方。

吉萨位于埃及首都开罗市郊，远远望去，这里就是荒芜的沙漠，但是在金字塔盛行的年代，这里是一片繁忙的工地，附近是采石场和工匠的居所。喧嚣散尽，今天的吉萨只剩下一片荒漠，和荒漠中等待人们发现的遗迹。吉萨的金字塔可以说是一个金字塔的建筑群，它的入口位于北方。这个金字塔群落有众多金字塔、周围的围墙、金字塔东侧的祭坛、祭坛与河谷之间的通道以及在河谷边上用来把法老的尸身制作成木乃伊的享殿。这些金字塔中，第四王朝法老胡夫的金字塔的规模最大。这座金字塔的塔底占地达到13英亩，高达481英尺。为了建造这座金字塔，埃及人使用了230万块重达2.5吨的巨大石块。建造这座金字塔使用的是最简单的工具：杠杆、滚筒、辅助的坡道还有人力，甚至都没有用到滑轮。

如此巨大的金字塔到底是如何被建造出来的，这引起了很多争论，并且形成了若干种理论。到了最近一些年，有考古专家认为，金字塔的斜坡就是用来推送石块的，随着金字塔高度的增加，斜坡也在上升。有人认为斜坡是一级一级直接上升的，也有人认为是绕着金字塔呈螺旋状上升的。在这些关于金字塔的争议中，有一种理论尤其特别，因为这种理论认为，金字塔根本不是人类建造出来的，而是出自外星人之手。

在所有跟金字塔有关的论点里，最主要的论点都认为，这些高大的建筑是法老的陵寝，而不是所谓的纪念碑或者是外星人留在地球的标记。金字塔的外形，以及它们反射阳光的本领，都展现出与太阳神崇拜相关的特点。在古埃及的文化里，法老是太阳神在人间的代言人，埃及人有这种观念，自然就建造出了这种形象的金字塔。

传说中，埃及的工匠们在建造金字塔时具有十分高的热情，因为他们相信自己正在建造的是能够决定他们幸福的神的宫殿。不知这种说法是否有道理，因为我们或许还可以假设，无论这些工匠对于修建金字塔有没有热情，他们都无法选择自己的命运。但是，这两种假设都证明了埃及国王具有绝对权威。在埃及，法老被认为具有神的属性，不存在世俗的法老，只有神圣的国王。所以，埃及文明和两河流域文明的不同之处在于，这里不存在一部法典来规范世人的行为，法老即是神，神的话就是法律。

在古埃及的传说中，奥赛里斯是掌管冥界的神。他的弟弟赛特出于嫉妒杀死了他，并把他的尸体切成13块，扔进了尼罗河。奥赛里斯的妻子伊西斯历经艰难险阻，寻回尸体的碎片，拼成了完整的奥赛里斯。伊西斯的忠贞感动了众神，让她受孕并诞下了荷鲁斯。荷鲁斯长大后，杀死了弑父仇人赛特，并成为传说中掌管人间的神。在古埃及人看来，奥赛里斯是他们的第一代国王。奥赛里斯能够死而复生，所以他成了冥神，统治着人死后的世界。他的儿子又成了人间的国王。荷鲁斯死后来到冥界取代父亲成为冥界的王，他就成了奥赛里斯，他的儿子则是荷鲁斯，这就形成了一个轮回。

所以古埃及人认为，法老活着的时候，就是荷鲁斯，是掌管人间秩序的神明。法老死后，就成了奥赛里斯，新的法老成了荷鲁斯。在这循环往复的轮回中，法老代表着人间和冥界的秩序。法老是神在人间的代理人，他具有神的属性，是至高无上的。即便法老因为自身或其他的原因死亡了，新即位的法老依然掌握着王权和神权。这个观念在整个古埃及的历史中贯穿下来。古埃及人迷信来世，而法老是自然而然享有来世的，普通人如果想要得到永生，就要效忠王室。如果死后能够埋葬在王陵旁边，那是一件莫大的幸事，即便不能葬身于此，在这里建一座墓碑也是很好的。

法老至高无上的王权是通过以宰相为首的官僚机构得到保证和加强的，因此这些官僚也被称作"国家的管家"和"国王的耳目"。在宰相之下，有负责尼罗河上的运输事务的掌玺大臣，负责牲畜的蓄养和管理的赏赐大臣，负责掌管全国财政和征收赋税的财政大臣，年景不好时，财政大臣还要向地方分发种子和牲畜。中央以下，还有负责管理地方的各州州长和管理城市和村庄的市长。和其他国家发展的情况一样，各州州长通过聚集大量的钱财，得到更为强大的权力，到了最后，公然对抗中央政权。这一情况可以通过古王朝的分裂和之后长达几个世纪的混乱来加以说明。到了中王国时期，埃及虽然得到统一，但是法老们再也没有恢复之前的权力。虽然法老依然被视为神的代理人，但是他们实际的权力是要和贵族分享的。正因为这样，中王国时期有时也被称作封建时期。

埃及文明的最后一大特征，是国家对全国人民的经济生活的绝对控制。当时已经有了私有财产和私营企业的概念，但是与两河流域文明还是有很大的差距。国家控制了绝大部分的农业和手工业，同时还负责分配劳动所得。国库和政府的仓库里，谷物成仓、牲畜成群，布料和金属工具成垛。这些资料由国家分配，供给全国人民生活使用，也作为荒年的储备。埃及人说，所有人的食物都出自国王之手。除了缴税，每个村庄都要派出男丁参加强制性的劳役，而那些宏伟的金字塔，就是这些劳工最有名的劳动成果。

## 希腊文明

《伊利亚特》和《奥赛罗》是古希腊盲人诗人荷马的巨作，作为史诗，作品记述了迈锡尼人对小亚细亚的特洛伊所进行的大规模的远征。这座古城就坐落在今天的土耳其境内，通过史诗和考古发现，有关特洛伊文明的谜团被逐渐揭开。德国人施里曼对此做出了巨大的贡献。

施里曼的考古发掘最初的动机就来自他对荷马史诗的浓厚兴趣。他认为史诗中对特洛伊战争的描述是真实的。比如河流的分布、火烧的痕迹、特洛伊靠近海边等，这些为确定城市的方位发挥了作用。经过3年的努力，他终于清理出了古城的面貌。接着，施里曼又对伯罗奔尼撒半岛的迈锡尼、泰林斯等地进行了发掘工作，发现了大量的建筑遗存和文物。

特洛伊的发现对很多的历史学家和考古学家产生了影响，他们进行了更多的考古发掘工作，经过他们的努力，爱琴文明的真面目被展示在世人面前。英国学者亚瑟·伊文思就是其中杰出的代表。他从跳蚤市场发现了一些石头印章，经过对上面的符号进行研究，他敏锐地意识到了他的发掘方向，于是他开始了对克里特岛的考古发掘工作，一座王宫在废墟中被发掘出来。伊文思认为，爱琴文明的发源地就是克里特岛，这里是古代东方与希腊交流的中转站。克里特历史悠久，从公元前2000年开始，这里就筑起了城堡，出现了国家和阶级分化。国家对文字的发展和演进发挥了巨大的推动作用。克里特文字从最初的图画式，发展为象形文字，接着又从象形文字演进为线形文字。

发生在公元前1700年左右的一场火山喷发，引起了地震和海啸，这场灾难毁坏了宫殿建筑。克里特人在这片废墟之上，又开始了重建，新建的宫殿更为辉煌。大约在公元前17世纪到公元前14世纪，是克里特文明的鼎盛时期。米诺斯建立的王国，其首都克诺索斯城是一座繁华的都城。克诺索斯王宫占地面积2.2万平方米，有大小宫室1500多间。王宫被划分为办公和生活区两大部分，功能划分明晰，设施几近完美。在这里我们甚至发现了单人浴缸，作为数千年前的卫生洁具，已经和今天相差无几。这里甚至还有抽水马桶、折叠式门窗和通风循环系统等。

考古发现还展现了多彩多姿的艺术形式和繁荣的经济状况。这时的壁画反映了社会生活的风貌，具有很高的艺术水准。同时，农业和手工业也有了相当的发展，外贸出口兴盛，这里出产的陶器行销埃及和叙利亚，甚至西班牙和西西里，从中展现了海上贸易的发达。

就在克里特文明蒸蒸日上之时，不幸降临了，克诺索斯和法埃斯特等地的宫殿同时被毁。有的学者认为火山爆发给克里特文明造成了灾难。克里特文明虽然开始了急剧的衰退，但文明的成果却有后来的继承者，他们就是阿卡亚人，也就是现代历史学家所称的迈锡尼人。

迈锡尼文明起止年代大约在公元前16世纪至公元前12世纪，包括雅典、底比斯及伯罗奔尼撒半岛的泰林斯等许多地方。迈锡尼城堡背靠青山，总面积达3万平方米。城堡的正门设在西北方，城门由四块巨大的山石组成，最大的一块石头重达20吨。城门上面是两头狮子的雕像，这座城门因此还被称作狮子门。

史诗、神话和遗址发掘重现了迈锡尼当年的战事，也展现了他们当时繁荣的经济生活和艺术成就。这时的手工艺非常发达，技艺精巧，图案精美。虽然这是一个崇尚武功的民族，但对于美和艺术依然有着强烈的追求。

迈锡尼陵墓的建筑也很有特色，也就是竖井坑墓的出现，它建造在地下几米深处。后来，竖井墓被圆顶墓所取代，建筑更为富丽和宏大，它是在地面凿开岩石修筑的，墓前有走廊通向墓室。这一时期，迈锡尼文明达到了成熟和繁荣。考古学家还发现了迈锡尼人的文字，并于1952年解读了这种文字。

公元前12世纪，迈锡尼文明遭遇了灾难，开始了由盛转衰的过程。阿伽门农力图挽回危机，他率军开始远征小亚细亚的特洛伊。这场持续10年之久的战争，最终以联军施展木马计攻陷特洛伊而告终，但正是这场侵略战争耗尽了迈锡尼文明的元气。除了战争，还有地震等自然灾害，加上希腊北部多利亚人的南下入侵，都加剧了迈锡尼文明的衰亡。

公元前11世纪至公元前9世纪，希腊的历史处于一个黑暗时期，城市和文字都消失了，文明的脚步倒退到了蒙昧和贫困的状态。但古希腊人把灾难视为一个新的开始，他们在废墟上开始了文明的重建。到了公元前8世纪至公元前6世纪，在希腊半岛、地中海和黑海沿岸，他们建起数百个城邦。城邦的最高权力由公民集体掌握，军事统帅和王的权力因此被削弱。

在古希腊的城邦中，斯巴达的面积虽然居于首位，但也只有8000多平方千米，人口二三十万。其他数千个小邦，与今天的一个个村落相当。城邦中都有由全权公民组成的公民大会。城邦中的公民都享有一定的权力，而外来的移民和奴隶没有任何政治权利，没有选举权和被选举权。但是在外邦享有自由身份的移民有一定的经济权利。

古希腊城邦实行集体领导，崇尚法治，以投票表决决定城邦大事。领导层不能搞个人专断，不能凌驾于公民大会之上。城邦拥有体制化的常设公民大会、贵族或民选议员的议事会和具体行政部门这三级权力机构。在古希腊城市结构中，公民集会与日常活动的场所是最重要的组成部分。城邦的军队由全体公民组成，战时上战场，战后就解散。

公元前490年至公元前480年，波斯帝国来袭，全希腊人都投入抵抗。公元前490年的马拉松战役和公元前480年的萨拉米斯海战，决定了战争的胜利。以希腊贫穷的公民为主体的陆海军，在战争中发挥了重要的作用，获得了胜利。胜利使希腊的经济和文化得到了保护和繁荣，使科技得到了进步，同时也发展了雅典的民主制。

在古希腊城邦，没有拥有产业的大宗教团体，这里的宗教活动由公职人员主持，他们都是经过民选而产生的，而城邦之间的神庙则由邻近的各国负责管理。在城邦内部不存在城市对乡村的统治和剥削，乡下的公民与城内的公民享有同等的权利。

希腊城邦的民主制其实并不完美，因为所谓民主权利并非人人享有，对非公民和奴隶就意味着暴力和压迫，但在专制横行的古代社会，古希腊的民主制称得上是一种进步的制度。当然，雅典民主也是经过一代代人的努力逐步建立起来的，特别是梭伦改革，那是一件具有历史和政治意义的大事。公元前6世纪初，随着雅典社会内部贫富差距加大，城邦社会的稳定受到了威胁。执政官梭伦进行了改革，提出以公民大会为国家最高权力机关，以民众法庭作为最高审判机关，所有希腊公民都有权参加。接下来克里斯提尼将改革深化，废除部落氏族贵族残余的特权，雅典的民主制度基本得到确立。当然这种制度仍然需要完善，因为在雅典政治生活中，富人仍然占有很大的优势。直到公元前5世纪中叶，所有的官职都需经过民选产生，公民大会决定国家大事，一切司法权力属于人民。

公民大会的主要议程包括对现任公职人员的考核，如不合格，立即罢免。一个官员在一年之内要经过十次这样的检查。公职人员如果遭到差评，很可能仅仅任职一个月就会被罢免。官员的任期也有非常严格的规定，也就是任期只有一年。期满后如果希望继续任职，需要再次经过选举。这就遏制了以权谋私的现象的发生，防止了腐败。

雅典的司法制度体现了一视同仁的态度，现任的公职人员一旦出了问题，即使是曾经立下功勋的将军也不姑息。国家公职人员的选举要选择一个吉日举行。大家不分出身和贫富，在运气或者神意面前人人平等。雅典的法官也是用抽签的方式从公民中产生。这里的法官来自农夫、手工匠人、水手等体力劳动者。

而斯巴达实行的制度则有别于雅典，在这里，全体公民集体生活集体作战，他们共同剥削压迫希洛人，因为这些人是国家的奴隶。斯巴达人反对物质享受、文化娱乐和商品贸易。他们拥有强大的陆军，称霸于伯罗奔尼撒半岛，他们不能容忍雅典的政治经济扩张。公元前431年，雅典和斯巴达之间的战争终于爆发了。由于内部矛盾以及与盟友的矛盾，雅典节节失利，再加上瘟疫的流行，雅典人对民主制也发生了动摇。在公元前404年，雅典战败，雅典的民主政治也随之衰落。

## 印度河流域的文明

大约在公元前2500年，也就是人类的文明之光在两河流域出现的1000年以后，另一个文明在印度河流域出现了，它就是古代文明中最神秘、也最让人着迷的文明之一——印度文明。它诞生的地方位于今天的巴基斯坦和印度。在它发展的鼎盛时期，整个地区拥有超过一千座城镇，覆盖面积相当于整个西欧。它出现的年代比亚述人和巴比伦王国还早，也早于中国古代文明。在印度文明的遗址发现的历史遗物，被认为是20世纪重要的考古发现。这些发现留给我们的是一堆待解的疑问。

这个无比辉煌的文明一直延续到公元前1500年左右，由于一些至今仍然是未解之谜的原因，文明从这里消失了。后来，人们已经彻底遗忘了这个文明曾经存在过。印度人曾经认为，从公元前1500年雅利安人入侵开始，他们的文明史才正式书写。正如在古典时期，希腊人认为他们的历史是从公元前776年开始的，也就是他们举办第一届古代奥运会的时候。

在今天巴基斯坦的信德，有一个偏僻荒凉的地方，名叫摩亨约·达罗，在当地语言里的意思是死亡之地。这里曾经发现了一些古代的坟墓，坟墓已经被劫掠一空了。这里有无数的砖石，当地人随拿随用。1856年，英国人在这里修建从卡拉奇至拉合尔的铁路时，筑路工人也发现了这里有许多破碎的砖块，没有人知道这些砖块是从哪里来的，也不知道这些砖块是干什么用的，便砸碎垫到铁路枕木下面作为道砟了。

到了1922年，一位英国的考古学家约翰·马歇尔爵士来到这里勘探。他在仔细地研究了这里成堆的破碎砖块后向全世界宣布，这里曾经出现过文明，这里是一座存在于四五千年之前的城市的遗址。摩亨约·达罗的遗址已经被人为破坏了多年，但是经过发掘，人们仍然能够发现这里曾经是一系列十分繁荣的城市，而且这里存在的每一个城市都是建立在之前城市的废墟上的。紧接着，考古学家们对印度河流域进行了系统的发掘，结果发现，这个古老的文明分布广阔，其面积比两河流域文明或者埃及文明大上好几倍。它以印度河口以北和以南的岸为边界，向东北延伸到喜马拉雅山脉，囊括了一片三角形的土地。

  人们对古印度文明的了解还不够多，也许更为深入的发掘会改变现在所有的设想。从这个文明的源头我们能够知道，它不但由本地的新石器时代的居民所创造，也包含了公元前3000年前从俾路支地区迁徙到印度河流域的外来人的贡献。所以这个文明里包含了两者的特点。这些新移民带来了苏美尔人的文明的信息，刺激了本地文明的诞生，这和之前在尼罗河流域发生的情况十分相似。

  印度文明被看作是高度发达的城市文明。在被发掘出土的城市遗迹中，摩亨约·达罗和哈拉帕这两座城市是最著名的。它们采取了相似的建筑形式，具有很大的规模。这两座城市在建造之初显然是有明确的规划的，每个建筑物的形状和大小都有严格要求并经过了仔细的丈量。所以，两座城市具有统一的格式。

  摩亨约·达罗有笔直的城市干道，道路宽度约为3.12米。道路两边的房屋是用砖块砌成的，而且都没有面朝大街的窗户和正门，这也是这些房屋的独特之处。或许是出于防盗的目的，它们的门窗都对着小巷。也有人认为这样做的目的是防洪，因为大街的地势较低，而小巷比大街要高。这座城市还有一个令人震惊的发现，就是在城市干道拐弯的转角，有驴车经过磨出的印记，这些印记是4000年前留下的。这里的居民住房坚固而且美观，在所有古代文明的城市中都是一个特例。

  在我们曾经说过的两河流域文明和埃及文明中，大量的财力和物力被用于建造神庙、王宫和坟墓，普通民众的住房却矮小简陋。与此形成鲜明对比的是，印度文明中的民居都很漂亮，房子都是用砖砌成的，沿着街道的走向整齐排列。每个街道的交会处都构成一个直角，整个城市形成一个四方形。虽然每个民居的大小有区别，但都是独门独户的院落形式。这些房屋既有简单的两居室，也有堪称宫殿的大房子。每个房子的砖墙都砌得很厚实，而且房间也是彼此隔开的。房屋通常都是错层建筑，最令人惊奇的是这些房间都具备卫生设施。它们都有专门的浴室、厕所和下水道，还有专门的水井。每家每户的下水道连接成网络，集中流入统一处理污水的化粪池中。

印度文明中这套完善的城市排水系统让人深感震惊，凭借这个特点，它和世界上其他的古代文明形成了显著的区别。直到今天，世界上某些欠发达的农村还没有这样的设施，但是在5000年前的摩亨约·达罗，人们却已经做到了。

摩亨约·达罗和哈拉帕这两座城市的西侧，都有一个椭圆形的高台。它长约360米，宽约180米，高度分别为9米和15米。这些高台都被城墙围绕，墙上有空洞可以用来攻击和防御。城墙外还有一片下城，面积达1平方英里。这些高台有可能作为包围城市的堡垒存在。

与其他的古代文明一样，印度文明的主要构成依然是农业文明。这里的主要作物是小麦和大麦，农民们也会种植其他作物，比如甜瓜、芝麻和棉花。因为种植棉花，所以印度是全世界最早使用棉布的。大麦和小麦也是城市里的居民的主要食物，除此之外，他们吃椰枣、豆类和椰子的果实。他们还会用渔网捕鱼，偶尔也会捕猎鸟兽。

他们已经驯化了狗、马、水牛和牦牛，猫在这个时候也出现在人类的家庭里。他们饲养牛、羊和骆驼，牛主要用来驱使，还用来拉车。从这点看来，这时的印度城市居民中的大部分是从事农业和畜牧业的。他们与外界也进行了一些贸易，包括与美索不达米亚平原上的居民，因为在那里的公元前2000多年前的遗迹中，发现了印度文明使用的印章。此外，在波斯湾的巴林岛上也发现了一些印度文明的痕迹，似乎说明巴林岛是印度河流域与两河流域之间贸易的中转站。

在城市的遗址中还出土了一些铜加工成的棒状物体，一些考古学家认为这是当时使用的货币。如果这一论断属实，那么这些铜棒就是世界上最古老的金属货币。此外，这里还出土了很多项圈、手镯、臂环、指环和足环等，由此可以推断出，当时有很多专门加工金银器和珠宝的匠人。尽管当时还普遍使用石器，但是青铜工具已经开始出现，发达的铜器时代已经来临。

到目前为止，印度文明中最惹人注目的是，这里发现了大量刻有各式各样图案的印章。这个地区总共出土了2500余枚印章，其中有400多枚带有符号。一些科学家认为，这些印章可能是用来标记财产的所有权的，因为当时的贸易活动比较发达。也有一些人对此表示不同看法，他们认为这些印章只是平民佩戴的护身符。但是在两河流域发现印度的印章，结合两个流域的文明之间进行的贸易活动，似乎可以认为，这些印章是用来给交易的产品打上标记用的。印章上不只有图案，有的也刻上了铭文。当时的居民使用着同样的文字，这些文字属于象形文字的范畴，由线条组成。印章上出现的铭文一般很短，只有五到六个符号，表示两到三个字。

在哈拉帕出土的一些小石头制成的印章上，充分体现出了匠人高超的手艺。上面雕刻着的人像和动物形象栩栩如生，其中有水牛、犀牛，还有老虎。还有一些其他工艺品，如陶制的象等。在同一时期，一些苏美尔人制作的工艺品，也体现出类似的艺术风格。一些学者就此判断，两个文明之间曾经有密切的交流，彼此之间存在着一定程度的影响。甚至有些学者把这个时期的印度文明中的作品，称为印度—苏美尔艺术。一些精美的艺术品，在这个时期已经诞生了。

这里出土过一尊舞女像，是用青铜制作的。这尊铜像身姿苗条，体态婀娜，双腿微微前倾，仿佛正在随着音乐舞动似的。雕像的神态端庄，线条优美，人物的样貌在当时应该是一个典型的美女。这尊优美的雕像能够反映出当时人们高超的青铜器制作工艺水平。在这些遗址中还曾发现过女性使用的梳妆用品，如青铜镜、首饰盒、盛放口红和眼膏的化妆盒，还有穿耳孔用的针、修眉用的剃刀等，还有很多装饰品，花样繁多，图案和款式十分精美。

在这个古老的印度河流域文明的遗迹中，只有大量的民居，却没有大规模的宫殿，也没有像古代埃及和中国那样宏伟的陵墓，甚至连一点儿帝王曾经留下的痕迹都没有，这是很独特的现象。在印度地区后来出现的文明中，一些钱币和印章上经常带有国王的形象，或身穿盔甲，或手持宝剑。但是在印度河流域文明的遗物中，没有发现类似的东西。这里出土的数以千计的印章上，刻有各种文字、动物、植物和神的形象，但是没有一个印章上面刻着看起来是国王的像。

印度河文明和吠陀文明，是两个不同的文明。在这个印度河流域文明被人们发现之前，我们印象中的印度文明——雅利安人的文明，就是吠陀文明。吠陀文明是早先人们认为的南亚次大陆上最古老的文明，可以追溯到公元前1500年前。但是印度河流域文明的发现，把这一地区的文明发源时间向前提了1000多年。这个文明与之后诞生的吠陀文明之间有一些相似之处，但是仍然存在着相当大的差异。两个文明之间到底有什么关系，到今天为止依然是一个谜，没有确切的结论。

印度河流域文明中的文字，目前还没有被解读出来，所以人们只能在一些已知的证据基础上来推测，认为两个文明之间是存在着联系的。但是到底是哪些具体的联系，现在还不是十分清楚。那么为什么可以做出它们之间存在联系的判断呢？依据是什么呢？首先，印度河流域文明中发现了大型公共浴场的遗迹，而后期的印度教徒也使用这样的形式进行沐浴，印度教的寺庙中也有类似的浴场。所以我们推断，印度教的这些习俗是从古老的文明中继承下来的。其次，印度后来出现的文明中的一些图案，在远古的印度河流域文明中遗留下来的图章上就出现过。比如十字图案，宗教中的卍字图案，还有一些动物的形象等。还有一些后期文明中的雕像的造型和工具的样式，也早就出现过。根据这些相似之处，人们推断两个文明之间存在一定的联系。

而这个古老文明中的大都市摩亨约·达罗，在公元前1700年前后突然衰落了。关于这个文明为何衰落，学者们分析出了很多原因。有人认为它是因为外族的入侵而灭亡的。因为这个文明不信奉武力，而是通过宗教来进行治理。在同一文明区域内，信仰同一个宗教的人是认同这种治理方式的，但是对于域外不信仰这些的野蛮人来说，这种治理方式毫无用处。在考古学方面，入侵灭亡说的证据是，在摩亨约·达罗遗址的最上层，发现了房屋被焚烧的痕迹。在大街上和房屋内发现的居民的遗骸上，也有被武器砍伤留下的印记。

关于印度河古文明消失的原因，还有一种说法，认为古代文明的繁荣，对生态造成了破坏，这个问题日益严重，与此同时，经济开始衰退，各种社会矛盾日趋突出，这就引发了社会的动乱，文明自然遭到了毁坏。自然灾害以及生态环境的变化，比如河流的改道、洪涝灾害、沙漠的侵蚀、地震、海水后退，等等，这些都在很大程度上改变着生态环境。甚至有人这样认为，是泥浆淹没了文明。火山喷发使大量泥浆涌出地面，它们淤塞了河道，形成大面积的湖泊，而几十年后，河道的堤坝被逐渐消损，河水重新漫过堤坝，原来的河道得到了恢复，这样的灾难时常发生，给印度河文明的中心所造成的损害是巨大的。

同时，在每一次城市的复兴进程中，都需要使用大量的砖块。烧制砖块需要砍伐树木，挖掘沙地，这些都造成了严重的水土流失。在本身就不利的条件下，人为的破坏进一步加重了生态的恶化。城市变得衰败，交通瘫痪，贸易活动也开始衰落。在这种情况下，大量居民不得不离开城市，向恒河流域迁徙。如果人类对生态环境的破坏造成了这一文明的衰败，那么它所付出的沉重代价，足以让今天的人们警醒。

## 中国古代文明

当白种人的文明在亚、欧、非三大洲交界之处萌芽时，一个黄种人的文明在中国的黄河、长江流域发展并传播开来。中国的考古成果我们所知甚少，但是我们清楚的是，中国各地都出土过石器时代的工具。中国古代的先民们同其他文明里的人一样，住在村庄里，会耕种、畜牧、纺织和制陶。关于这一时期的文化我们缺乏实物证据，只能根据一些历史文献得来。但是有一点可以确定，这个文明基本上没有受到外界的影响。当欧洲和非洲的文明蓬勃发展时，因为高山和沙漠的阻隔，中国自发地产生了自己的文明。

我们已经知道，古代印度文明是不连续的，中间存在断层。古代中国文明具有的特点是连续和统一，中间没有明显的停顿。也有一些来自北方的游牧民族入侵中国，中国甚至在某些王朝被外来民族消灭。但是与其他被征服者不同的是，中国并没有接受入侵者的语言和文化，与之相反，入侵者自身总是被中国迅速且完全地同化。

中国的政治和文化的延续性似乎是由于这个原因：中国的文明里，在任何时候都没有产生过祭司阶级或宗教集团，而是追求现世主义。对现世的特殊喜爱能够为政治本身的稳定提供坚实的基础。在这个基础上，中国人设计出了一套文官选拔制度，并且这一制度在中国延续了上千年。文人们可以通过全国性的考试考取功名，进而为官，在现世中获得成功，而不是通过祭司和信仰来祈祷未来。这样的情况只出现在中国，而其他地方出现这样的事，已经是2000年之后了。

对于中国的历史，欧洲的学者们了解得很少，而且我们所知道的一些关于古代中国的记载并不十分可信，更像是一种传说。比如，在中国的上古时期存在几个令人难以置信的帝王——五帝，他们在公元前2700年至公元前2400年先后统治着中国。

在五帝之后，随着时间距今越来越近，史籍中记载的事实也就越发可信。这时中国的中原地区出现了一系列王朝，他们和来自北方的游牧民族也开始了长期的斗争史。与两河流域和埃及一样，中国最开始也是一个城邦制的国家，有很多诸侯国。后来，它像埃及一样转变成了国王统治下的封建体制，后来又演变成了一个中央集权的庞大帝国。商和周是两个重要的朝代。

到了周朝后期，也就是东周时期，国王的统治力下降，各个封建主之间开始了绵延不绝的争斗，进入了一个混乱的时期。但是这个时期同时也使社会发生了根本的变化，从而永久决定了中国的发展进程。产生这些变革的根本原因在于铁器的使用。铁在很晚的时候才传入中国，对铁的大规模应用已经是公元前600年左右的事了。但是到了公元前500年至公元前100年，铁给

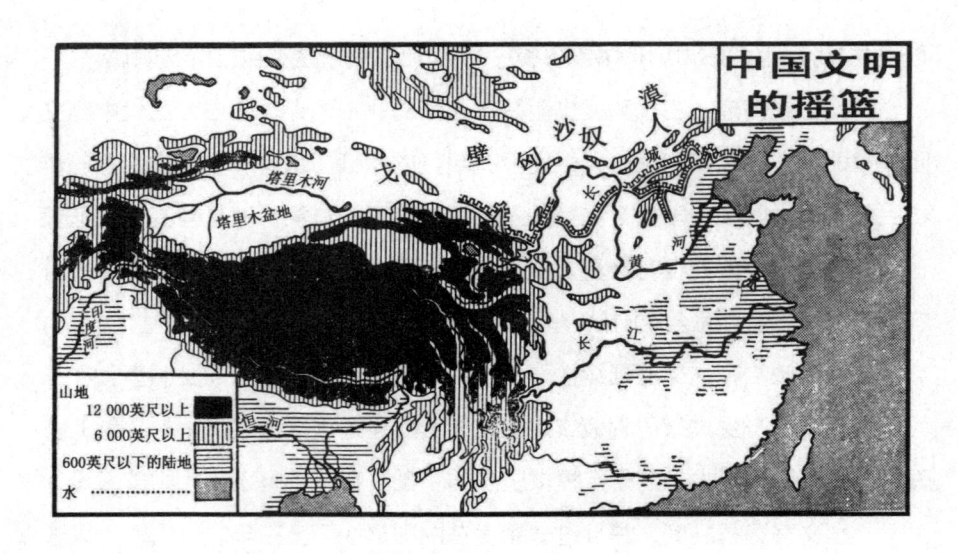

中国社会留下了鲜明的烙印。

铁制工具更加高效,这使原本在黄河流域产生的农业向南方扩展,到达长江流域。铁制工具也使得大规模的工程得以进行,人们开始挖掘沟渠,灌溉原本干旱的农田;开挖运河,使大宗商品可以从水路进行长距离的运输。这些都意味着劳动生产率的大幅提高,同时促进了早期的工业和贸易。在贸易的推动下,经济开始商品化。中国很早就开始使用货币,最早的货币常常是贝壳。到了后来,铜制的钱币出现,并且开始被日趋广泛地使用。在经济商品化的进程中,一个新的阶级出现了,这就是商人和工匠的阶级。他们可以自主生产、自由贸易,他们生活富裕,无须像过去一样依靠封建主生活。后来,他们变成了新的贵族,而且很快就对封建主的地位形成了挑战。

紧随着经济变革到来的是政治上的巨大变革。统治阶层从过去的分封制变成了中央集权制。经济的发展给封建统治者们提供了丰富的资源,使他们可以建立起中央集权的政权。因为生产力的提高,新的土地被大量开垦,由于这些土地不属于分封的范围,所以土地上的产出都直接进入了各诸侯的私库,这些收入尤其增加了转变为中央集权所需要的财力。诸侯们逐渐把以前被分封的封地转变为按他们自己的意志管理的独立的行政地区。虽然这个发展过程十分缓慢，但是周王朝的统治力量被严重地削弱了。

因为中国文明中有独特的重视现世的性质，所以早期中国的思想家们都注重解决当时的实际问题。他们倾向于成为政治家，向各诸侯国的统治者兜售自己的观点。他们在各国之间旅行和辩论并吸纳信徒，逐渐形成了一个个流派。这时的思想家人才辈出，所以中国人把这一时期称为"诸子百家"时期。

在这些思想家中，一位杰出的代表是孔子。他对中国的影响极为深远并且持久，一直延续到现在。在过去的2000年中，中国人的特点都能用孔子创立的学说来概括，这就是"儒家"学说。公元前551年，孔子诞生于一个没落贵族家庭。这时他所面临的社会是混乱无序的，到处都是封建割据，没有一个统治者能够得到全体国民的拥戴。孔子在各个诸侯国间穿行，"周游列国"，试图找到一个封建主能够采纳他的思想和治国方略。他确实担任了一些官职，但是对于整个政治局面的影响可以忽略不计。所以他转变了方向，开始广收门徒，向青年人传授他的知识和见解，希望这些学生可以继承他的思想。

这时，孔子终于发现了自己的特长，那就是他证明了自己是一个擅长教学的老师，所以他把全部的热情都投入到这上面。他对一些事情的观点和他的教导被他的学生记录成书，这就是《论语》。这本书最早出现的年代大约是在孔子去世100年以后。它不是一本关于苦难和自我牺牲的书，而是记录了孔子本身的鲜明且令人着迷的个性。他十分聪慧、仁慈，并且为一些愚笨的想法所苦恼。这些都证明了孔子内心的平静以及一种难能可贵的幽默感。

从根本上说，孔子的思想是保守的。他没有打算伤害固有的社会关系和秩序，他主张"君君、臣臣、父父、子子"。但是，他虽然强调统治者仍然继续拥有统治的权力，但是主张统治者的统治基础应该是标准的道德规范。在当时迷信严重的时代，孔子还是一个难得的现实主义和理性主义者。在当时的人看来，占卜和语言有神奇的作用，死者的灵魂也令人恐惧。孔子虽然承认有鬼神的存在，但是对它们的态度是不屑一顾的。他曾经说："未知生，焉知死？"

孔子在世时，他的思想和学说并没有得到普遍的接受，更别提被使用。但是他的思想最终还是在中国作为整个国家的教义流行开来。一个重要的原因是他的观点是保守的，是安于现状的，这深受后来中国的统治者喜爱。而且他尤其强调道德，认为道德是统治者行使权力的必要条件。公元前2世纪，孔子的学说被统治阶级认定为治国的根本教义，他的著作成为官员和学者深入学习的典籍。一直到了2000多年之后的1911年，中国最后一个封建王朝覆灭之前，孔子的思想在中国一直处于统治地位。实际上在这之后，孔子仍然保持着他的巨大影响力，直到今天也是如此。

公元前221年，中国发生了历史上第一次大革命，这次革命结束了封建的领主制，在中国建立了第一个中央集权的庞大帝国。这次革命的肇始人是当时的诸侯国之一——秦国的领导者。秦国位于中国的西北部，这里的地势险要，易守难攻，成了秦国的天然屏障，也让秦国进攻其他国家时没有后顾之忧。由于地处偏远地区，经常面对游牧民族的袭扰，所以秦国的军队常年处于战备状态，具有强大的战斗力和丰富的实战经验。而且，秦国人是所有中国人中最早使用铁制武器代替青铜武器的。秦能够统一中国的另一个重要原因是，它在公元前318年占领了四川，这里丰富的粮食资源使秦的力量大大增强了。最后一个重要因素是，秦的领导人通常认真实干并且野心勃勃。

凭借着这些有利的条件，秦国不断向外扩大领地，把一个个诸侯国征服并吞并。那时中国其他地区的人把秦人称为"野兽"，把秦的扩张进程形容为"蚕食"。到了公元前221年，秦王成了全中国的共主，他自称"始皇帝"。"始皇帝"的意思是第一个皇帝，在他的设想中，他的后代将成为第二个皇帝，并且一直代代相传下去，"至千万世，传之无穷"。

秦始皇把原本在秦国推行并取得成功的理论向全中国推广。他废除了之前的诸侯国，把领土分为若干个行政区划，每个行政区的长官都由中央统一任命，并对中央负责。除了保留秦国本身的军队，其余国家的军队都被解除了武装。被征服的各国的旧贵族被送往首都，随时监视。秦的军队被派到全国各地。秦始皇还统一了货币和度量衡，以便经济能够更好地集中。

这时，中国开始了一项重要的改革，从后世来看，这次改革具有深远的影响力，那就是秦把之前各个王国不同的文字废除，颁布了一套新的统一的文字并向全国推行。这种统一的文字是在各种文字的写法基础上演变而来的，具有中国文字固有的性质，所以成了一种有效的黏合剂，把全中国各个地区的人统一在一起。这种新的文字一直保留到了现在，虽然经过了多次修改，但是具有汉字的典型特征，所有受过教育的中国人都能理解这种文字，尽管他们使用的方言不同。同时，受中国影响的外国人也能理解这种文字。受过教育的日本人和朝鲜人尽管不会说汉语，但是都能阅读汉字。这对中国的民族统一和对整个东亚地区的影响，都十分重大。

但是这些改革在当时侵害了许多既得利益者，引发了广泛且激烈的反对，尤其在文人和学士中间，反对的声音更大。在这种情况下，始皇帝决定"焚书"，让文人没有可以凭借的知识基础。所有的文学经典都被付之一炬，只有农业和医学之类实用性的书籍得以保留。但是实际上，这一行动并不成功。因为一些文人冒着生命危险藏起了一些书，更有一些人在把书上交之前统统背了下来。秦王朝被推翻之后，这些典籍的大部分又都凭借着藏书和文人的记忆而重现人间。不过，这一举动摧毁了从周时期以来百家争鸣的局面，中国思想的黄金时代到秦时已经结束了。

秦始皇动用整个国家的力量，把中国的边界扩展到如今的越南地区。他在北方击退了游牧民族，而且为了阻止他们卷土重来，修建了举世闻名的长城。秦代的长城西起内蒙古，东至大海，长达一万两千多里。这个工程是如此浩大，完成它损失了大量的生命。到了2000多年后的今天，提到长城时人们仍然会说，为了修长城，100万人死去了，长城上的每一块墙砖都代表着一条人命。就像文人咒骂皇帝"焚书"一样，普通百姓也因为修长城咒骂皇帝。

因为在民间这种对皇帝的憎恶十分普遍，而且始皇帝的继承人无法承担起统治帝国的重任，公元前207年，也就是始皇帝去世仅仅4年后，他一手建立并且渴望流传万世的帝国就被推翻了。尽管秦的统治时期很短,但是在中国历史上仍然留下了深刻的烙印。

铁质工具的广泛运用,使得原本产生于黄河流域的农业扩展至南方,延及长江流域。铁质工具的便利也方便了大规模工程的营建。沟渠和运河的开掘也因之变得普遍起来,大型农田的灌溉和大宗商品远距离的运输成为可能。劳动生产率的大幅提高同时还促进了早期工业的生产和交易,从而推动了经济的商品化进程。

中国是世界上最早使用货币的国家之一,据文献记载和出土文物考证,中国货币的起源,至少已有4000年历史。货币萌芽时期,人们生活中常用的物品,例如牛羊、粟帛、珠玉、龟贝等,都曾经在反复的交换过程中充当过交换媒介。由于计数和携带等诸多不便,作为交换媒介的许多物品逐渐被淘汰,只有海贝,因其光洁美丽、坚固耐用、携带方便,又有天生的自然单位、容易计数,而被广泛使用。商代曾以贝壳为主要的通用货币之一。到了商周时期,青铜冶炼术发展到了相当的水平,出现了铜币。铜币的出现,标志着中国货币进入金属铸币阶段。

在经济商品化的进程中,诞生了一个新的阶级——商人和工匠。他们自主生产,自由贸易,生活富裕,不再像以往那样依靠封建主过活。后来,商人和工匠变成了新贵族,对封建主的地位形成了挑战。

因为生产力的提高,新的土地被大量开垦,由于这些土地不属于分封的范围,这些新垦土地上的产出直接进了地方诸侯的私库。中央王朝和地方诸侯之间的财力对比因此出现了失衡。诸侯们的政治野心随着财力的日渐雄厚而膨胀起来,他们逐渐把以前的封地变为按自己意志进行管理的独立行政区。这个变动过程是缓慢的,不知不觉地削弱了周王朝的统治力量。

中国文明向来有重视解决实际问题的特质。政治格局的变更给各诸侯国的士子提交了一份亟待回答的问卷。面临"道术将为天下裂"的严峻局面,中国将向何处去?对此有所思考的士子著书立说,穿梭于各诸侯国,辩论并吸纳信徒,形成了一个个流派。一时间思想家辈出,中国人把这一时期称为

"诸子百家"时期。

在这些思想家中，诞生于公元前604年的老子主张"小国寡民"。他和印度的某些思想家一样，以标准的生活之"道"训导世人，提倡"知足之足，常足矣"。这句话的意思是，一个人心灵的宁静绝不能被欲望和激情破坏。"驰骋畋猎，令人心发狂，难得之货，令人行妨"，我们不难发现，老子的思想和乔达摩佛陀，甚至和7世纪后的皇帝兼哲学家马可·奥勒留，庶几可称之为异代同调的知音。

孔子诞生在公元前550年左右，与乔达摩佛陀几乎同时代。孔子年轻时家境贫寒，但追溯其家世起源，他的祖上地位十分尊贵，按血统论，孔子应是一位门第没落的士大夫。孔子和中国同时代的其他士大夫一样，学习了音乐、阅读、射箭、骑马、养狗、行猎和钓鱼等技艺。

孔子的训言对中国人产生了重大影响。当他还在世时，宗教祭祀礼仪和习俗代表主流道德观念的一部分。孔子严格地遵守各种道德礼仪和风俗，谨言慎行地参与一切礼仪活动，比如各种家宅神仙和祖先的祭祀等。他对天地的祭祀也敬重有加。他认为，对父母的真正尊敬，应当是"生事之以礼，死葬之以礼，祭之以礼"，他还认为，"三年无改于父之道，可谓孝矣"。

孔子为了推广他的救世主张，曾"周游列国"，试图找到一个能够采纳其思想和治国方略的国君加以辅佐。他确实在列国担任过一些官职，但对于整个政治局面的影响几乎等于零。改革王朝政治的梦想破灭后，孔子转变了方向，广收门徒，向青年人传授他的学识和主张，把全部的热情都投入到教学上面。

孔子和佛陀一样，对人生的关注超过对鬼神的关注。他流传下许多格言，如"多闻阙疑，慎言其余，则寡尤""见义不为，无勇也""学而不思则罔，思而不学则殆"等，其中流传最悠久的格言是"己所不欲，勿施于人"，但这些格言大多与宗教无涉。

孔子对任何事情都有其独到的看法。当我们关注一下孔子所处的时代，就会发现，诸侯和达官贵人们无不骄奢淫逸、压榨平民，为了扩张地盘，不惜进行破坏性的战争。孔子深信，只要统治者像父亲对待儿女一样来对待人民，就能摒弃这样的罪恶。

总结归纳孔子的思想，并不容易。不过，应该注意到下列几点：1.不能单从政治改革家的角度看他。他的政治改革虽然失败了，但他关于君王崇高地位的理论，以及管理朝廷的仪则，对后世影响深远。2.他对古代宗教礼仪十分重视，在他的努力下，这些礼仪转化为他的思想观点的一部分。由于孔子的盛名，人们只要提及孔子，就会联系到祖先崇拜，以及对传统的崇敬。3.在中华民族性格的塑造上，他的礼仪规则，以及道德上的训言和教导，都产生了巨大作用。4.他著述和编撰的一系列典籍，被称作"五经"，由他和弟子们编辑整理。这些书包罗万象，包含了过去各时代的传说和历史事件、优美的诗篇，还有当时人们的智慧成果。他近乎保守的思想深入地贯穿全文。他主张"君君、臣臣、父父、子子"，强调对固有秩序的尊重和沿袭，认为无论出身如何，只要各人安分守己，各人尽各人的本分，则天下太平。孔子的这些思想对教导中国人遵守传统道德，产生了巨大作用。

公元前2世纪，孔子的学说被统治者定为治国之本，他的著作成为士人阶层深入学习的典籍。一直到2000多年之后的1911年，中国最后一个专制王朝覆灭之前，孔子的思想在中国始终居于统治地位。实际上，直到今天，孔子对中国人的日常生活，从平日的言谈举止，到节日的盛大典礼和祭祀，仍然起着强大的规范作用。

秦帝国仅二世而亡，国祚才十四年。究其原因，在于秦帝国没有在和平到来时，改革其战争时期的政治体制，予民以休养生息的机会，扩大言路，反而变本加厉，焚书坑儒，这一自毁根基的做法削弱了统治的基础，招致广泛且激烈的反对，尤其在士人阶层中，反对的声浪更盛。

很明显，在秦王朝之后统治中国的汉朝皇帝更加谨慎。终汉一朝，其文治武功与历代相比，毫不逊色。比如那句"犯我强汉者，虽远必诛"的誓言，今日的汉家儿郎每念及此，也难免热血沸腾。在开疆辟土上，汉朝的武帝堪称"好战的皇帝"，他对外采取的系列军事行动取得了重大的胜利，帝国疆域被推进至中亚地区。但他的好战，也严重损耗了国家的资源。为了应对国内危机，他实施货币贬值、出卖官位、垄断经营盐和铁等政策。在他当政时，尚能应付不断疲软的状况，但是留给继承者的是一个极为棘手的烂摊子。

在文学上，汉朝时期最伟大的贡献是史书编纂。中国的几部儒家经典《诗经》《尚书》《礼记》《易经》和《春秋》——通称为"五经"——中就有大量的史料。但是到了公元前1世纪，一部比以往任何一部史书或文学著作都要全面和复杂的历史书问世了，这就是《史记》。

大约在公元前120年，汉武帝开辟出一条漫长的"丝绸之路"，使得中国商人得以穿越广袤的戈壁同印度、波斯、叙利亚以及远东其他各地进行商贸往来。戈壁本身的自然环境已经够糟了，况且那里还生活着异常剽悍的骑马牧民，他们被欧洲人称作鞑靼人或突厥人，中国人则称其为匈奴。为了驱逐匈奴，汉武帝派出一支大军，穿过山道，向西追踪至塔里木河流域，进而抵达奥克苏斯河流域。公元前114年，中国商队沿这条路到达突厥斯坦和波斯。因是之故，这条路就成了通向西方的著名的"丝绸之路"。此后，中国与印度和近东地区就有了商业和文化上的相互沟通。从某种意义上说，汉武帝最重要的功绩就是开辟出这条"丝绸之路"。

沿着"丝绸之路"，每年总会有十多支中国商队穿过这条贸易商道前往西域，用携带的丝绸和铁条交换宝石、玉石、琥珀、珊瑚和玻璃。显然，中国商人一般不是直接和希腊人和罗马人做交易，而是通过中间人——突厥人或波斯人，将货物运至近东，抑或是沿陆路穿过波斯和美索不达米亚，或者顺印度河而下到达阿拉伯海，再用船将货物从阿拉伯海运至埃及和地中海。

运往叙利亚的中国丝绸会在当地染成紫色，用金线绣上花，然后再由叙利亚商人转卖给希腊和罗马的达官贵人。在奥古斯都大帝当政时期，这种交易形式在罗马十分普遍。然而，到了下一任大帝提比略当政时，政府曾立法禁止罗马的达官贵人使用这种新织品。部分罗马人也认为，罗马的黄金为了购买中国丝绸，已大量透支，掏空了帝国的财政，因而积极支持政府的这一立法。

虽则如此，中国和罗马之间的丝绸贸易却从未间断，甚而持续升温。为了不让中间国波斯获利,许多罗马人想尽一切办法和中国人直接交易,这也许是罗马与波斯帕提亚朝诸王之间交战的原因之一。为此,他们做了若干尝试。比如,寻觅出一条直达中国的海上路线。据载,公元166年,曾有叙利亚船抵达中国陆地,但鉴于航程过长,再也没有后来者重复这条航线。为了到中国去,罗马帝国派出的特使和旅行家,有时竟不顾生命危险选择从陆地穿越中亚细亚,无奈路程实在太遥远了。所以,罗马和中国仍不得不通过中间国波斯和印度来进行贸易。

由于距离实在太遥远,两个伟大的帝国之间直接贸易很少,政治和文化上的沟通更少。罗马人一直迫切地想要获知制造丝绸的方法,但直到查士丁尼大帝时期才实现这一夙愿。查士丁尼派遣了两个修道士前往中国。大约在551年,他们带回了一根装着蚕卵的空心手杖——比起和它们等重的黄金,这些蚕卵价值更大,因为它们象征着丝绸业在小亚细亚和欧洲的兴起。

第三章

文字和语言的起源

## 人类语言的起源之谜

从古代一直到现在，人类都对自身的语言的起源有着浓厚的兴趣，而且给出了各种不同的解释。在人类的文明水平和科技水平尚不发达的时候，人们无法通过事实论证语言的起源问题，就选择通过宗教来进行解释。古希腊的哲学家苏格拉底曾说过，上帝为众生和万物都起好了名字，所以语言是神圣的，可以与神交流，富有魔力。在古代的西方，人们认为是上帝创造了语言。基督教的经典《旧约全书》中谈到了语言的诞生，书中说，上帝给了亚当为万物起名的权力。

也有一些古代的帝王对语言是如何诞生的十分感兴趣。古代埃及的一位国王为了探寻人类开口说的第一句话是什么而采用了一种特殊的研究办法。他找到一个刚刚出生的孩子，并让一个牧羊人把孩子带到野外，不允许这个孩子同任何人交谈。牧羊人负责照顾孩子长大，这个孩子如果开口说话了，要第一时间来报告国王。过了一年多，孩子终于开口说出了第一个词。国王立刻召集全国的语言学家研究这个词的意思，后来发现它在弗吉利亚语中指的是"面包"。于是国王认为，人类说出的第一个词就是"面包"。

但是，对在文字之前出现的语言的研究缺少证据，所以人类的语言到底是如何起源的，还停留在猜想的层面。19世纪30年代，语言学家们在法国召开了一次世界大会，会议做出决议，认为从古至今，包括苏格拉底和柏拉图在内的所有人，对语言的起源做出的结论都是空泛且不足信的，以后禁止讨论任何与语言起源有关的问题。这一决议到现在仍存在影响，很多当今的语言学家不重视语言的起源问题，关于这个问题的研究也很少。

但是一个会议的决议毕竟无法阻挡人类的好奇心，仍然有语言学家孜孜不倦地想要弄清事情的真相。1934年，在土耳其召开了全国语言学大会，大会的议题就是人类语言中的第一个词究竟是什么。参会的语言学家们根据猜测和事实判断，认为"太阳"应该是人类最早学会的词。但是这个结论是如何得出的，因为会议的记载已经缺失，我们无从知晓。语言产生的原因一直众说纷纭，关于人类说出的第一个词到底是什么的争论也从未平息。

那么，是什么原因使人类产生了语言呢？目前，关于语言的诞生有四种主要的理论。第一种理论认为，人类的语言来自对自然的模仿。比如，早期人类在旷野中看到狗叫，听到狗发出的"汪汪"的声音，类似的经验多了，就用"汪汪"声来指代狗。第二种是19世纪初提出的一种自然主义理论，名为"丁当理论"。它认为，世界上所有的事物都是有形有质的，所有东西发出的声音都有自己的回声，回声创造了词汇。第三种理论，也就是马克思主义的语言起源理论，认为人类是在劳动的时候创造了语言，早期的语言是从劳动时所喊的号子里发展出来的。第四种理论认为，人类的感情创造出了语言。当人类表达愤怒或者愉悦时，会有气流冲过声带，这些声音就产生了语言。而且它认为，人类因为最基本的喜怒哀乐而发出的声音，就是最早的词汇。

一位来自美国的语言学家认为，人类语言中最早出现的词汇是代表最常见的事物的名词，比如食物。接下来诞生的是形容词，用来描述一件事物的特征。在这之后诞生的是用来呼叫伙伴以及发布指令用的呼语。这些词汇都和早期人类的生存有着密切的关系，如果我们的语言是伴随着人类的生存与发展产生的，那么这种理论有一定的道理。

另一些专家从生理的角度对人类语言加以研究，他们发现的成果是，对人的生理构造来说以字母b、m、p为开头的词汇是最容易发音的词汇。即使是刚出生的没有牙齿的婴儿，在发这几个音的时候也毫不费力。当这几个音与人类降生之后最早接触的东西联系在一起，就诞生了最早的词汇。现在无法考证这三个字母哪一个字母排在最前列，但是在西方的语言中，以m开头的词通常占有重要的地位。以英语为例，在英语词汇中，表达生命、关爱、本质、行为和记忆的词汇中，有很多是以m开头的。

　　学者们通常认为，人类生来就具有语言能力，而不是后天习得的。人类在后天通过学习得到的只是组织语言的能力。例如，婴儿要吃奶的时候，能够发出的音是mama，在印欧语系中，mama一词最早的词源就是指乳房。人类在吃东西的时候，发出的很多声音也和m音有关。

　　有人认为，儿童学习语言的过程，能够成为研究古代人类学习语言的范本。但是也有学者认为两者不能混为一谈。因为现代人类的幼儿在学习语言时，人类的语言已经形成，孩子的父母掌握了语言。这与原始人类在荒蛮的大自然中产生了自己的语言相比完全不是一回事。社会语言学的研究表明，一种语言诞生的规律是，先有很少的几个词，然后在此基础上不断增加。而任何现代语言的规律都无法说明语言最初是如何产生的，现代儿童学习语言的数据都不能体现人类语言的起源过程。

　　婴儿受父母的影响极大，而且他们会叫妈妈也是受教育的结果。就算是父母故意不和孩子说话，等他自己说出第一个词，也无法确定语言的起源。因为婴儿是会模仿的，只要他能听到，就能试着说出来，这是人类的天性和本能。还有一些研究人员试图通过对猩猩发出的声音和人类语言做比较，还原出人类早期学习语言时的情景，然而这些研究都以失败告终。灵长类动物能够发出的声音有9种，但是都和生存有关，而不是语言。面对危险时，人类有数十种能够表达的方式，但是猩猩只会简单地发出"啊"的声音，然后不断重复。人们也试图教会猩猩说话，观察语言是否受先天因素的影响。研究证明，猩猩无法学习人类的语言。语言能力也是人类独有的。所以，想要从猩猩那里找到人类语言的起源的努力也失败了。

但是让人感到欣慰的是，语言学家们通过对印欧语系的研究，证明立陶宛语是这一语系中最古老的语种。在立陶宛语中，最早出现的词汇中有代表环境的"树"和代表危险的"狼"以及一些描述工具的词汇，在其他语言中，这些词汇也得到了印证。在这些词汇中，没有表示热带环境的词，这能够说明印欧语系产生于温带，人类最早的语言也诞生于温带。

词汇是和社会发展息息相关的，人类在日常的生活中最常用到的词，就可能是最早诞生的词。虽然世界各地的语言不同，发音也不同，但是最开始有发音的词汇表达的意思应该是一致的，而且应当与食物有关，这是语言的社会性决定的。当然，要想彻底把问题弄清楚，还需要我们找到更多的证据，进行更多的研究，需要考古学和人类学领域中的专家共同努力。

## 一些早期的语言

人类早期可能没有一种共同的语言。对于早期人类，如旧石器时代人类的语言，我们毫无了解，甚至可以说，我们都不知道旧石器时代的人是不是经常说话。旧石器时代的人对于一件东西的外形和表达自身的态度是有知觉的，从他们留下的绘画中可以了解这一点。有学者认为，这一时期的人类大多使用手势或肢体语言来表达他们的想法。早期的人类能够使用的词汇大概都是表达情绪的喊叫或者具体的事物的名称，还有一些可能是模仿自然界发出的或者能够与自然界的某些东西产生联系的声音。有学者认为，在美洲，符号语言是早于口头语言出现的，证据是这里生活的印第安人有相同的符号语言，但是口语却各不相同。

最初，人类使用的可能都是一些表示惊叹的词和一些名词，对同一个名词通过不同的语调变化表示不同的意思。比如这时的人类用一个词来表达"马"的意思，他可能在说的时候通过语调或者姿势分别表示"马来了""马走了"或者"马被杀死了"等。

在新石器时代，大概8000年前或更久远的时候，或许存在一种原始的语言。雅利安语就是从这种原始的语言中分化出来的。在中欧和西亚之间，应该生活着一些流动的部落，这些部落将两个地方的文化混合，导致两个地区发展出了同一种语言。这些人我们称为雅利安人，他们是白种人，属于诺迪克种族。

在过去曾经有一个时期，语言学家们把语言和种族的概念混淆了。他们认定，凡是曾经使用同一种语言的人，一定属于同一个种族。这个结论并不成立，如果能想到现在在美国生活的黑人也使用英语，爱尔兰人也不再说古老的埃尔斯语，你就能明白这个道理。但是，使用同一种语言能够揭示的道理是，这些人彼此间曾经交往并且发生过混合的情况。如果这不能代表他们来自共同的出处，至少能明确他们会拥有一个共同的发展方向。

但是，即便最原始的雅利安语在公元前6000年或者公元前5000年是当时使用的口语，这也不是原始人类的语言，或者是野蛮人的语言。应用这种语言的人，至少已经处于新石器时代的文明阶段，甚至已经超过了这个阶段。这种语言拥有十分复杂的语法和用词方式。那些在旧石器时代晚期生活的人类，他们的语言表达方式与雅利安人的语言的最简单的形式相比，也依然要简陋得多。

有可能的是，雅利安语在相当大的区域中成了一种高级的语言。这个区域涵盖了多瑙河流域、第聂伯河流域和伏尔加河流域，并且到达了里海以北的乌拉尔山脉。使用雅利安语的人在之后的不久就到达了大西洋以南地区，越过小亚细亚。在这时，欧亚大陆之间的阻隔并不是博斯普鲁斯海峡。多瑙河汇入一片大海，这片海包含了今天的黑海、里海和死海，以及今天俄罗斯东南部的伏尔加地区。这片海成了使用雅利安语的人们和亚洲人之间的天然屏障。

在雅利安语之外，语言学家们研究发现，与雅利安语不同的、独立发展出来的还有另外一个语言群，这就是闪米特语。闪米特语种包含希伯来语、阿拉伯语、阿比西尼亚语、古亚述语、古腓尼基语，还有一些与这些语种相关的其他语言都发源于这种原始语言。闪米特语在很多方面与雅利安语不同。比如，希伯来语和阿拉伯语之间是近亲，它们与雅利安语相比拥有完全不同的一套词根。在闪米特语与雅利安语中，表达彼此之间关系的方法不同，语法的基本构成也不同。创造闪米特语的人与创造雅利安语的人应该没有过交流，而是分别独立地完成了一种语言的创造。

在公元前4000年前，或者更早一些，从有据可查的历史的开始时期，在地中海的东岸，说雅利安语的人与说闪米特语的人，正在进行着频繁的战争和贸易活动。但是通过对雅利安语和闪米特语的研究发现，它们之间存在着根本性的差别。这让我们不得不承认，在有据可查的历史之前的新石器时代，说着雅利安语的人与说着闪米特语的人在数千年的时间里，是彼此完全隔绝的。

东南亚地区是世界上第五个形成自己语言的地区。这里有一些语言一直流行到现在，它们由单音节的词汇组成，词尾没有任何变化，而是通过发音的声调不同来表示不同的意义。这些语言被称为中国的单音节语言群，重要语种包括中国语、缅甸语、暹罗语和西藏语。

中国语中的任何一种和西方的语言相比，都有着巨大的差别。属于中国语的北京语里，基本的音节只有420个，所以必然存在的现象是每一个音都代表着很多东西。这些音代表的不同意思可以用发音时的声调变化来表示，也可能通过一句话中的上下文关系来表示。

表达这些词之间的相互关系的方法很不同于雅利安语的方法。中国语的语法从本质上说异于英语语法，它是另外不同的创造。许多作家声称根本不存在有中国语法，如果语法是指欧洲意义的词尾变化和呼应那一套，那就确实如此。因此，从中文直译成英文是不可能的，思想方法本身就不相同。正是由于这个原因，中国的哲学至今对欧洲人来说，大体上是一本密封的书，反过来说也是这样，这是由于用来表达的方法性质不同。

中国人往往通过质朴的语言来表示一个意思，而对英国人来说，却要用隐喻来表达相同的意思（一位研究中国诗歌的学者写的一篇关于中国思想和诗歌的文章说,中国人的思想偏向于实用主义,在隐喻方面则受到了限制)。

## 一些特殊的语言

　　除了之前所说的语系,语言学家们还区别出了一些其他的语言群。美洲的印第安人使用的语言,和其他所有语言群都没有联系,而且它本身也发生了很多变化。这些语言无法形成一个语系,只能作为一个复杂的混合体存在。

　　在非洲存在一个大语言群。从赤道以北开始,一直到非洲大陆的最南端,是班图语系。横贯非洲大陆的中心,有一个包含了若干语种的丛林,因为这些语言的差别十分巨大,无法一一列举。还有两个可以区分出来的语言群,一个是印度南部的达罗毗荼语;另一个是横跨整个太平洋,从马来西亚到印度尼西亚的马来—波利尼西亚语。

　　从以上这些语系之间的差别中我们似乎可以发现,在人类迈过了新石器时代文明,开始形成比部落更大的生活共同体之时,在他们形成了各自的语言,并使用这些语言生活、辩论和表达自己的思想的时候,人类仍然分散在世界的各个地方,彼此缺乏沟通和交流。因为海洋、沙漠和茫茫大海阻隔了他们。在1万年前甚至更早的古代,那些使用雅利安语、闪米特语、含米特语、中国语的人在各自的土地上进行捕猎和耕种。他们的文化发展水平大致相当,后来各自产生了自己的语言。

　　除了这些已经进入新石器时代的部落,在非洲和印度还存在着一些生活在森林里的更原始的人类。他们的数量十分稀少,可能和现在的猩猩的数量差不多。马来—波利尼西亚语的起源或许要比其他的语言群来得都晚一些。波利尼西亚人带有一些诺迪克血统,他们向东扩张的时间较晚。

　　语言学家们给语言制定的分类,与人类学家们为人类的种族制定的分类，基本上是相符的。他们都认为，在新文化时期之前人类的数量少、分布零散以及早期人类的分支之间存在明显的隔离。在最后一次冰期时，巨大的冰原从北极直达中欧，穿过俄罗斯和西伯利亚地区，到达中亚的高原。严寒的气候阻止了人类的扩散和迁徙。最后一次冰期之后，北方的寒冷气候逐渐减轻了，但是这个过程十分缓慢。在这个漫长的时期里，除了在白令海峡四处游猎的猎人，这里没有其他人类。直到距离现在很近的时期，也就是1.2万年前或者1万年前，北欧和中欧以及亚洲的气候都还不适合耕种，因为太过寒冷。在人类从捕猎过渡到农业时代之间，还存在着一个森林时期。

森林时期气候是非常潮湿的，所以这一时期也被称为湖泊时代。需要注意的是，地表的形状直到最近的1万年时还发生过剧烈的改变。但是研究史前文明的学者们经常忽视地理的变动所造成的影响。当冰期结束，冰川融化并后退时，从波罗的海到里海的广大地区被海水淹没，并出现了很多无法通行的沼泽。当时这片海洋远至伏尔加河，向西与黑海相连。现在的里海和死海周围的沙漠，就是这片海洋的遗留。当时的山脉也比现在更高，海洋一直延伸到现在的印度河流域。山脉和海洋的屏障隔断了诺迪克族和蒙古利亚人种以及达罗毗荼族。这些人后来成了独立分化的种族。

撒哈拉沙漠与之前的沙漠不同，它并不是海洋干涸之后形成的，而是在风的影响下形成的。这里曾经是一片沃土，人类在这片土地上曾经繁荣昌盛。然而这里的气候变得越来越干燥，直到变成了沙漠，这就把地中海种族与非洲森林里的原始黑人隔断了。

当时的波斯湾比现在要向北深入得多，它与叙利亚的沙漠连在一起，把闪米特人与东部区域隔绝了。与此同时，阿拉伯南部地区的土地远比今天要肥沃得多，而且或许已经超过了今天的亚丁湾直达索马里兰。在湖泊时期，地中海和红海还只是有着一些淡水湖的河谷。喜马拉雅山脉和分布在中亚的更高的山脉把达罗毗荼人和蒙古利亚人分隔开来。这两个人种要取得联系，只能依靠独木舟。戈壁体系里的海洋后来演变成了戈壁沙漠，连接横贯整个亚洲的巨大山系，蒙古利亚人也分成了中国语和乌拉尔—阿尔泰语两个语言群。

　　这些因为地理的变化形成的隔绝，并不是严格意义上的绝对隔绝，但是在人类初期的文明中，可以阻止绝大部分的血统上的融合以及语言上的重合。尽管如此，当时的人们之间还是存在着少量的交流活动。这些交流带来了知识的流通，使得农业工具的形式及用法，还有原始农业时期的种子散播到世界各地。不久之后，出现了独木舟和其他船舶，农业和贸易上的交流更加频繁了。

　　我们之前提到的几种主要的语言中，很明显并不包含人类在最初时形成的所有原始的语言。这些语言群只是随着文明的进化最后留下来的语言，早已取代了原始语言的地位。或许原本存在其他数量更多的、没有形成规模的语言，被这些通过发展得到保留的语言吞没了，一些基本的语言也消失了。现在，我们仍然可以听到一些奇怪的语言，这些语言和周围的其他语言之间好像不存在任何联系。

　　但是，有些时候对一些语种的深入研究能够把本来似乎没有联系的一小撮古怪语言结合起来，带来一些线索，指出一个更为根本和具有普适性的人类语言的方式。一个曾经广受关注的小语言群名叫巴斯克方言群，它曾经被语言学家们广泛研究。这些说着巴斯克语的人居住在比利牛斯山脉附近，整个欧洲的巴斯克人总共约有60万。这些人使用的语言，发展到今天，可以说十分发达，但是它从根本上就和雅利安语系完全不同，是在一条独立的道路上发展出来的。

　　因为在美国和阿根廷都有很多巴斯克移民，所以这里有用巴斯克语印刷的报纸。最早在加拿大的土地上定居的外来移民，是属于巴斯克语系的法国人。到了今天，加拿大说法语的人口中常见巴斯克的姓名。但是根据古代人类留下的遗址判断，当年在西班牙地区分布着更多的巴斯克人。

　　语言学家在很长一段时间里对巴斯克语感到困惑和难以理解。这种语言的一些特征让人们认为它和某些美洲的印第安语之间存在联系。还有人认为这种语言能够通过种种理由和遥远的北非的柏柏尔语取得联系。通过柏柏尔语作为纽带，最后又能和含米特语系建立某种联系。但是其他语言学家对此持怀疑态度。他们试图将巴斯克语和已经停滞了的高加索地区的一些语言联系在一起，认为它是一种前含米特语的残留。这种前含米特语一度十分流行，但是后来被含米特语取代了。巴斯克语也经历了巨大的变化并且变得特殊，这使它没有和它的原语一样消亡。使用这种前含米特语的人属于地中海人种，他们曾经占领了西欧和南欧的大部分地区。这些语言似乎也可以和达罗毗荼语以及波利尼西亚人的语言建立一种紧密的联系。

在8000年前或是1万年前，那些曾经在西欧和南欧流行的语言已经消失了。在雅利安语诞生之前，还有几种语言可能存在过，但是现在已经消亡，这些语言包括古克里特语、苏美尔语和伊拉姆语。

有一种观点，或许只是一种猜想，这种观点认为苏美尔语或许是早期的巴斯克语和早期的蒙古利亚语之间的一环。如果真的是这样，那么这个链条中存在一种比早期的含米特语更加古老的语系。好像在语言的进化过程中，存在着缺失的一环，这个环节是一种比我们想象中的更接近原始语言的东西。这种语言和雅利安语、闪米特语，还有含米特语的关系，大约可以看作是原始爬行动物与鸟类和恐龙之间的关系一样。

这个世界上还存在着一些孤立的语言，只有一小块地区的少数人还在使用。霍屯督语是一种和含米特语之间存在联系的小语种，但是因为整个中部非洲所说的都是班图语，把它和含米特语之间隔离开了。在赤道附近的东部非洲，还有人使用与霍屯督语类似的、能够和布须曼语联系上的语言，这似乎可以印证一种观点，即整个东非在之前都是说含米特语的。

说着班图语的人在距离现在更近一些的时候，从中非西部的某个地区向周围扩张，并最终把说含米特语的人与说霍屯督语的人隔离开了。当然，同样存在的一种可能是霍屯督语属于另外一种语言。还有一些孤立的语言存在于遥远的大洋之中，比如新几内亚的巴布亚语和澳大利亚的土著语言。塔斯马尼亚人不为人所熟知，这种语言已经消亡了。我们能够知道的情况可以证明我们的设想没错，旧石器时代的人确实不怎么喜欢说话。

## 文字的诞生和对人类的影响

在人类文明向前发展的历史进程中，一件最重要的事就是文字的诞生。人类创造了文字，并且通过它使人类更好地向前发展。文字是人类表达思想的新工具，它使人类的思想能够更广泛地传播，并可以保存下来。在旧石器时代和新石器时代的初期，语言的发音和咬字的清晰使人们能够更好地沟通，让他们合作处理事情的能力大大提高。这种语言上的表达能力一度使得人类早期的绘画技艺停顿了，人类也开始越来越少地使用手势。但是没过多久，绘画再次出现，可能是用来记录，也可能只是单纯地享受作画的乐趣。真正的文字出现之前，象形文字首先出现。如今生活在美洲的印第安人、非洲的布须曼人，和世界上其他地方的还未进入文明社会的民族仍然在使用象形文字。这些文字由事物或行为的图形组成，上面还有表示专有名词的标记。时间、日期、距离等有计量的单位，则用点和画来表示。

和这样的象形文字有些类似的，是在如今的公共场所和交通工具上出现的象形图案。比如，一个小的黑色的杯形图案代表歇脚的咖啡店，交叉的刀叉标志代表餐馆，小轮船的标志代表换乘船只的地方。在欧洲，给驾车出行的人提供参考的行车指南上也有类似的符号，比如信封代表邮局的所在地，电话听筒表示这个地方可以打电话，沿途的旅馆的等级也可以用一个到四个三角符号来表示。道路旁的行车标志里，连续弯曲的线指前面有急转弯，如果是一扇门，则说明前方是交叉路口。

最早的时候，人类书写时只是在泥板上刻画出动物或器物的形态。这些泥板在太阳下晒干之后，上面的图形就是早期的象形文字。随着文明的发展，人类创造了一些标准的图案并规定了抽象的含义。例如，一个碗表示事物，而一个人加一个碗就表示吃饭。人们逐渐发现，在泥板上用这些规定的标记来表达物体，比真实地描绘出物体要简单快捷得多。

直到现在，中国的汉字还保留着一些象形文字的痕迹，虽然大多数汉字已经很难辨认出是象形的。汉字是当今世界上使用的人数最多的文字，也是在人类文明的初期诞生的最古老的文字里唯一流传至今的文字。和其他文明里的象形文字一样，中国人在早期也使用图案来表达自己的思想。中国的古人总结的汉字的造字方法为：象形、指事、会意、形声、转注和假借。汉字的字音、字形和表达的意思分离又重组的造字方式使汉字能够适应各种发音不同的语言。尽管民族不同，口音不同，但是能使用同样一

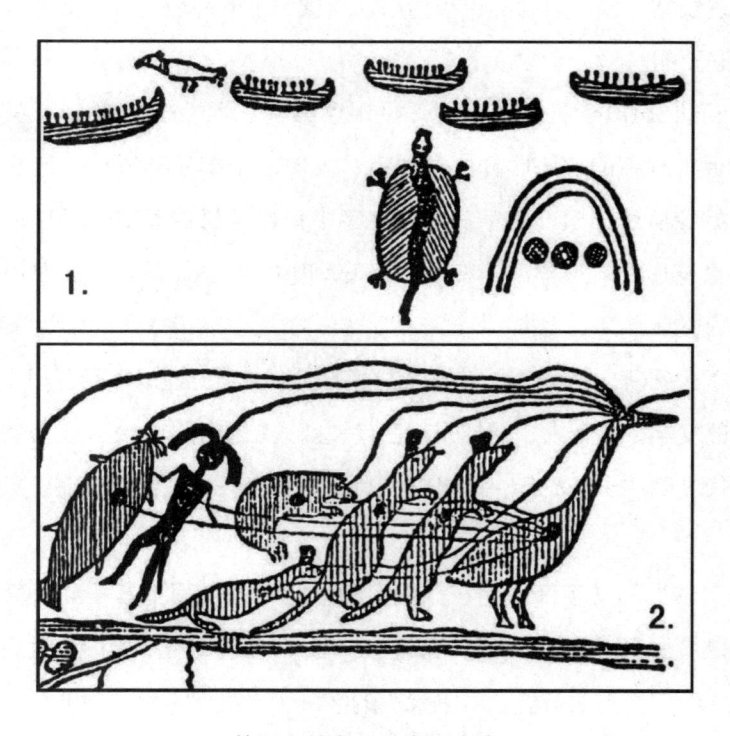

**美洲印第安人的象形文字**

图1 此图绘在苏必利尔湖岸的岩石上，记载一次有五只独木船参加的横渡湖的远航。每只船上所画的竖道代表船员人数，一头"翠鸟"代表主持航行的首领。弓形（天）下的三个圆圈（太阳）表示航行历时三天，而象征陆地的乌龟则表示安全到达。

图2 这是一群印第安部落向美国国会提出的请愿书，要求取得在某些小湖里捕鱼的权利。这些部落是用他们的图腾来表示的：貂、熊、人鱼和小猫鱼等，由鹤率领着。从每只动物的心和眼画到鹤的心和眼的各条线，表示它们是一条心的；而从鹤的眼里又有一条线画到这个粗制的小"地图"左下角的几个小湖上。

种文字，这对封建王朝统治的稳定和文化的延续具有十分重要的意义。

汉字是一种非常特殊而且特别复杂的符号文字。要使用汉字，需要记住大量的单字，并且熟悉它们的用法。这种文字具有的表达思想的能力，目前还无法用西方的标准来衡量。

汉字是一种精细的文字，结构复杂，使用起来也很麻烦，所以无法适应近代以来简单、迅速并且准确的交流需要。与此同时，在西亚和北非发展的文明中，文字的发展走上了另一条整体上来说更为便捷的道路。中国人从没想过改进汉字，使它更为简单和易用。周遭稳定的环境也让他们觉得，改变是毫无必要的。

公元前2500年前后，人们开始用芦苇秆在泥板上书写。芦苇秆的尖头在泥板上刻下的痕迹比杆本身要粗，就像一个楔子的形状。这些文字就是我们如今所说的楔形文字。这种文字中包含了三种基本的形状：水平楔形、垂直楔形和斜形楔形。在接下来的2000多年里，西亚人民普遍使用这种形状的文字。

到了公元前14世纪，阿卡德语书写的楔形文字已经成了西亚和北非都广泛使用的文字。埃及人、赫梯人和古代波斯人都使用这种文字。虽然楔形文字在古代文明中十分流行，但是它没有保留到今天，已经消失在了历史的长河中。

苏美尔人的文字都是刻在泥板上的，使用的书写工具很难刻弯曲的线条，所以最后采用了楔形符号来表达文字。当他们使用了楔形符号后，很快通过文字就已经无法辨认它本来代表的字形了。虽然不再"象形"，但是这种不像样子的文字更加简洁，对苏美尔人掌握和使用它们大有帮助。

苏美尔人的语言是一种多音节的语言，组成的部分都是不可变更的音节，其中的很多音节都指代了具体的事物。所以苏美尔人使用的文字也很快就发展成了一套音节文字，用每一个符号来表示一个音节。这就像我们现在经常玩的猜字游戏里，身体的每一个动作都表达了一个音节一样。

所以当闪米特人后来征服了苏美尔人之后，就在自己的语言里应用了这套音节表达的方式，文字也变成了一个符号代表一个音节的文字。亚述人就是用这样的文字，这些文字并不是字母，而是音节。在整个亚述和巴比伦地区，这种文字曾经长期流行过，现在我们使用的一些字母，就是这种文字的残留。

和楔形文字盛行的同一时期，在埃及和地中海地区产生了另外一种文字。这种文字可能的来源是埃及的僧侣创造的象形文字，也被叫作神圣文字。这种象形文字也部分音符化了。在埃及发现的一些碑文上，这种文字表现的形式十分僵硬且复杂，过于强调装饰性。因此埃及的僧侣们在日常使用时，都用另一种简化了的形式书写，这就是僧侣草书。

还有一种和僧侣草书同时期出现的字体，这种字体也是出自神圣文字，现在已经消失了。除了埃及之外的地中海地区都广泛接受了这种文字，并且大量地使用它。这种文字的一些字母来源于后期的楔形文字。因为使用它的人并不是最开始创造它的人，所以它本身的一些象形文字的痕迹完全消失了，变成了纯粹由音符表达的字母。

在地中海地区存在好几种这类的字母，彼此间存在很大的差异。腓尼基人的字母中没有元音，可能是因为他们在发辅音时更为用力，而元音发音不清晰。直到现在，阿拉伯地区南部的一些部落里，人们使用的文字还是这样。

后来，这些源自地中海的字母中的一些传入了希腊，希腊人开始使用这些字母来表达自己的语音。希腊人此时使用的是经过高度发展的雅利安语，语声清晰并且优美。这些流传过来的字母开始的时候并没有元音，希腊人给它加入了元音。他们用这种字母书写，形成了自己的诗歌传统。书面上的希腊文学史开始了，并且逐渐从涓涓细流变为长江大河。

经过这些看起来顺其自然的过程，文字脱胎于图画诞生了。在刚被创造出来的相当长的一段时间内，文字只是被少数人掌握和使用的东西，只是画图记事之余用于记录的另一种手段。文字经过发展之后，表达能力与日俱增。文字摆脱象形的老样子，进而形成一定的体系之后，产生了某些特别明显的优点。第一个优点是，用一种文字书写的信件，只有懂得这种文字的人能够阅读，而那些没有经过允许与学习的人是看不懂的。第二个优点是，能够记录事件，方便自己的记忆，而不会让其他人知道。

在埃及，最早的用文字书写的都是处方、经文和咒语。起初的时候，书面文件都是用来记录的账本、书信和名单等。但是后来，随着文字的发展和阅读水平的提高，人类产生了一种古怪的愿望。这种在最广大的人类中普遍存在的愿望是：通过文字把一些奇特的经历、只有自己知晓的秘密或者某种奇思怪想记录下来，甚至要留下自己的名字。人们希望用这些东西去使远方的陌生人感到惊异，也想在自己死后让后世之人也能感同身受。在苏美尔人的时代，他们就已经在墙上进行这样的书写了。人类的古代文明留下了很多遗迹，上面写满了统治者的名字和对他们功绩的吹嘘。很多碑文也是属于这种性质的，如果把很多人生前就为自己准备好的墓志铭也包括在内的话。

这种想要留名后世的愿望和想要保存秘密的意念，让文字长期处于一个狭隘的使用范围里。但是人们心中仍然存留着另一个真实的具有社会属性的愿望，那就是诉说的愿望。文字的发展是为了让知识能够大范围地流传，这种意味深长的可能性在很多年之后才慢慢变得明显起来。一些话需要我们记住，它们不但将文字在人类历史上产生的巨大作用和难以估量的价值阐述了出来，也说明了文字在将来能够起到的作用。

我们必须时刻牢记的是，生命在诞生之初，不过只是随着每一个生命个体的诞生和死亡不断重复的无意识的过程。比如爬行动物，虽然它们的大脑已经具备保留经验的能力，但是当个体死亡，它具有的经验也随之消失了。它的很多动作都是本能的，它所有的心理层面的生活都是与生俱来的。

生命进化到了哺乳动物时期，除了一些天生的本能之外，幼体还有以它的母体为榜样进行学习和模仿的本能。对于某些智力更为发达的动物——比如猫、狗、猿类等——还有延续下来的经验与传统。比如，如果小猫做出了一些不好的行为，会受到母猫的惩罚。在猿类中也一样，如果小猩猩犯了错，母猩猩会惩罚它。

到了人类的时期，原始的人类能够彼此传授经验，还有富有表现力的语言和艺术。人类开始用绘画、雕刻的形式记录事件，还会通过语言口口相传。口语发展的最高阶段，是有了游吟诗人的时候，是他们的努力才让语言有了今天的模样。

文字脱胎于图形记事的方式。随着文字的产生和发展，人类的经验传承变得更加丰富并且准确。从世代相传中会不断变化的口语开始固定下来。相距遥远的人们可以通过文字来进行沟通了。越来越多的人能够学习相同的知识，对过去和未来发表自己的见解，在更大的范围里，人类的思想开始发挥作用。在不同的年代和地点，很多不同的大脑通过文字产生反应，这是一个持续且持久的过程。

在过去，如果想要增加一本书，就要动手抄写一遍，所以书籍十分稀少，价格也很昂贵。人们总是希望能够保守秘密，让这些知识成为人们崇拜的对象，从而实现胜过他人的目的，这种思想在人们内心深处十分强烈。只有在现代，人们都有能力学习和阅读，能够尽力挖掘书籍中蕴藏的知识和思想。

但是，从文字诞生之日开始，人们的内心就有了一种新的愿望，那就是能够永存不朽的愿望。在这之后，生命通过人类开始展现出本身的样貌。我们在追溯历史时，发现这道在懵懂无知的世界中出现的人类文明的细纹，仿佛射进暗室里的一缕光。它慢慢扩大，把房间照得更加明亮。最后，随着印刷术的诞生，暗室的大门打开得更快了。知识燃起了熊熊火焰，它一旦点亮了黑暗，就不再是少数人手中的特权。今天，这扇门开得更大了，人类的世界变得更加光明了。

第四章

亚洲对世界的贡献

## 雅利安人对印度的影响

　　印度地区的文明具有鲜明的风格，似乎很少受到其他地区文明的影响，而是独自发展出了属于自己的文明。雅利安人来到印度半岛后没多久，就与他们在其他地方的同族失去了联系，在自己的道路上开始了发展。当雅利安人来到印度时，发现这里已经存在着一种文明，那就是达罗毗荼文明。和其他地方的文明一样，这个文明也是由当地的新石器文明独立地演化出来的。就像闪米特人征服并改造了苏美尔人的文明一样，雅利安人也给达罗毗荼文明带来了更新和进化。同时，雅利安人的文化也被当地的文化同化了，这也带来了文化的融合。

　　雅利安人进入印度河流域之后的最初一段时间，主要集中在旁遮普地区，这里气候温和多雨，有大片草地能够放牧。在印度史诗《梨俱吠陀》中经常提到旁遮普地区的河流，但是只提到了一次恒河。随着时间的推移，雅利安人逐渐向恒河流域扩散了。起初，因为生产工具的限制，他们的扩张速度十分缓慢。但是到了公元前800年前后，由于铁器的使用，他们向周围扩张的速度加快了。此时人们的主要劳作方式也从放牧转向了农耕。恒河流域的热带季风气候让人们可以栽种稻子。比起从前栽种小麦和大麦，现在栽种稻子的产量得到大幅提升。因此，印度人口的中心从西北部向东部转移，东部诞生了强大的王国。

生活在印度的雅利安人和他们在西方和北方的近亲的生活环境十分不同。这里的气候更加温暖，经常吃肉和饮酒对健康有害，所以通常情况下，他们都吃素。在这片肥沃得几乎不需要耕种的土地上，他们能够得到想要的任何食物。这里的气候和收成都很稳定，使他们没有必要再去过游牧的生活。因为他们对穿着和居住条件的要求不高，所以导致这里的贸易活动不是很发达。每个肯种地的人都能拥有一片土地，而且只要一小块土地就足以维持生计了。这里的环境很安全，政治生活也很简单。印度自身的地理屏障能够阻止来自西方和东方的入侵，所以这里还没有过霸权。这里没有海上贸易，所以没有远方来的商人，自然也没有海盗。

印度的主业从畜牧转为农业的过程中催生了很多新的行业，如木工、冶金和纺织等，这些行业对村庄的建设十分重要。因为粮食生产有富余，所以人们利用河流这个天然的交通线来运输粮食，贸易随之繁荣起来。最开始，贸易活动中还采取以货易货的方式，在大宗交易中，货币的单位是母牛，后来又出现了铸币。集中进行贸易活动的村庄，连同专门发展某个行业的村庄一起形成了早期的城市。在印度历史上的很多年里，都是足以使其他文明羡慕的幸福、平和的时光，像是一个安稳的梦。这里的贵族被称为"罗"。他们时常打猎取乐，他们中间流传着各种爱情故事。后来，在众多的"罗"中，兴起了一个大罗，他成为一个城邦的邦主。在他留下的历史轶事和传说中，他曾猎杀大象和老虎，还建造了整个城市。

随着经济的发展，政治生活也受到了影响。之前，印度的雅利安人的政治组织是由各个部落的首领组成的。首领们组成部落大会和长者议会。经济发展壮大之后，旁遮普地区和喜马拉雅山麓的部落被共和国取代了，而恒河流域平原上的部落被王国取代了。所有这些刚形成的国家中，位于恒河下游的摩揭陀王国凭借优越的地理位置和地下蕴藏的丰富的铁矿资源，很快强盛起来，把其他国家甩在了身后。摩揭陀王国因为有利的发展，成为后来的孔雀帝国和笈多帝国的大本营。

在公元前4世纪的摩揭陀王国出现了难陀王朝，这是最早为了建立强大的国家而有计划地开发摩揭陀拥有的宝贵资源的王朝。这个王朝开始开掘沟渠，建造灌溉工程，并形成了有效的税收制度。这些人被称作印度最早的帝国的开创者，但是实际上他们并没有真正建立起一个帝国，而是为帝国打下了基础。真正实现这个结果的是一个叫旃陀罗笈多·孔雀的人，公元前321年，他夺取了难陀王朝的王位，建立起了以他的名字命名的伟大帝国。提到孔雀帝国，就有必要引用一段孔雀王朝时著名的大臣考底利耶的一段名言，他说："资源的宝库建立在矿产之上，强大的军队建立在宝库之上，同时拥有宝库和军队的人就能征服地球。"

由于印度的经济水平和政治环境都得到了发展，与之对应的是，社会结构也出现了重大的改变。起初，和其他地方的雅利安人一样，印度的雅利安人也分为贵族、祭司和平民三个等级。这时的几个等级之间不存在限制，比如只能在同一等级中通婚等。但是到了公元前500年的时候，种姓制度开始在印度兴起了。关于种姓制度的起源有很多种说法，但是获得人们共识的一个理论是，肤色是种姓分级的重要因素。事实上，在梵语里，种姓一词正是肤色的意思。

雅利安人和印度当地的土著人的肤色区别很明显，当地人的皮肤是黑色的。雅利安人把这些土著人称为达塞人，意思就是奴隶。雅利安人出于对自身种族的优越感，发展出四大种姓制度。这四个种姓是世袭的，不同阶层的人不能混合在一起。四个种姓中排名前三的是雅利安人自己的职业，分别是属于祭司的婆罗门、属于贵族的刹帝利和属于农民的吠舍。排名最低的种姓首陀罗给了达塞人。这些人没有社会权利，也不能参加宗教仪式。

随着社会的发展和变革，起初的种姓划分逐渐与现实脱节了。因为要和其他地方的雅利安部落进行战争，印度的雅利安人有时要与达塞人部落结成联盟。有些雅利安人还和采用雅利安习俗的土著人通婚，混合到了一起。这时，一些达塞人中的祭司也成了婆罗门，部落中的首领变成了刹帝利。因为这些原因，如今在印度南部的黑皮肤的婆罗门同样是贵族，但是在印度北部的白皮肤的贱民们并不会因为肤色而得到较高的社会地位。在这种情况下，商人和一些地主被归为吠舍，普通的劳动者成了首陀罗。

如今，在这四个古老的种姓制度下，又产生了令人眼花缭乱的各种种姓。这些种姓有几个基本特征。首先，种姓代表着特定的职业，银行家和商人通常是吠舍。其次，因为种姓是世袭的，所以婚姻有很多规定和限制。还有，对于一些食物和礼仪，各个种姓都有不同的限制。最后，每一个种姓中都有自己的道德标准，规定了这一种姓中的人需要承担的责任和义务，比如赡养家人，完成各种婚丧嫁娶的仪式等。

在种姓制度之外还有一类人，这就是贱民，意思是不可接触之人。在今天，这些人的数量大约占到印度总人口的1/7。这些人天生就只被允许从事被认为是不洁的行业，如剥夺人或动物生命的行业。这些职业包括猎人、屠夫、刽子手、掘墓人、承办葬礼的人、制皮匠和清道夫。这些规定造成社会阶层的隔离。贱民们居住的地方与世隔绝，是偏僻的小村庄或者郊外。他们只能去自己的寺院祷告，用自己的水井饮水，必须避免污染其他有种姓的成员。也就是说，他们不能和有种姓的人在肉体上发生任何形式的接触。更极端的情况是，他们甚至不能进入种姓成员的视线范围内。一直到近些年，当他们从自己的村庄走出来时，还要敲打木板发出声音，警告其他人自己正在接近。

不但在生活中遭受歧视，贱民们还要承受心理的摧残，这些心理的摧残和肉体上的伤害一样使人变得残废。按照印度的因果报应说，一个人在前世的行为决定了现世的地位，所以，贱民们不应该抱怨，而是要在今世为前世的罪孽赎罪。贱民唯一的希望就是在来世地位得到改善，要实现这个愿望，就要在现世中恭敬地履行身为贱民的责任和义务。

因为宗教的影响和现实的法律，使得种姓制度至今在印度还得以留存。种姓制度不只是区分了不同的阶级，在各个种姓之中还有互相帮扶的规定，一个人只要遵从这些规定，自己的安全就能得到保障，所以种姓制度到今天仍然是组成印度社会的坚实框架。虽然这一制度面临着改革的冲击，而且由于现代社会的各种需求而受到了种种破坏，但是在印度的绝大多数人居住的农村地区，这一制度事实上还在发挥着巨大的作用。

## 乔达摩的诞生

公元前600年至公元前500年前后，一位伟大的人物在印度诞生了，这就是佛教的创始人乔达摩·悉达多。他出生在喜马拉雅山下的孟加拉北部的部落中，这是一个共和制的村落，位于如今尼泊尔边境上的一个丛林密布之处。这个部落的统治者是释迦家族，乔达摩·悉达多就是这个家族的成员。他的氏族名称是释迦，姓乔达摩，悉达多则是他的名字。这时，种姓制度尚未在印度完全建立起来，婆罗门阶级有很强大的势力，并享有尊贵的特权，但是还没有到达印度的权力顶峰。不过，在深肤色的普通人和高贵的雅利安人中间，还是有着明显的区分，实际上在这两类人中间形成了一道难以逾越的鸿沟。乔达摩是雅利安人，所以在早期，他所推行的教义也被称作"雅利安的道路"或者"雅利安的真理"。

很早以前，关于乔达摩·悉达多的故事由很多荒诞不经的传说组成，他的教义也通常被歪曲和误解，因为关于他的很多原始资料是用巴利语写成的。在最近的一个世纪中，因为对巴利语的研究有了长足的发展，他的真实生活和思想才得以慢慢浮现出来。到现在，我们能够对他进行一些合乎常理的解读了。

乔达摩·悉达多本身属于贵族阶层，他长相俊美且生活富有，在29岁之前，他过着和当时的普通贵族一样的生活。当时的文化生活并不丰富，除了一些吠陀时期的史诗，没有其他的文学作品。而且这些仅有的作品也是专属于婆罗门的，一般的知识就更少了。在自然环境方面，这里的北边是喜马拉雅山脉，南方是一望无际的世界。这里的贵族主要的娱乐生活是打猎和恋爱，这些人世间能够享受的幸福，他都享受过。在19岁时，他就和一个美貌的女子结了婚。在婚后很多年他都没有子女，他在丛林中狩猎、在田野里徜徉。但是就是在这样富足的生活中，他感到极大的苦恼。这种苦闷来自头脑和身心的健全以及实际的无所事事。尽管他十分富有，身旁又有美貌的妻子，他的生活中并没有不如意的事，但是心灵始终没有得到满足。冥冥中他似乎听到了来自内心的一个声音，这个声音使他感觉到，他之前的生活只是生存而并非真正的生活，或者说，那只是一个无比漫长的假日。

正在他被这种心情困扰的时候，他遇到了几件事，改变了或者说启迪了他的思想。一次，他和他的车夫车匿一起出行，遇到了一个衰弱到极点的老人。这个老人衣不蔽体、驼背且衰老，但为他指点了思路。这时车匿说："生活的道路就是如此，我们也都会变成这样。"这个老人还在他的脑海中徘徊时，他又遇到了一个患有重病、痛苦不堪的人，车匿又说："生活的道路就是如此。"他见到的第三个景象，是一具暴露在野外的尸体。尸体因为腐烂而肿胀，已经被附近的鸟兽啃烂了，没有了眼睛，样子非常可怕。车匿再次说道："生活的道路就是如此。"

每个人都要面临疾病和死亡，幸福无法被保障也无法被满足，乔达摩的心中充满了关于这些的思考。然后他和车匿又见到了一个在四处游荡的苦行僧。在这个时期的印度有很多类似的苦行僧，他们按照严格的戒律生活，花很多时间来辩论或者苦思冥想。因为在这片看似安逸祥和的土地上，有很多人在乔达摩产生困惑之前就已经发现了生活的烦恼。这些苦行僧据说是在探求生命中的某些深层的奥秘，现在，乔达摩也被这样的念头深深吸引了。根据后人的描述，当他在筹备这个计划时，他的妻子为他生下了第一个孩子。乔达摩对这件事的评价是："又有一个要解开的结。"

当他回到村里时，他的族人正在举行盛大的庆祝仪式。为了这个新的族人的诞生，他们举行了盛大的宴会，还有舞女跳起了舞蹈。这天夜里，乔达摩在内心的痛苦煎熬中醒来，"好像一个被告知自己的房子着火了的人一样"。疲惫的舞女们躺在外室，在月光中他喊来了车匿，让他准备好马匹。

他小心翼翼地来到妻子的卧室门口，借助油灯发出的微弱亮光，他看到她正在熟睡，身旁摆满鲜花，他的孩子在妻子的怀抱中。他很想在离开家之前，第一次也是最后一次拥抱自己的孩子，但是因为害怕惊醒妻子，他并没有这么做。他转身离开，来到月光之下，车匿已经备好了马等候着他。他翻身上马，飞驰而去。

在他和车匿趁着夜色疾走的时候，他似乎看到整个天空都是诱惑者摩罗的形象。摩罗对他说道："回到家里去吧。如果你回去，我会让你成为这里最大的王。如果你还要向前走，注定会失败。我会永远跟随着你，你的情欲、愤怒和邪恶的思想会在你没有觉察的时候出卖你。你早晚都是我的。"

乔达摩和车匿在这个夜里走了很远的路，到了第二天早上，他已经远离了家族的土地。他在一条河边停了下来，用剑把一缕缕长发都削掉了。他脱掉了身上的一切配饰，让车匿把这些东西连同他的马和佩剑送回家里。他独自前行，过了没多久，就遇上了一个衣衫褴褛的人。他和这个人交换了衣服，就这样，他摆脱了俗世的牵绊，开始自由地追寻终极的智慧。他向南方行进，来到了一个隐士生活的地方。这是温迪亚山脉的一个小支脉，距离拉杰吉尔镇很近。在山脉中的山洞里生活着一些隐士，他们偶尔会去镇上购置简单的生活必需品，也会向慕名而来的人们口头传授他们掌握的知识。

这样口口相传的方式，在很大程度上与两个世纪之后的希腊人苏格拉底与学生的讨论类似。在这个时候，乔达摩对于当时所有形而上学的知识都已经精通，但是以他的才智，这些学识并不能满足他。

在当时，印度人相信能够通过绝对的禁欲、绝食和自我折磨的手段来获得权力和知识，乔达摩也实践了这样的方法。他这时已经有了五个弟子，他们一起来到温迪亚山脉中的一个峡谷，在这里，乔达摩坚决地绝食，进行艰苦的修行，这也使他声名远播。当时的人们形容他像"悬在空中的一口大钟一样发出声响"。但是苦修没有给他带来真理。有一天，他的身体已经极度虚弱，但还是在竭力思考，突然间他晕倒在地，不省人事。当他从昏迷中苏醒之后，就已经明白，通过这种类似巫术的方法去追求真理和智慧是多么无稽。

从这时起，他拒绝继续苦修，开始吃一些食物，这让他的五个弟子十分惊讶。他这时已经意识到，只有通过健康的身体和健全的头脑，才能得到真正的真理。但是他的想法与当时的思想是格格不入的，于是，他的弟子背弃了他，去往贝拿勒斯。乔达摩这座空中的大钟不再轰鸣，他已经濒临崩溃了。之后的一段时间，乔达摩都在独自游荡。此时的他是世界上最孤独的人，在为了光明而求索。

当一个人的内心已经抓住了一个巨大的问题的实质，并且向前迈进时，他只知道一点点巩固已有的知识，并不清楚自己已经取得了怎样的成就。等到有一天，就像太阳突破天幕、黑暗中出现光明一样，胜利的成果最终显现。乔达摩正是这样。一天，当他在河边的一棵树下吃饭时，忽然达到了彻悟的境界。在这一刻，他似乎掌握了人生的所有奥秘。据说，他在树下整整沉思了一天一夜，当他起身时，他把自己悟到的心得传授给了世人。

这就是我们从史料中汇集的较为可信的佛祖乔达摩的经历，当然我们知道，还有一些更为神奇的传说。我们所处的这个星球上，必然会有一个人出现，这个人会对过去、现世和将来，以及人类的本质进行深入的思考。一般人是无法理解这种存在的。在用巴利文写作的故事中存在一些传说，让我们能够更好地理解它。

"菩萨和魔鬼开始争斗之时，天上有一千颗巨大的流星坠落，河水回流向了它的发源地，草木茂盛的崇山峻岭纷纷崩塌，太阳被可怕的黑暗笼罩，无头的鬼怪们漫天飞舞。"

我们无法在历史中找到这些景象存在的证明，但是我们能够通过这些故事，依稀看到一个孤独地走向贝拿勒斯的传道者的背影。

乔达摩在下面悟道的那棵大树，一直被人们关注着。这是一棵被人们崇敬的大树，它属于无花果科，被人们称为菩提树。最早的那棵大树已经枯死了，但是在它的旁边还有一棵大树，似乎是它的后代。在锡兰也有一棵菩提树，它是在公元前245年从最早的那棵菩提树上分离的树枝栽种而生的，是现存的最古老的一棵历史意义如此重大的树木。从那时起一直到今天，这棵菩提树都被精心地照料着。人们用柱子支撑起它的树枝，并且在周围培土，让它能够不断生出新的根系。这棵树经历了如此多的世代，让我们感受到整个人类历史是多么短暂。但是，乔达摩的弟子与信徒们对于他的思想的重视程度远不及对树的重视程度，从一开始，他的思想就被误解和歪曲了。

在贝拿勒斯，乔达摩找到了他最初的五个弟子。这几个人还坚持着苦修。在一些记载中，当他走近他们时，他们并不愿意起身迎接他。他起初倒退了，但是他骨子里的一些信念最终战胜了他们的冷漠。他们彼此阐述自己的观点，讨论了整整五天，乔达摩终于使这几个人相信他已经大彻大悟，得到了正觉。这几个人就称他为佛陀。在当时的印度已经存在一种信仰，这种信仰认为，每过一段漫长的时间，都会有一个特定的人，也就是佛陀，来对世人展示真正的智慧。在印度的信仰中，已经有很多这样的佛陀曾经出现过，乔达摩只是最近出现的一个。不过我们并不能十分明确他本人是否接受这个称号，因为他在传教的过程中从来没有自称为佛陀。

后来，乔达摩和他的几个弟子在贝拿勒斯建立了一个类似学校的组织。他们自己建造了房舍，有六十多个信徒追随他们。在雨季时他们在一起辩论和讲道，到了旱季他们就到各处去，根据自己对教义的理解向其他人传道。因为那时印度似乎还没有可靠的文字，所以他们的布道都是口口相传的。乔达摩还在世的时候，他的教义还没有形成文字，所以他把他的思想总结成了一些简练的语句或者格言，他的弟子们在传道时对这些语句加以扩充。因为缺乏文献，所以这些印度人用数字来表示这些格言，这些对帮助他们记忆是十分必要的。

## 佛教的教义和对印度教的影响

通过对历史资料的研究和总结，我们能够明白乔达摩的基本思想，这个思想十分简单和明确，与近代以来的思想十分融洽。无可争议的是他的思想是迄今为止这个世界上最为透彻的思考才能取得的成果。

乔达摩对他的五个弟子传道时讲述的要旨已经包含了他最基本的想法。在他看来，人生的所有苦难都源于自私和不知满足。他教导弟子说，痛苦来源于个人的欲望，是贪念的折磨。在一个人尚未消灭自己的贪念和欲望之前，他就会感到苦恼，他的结局也注定是悲伤的。人的欲望主要有三个表现形式，而且都是邪恶的。第一个欲望是要满足感官的需求，也就是肉欲；第二个欲望是追求永生；第三个欲望是渴望富裕，也就是俗欲。一个人只有克服了所有这些欲望，也就是不再为自己而活时，才能获得宁静的生活。当这些欲望被克服了，不再主宰一个人的生活，他的意念已经不存在"我"这个第一人称的时候，他就得到了更高的智慧，这就是涅槃，也就是灵魂的宁静。很多人认为涅槃的意思就是寂灭，这是错误的，实际上涅槃指的是那些让生命变得可怜或者卑鄙的毫无意义的个人追求的寂灭。

现在，我们能够得出如何获得宁静的灵魂的方法。每个配得上"宗教"一词的宗教，以及每一种有影响力的哲学思想，都告诫我们要将自己融入一个比自己更为广泛的事物或感情中。我们听到的类似的教训是："凡是想拯救自己生命之人，必将失去生命。"

乔达摩的教义和我们通过其他的历史教训得出的结论是一致的，那就是，除非人们肯将自己融入比自身更广阔的事物和思想之中，否则就谈不到社会秩序的建立，个人也无法享有安全的保障。和平和幸福都将是空中楼阁，也不会诞生正直的领袖和国王。生物的进化也证明了这一点，缺乏个体经验的物体会被较大的物体包容和吸收。要想从枷锁中挣脱出来，就要在更大的范围内忘掉自己。

在乔达摩看来，自我否定必须进行得十分彻底。一个人如果怕死，渴望能够无限延续卑贱的生命，那么这种心理与贪婪、淫欲、憎恨等欲望和邪念是一样致命的，同样丑陋且邪恶。这种心理就像是埃及人去供奉着他们并不尊敬的神的神庙里祈求神灵帮助一样，本质上是可耻的。乔达摩倡导的教义和其他追求灵魂不灭与永生的宗教是完全相反的。而且在他的教义里严格地反对禁欲，他认为禁欲是想要通过承受痛苦来获得权力与智慧的表现。但是如果我们按照所谓的"雅利安的道路"生活，认为这样能够使我们避免受到人的三种欲望的侵袭，这时他的教义就显得不那么清晰明了了。教义之所以会给人这样的感觉，一个十分显著的理由，是因为教义的创始人乔达摩本身对历史毫无远见。虽然他无比智慧，但是他的思想仍然难以避免地囿于他所处的时代和思想的束缚中。在当时人们的观念中，人是生生世世轮回的，宇宙就在这样的循环往复中向前运行。人类之间的情谊仿佛手足之情，他们共同在正义之神的羽翼下无尽地求索自身的命运。这类思想在闪米特人中间已经发源，但是没有影响到乔达摩。在乔达摩的教义中，有"八正道"的理论，这些理论适用于当时局限的思想。

所谓"雅利安的道路"中的"八正道"，指的是如下几个要素。首先是正见。乔达摩挑选他的信徒时，把是否坚持真理当作十分重要的因素。他不允许信徒执着于世俗的迷信中。他曾经对当时流行的灵魂转世的说法嗤之以鼻。在佛教的一篇著名的经文中，乔达摩深刻阐述了自己的观点，把灵魂永生不灭的思想批驳得体无完肤。在正见之下的是正思维。自然界从来不是空无一物的，如果要克服卑劣的欲望，那么就要提倡好的欲望，比如为他人服务和保证公道等。在最初的未被曲解的佛教教义中，并不是以彻底消灭欲望为目的的，鼓励的只是更换个人的欲望。只要欲望中没有掺杂贪婪或者追求名利的成分，那么不管是倾心于科学和艺术，还是积极参与世俗的事务，都是符合佛教的正思维的。接下来是正语、正命、正业以及正精进。乔达摩要求他的信徒们必须时刻对自己的行为保持苛刻的批评眼光。如果心是好的，但是执行不力，这也是不被允许的。再接下来的要素是正念。要对自己时刻保持警觉，不能因为已经做了的事情或者不会做的事情而沾沾自喜，不能堕入完全为己的世界中。最后一个要素是正定。他认为信徒们应该时刻保持镇定，而不是陷入狂热的信仰当中。

佛教教义中的业认为，每个人在现世的善恶，会决定在来世享乐还是痛苦，现世和来世之间通过一种隐秘的纽带联结在一起。今天我们能够认识到生命是通过它的结果而且一直向前推进的，但是没有必要假设某个生命会重新开始。在印度人的思想里，轮回与循环的观念根深蒂固，他们认为凡事都能重来。人们很容易做出这样的假设，而且这个世界上发生的诸多事情，如果不详加分析，似乎也正是如此。

通过现代的科学研究我们能够明白，我们之前假设的完全一致的轮回是不存在的。每一天的长度都以极其微小的数值比前一天长一些，当下的一代人不会一成不变地重复上一代人经历的事情，历史不会一再重演。我们现在能够知道，所有事物都是在变化之中的，都是新的。当然，我们的这些认识与乔达摩的教义中存在着的差别并不能妨碍我们对他的钦佩。他展现出了前所未有的伟大智慧和善心，并且在他所处的时代里就已经制订了解放自身的计划。乔达摩没能在理论上使信奉他的教义的信众集中全部的信念在时间和空间上与死亡本身对抗，但是他在事实上已经带领他自己以及他的众多信徒开始伟大的征程，那就是在狂热的世界上散播和传布能让灵魂得到安宁的涅槃的方法和教义。对于他自身和他的信徒来说，他的教诲得到了圆满。但是并不是每个人都能够传道，教义也只是生活的众多形式之一。

最早期的佛教在很多方面都与我们已知的任何宗教不尽相同。佛教主要是一种规范人的行为的宗教，而不必进行献祭或者遵从某些仪式。在它刚刚诞生的时候，它没有庙宇，而且因为没有祭祀活动，所以也不存在祭司这样的职务。同样，它也没有什么神学理论。对于当时在印度流行的各种受人崇拜的奇形怪状的神，它不肯定也不否定，而是根本不屑一顾。

前面我们说过印度的种姓制度，这一制度的根本原则就是因果报应和转世轮回，这也是印度的宗教制度的组成部分。雅利安人早期信奉的神都是自然力量的化身，比如雷神因陀罗，火神阿耆尼，还有能让人沉醉的苏摩液之神。对于放牧的人来说，崇拜自然是很正常的事，但是等到雅利安人转变为定居的农业人口时，他们信仰的神也随之转变了。这时，印度教中的三大神就出现了，他们分别是造物主梵天、守护神毗湿奴和毁灭之神湿婆。在前面提到的印度河流域曾经出现的文明里就有与湿婆类似的发现，这并不是偶然的现象。

雅利安人占领这里时，也毫无保留地接受了当地的跨越千年的文明中出现的宗教和习俗。

随着新的神的出现，供奉神的祭司阶级的权力越来越大了，这个阶级的种姓就是婆罗门。祭司地位的提高也和当地之前的宗教习俗有很大的关系。婆罗门在当时尚未成为印度的最高统治阶层，但是已经占据有利的位置，因为宗教仪式和祭祀活动被他们垄断了。但是对他们的权力形成挑战的是世俗的王权，很多氏族和部落的首领并不属于婆罗门种姓。

毗湿奴　　　　婆罗贺摩（梵天）　　　　湿婆（大自在天）

婆罗门在与当地的原住民宗教领袖交流的时候，学习了他们的宗教和习俗，这个时期的遗迹也表明，祭司集团几乎控制了当时的一切。无论遥远的历史的真相如何，婆罗门都很好地利用《吠陀经》来提高自己的地位。《吠陀经》是通过口口相传流传下来的赞美诗，在人们心目中有着神圣而崇高的地位，被详细地记录下来。作为这些赞美诗的保管者和传颂者，婆罗门要在宗教仪式上大声地将它们朗诵出来。凭借着这个特权，婆罗门获得了比世俗社会的领导人也就是刹帝利阶层还要高的身份，使他们能够宣扬并实施自己的主张。

随着时间的推移，婆罗门进一步攫取权力。他们甚至利用自己主持的宗教仪式的重要性妄图挑战神明的地位。他们利用手中的权力提出更多的要求，这些要求写在用来解释赞美诗和指导祭祀仪式的名为《梵书》的小册子里。这些要求通常包含了一些并不成熟的想法和扩大祭司阶层的权力的方案。因为婆罗门的工作具有的神圣性，他们在世俗范围内拥有很多特权和豁免权。向婆罗门敬献礼物的人都得到了婆罗门的许诺，他们在现世和来世都会得到回报。婆罗门对土地这种形式的"献礼"给予了最高的评价，凡是献上土地的人，所有的罪孽都被赦免了。因此，婆罗门得到了大量的土地，甚至包括整个村庄。同时，婆罗门还不用缴税，因为在世人看来，婆罗门用对神的虔诚供养免除了自身的债务。因为婆罗门的神圣属性，所以他们不能被判处任何肉体形式的徒刑，当然也免于死刑。最后，因果报应、轮回转世的教义成了婆罗门彻底控制人们的心灵的工具。如果一个人认为他在世俗中的地位完全是因为前世的所作所为造成的，如果对来世的种种期盼都建立在现世是否能忠实地奉行自身所处的种姓规定的责任和义务之上，那么不管这些义务多么麻烦、身份多么卑微，自己都不会试图反抗了。

婆罗门提出的越来越多的要求和对社会的压榨，成了印度在公元前6世纪到公元前5世纪进行宗教改革的其中一个因素。另一个因素是随着社会经济的发展，逐渐富裕起来的商人成了吠舍种姓，吠舍种姓对于位于它上面的两个领导阶级的种姓十分怨恨。最后一个因素是，婆罗门与非雅利安人之间的关系十分紧张。虽然非雅利安人也可以信仰印度教，但是对于婆罗门的领导地位多有不满。这些因素结合在一起，导致了宗教界的改革和知识界的动乱。人们开始要求自由，自由远比刻板的宗教仪式和教义具有更大的意义，而且令人感到更为满意。

宗教的改革与动乱造成的一个后果是苦修主义的出现。一些最有活力和智慧的人开始主动疏远社会，只沉浸在纯粹的自我思考与反省中。他们创造了瑜伽这种修行方式，让内心沉静而专注，最后达到出神或者入定的状态。这种反省和静思带来了很多改革运动，在这些改革中，有两个成果一直流传到现在，那就是耆那教和佛教。创立这两个宗教的人在一开始的时候都是苦修士，但是后来建立了各自的组织，通过更为注重实际的方式对婆罗门的统治地位提出了挑战。

耆那教所宣扬的思想在公元前7世纪时就已经在印度出现了，但是让耆那教真正成为一个有影响力的组织的人，是大雄教主。大雄也是非雅利安人，出身于贵族家庭。在30岁那年，他放弃了之前拥有的丰富的物质生活，出家修行，成了苦修士，在经历了12年的修行后得道。他创建了一个教派，信仰这个教派的人称自己为耆那教信徒。耆那的意思是胜利者，是他给自己的称号。耆那教教义的基本原则是，万物皆有灵，不但动物拥有灵魂，草木和石头都有自己的灵魂。他强调对任何形式的生命都要表现出尊重。耆那教的祭司进行活动时，都要先扫清道路，以免踩到地上的虫子。一些虔诚的信徒还用布遮住口鼻，避免吸入小虫子。直到今天，西印度地区还生活着大约100万名耆那教的信徒，但是他们对印度的影响远远超过了他们在印度人口中的占比。戒杀生，也就是非暴力主义，最早是由耆那教和佛教提出的，后来被印度教接受。印度的伟人圣雄甘地虽然不信奉耆那教，但是这个宗教的教义对他产生了深刻的影响。

耆那教一直在印度国内流行，但是佛教则与它不同。佛教传播到了欧亚大陆的中部地区以及东亚和东南亚，在这些地方形成了强大的力量，为欧亚核心区的形成起到了关键性的作用。对于印度来说，佛教比耆那教更为深重地撼动了印度教的基础。在佛陀乔达摩看来，种姓制度是不能被接受的，而且认为所有人都应该理解他的教义和经典。所以他以恒河流域的方言进行传教，而且教义中没有巫术和晦涩难懂的经文。佛教刚刚建立，就很快与婆罗门之间产生了冲突。乔达摩创立的佛教的教义，吸收了来自婆罗门的学说。公元前4世纪到公元前3世纪之间，日渐增多的佛教法师们在印度各地传教。佛教徒们保留了初创时的淳朴风格，而且具有道德上的诸多优点。尽管大多数人并不能理解克制自己的欲望与服务大众的意义，但是他们能够欣赏佛教徒们高尚的品质。

除了在印度以外取得了极大的成功，佛教在印度也作为印度教的重要对手存在了数个世纪，但是它从来没有成为过最主流的宗教。不但如此，从公元600年开始，佛教逐渐衰落了。当信仰伊斯兰教的土耳其人在12世纪来到这里时，佛教只在少数几个地区存在，而且并不活跃。这个曾经强大的宗教从诞生到衰落的主要原因是没有能够准备好应付生活中出现的危机，也没有提供能在世俗生活中的关键时刻举行的仪式。与此相对的是，婆罗门有全套规范的礼仪，这使他们尽管面临改革的围攻，但是仍然能顽强地生存。除此之外，更为重要的是，婆罗门也开始了自我改革。他们编写了自己的经典《奥义书》，在书中阐明了如何获得自由和解放的方式。

在《奥义书》中他们提出，宇宙中的最高精神领袖就是婆罗门，它是全知全能的生命体，是整个宇宙的灵魂，和它相比，其他的所有东西都只是幻觉。每个独立的个人，只是一颗微小的火花，只能在轮回中不断变更自己的状态，直到有一天重新被婆罗门吸收，这时他就得到了解放。献身于印度教的人要通过修行达到的最高目标是区分个人的灵魂和整个宇宙的灵魂。所以，勇于追求真理的虔诚的印度教徒是可以放弃世界的。

尽管佛教作为宗教信仰在印度已经不复存在了，但是它的基本教义已经被印度教吸纳，所以实际上它依然存在。面对改革的声音，印度教之所以能存活下来并取得最后的胜利，是因为接受了佛教的思想。《奥义书》中提到的怜悯和精神戒律、道德戒律已然改变了崇拜自然、献祭和赎罪的原始印度教。

## 阿育王的影响

亚历山大大帝撤出印度时，在印度的西北部废除了当地的几个国王的权力，给当地造成了政治上的真空。公元前322年，也就是亚历山大从印度地区撤离3年以后，一个年轻又充满野心的将领填补了这个空白。他夺取了摩揭陀国难陀王朝的王位，并建立了以自己的名字命名的帝国，这个人的名字叫作旃陀罗笈多·孔雀。旃陀罗笈多·孔雀是一个冒险家，希腊人把他称为山陀罗科督。他一开始到了在印度河畔驻扎的希腊军营中，推销他征服恒河流域的计划，但是希腊人并没有听从他的计划，因为他们此时正在哗变反对进一步入侵印度。在这种情况下，孔雀只得从希腊军营中悄悄溜走了。后来他在印度西北部地区四处游说，得到了当地部落的支持。当亚历山大撤退后，他占领了旁遮普地区，把亚历山大任命的马其顿官员驱逐了。

之后的几年中，他稳步地向四周推进，将他建立的帝国的范围扩展至印度河地区，还把恒河和印度河之间的广大三角洲地区收入囊中。同时，他组建了强大的军队和高效的政府来维护他的帝国。塞琉古是亚历山大的继承人，他当上了中东地区的国王，而且想要重新占领亚历山大放弃的印度旁遮普地区。在这时，孔雀发动了对塞琉古的战争，打败了塞琉古一世，建立了一个统一的庞大帝国，它的疆域横跨整个印度北部的平原，从大陆的西海岸直到东海岸。

旃陀罗笈多的军队由步兵、骑兵、战车和象群组成，仰仗这样一支军队他赢得了这场侵略战争，征服了恒河流域的大部分地区。印度历史上第一个大帝国出现了，帝国内实行君主专制的统治，旃陀罗笈多自立为王，几乎整个北印度都在他的统治范围内。

孔雀王朝拥有空前强大的国家权力，许多重大的事项就是在这一时期实现的，比如，旃陀罗笈多所修建的道路系统非常发达，贯通整个印度。道路上设有驿站，每隔半里就有一个立柱作为标记。到了阿育王朝，又沿着道路两旁植树，每隔三里就有一口井，设置了供来往行人休息的场所。在主干道交叉点附近，有供紧急时刻使用的国家粮仓。为了发展农业生产，各地都开挖了运河和蓄水池，形成完善的灌溉体系。政府还出台了一系列管理制度，官员负有向农人征收租金、清查户口、维修运河、灌溉农田、监督市场、调控酒类贸易以及执行皇帝其他命令的职责。皇帝的生活是相当奢华的，和蛮族的首领一样，都城在恒河边上出现了，都城被木栅和壕沟所环绕，宫殿的建筑豪华奢侈，由上好的木料构筑，金箔和金片包裹在梁柱上，看上去一片金碧辉煌，非常华丽。

　　印度的沙门文化在孔雀王朝时开始衰落，代之以婆罗门文化，这种文化对印度人的伦理道德、行为准则以及价值观都产生了重要的影响，并居于正统地位。印度妇女在社会地位上的一些特点也在这时初步形成，印度父系文化的观念在这一时期得到强化。婆罗门立法家们明确了针对妇女的清规戒律，《摩诃婆罗多》《罗摩衍那》这两大史诗就包含了很多法律内容，它们在这一时期成书。作为婆罗门教的权威经典，它们对妇女在各个时期所承担的义务和责任以及她们在婚姻家庭中的地位等都有明确的规定。

　　孔雀王朝自建立起便实行君主专制的统治，国王的权力是至高无上的，他有权决定最重要的政策，有权委任重要的官员；国王所发布的诏书和法令就是法律，谁都不可违抗；他还拥有最高立法权；国王本人还是军队的最高统帅，拥有最高的军事权力，所有的军事行动都由他来决策；对重大案件，国王还拥有最高司法权；国王还拥有最高的检察权，在帝国的各地，遍布着国王的密探，他们侦听人民的言行；国王身边还有一批顾问和官员，以辅佐国王处理政务。

　　旃陀罗笈多登上王位后，和处于上升阶段的婆罗门之间的冲突也减弱了。在埃及和中国，这种祭司和王权之间都存在争斗。旃陀罗笈多借助佛教，因为在佛教的教义里有反对种姓制度、反对祭司掌权的观点。对佛教，旃陀罗笈多采取了支持的态度，使佛教的教义得到了传播。

　　旃陀罗笈多的儿子继承了父亲的才干，将德干地区征服，他的孙子阿育王又征服了印度东部。在阿育王统治时期的孔雀王朝，除了南部地区，它的疆土囊括了从阿富汗直到现在的马德拉斯的整个印度半岛。在印度历史上，阿育王是最伟大的统治者之一，依照他的能力本可以将印度半岛的南部也并入自己的版图，但战争的残酷，使他在取得一系列的胜利后结束了战争，结束了继续的征服。在治国理念上，阿育王放弃了所有侵略性的军事行动，致力于经济文化的发展和政局的稳定。

　　佛教精神对阿育王在治国理念上产生了很大的影响，其核心就是以和平的方式实现国家的统一，这样的思想并不是空想，而是有着非常大的现实性。虽然阿育王对羯陵伽国的征战造成的创伤深感不安，但还是将其土地并入王朝的版图。虽然他禁止杀生，但保留了死刑。阿育王资助佛教，捐献了大量的财产和土地，在各地广建佛教场所，对佛教各派之间的争议进行调解，将外道驱除，整理佛教经典，编撰了《论事》。

阿育王宣布，他不会再以战争的方式来征服任何地方，而要代之以宗教。从这时开始一直到他生命的结束，他都在致力于在全世界推广和发展佛教。他渴望创造的是一个安全、理智的社会，在这个社会中生活的人都能感到平静和温暖。他向波斯的统治者学习，把自己下达的命令刻在岩壁和专门建造的大柱子之上。这些命令不单单是正式的法令，更带有一些训示和教诲的性质。这些敕令的共同点是，鼓励人们发扬美德，能够充满同情和宽容，用善良的心对待每一个生命。

阿育王证明了他的才干足够让他用和平的方式治理幅员辽阔的庞大帝国，而不仅仅是一个狂热的宗教信徒。他在他生命中唯一的一次战争期间，以一个居士的身份加入了佛教。几年后，他成了真正的佛教徒，致力于"八正道"，渴望获得涅槃。他用自己的行动表明，佛教的生活方式完全能够适应当时最有益的慈善活动。他的一生都沿着正思维和正精进的道路前进。阿育王在统治期间在印度展开了大规模的掘井运动，还大量种植树木以供遮阳。他还建立了医院，规划了公园，开辟园圃种植草药。他成立了一个部门，专门负责管理当地的土著和臣服于他的种族。他还创造条件，让妇女有机会接受教育。作为第一个进行此类尝试的国王，他还试图通过教育和训导使他的臣民们拥有共同的生活方式和一致的人生目标。他大力推广佛教，对信仰和传播佛教的团体大加布施，以激励这些信徒更好地学习佛教经典和传播佛教的教义。他在全国各地刻上乔达摩的训诫，这些训诫简单易懂并且合乎情理，与社会的常识相符。这些铭刻中有35篇一直流传到了现在。他还大量派遣佛教徒去世界各地传教，从克什米尔到锡兰，还有塞琉古和托勒密王朝，都有阿育王派去传布佛教的教义的使团。其中的一个使团把菩提树的一枝带往锡兰，从此在这里生根发芽，存活至今。

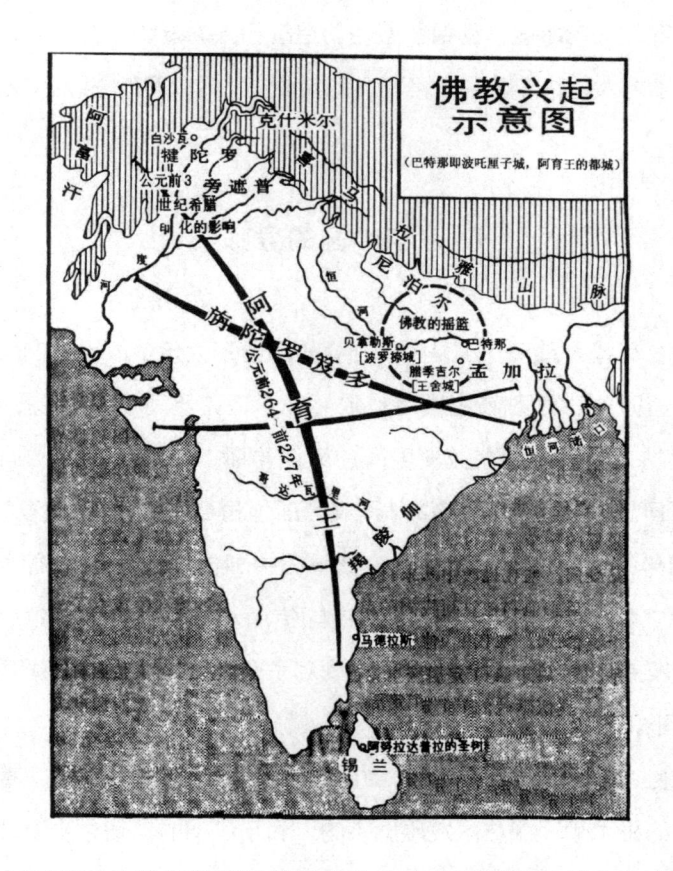

但是，阿育王并没有能够让佛教成为全印度的国教。他在大力推广佛教的时候，并没有迫害其他宗教。正相反的是，他对耆那教和婆罗门也大加布施，还为各个宗教派别的杰出人士提供帮助。这不仅仅是宗教上的变革，更是从根本上的态度的转变。他主张的是非暴力，对所有生命都要宽容。这些高尚的品质不但合乎道德需求，也为他的庞大帝国增加了凝聚力。事实证明，阿育王的政策是成功的，他统治了这个帝国很长一段时间，为这里的人民服务了28年。但是在他死后的半个世纪里，孔雀王朝就被推翻了，一个帝国就此消失在历史中。

历史上曾经存在过很多君王，他们或者庄严，或者尊贵，或者声名显赫。在这些君王中，阿育王的名字耀眼夺目，散发着属于自己的独特光芒。

在欧洲到亚洲的广阔土地上，至今仍然传颂着他的名字。不论是中国还是不再信奉他的教义的印度，都保留着他创造的伟大的传统。在今天，世界上念诵他的名字的人，比知道君士坦丁大帝或者查理曼大帝的人还要多。

## 来自中国的导师

尽管在有些人看来，正是因为阿育王招揽了大量贪图钱财的、对佛教并不虔诚的信徒，才导致佛教最终被败坏了，但是不可否认的是，正是受到了他的激励，佛教才能在亚洲更为广泛地传播。在这一点上，他对佛教的贡献是不可置疑的。通过阿富汗和突厥斯坦再到中亚细亚地区，佛教最终在公元64年的汉朝时期传入中国。最早在中国传道的佛教徒是沙门迦叶摩腾，在他之后，大批有道的法师来中国传道。到了3世纪至4世纪时，佛教在中国的发展达到了顶峰。后来佛教受到了严重的迫害，直到唐朝时期才再次兴盛起来。

佛教刚刚进入中国的时候，中国本土流行的宗教是道教。道教是由原始部落中的巫术和一些法术发展出来的，到了汉朝时期通过张道陵的重新组织，成了一个宗教派别。道的意思就是道路，这与佛教的别称"雅利安的道路"有异曲同工之处。这两个宗教在最初的时候展开了激烈的竞争，之后开始携手传道，而且历经了几乎相同的变革，现在这两个宗教的一些仪式和做法十分相似。除此之外，佛教还遇到了儒家文化。与道教相比，儒家具有的神学性质很少，它更加强调个人的行为准则。佛教遇到的最后一个导师，是无政府主义者和道德理论哲学家老子的思想。老子的思想不像是宗教理论，更像是生活中倡导的哲学规律。老子的思想后来被道教徒陈抟拿来与传统的道教思想合并到一起形成了近代的道教。

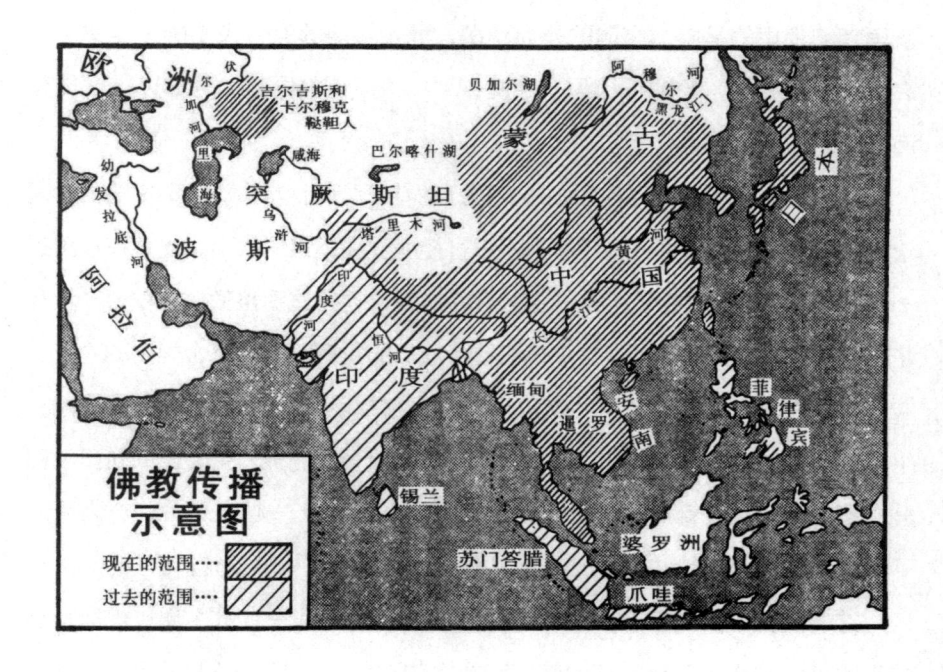

佛教传播示意图
现在的范围
过去的范围

儒家的创始人孔子，与老子以及创立佛教的乔达摩一样，都出生于公元前6世纪。这时的中国正处于周朝时期，当时的周朝统治者只徒具一些形式，在传统的祭祀活动中履行自己的职责，获得表面的尊敬，但是对各个诸侯国已经不具备约束力。而且这时的中国的势力范围还不到今天中国的1/6。孔子诞生于周朝的诸侯国中的鲁国，他出生于没落的贵族家庭，生活贫穷。他曾经周游列国，试图向国王们推行自己的理论，但是没有被采纳。他担任过几个微不足道的官职，最后回到鲁国建立了一个类似学校的机构，并广收门徒，向学生们传授自己的知识和见解。

孔子思想的中心在于一种高尚的生活态度，这种思想能够具体表现为一种标准，严格按照这种标准生活的人，可以被称为君子。"君子"这个词在英语中通常被翻译为卓越的人，但是"卓越"这个词早已经和"风度"这类词一样，成了诙谐的调侃人的词汇，因此这样翻译对儒家是不尊重的。孔子为他所处的时代塑造了一种热心为公的人的形象。对于他来说，热心为公众服务是十分重要的。与乔达摩和老子相比，孔子是更有建设性的思想家，他所思考和忧虑的是中国当时的社会状况，他希望培养君子来使国家变得更加高尚。记录孔子言论的《论语》中说："鸟兽不可与同群。吾非斯人之徒与而谁与？天下有道，丘不与易也。"

他的思想基础有着传统中国道德观念的特征，而且与欧洲和印度的哲学理论和宗教教义不同的是，孔子的思想更直接地关注国家的层面。他曾在鲁国的一个名为中都的地方担任当地的主官。在这里，他曾试图整顿社会秩序，涉及了方方面面，力图让每种社会关系和社会成员的所有行为都符合规则的约束。"一切行为举止，都要合乎礼仪，通常只在宫廷和贵族家庭中流行的规范，平民也必须遵守。生活中的所有事务都被严格地规定了，甚至连贵族和平民分别能吃哪些食物都有详细的规定。男人不能和女人一起上街。一个人死后下葬时，棺木的规制、坟墓的形式和方位都受到了严格的规定。"

这一切都十分具有中国的特色，其他任何民族都没有试图通过规范社会成员的行为举止来获得道德的有序和社会的稳定。但是孔子的思想在中国取得了巨大的收获，时至今日，世界上没有任何一个其他国家像中国一样具有自我约束和合乎礼仪的传统。

在他生命的后期，孔子对国家的影响十分有限，他隐退了。他看好的几个弟子也都相继死去了，这让他的晚年变得凄凉。他说："夫明王不兴，而天下其孰能宗予，予殆将死也。"

但是孔子死后获得了比生前更高的地位。孔子对全体中国人的民族性格的影响，比很多帝王加在一起的影响还要大。他是中国历史上无法回避的一个重要人物。他的思想之所以能够如此深远地影响这个国家，除了考虑到他本人的人格特征之外，更主要的是因为中华民族具有的特点。如果他不是生活在中国，而是在世界的其他地方，他的名字和理论也早已淹没在历史的长河中了。孔子是在对当时和在他之前的很多道德理论进行了深入的研究之后，才提出了属于他自己的独到见解。而且他所传播的思想对于当时的人来说，并不是全然陌生的。他是在对典籍的研究中继承了上古哲人的思想，并通过自己向世人宣讲出来。他就好像一个传音的唱机，向中国的全体人民介绍他对全民族发展的观点。孔子作为一个独立的人，对全体中国人产生了巨大影响，这不仅是因为他的弟子记录下了他的观点和教导，还因为他自身做出的表率。在外人面前，他所有的行为，即便是最烦琐的细节，他所做的都全然符合礼仪的规定。这些不是他自己发明的，而是他之前的很多个世纪里早就形成的一套礼仪，但是他做出的榜样使得他认为可取的道德规范得以流传。

老子曾经在周王室担任过很长时间的图书管理者。与孔子偏向社会实践的理论相比，老子的思想更加神秘且难以捉摸。他宣扬过一些禁欲主义的虚无思想，鼓励人们不过分重视人世间的痛苦或快乐，回归一种想象中的极简的生活。他的著述都十分简约，语言晦涩难懂，像是谜语一样。在老子死后，就像乔达摩的思想所经历的一样，他的思想也被蒙上了传奇的色彩而变得面目全非了。后人在老子的思想中掺杂了一些复杂的仪式和迷信的概念。但是孔子的思想却从未遭到这样的篡改，因为意思简单明了，而且应用在社会准则之上，所以不容易被歪曲和误解。中国人将孔子、乔达摩和老子的学说和教义称为三教，也就是儒、佛和道。这三种教义成了之后中国所有思想的基础。

孔子、乔达摩和老子之间存在一些能够被我们感知的共同之处。在这三个人中间，毫无疑问，乔达摩是伟大和学识渊博的一位，直到今天他的教义仍然影响着很多人类的思想和行为。他们的思想理论的特点，与在西方占据主导地位的宗教教义形成了鲜明的对比。他们的教义主要是关于个人的，是主张容忍的，是关于人生的道路和崇高的精神的，而不是关于教会或者一般的准则的。对于他们所处时代存在的神，他们一概不置可否，不崇拜亦不推翻。和他们类似的是，希腊的哲学家们也持有这样超然的态度。在苏格拉底看来，只要允许他保持独立的思想，那么他愿意向任何神明恭敬地献祭。这种态度完全不同于犹太人的思想。在犹太人看来，一神论是至关重要的，是第一位的。不管是乔达摩，还是孔子和老子，都没有提出过关于嫉妒的神的概念。这个神不能容许其他任何神的存在，不能容忍人们相信其他宗教和习俗，也无法容忍人们对万事万物的统一的忽略。

## 佛教的败落和如今的分布

佛教的教义从一开始就存在被人曲解的情况，因为教义本身就存在着一个弊病。因为当时的人并没有理解生命的前进带来的积极意义，所以经常会产生自我否定的思想，进而否定生活的努力。逃离世间的烦恼相比逃离自我的思想束缚要更容易，乔达摩本人的经验也证明了这一点。他的第一批弟子本来都是教师或者有战斗精神的思想家，但是从现实的生活中逃离出来，到寺院过隐居式的生活简直太容易了。因为印度的热带气候条件，使得努力工作非常辛苦，但是过简单朴素的生活则很方便，十分具有吸引力。

跟日后的大多数宗教的创始人所经历的一样，乔达摩也难免有类似的命运。他那些水平有限的弟子为了吸引外界的注意，过早地把他神话了。如果一个人虔诚地信仰一个宗教，那么他就无法不相信，这个宗教的教主显示神迹的时刻必然伴随着类似癫痫症一样的疾病发作。而这只是后人追忆乔达摩时创造出的大批量廉价的奇迹中的一个而已。

不管是在佛教初创时期还是现在，对于自我解脱这一概念，大多数人都十分难以领悟。即便是佛陀乔达摩从贝拿勒斯派出去传教的弟子们，也鲜有人能够真正领悟这个概念，能够向大众讲解和传授这个概念的人就更为稀少了。所以这些法师在传道时讲解的教义并非是从个人的修行角度解释得救，因为他们自己也不理解，他们是从逃离现世和来世的痛苦这个角度来解释得救的。在当时人们的迷信中，存在转世和轮回的观点，这个观点与佛陀的本意是矛盾的，但是这些让人产生恐惧的东西可以被加以利用。于是这些传道之人劝诫人们要行善，以免来世会变为牲畜，或者堕入充满无边痛苦的地狱中。关于地狱里的可怕情形，婆罗门已经为他们解释得十分清楚了。他们说佛陀能够解救苦难，是救世主。

这些愚蠢的佛教徒虽然平时很诚实，但是在传道时为了佛陀的荣光，也为了推行他们的教义，所以撒起谎来漫无边际。在我们的生活中似乎也是如此，有些人认为说谎是坏事，但是当他的工作需要他说谎时，他就会变成毫无廉耻的骗子，这大概是人类天性中令人羞惭的荒唐特点之一。这些人中的大多数其实本质都是诚实的，但是当他们传道时，用不了多久就会向大众宣扬佛祖的奇迹。他们不再直呼乔达摩的名字，因为这个名字太普通了，而佛陀则高大许多。他们宣扬佛陀在生活中显示的神迹，讲他具有怎样神奇的功力，以及他逝世时身上发出的光辉。

而且大众不会相信身为佛陀之人会是凡人的儿子。所以在信徒的口中，他的母亲是梦见了一头美丽的白象之后怀孕并生下他的。所以，他的前世是一头有六支象牙的奇异的白象，而且为了助人，他把自己的全部象牙都施舍给了一个猎人，甚至亲手帮助他锯下自己的牙。

另外，围绕着乔达摩出现了一种神学。乔达摩在信徒口中成了一个神，是许多的佛陀之一，而且他具有"一切佛陀的灵魂"。除了他之外，还有许多过去的佛陀和未来的佛陀。这些想象是病态的但是又是强有力的，乔达摩最初的教义都被掩埋在了纷繁复杂的理论之中，不断有新的理论出现，而且每出现一个理论，就会引发更多的理论。整个天空都被臆造出来的神填满了，而佛教的创始人乔达摩提出的简洁而高尚的教义却被让人眼花缭乱的形而上的烦琐解说深深埋没了。

到了公元前3世纪，佛教已经建立起了强大的势力，取得了大量财富。从前的佛教法师们都住在简陋的茅屋中，现在已经搬进了宏伟的寺庙里。佛教的艺术也在这个时候开始兴起了。这时，旁遮普地区还处于塞琉古王朝的统治下，整个印度遍布来自希腊的冒险家。这时的印度和亚历山大的帝国还存在着很多交流，所以这个时期的佛教艺术具有很强的希腊风格。希腊人对某些神的崇拜也对佛教艺术的发展造成了一定的影响。

在20世纪的前半段，整个西藏是信仰佛教的地区。现在我们可以假设乔达摩在那个时候到访西藏，他完全不会发现这里存在他创立的教义。他能够看到的是一个西藏的统治者，被称为活佛的王，这就是达赖喇嘛。他会在拉萨见到一座巨大的庙宇，里面满是佛教徒、寺庙的住持和喇嘛。而他还活着的时候，他居住和布道的地方只有几间茅屋，而且他的信徒也都没有剃度出家。在一个高大的神坛上，他看到了一尊巨大的金色塑像，这尊塑像的名字叫作释迦牟尼佛乔达摩·悉达多。有人在这尊佛像前念诵经文，还有人低声说着一些他觉得有点耳熟的箴言作为回应。这个仪式里还有敲钟、燃香和跪拜，这些都让他感到吃惊。当礼佛的仪式进行到某个阶段，有人敲钟，还有人举镜，在这个时候，参加法会的全体信众和教徒都把身子俯得更低了。

在这个全民信奉佛教的地方，他发现到处都有一些他没见过的东西。这是一些不停旋转的风轮，上面刻着简短的经文。他还会知道，这种小轮子每转一圈，就相当于祷告了一次。乔达摩也许会发出疑问："他们在向谁祷告呢？"除了这些，他还会看到很多地方都立着旗杆，旗杆上挂满五颜六色的经幡，经幡上写着"唵嘛呢叭咪吽"这种难以理解的字，它的意思似乎是"珍宝寓于莲花之中"。跟转经筒一样，这些经幡每拍动一下，也相当于做了一次祷告，这对施舍这面经幡之人和整个此处地方都有着莫大的好处。这些信仰佛教的善男信女还会请来工匠，把佛经中的各种咒语刻在岩壁上或者石头上。乔达摩这时才会意识到，这就是现今世界信仰的他创立的宗教。他向往的能够得到灵魂安宁的雅利安道路被这些俗世的夸张举止掩盖了。

前面我们曾提到，早期的初创佛教里没有任何积极的思想。在这一点上，它和犹太教完全不同。因为犹太教信仰的上帝的诺言，给了犹太教一种当时所有宗教都不具备的特质。信仰上帝的观念使得犹太教对于异教完全无法容忍。这种无法容忍其他宗教的心理，让犹太教的教徒能够保持纯洁的信仰。与之相反的是，在东方，思想家和哲学家们都没有神学的概念，对不同的宗教和习俗都持包容态度。除了乔达摩所主张的、但是又很少被重视的正见之外，无论是孔子创立的儒家学说还是老子的思想体系里都没有自洁的概念。对本宗教之外的迷信活动，念咒、作法和祭祀仪式，都没有严格禁止。

所以，在佛教的早期就开始僵化，再往前发展，这些新产生的信仰都沾染上了它们想要取代的旧宗教的弊端，也开始塑造偶像、建造寺庙，并开始祭祀活动。

虽然乔达摩提出的教义在心理的层次上十分深奥和真实，但是因为它缺乏积极的指导思想，所以难免陷入停滞和衰落。

佛教在印度流行了一段时间，但是与此同时，拥有众多神明和无数崇拜对象的婆罗门教一直和它一起盛行着。后来，由于婆罗门的力量一天天强大起来，最终积蓄了足够的能量来反对佛教这个对种姓无差别吸纳的宗教，而且将它彻底赶出了印度。两个宗教在进行斗争的时候，充满了迫害与反迫害，在这里我们不加详述。到了11世纪，佛教已经在印度绝迹了。但是它的教义中的慈悲的观念，已经被婆罗门教吸收了。

佛教现今还在世界的很多地区存在着，在接触到了现代科学并探究了历史之后，乔达摩最初创立的教义经过了复苏和净化，很可能对人类再次起到巨大的精神作用。

在被逐出印度之后，这个来自雅利安的宗教就再也没有对任何雅利安民族的生活起到过约束作用。令人感到奇怪的是，这个雅利安宗教现在存在的地区几乎都是蒙古利亚民族的统治范围，雅利安人自身却受制于外来的基督教和伊斯兰教。这两个宗教从根本上讲都属于闪米特人。儒、佛、道这些宗教都有着繁复的仪式，这些似乎都是通过希腊作为纽带从埃及这个祭祀之国学来的，也是从闪米特人的原始的心理状态中得来的。

… 第五章

**欧洲的信仰**

## 犹太人的信仰

要想了解基督教的特性，我们有必要对犹太人的过去简单回顾一下。

犹太的祖先是亚伯拉罕，以及亚伯拉罕的儿子以撒和孙子雅各。关于犹太人的记载开始于公元前1500年，当时因为饥荒的原因，雅各带领他的儿子们来到了埃及，这就是以色列十二个犹太人部落的祖先。在埃及，他们的后代成了奴隶。几百年后，犹太人的英雄摩西带领众人摆脱了埃及人的奴役，重返以色列。在西奈沙漠上，他们过了长达40年的流浪生活，并且形成了一个独立的民族。他们遵守摩西立下的十诫，信奉他们的祖先创立的一神教。

后来在约书亚的指挥下，以色列的各个部落联合起来夺回了以色列的故土并定居在这里。但是这些人平时是散居的，只有受到外部威胁时，才由称作"士师"的人组织起来，联合抗敌。公元前1028年，扫罗建立了以色列人的国家，他的继任者大卫王在公元前1000年的时候把以色列各部收服成为一个统一的国家，并把耶路撒冷作为他们的首都。大卫的儿子所罗门带领王国发展贸易，这里成为商业强国。他还在耶路撒冷修建了圣殿，供奉他们信奉的神。后来经过考古发掘，证实了这一时期在夏琐、美吉多等城镇里都设立了贸易中心。所罗门去世后，这个国家一分为二，一个定都撒马利亚，名叫以色列王国；一个定都耶路撒冷，名为犹太王国。这两个王国在长达两个世纪的时间里并存于世，犹太人在先知的指导下遵守社会道德和法律。

公元前722年，亚述人入侵并占领了以色列王国，这里的人民再一次被迫流亡。公元前586年，巴比伦人又征服了犹太王国。侵略者来到耶路撒冷，把这里的圣殿给毁坏了，并把这里的犹太人变成了巴比伦的奴隶。

公元前539年，波斯人消灭了巴比伦帝国，生活在这里的犹太人重新回到了故土——犹太，并且在耶路撒冷重新建立起了圣殿。他们的生活方式也在自己的土地上恢复了。在这之后的400多年里，在波斯人和希腊人建立的帝国里，犹太人都能够在很大程度上自治。到了叙利亚的塞琉古王朝，政府推行了一系列措施禁止犹太人信仰自己的宗教。这种行为引起了以色列人的反抗，公元前168年，马加比家族领导犹太人起义，并建立了一个独立的王朝，就是存在了约80年的哈斯蒙尼王朝。

对于自治的犹太人从根本上来说是分散的。他们渴望一个救世主的出现，这个救世主能够恢复大卫和所罗门的荣光，并且会通过这个过程来拯救全人类，最后让全世界都跟随着犹太人的脚步前行。等到闪米特人不断衰落，迦太基和提尔也进入了历史上的黑暗时期，罗马征服西班牙时，犹太人的梦想就进一步扩大了。在西班牙、北非和地中海地区有一群腓尼基人，他们分散在很多地方，并且没有属于自己的政治权利。他们的语言类似犹太人说的希伯来语，所以皈依了犹太教。在犹太人的历史进程中，异族人改信犹太教通常伴随着犹太人严重的排外倾向。曾经有一次，犹太人征服了伊杜米亚人，并且强迫他们全部改信了犹太教。在穆罕默德时代，阿拉伯地区的一些部落也信奉犹太教。9世纪生活在俄罗斯南部的突厥人，也是犹太教徒。犹太教主要是由闪米特人，同时也包括许多分散在各处的民族共同建立起来的一种思想。犹太人的经商传统是生活在巴比伦的腓尼基人和阿拉米人带来的。但是这些同化的结果一旦产生，就会在全体犹太人中普及。整个罗马帝国和遥远的东方，犹太人的聚居区都成了商业发达的地区。因为他们有同一部圣经，被同一种宗教信仰连接起来。所以犹太人的主要构成部分从来不是来自犹太国的，也从来不在犹太国。

这些统一信奉犹太教的各个地区通过彼此的交流带来了经济和政治上的便利性。他们能够聚集财富，并且能够定居也能够迁移。与分布地区更广的希腊人相比，他们的人数不多，也没有发展出那么高明的文化，但是他们在一起团结得更为紧密。希腊人之间是互相仇视的，但是犹太人是互相帮扶的。每到一个地方，犹太人都能够找到和自己有同样的思想和传统的人。有人为他们提供食物、住处、经济支援和法律帮助。因为他们的团结，使得统治者总是视这个民族为重要的社会因素，不论是向他们借钱，还是视他们为社会的麻烦。所以，当希腊文明照亮了全人类之时，犹太人作为一个民族生生不息。

在这里我们不再具体描述生活在犹太人的故土上的少数犹太人的遭遇了。他们曾经回到昔日所处的悲惨境地。可以这样形容，他们总是在闹市中寻找宁静。在过去，叙利亚人和亚述人都征服过他们，现在塞琉古王朝和托勒密王朝依然统治着他们，当塞琉古王朝消失了，罗马人又来了。犹太王国总是在别人的控制之下，无法真正地独立。历来统治犹太人的君主都是东方式的，他们残暴而狡猾，手上沾满鲜血。犹太的首都耶路撒冷曾被攻陷了三次，其中两次圣殿都被摧毁了。在世界各地的犹太人的帮助下，才使得这个小国得以幸免于难。直到公元70年，梯特皇帝经过了漫长的围困才最终占领了耶路撒冷，把这座城市和圣殿一起摧毁了。这个征服者之所以要做这些，就是想消灭犹太人，但是正因为他摧毁了犹太人心中最敏感的地方，才让犹太民族变得更加坚强。

犹太人经历了巴比伦人的囚禁，也经历了耶路撒冷被摧毁，在这之间的五个世纪的磨难和骚动中，仍然保存下了他们独有的特征。他们依然信仰自己的一神教，除了全知全能的上帝，再不信仰其他的神。他们在罗马做的事和在耶路撒冷所做的一样，对任何皇帝和神明都不崇拜，他们遵守与上帝的誓约。任何偶像都不能进到耶路撒冷城内，即便是罗马鹰旗也只能悬挂在城外。

在这五百年的历史中，犹太人中间存在着两种截然不同思想。右翼的犹太人身居高位但是心胸狭隘，这些人是法利赛人，血统纯正。他们非常保守，拘泥于一切法律和规定的细枝末节。他们十分爱国，排斥外族。犹太人的法律规定安息日不能工作，所以耶路撒冷也没人守卫。塞琉古王朝曾经攻占耶路撒冷，还有庞培将军也占领过这里，都是因为犹太人为了遵守安息日的规定而没有守城。

和这些右翼的犹太人相对的，是豁达开阔的左翼犹太人。这些人血统不是十分纯正，比如撒度该人，是希腊化了的犹太人。这些人在内心里是接受与邻近的希腊人或者希腊化的民族交流和同化的。他们对任何外族的皈依都敞开怀抱，把上帝的信仰带给全人类，让人类享受上帝的恩赐。但是他们通过慷慨的行为得到的东西，也因为这个特点而失去了。这些希腊化了的犹太人不得不放弃了他们的母语希伯来语，而要把《圣经》的语言翻译成希腊文。

## 耶稣其人

罗马处于提比利乌斯皇帝统治下的时候，犹太王国中出现了一个伟大的先知和导师。这个人想要解除犹太人骨子里的狭隘和排外，而要把不容置疑的唯一的全能的上帝带给世人，让人们懂得他们对上帝应尽的义务，这也是犹太教的信念来源。这位导师就是拿撒勒人耶稣，他虽然名义上是基督教的创始人，但是不如说是他播撒了基督教的种子。

关于耶稣这个人的所有记载，都出现在《圣经》中的四部福音书里。这四本书应该是在他死后的数年间就已经面世了。同时还有一些早期的基督教传道者的通信中，提到了耶稣的生平事迹。大多数人认为，《马太福音》《马可福音》和《路加福音》这三本书中的记载取材于更早的文献，而《约翰福音》具有自己的特点，更像是渲染了希腊化的神学理论。研究者们更愿意相信《马可福音》中记载的耶稣的生平和言论最为可信。尽管这样，这四本书仍然能够给我们带来一个很鲜明的人物形象，这就像关于乔达摩的早期记载一样十分可信。书中所写的事情有时会让人觉得荒谬且难以置信，但是我们还是要说："这个人曾经真实存在过，这些事情可不是乱写的。"

但是，就像乔达摩最初的简单信条被之后的佛教塑成的金色佛像所扭曲了一样，耶稣本身的清苦形象和坚强不屈的性格也因为近代的基督教艺术里盲目的崇拜带来的夸张效果而被伤害了。耶稣本来是一个穷困潦倒的教师，在烈日中独自走在犹太的土地上，靠一些施舍过活。但是在书中，他经常被描绘为衣着整洁而一尘不染，傲然挺立，行走时仿佛在空中飘浮。因为这一点，会让很多无法区别开真正的史实和牵强附会的故事的人认为耶稣是不可信的，不是一个真实存在的人物。

这四部福音书开头的部分都有一些荒诞不经的记载。比如耶稣奇迹般诞生的过程，东方的三个贤者被大星引导至耶稣降生的马槽，以及大希律王被这些异象激怒而要将伯利恒地区的男婴统统杀掉，耶稣后来被迫逃往埃及。这些故事被很多权威的学者认为是编造出来的。这些故事和耶稣的教导相比是无关紧要的事情，但是正因为它们的荒谬而使我们在感受耶稣的教导时获得的感受被削弱了。而且在《马太福音》和《路加福音》中也描述了矛盾的耶稣的身世。在书里作者想要拼命论证耶稣的父亲约瑟是大卫王的直系后代，好像不管对谁来说这个祖先都能给他带来荣耀。这种附会的说法是无稽的，因为在原本的传说中，耶稣是受圣灵感孕而成胎的，根本不是约瑟的儿子。

如果我们把这些充满疑问的附加传说去掉，留下的就是一个真实的人物形象。他热情而诚恳，而且会发怒，他教给世人的是一种全新而简朴的深刻道理，那就是上帝是全人类的仁慈的父，而且天国必将降临。通俗地说，这是一个充满强烈人格魅力的人，他靠这个魅力吸引了众人的追随，并让这些信徒充满仁爱和勇气。

公元30年，提比利乌斯皇帝正在执掌罗马政权，本丢·彼拉多担任犹太王国的总督。在犹太人的逾越节前,耶稣来到耶路撒冷传道。这是他第一次来到这里,从前他在加利利地区活动,主要在迦百农和这周围布道。他也在迦百农的犹太人教堂讲道。

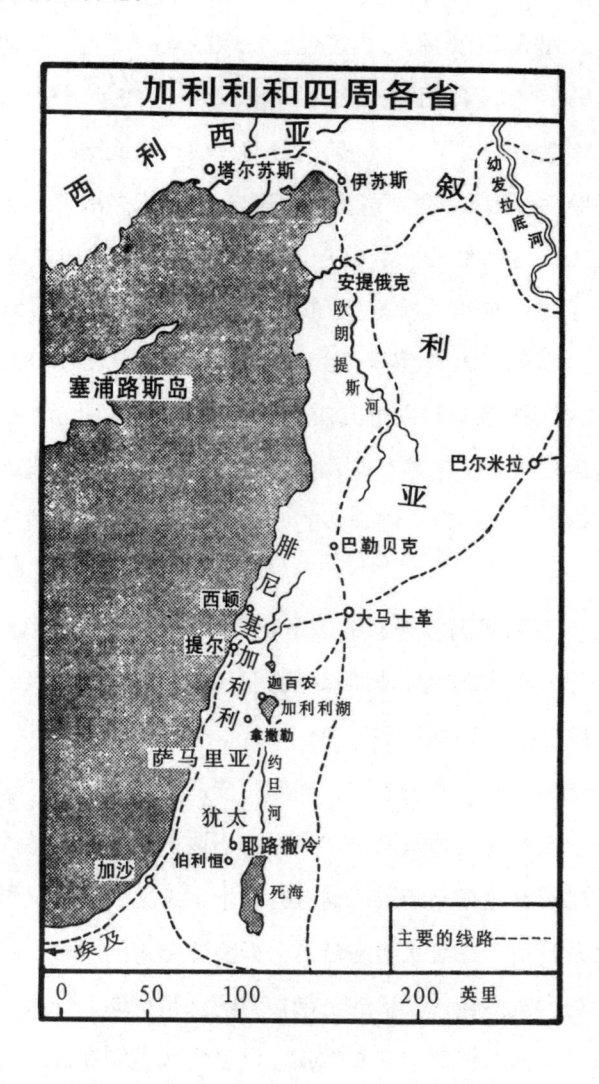

**加利利和四周各省**

他来到耶路撒冷使他的教义获得了胜利。在加利利,他有很多信徒,因为信仰他的信徒人数众多,所以在传道时他只能站在加利利湖里的船上。在进入耶路撒冷之前,他的声誉已经传遍了这里。城里的人们纷纷出来迎接他。虽然他们可能对他的教义根本不理解,只是相信他将会通过某种魔法推翻旧秩序。他骑在一头他的信徒借来的毛驴上进入了耶路撒冷。人们在他身后高呼着"和散那",意思是欢呼和赞美。

他来到耶路撒冷的圣殿。这里堆满了生意人的桌子和卖给朝拜者鸽子的商贩的小摊。耶稣和门徒们赶走了这些发宗教财的商人,掀翻了他们用来摆放货品的桌子。这件事似乎是他一生中唯一的一件主动干预他人的事情。

他在耶路撒冷进行了一个星期的传道,很多信徒围绕在他的周围,这给当局逮捕他增添了困难。官员们都聚集到一起,想办法整治这个带来了很大麻烦的外来人。这时他的门徒之一的犹大因为没有成功地占领耶路撒冷而感到气馁,于是向这里的犹太祭司告密,帮助他们逮捕耶稣。他也因为自己的告密行为得到了30个银币作为酬劳。这里的犹太人和祭司们大概会对耶稣带来的温和的革命倾向感到震惊。因为可能罗马统治者会利用这个借口来迫害全体犹太人,于是大祭司该亚法为了向罗马统治者表达他的忠诚,主导了对耶稣的审判,而这里众多的祭司和正统派的信徒成了控诉耶稣罪行的人。

在四部福音书里满怀严肃的敬意记载了他在客西马尼园被捕,受到本丢·彼拉多的审判,之后又被押解他的罗马士兵鞭打和嘲讽,最后,在各各他山上,他被钉在十字架上死去。

耶稣带来的短暂革命失败了,他的门徒们都离弃了他,有人说彼得是他的门徒之一,彼得马上撇清说:"我根本不认识他。"这些人跟随耶稣来到这里,并不想看到这样的结果。他被钉在十字架上,又疼又渴,这个惨状只被几个妇女看到了。在漫长而痛苦的一天将要结束的时候,被抛弃的导师耶稣用尽最后的力气高喊:"我的上帝!我的上帝!你为什么要遗弃我?"之后他就死去了。他临终时的这些呐喊,世世代代萦绕在他的信徒心中,成为永恒的谜。

## 早期的宣讲

基督教本来是天启宗教的一个分支，但是因为这个流派供奉的神是耶稣，这和犹太教和伊斯兰教是不同的，所以被称为基督宗教。1世纪早期，根据四福音书的记载，耶稣在中东地区的加利利传教，还为百姓治疗疾病。这个时期，他陆续收了十二个门徒，他们是西门彼得、安德烈、大雅各、小雅各、约翰、腓力、巴多罗买、多马、马太、达太、西门和犹大。

耶稣传授的主要教义是天国的理念，但是在基督教的诸多信条中所起的作用并不大。这个教义是有史以来最为激励人类思想变革的教义之一。在耶稣时代的人们没有能够完全领悟到这个教义的意义，只能部分理解它对人类已经形成的诸多制度的挑战。就算只理解一小部分，也会让人感到惊吓而不敢向前，这并不奇怪。这些怀疑过教义的信徒再次回到原本的思想中去，供奉他们的神庙，信奉他们的神，坚守赎罪的仪式，向祭司祝祷，向术士祈福，甚至重返远古的人们所习惯的生活，去追逐利益、夸夸其谈，这也不会令人感到奇怪。因为耶稣宣讲的关于天国的思想，完全是一种大胆的要求，这个教义要求我们对已有的人类的生活进行彻底的改变并使之得到净化，是从里到外的绝对的净化。这个教义存在于四福音书当中，需要我们自己去发现。这个教义对当时已经存在的思想形成了强烈的冲击。

在犹太人的教义中，全世界唯一的神是上帝。但是他们同时也认为这个神是一个有生意头脑的神。上帝和犹太人的祖先亚伯拉罕订立了契约，这让他们在世界上居于很好的位置，所以是个很好的契约。但是耶稣的教义否定了这个契约，这使他们感到愤怒并且绝望。在耶稣看来，人是无法和上帝谈条件的，在天国里没有被选中的人，也没有谁更受宠爱，上帝是全人类的仁慈的父，广施恩泽，不会对谁偏袒。不管是上帝的子女还是有罪之人，所有人都是兄弟姐妹，在上帝眼中都是一样的。耶稣教导他的信徒说，只要是被上帝接纳、能够进入天国的人，上帝都会平等对待，没有差别，因为他对每个人都没有高低之分。另外，他还教导人们尽自己最大的努力。天国里没有特别之人，也没有任何借口。

而且犹太人引起耶稣愤慨的还不仅仅是他们对自己民族的强烈感情，他们对自己家族的感情也十分浓烈，在耶稣看来，这种狭隘的家庭之爱是有局限的，会被热爱上帝的洪流涤荡干净。天国是所有上帝的信徒的大家庭。我们听过这样的事迹，当耶稣对众人传道的时候，他的母亲和兄弟在旁边要同他说话。有人跟他说，你看，你的母亲和兄弟在那里等着和你说话。他却反问那个人，谁是我的母亲和兄弟？接着他指着他的信徒们说，你看，这就是我的母亲和兄弟。只要是奉行天父的旨意之人，都是我的母亲和兄弟姐妹。

耶稣的教义不但通过宣传上帝是全人类之父和所有人类都是一家的观念来抨击只热爱自己的家族和种族的行为，而且还很明确地对所有等级区别、私有财产和个人的私利持否定态度。全人类都是天国的子民，所以他们所有的东西是天国的。人类所能做的唯一正确的事情，就是尽自己的全力并且献出自己的所有来遵行上帝的旨意。他一贯反对拥有私人生活和个人财产。

另外，耶稣做出了一个大胆的预言，那就是人类将和上帝一同生活在天国里，所以他无法容忍迂腐的宗教仪式和虚伪的正义。耶稣的另一部分言论是关于宗教规范的，他反对那种泥古不化的虔诚。

所以耶稣的教义绝不仅仅是要对社会的现状进行改革，从另外的角度来看，他明显表达了一种基本的政治倾向。他宣扬的天国不存在于这个世界，不在于王位的更迭，而是存在于人们的内心。而且我们十分清楚，不管他的天国究竟在何处，它在人们心中建立的程度，就反映了外在的现实世界革新的程度。

在公元28年，因为自称犹太人的王，并且自称是神的儿子和先知，耶稣被逮捕了。犹太教认定耶稣和他的门徒练习邪法和巫术，为犹太人树立了偶像，还在外国人的帮助下想要改变犹太人的信仰。耶稣是个邪恶之人，信奉的是恶魔，所以从犹太人中把耶稣除名并永不更改。耶稣被交到罗马人手里，最后被钉死在十字架上。三天之后，他的门徒和信众们声称见到耶稣复活并升入天国。他们趁此机会在耶路撒冷成立了耶路撒冷教会。这就是基督教早期的犹太教耶稣派的诞生。

这时的耶路撒冷教会的领导人是门徒彼得。在他的带领下，教徒们过着禁欲和共产的生活，并且对外传教，还常找机会到耶路撒冷之外的地方宣传。与此同时，在门徒保罗的带领下，一些为犹太教会所不容而散落各地的犹太裔希腊人开始向世人传道，很多犹太人和外国人都皈依了基督教，并成立了名叫安提阿的教会。在彼得和其他门徒被捕后，耶路撒冷教会的领导人由雅各担任，他被任命为耶路撒冷教会的第一任大主教。公元48年，安提阿教会和耶路撒冷教会出现了矛盾，因为安提阿教会接受了外国人和他们的文化，而耶路撒冷教会则严格遵守犹太人的律法。雅各对这个冲突进行了仲裁，他规定外国人不能用不洁之物来侮辱偶像，不允许有不端的行为，不能杀生，要避免沾血等四项戒律。作为妥协，犹太人传统的律法和割礼等习俗，外国人则不必遵守。从这之后，在很多地方都出现了独立且自治的基督教会。

随着时间的推移，各个教派之间的差异越来越大。最初的犹太教耶稣派变成了遵守犹太人传统习俗的犹太人基督徒，按照外族人的习俗和传统生活，奉《保罗书信》为经典的教派成为保罗派教徒，而认为抹大拉的玛利亚继承了耶稣的衣钵并且奉《约翰福音》为经典的教派成为诺斯底教派。这三个教派中，保罗派的影响最大，所以现在的学者大多数认为基督教实际上是由保罗创立的。到了2世纪，三个教派中的信徒以保罗教派为主体融合成的派别，称为天主教，全面从犹太教中脱离出来。在天主教看来，耶稣是宗教的创始人，彼得是第一任领袖，抹大拉的玛利亚则不是。到了2世纪末期，天主教的高层开始集权，东方的一些温和的天主教会脱离出来，形成了东正教。

耶稣提出了基督教的教义之后，他的信徒以犹太教的律法为基础，糅合了耶稣和他的门徒们的言行，建立了基督教的教义，形成了《保罗书信》和《约翰福音》这两部最重要的理论文献。到4世纪，罗马政府以《保罗书信》和《约翰福音》为基础，编成了一部27卷本的《新约圣经》；希腊的东正教的经典是由《七十贤士译本》形成的56卷本《旧约圣经》，二者合并成了83卷本的《希腊圣经》。在罗马的天主教会应用的经典是6卷本的旧约。基督教各派脱离了犹太教派，正式形成了基督教派。到了16世纪的宗教改革时期。马丁·路德把《新约圣经》中没有提到过的很多罗马圣经中的旧约篇章删掉，变成了新教中的39卷本的《旧约全书》。

在基督教刚刚建立的200多年间，历经数不清的政府禁止和民众的暴力胁迫，有很多基督徒因此献出了生命。

我们来分析罗马帝国残酷迫害基督教的原因，他们从上到下都残害基督徒。这时的罗马文化已经濒临崩溃了，在罗马国内经常会兴起一些来自东方的宗教，但是这些宗教都没有受到像基督教这样的冷酷对待，这是什么原因呢？

基督教被如此严厉地对待的原因之一是基督教徒对于教义十分狂热，热衷于传教，威胁到了罗马国教的地位。同时期的其他宗教并不像基督徒一样劝人皈依，所以它们对罗马的影响不大。而且这些东方的宗教本身与罗马的宗教比较接近。但是基督教则不是这样，基督徒总是在强调自己的与众不同，而且认为自己的信仰是真理，其他宗教不能与之同日而语。这些行为让其他宗教的人厌恶，也激怒了罗马政府的守护者。还有一个因素，基督徒要保证自己宗教的神圣性，不肯参与其他国家制定的祭祀活动，这就让人误认为是他们的心中没有神，不相信神的存在。所以基督徒的罪行之一竟然是他们是无神论者。这无疑是冤枉的。

基督教被禁止的另一个原因是，罗马政府认为他们宣传的神迹和耶稣的事迹，违反了罗马法律中禁止巫术的条款。

第三个原因是因为早期的基督教会的信徒大部分是平民，属于受压迫和歧视的无产阶级，甚至还有一些信徒是奴隶出身，所以他们信仰的宗教也被人看成是下等人的迷信行为，被上层的有权有势的人所轻视和嫌弃。

第四个原因是，基督教徒在外人眼中对自己的宗教十分狂热，他们提出的圣洁、仁爱、和平等口号看起来都是不切实际的空想，但是当他们不顾一切地实践这些口号时，其他人一边在内心深处加以赞许，一边却感到不安。比如说，基督徒不会去欣赏罗马竞技场里的犯人和奴隶的拼死搏斗，还有些基督教的教士批评罗马人的生活太过骄奢淫逸。他们的举动在当时引发了很多不满。当罗马人发觉自己的生活与基督徒的生活形成鲜明对照的时候，他们觉得受到了巨大的威胁，基督徒因此不受欢迎。如果这些基督教徒能够认识到这一点并且做出妥协，那么大家都会相安无事地过各自的生活，就不会带来什么问题。但是偏偏基督徒们十分固执，一定要揭示人性的阴暗，这让很多人无法容忍。

第五个原因，基督徒是十分团结的，这让人容易联想到他们是否有政治上的企图。而且除了遵守国家的法律，他们更加奉行的是神的戒律，并且把对神的遵从视为最高教义。很多基督徒因为教义中不准杀生的命令，不肯拿起武器去服兵役，这对极其重视军事的罗马帝国来说是不能容许的。还有，基督徒们如果要进行诉讼，不会到法院寻求法律的判决，而是去主教面前让他来裁夺。对于以法律严明为傲的罗马人来说，这是一种侮辱。从罗马政府的角度看，这些人信奉的法律和信仰的对象是独立的，看起来是对君主不忠诚的表现。所以，基督教会发展得越强大，统治者感到的威胁就越大。基督徒其实是被冤枉了，他们在当时是最守法并且对国王的命令最顺从的人，他们为国王祈祷，还把向国王效忠当成神的旨意。

基督徒屡遭迫害的最后一个原因，是他们的生活方式威胁到了社会的秩序。一个人信仰了基督教之后，就把他的奴隶给解放了。这种行为在那个时候是十分大逆不道的。而且，除非政府统一，否则擅自释放奴隶可以被处以死刑。但是因为他们遵守基督教的所有人都是兄弟的教义，甘愿冒着死亡的危险释放奴隶，这更让其他人对他们不满。

## 东西大分裂

1世纪中后期，雅各、保罗和彼得这三个基督教早期的导师先后殉教了。到了1世纪70年代，罗马帝国发动了对以色列的入侵，耶路撒冷被摧毁，圣殿也被毁坏了。因为犹太人被征服，耶路撒冷教会就此沉寂了。而希腊裔犹太人和非犹太人信徒产生了新的志向，那就是从犹太教中独立出来。之所以被抵制，不是因为基督教的教义与罗马国教的教义相抵触，而是因为基督徒不崇拜罗马帝王，主流社会视之为异端。在这之后，罗马帝国判决基督教犯有忤逆之罪，明令禁止，基督教徒也被尼禄皇帝和戴克里先皇帝等人残酷迫害。这就是基督教早期遭受的第一次大规模迫害。但是基督教并没有被打倒，到了301年，亚美尼亚王国成为第一个把基督教作为国教的国家。311年，伽列里乌斯宣布基督教缓和政策。到了313年，君士坦丁大帝发布了特赦令，宣布基督教合法。到了350年，基督教又成了阿克苏姆帝国的国教。

3世纪中期，在耶稣是否具有神性的主张上，基督教分成了两派。阿里乌斯教派认为耶稣与神并非一体，但是亚达那修教派主张耶稣是神人同体的。这是基督教的首次分裂。325年，君士坦丁大帝召开了一次全国性的会议，在这次会议上，基本教义的三位一体理论得以确立，天主教成为罗马帝国唯一的合法宗教，与之相对的阿里乌斯教派成了异端。君士坦丁去世后，尤利安通过政变上台，开始迫害基督教，并宣布恢复多神宗教。基督教内部的各个教派互相争斗，并与犹太教不睦。直到约维安继位罗马皇帝之后，反基督教的政策才被取消。392年，狄奥多西一世再次使基督教成为罗马的国教，同时宣布一切其他宗教和天主教之外的基督教派为异端。395年，在狄奥多西死后，罗马帝国分成了东罗马和西罗马。

到了5世纪，即便天主教成了罗马国教，还有一些罗马上流人士信奉古典宗教。415年，在主教的唆使下，基督徒们打着消灭异教徒的旗号在亚历山大港破坏了缪斯神庙，严重破坏了这个古希腊文明的遗迹，并杀害了新柏拉图学派的领导人希帕提娅。这是基督教的第一次施暴，从此以后，基督教从早期受迫害的对象，转变为迫害的实施者，对异教徒和内部意见不合的教派进行镇压。431年，基督教召开以弗所公会议，确定玛利亚是神的母亲，而耶稣是神人二性一位的。而聂斯脱利派因为反对圣母说，认为耶稣是神人二性二位的，因此没有参加这次会议，最后被定为异端。这就是基督教的第二次分裂。这时候，在聂斯脱利派的基础上形成东方的亚述教会，它先后传播到了波斯与中国的唐朝，成为一个拥有教徒最多的教派，一直到伊斯兰教兴起之后才有所消退。

451年，基督教召开了迦克墩公会议，共同认定耶稣既拥有神性，也具有人性，把阿拉伯和叙利亚地区信奉耶稣单性论的教派当成异端邪说。这就是基督教的第三次分裂。

476年，随着西罗马帝国的覆灭，原本在西罗马境内的罗马教廷和在东罗马境内的君士坦丁堡教区也随之在各自的环境中发展。两个教会的语言分别为拉丁语和希腊语，这就是基督教历史上的东西教会时期。在这之后的几百年间，双方发生了多次的争执，包括罗马教廷主教是否具有天主教会的首席主教权、礼拜仪式的区别。圣灵是从父而出的还是从父与子出的、神职人员能否结婚、破坏圣像运动、罗马教廷主教没有得到东罗马帝国的允许而私自为查理大帝加冕、佛提乌独立、是否可以用其他语言做礼拜等，还有争夺罗马和君士坦丁堡的教区的问题。

到了1054年，罗马教廷主教利奥九世和君士坦丁堡教区大主教米恰尔宣布彼此断绝关系，基督教也正式分裂成为罗马天主教会和希腊正统天主教会。这是基督教的第四次分裂，也是第一次大规模分裂。但是当下一任罗马主教就任后，两个教廷恢复了一般程度的交流，还曾商议过怎样解决分裂的局面，最后能够实现统一。东罗马帝国的历任帝王也因为伊斯兰教传入叙利亚和安纳托利亚造成诸多困扰，想要得到西欧国家的支持而更加倾向于肯定罗马教廷的首席主教权。但是因为双方信奉的教义不同，导致各自的文化和政治环境差异日趋明显。

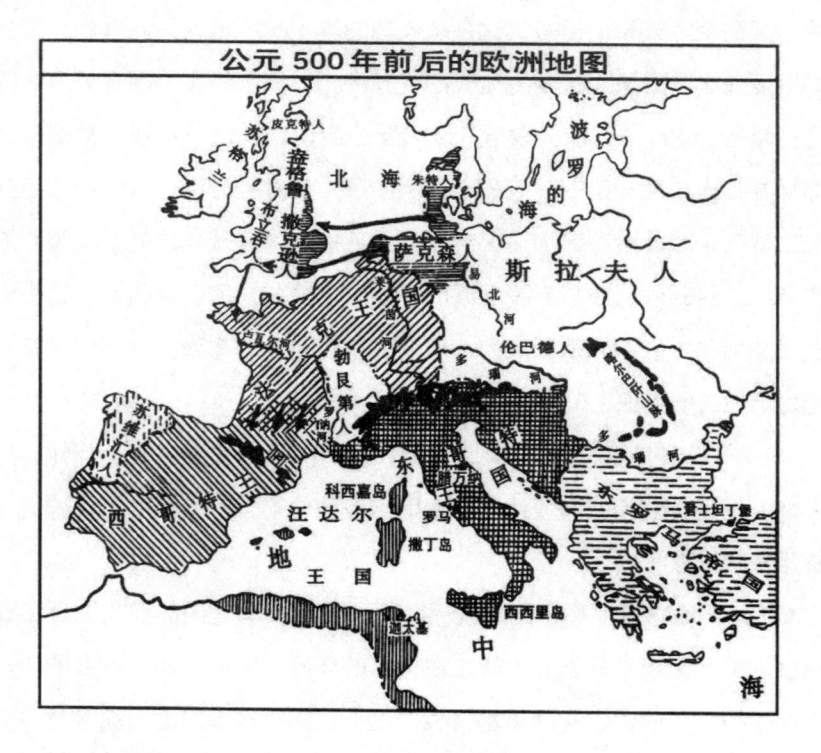

公元500年前后的欧洲地图

　　1096年到1291年之间，为了夺回被穆斯林占领的基督教的圣城耶路撒冷，罗马教廷领导了8次基督徒讨伐穆斯林的战争，这就是十字军东征。1204年，十字军第四次东征并且攻陷了君士坦丁堡。十字军在这里大肆屠杀东罗马帝国的平民，奸淫妇女、四处劫掠。他们还任命了新的君士坦丁堡教区的大主教，把东正教的教区制度破坏殆尽，自此，两个教会彻底决裂。而且在历次十字军东征的过程中，罗马教廷都无视了耶路撒冷地区牧首，设立了新的耶路撒冷主教座，还在东正教的教区内设立大公教区。

　　从13世纪后期到15世纪初期，东罗马帝国巴列奥略王朝的皇帝们同之前一样，想要通过支持罗马教廷来换取西欧国家的支持，但是不论贵族还是平民，还有教会的修士，都一致表示反对，皇帝无法达成自己的愿望。一位东罗马帝国的军事统帅曾经在罗马教会的问题上说过一句名言："宁愿见到苏丹人的头巾,不愿见到罗马教宗的冠冕。"

到了15世纪,双方在佛罗伦萨召开大公会议,由于奥斯曼帝国的扩张威胁到了东罗马帝国的统治,东罗马皇帝授意东正教会对罗马教廷妥协,认同圣灵是从父从子而出的,以便稳定双方的局势,争取对方的支持。但是一名东正教代表不认同这个决议,拒绝在和议书上签字,因此东西教会的和议失败了。因为没有得到西欧的援军,东罗马帝国也因此灭亡。

## 马丁·路德的改革

西罗马帝国被哥特人消灭后,在黑暗的中世纪,天主教深入了全社会的每一个角落。一个人从出生开始就要受洗,结婚的婚礼和死后的葬礼上,都会出现天主教会的影子。天主教成为这个特殊时期约束人们的思想和行为、保证社会正常秩序的组织。随着修道会的成立,基督教成了学术权威。在这之后,在主教的带领下,各地的基督徒纷纷开始占领无主之地。到了6世纪,罗马教廷教宗格里高利一世率领意大利人击退了伦巴德人的入侵,从此登上政治舞台。但是在政治化的过程中,罗马教廷变得腐朽,从第八次大公会议以后,罗马教宗不断把东正教反对的教义写入大公教义,这让大公教义丧失了普世性,沦为权力的工具。

15世纪,随着中世纪的结束,在欧洲文艺复兴和人道主义思潮的背景下,基督教中出现了与旧教相对的新教理论。在康斯坦茨公会议上,罗马教廷也表示要进行从内而外的彻底的改革,但是这一目标并没能实现。罗马教会的腐败没有从根本上得到解决。到了16世纪初期,德国的马丁·路德通过反对教廷售卖赎罪券开始了一场从宗教层面到政治层面的改革。

怎么会出现赎罪券这种东西呢?在教会成立的初期,为了让一些犯过错误的信徒能够重新开始新的生活,于是就让他们在认罪之后能够通过某种方式赎罪。一方面能够补偿自己曾经的罪孽,另一方面能够让自己过上圣洁的生活。信徒们有了赎罪的行为，就能够表明悔罪的决心，教会也因此能赦免他们犯下的罪。时间长了，信徒们就已经习惯了在犯罪之后再做出补偿。一些并没有诚意改正错误的人为了安心，也会做出赎罪的行为。赎罪的方式有很多，有人会承受肉体的折磨，有人去遥远的地方朝圣，也有人通过捐钱、修路来表示赎罪。在那个时期，很多人相信存在炼狱，他们十分惶恐，生怕在死后会清算自己生前的罪孽。伊斯兰教也对他们产生了影响，甚至有的信徒相信天国里的天使长米迦勒会拿着天平称量人的善和恶，如果作恶比行善的多，就要受到惩罚。在这种畏惧的心理影响下，许多人为了在死后免于受苦，便力争在活着的时候就能够赎罪。赎罪券在这个背景下应运而生了。其实赎罪券的本意也不是赎罪的工具，而是神赦免了信徒的罪行之后，信徒为罪孽做出的补偿。教会是这样解释的，但是信徒们却不清楚它的真正意义。他们认为赎罪券代表了赎罪的许诺，而且是已经赎罪的凭证。只要有了赎罪券，就能够赦免自己的罪了。于是，耶稣为了人类的救赎而死去也显得没有意义了。还有人认为，赎罪券相当于护身符，有了它就不再惧怕犯罪。而且最可怕的是，教会没有及时纠正人们的误解，反而为了创收而助长这样的迷信。

14世纪以后，因为教皇的开支越来越大，但是教廷的财政状况堪忧，甚至濒临破产。为了弥补财政的虚空，从1300年开始，罗马教宗开始售卖赎罪券。这一年被他认定为禧年，如果信徒在这一年来罗马教廷朝圣就能得到赎罪券。众多信徒都来到了罗马。这为教廷带来了一大笔收入。没能亲自来朝圣的人，能够用钱买到赎罪券，这也带来了非常可观的收入。因为能够带来如此巨大的收入，教宗决定每一百年就有一次禧年，那时就能够获得赎罪券。但是到了1400年，教宗决定把禧年的频率从一百年一次改为五十年一次。到了1450年，又改为二十五年一次。1501年时，上一个禧年刚刚结束，教宗马上宣布，五年之后就进行下一个禧年。从这之后，每一年差不多都是禧年，信徒能够随时用钱买到赎罪券。到了1515年，教宗利奥十世想要兴建圣彼得堡大教堂，需要筹措一笔巨款。在这种情况下，他大量发行赎罪券，而且只要一个教区向教廷缴纳一笔款项，就有出售赎罪券的权利，而且销售所得也归教区所有。很多教区的主教为了能够出售赎罪券，甚至向银行贷款来支付款项给教廷。银行为了保证教区能够及时归还贷款，也经常协助教区向外售卖赎罪券。

德国的马丁·路德所在的教区归勃兰登堡大主教管辖。这里的大主教亚尔拨为了控制另外一个教区，向银行大肆举债，得到的巨额贷款都给了教廷。为了还贷，他派手下的修士特次勒到各地游走，推销手中的赎罪券。这个特次勒修士十分具有蛊惑力，他向信徒们说，当他们把钱扔进钱箱里听到声响的时候，他们处在炼狱中的灵魂就会升高一点。他们放进钱箱的钱越多，发出的声音越多，灵魂升起得就更高，离天堂也就越近。这番言论吸引了很多无知的信徒来购买赎罪券。他每到一个地方，都赚得盆满钵满。

见到这样的情况，马丁·路德十分痛心和气愤。在他看来，教会把基督对人类的救赎当成了商品进行贩卖是十分错误的。一方面他质疑教皇是否有赦免信徒的罪行的权利，同时他心中也产生了疑问，就算教皇有权赦免罪行，那么他为什么不免费地加以赦免，而是要收取报酬呢？他把自己的困惑和质疑写了下来，这就是著名的《九十五条》。他向教会发问，想让教廷通过他提出的问题进行自我反省。而且他的目的本来是想要教会的高层回答质询，而不是想波及普通的信众，所以他用拉丁文书写了《九十五条》，因为一般的信徒是不懂拉丁文的。但是他没想到的是，这份质询一经面世，就掀起了一股改革的浪潮。

在这件事之后，从德国到北欧的众多教会都对马丁·路德做出了回应，表示脱离罗马教廷的管辖。这就是宗教改革的发端。

和马丁·路德处于同一时期的改革家慈运理提出了唯圣经论。在这之后，法国人约翰·加尔文提出双重预定论，他在瑞士领导的宗教改革是以长老制教会为基础的，苏格兰地区的约翰·诺克斯响应了他的号召也进行改革。同一时期，英国国王亨利八世以离婚问题为借口，把英国国内的天主教会从罗马教廷中独立出来，成为英国国教。从这以后，新教的三大派别基本成型。英格兰国教创立之初在大公教义和更正教义中有些摇摆不定，到了伊丽莎白一世，提出了中间道路的政策，开启了伊丽莎白王朝的复兴之路。

1545年基督教召开了天特大公会议，天主教会和更正派取得了共识，但是天主教内部的反腐问题仍然没有得到令人满意的解决。由于宗教改革不断深入，社会矛盾也逐渐加深，天主教中出现以耶稣会为首的一批新兴的修道会。基督教的传教士不但在欧洲传道，而且随着新大陆的发现，开始将基督教带向了全世界。因为他们对当地的文化和习俗抱着尊重的态度，所以从这之后基督教逐渐发展成了拥有信徒最多的宗教。

到了17世纪初期，德意志的神圣罗马帝国发生的三十年战争把西欧带进了衰退的境地，这时的主流社会开始反思战争的原因。他们开始不再认同人格神，认为耶稣没有神性，也不存在奇迹，用自然神理论对《圣经》进行了重新解读。这就是欧洲的启蒙阶段。而且因为康德哲学和自由主义的神学相继问世，天主教会与新生的教派之间的矛盾到了不可调节的地步。在这之后，又产生了不可知论、泛神论和无神论，法国大革命也带给整个西欧大陆极大的影响，退出教会的人越来越多，基督教社会产生了严重的危机。德国哲学家马克思说，《圣经》是神圣的，但是宗教是毒药。借着这个机会，他开始宣传自己的思想，那就是和基督教最早描述的理想社会相似的共产主义思想。

## 复兴与扩张

18世纪，欧洲兴起了各种新生的神学，这些都给基督教会带来了很严重的伤害。这一时期的欧洲政坛和人文环境也发生重大的改变。面临内外交困的压力，教会也曾迷失了方向。但是在各种条件的作用下，教会在18世纪到19世纪这段时间里也实现了复兴和进一步的扩张。

欧洲的启蒙运动带来了极端的理性和批判精神。随着理性主义的抬头和自然科学的进步，二者相结合而产生的自然主义人生观征服了几乎所有欧洲人。他们这时开始认为他们能够使用科学和理性来对宇宙中发生的任何事情做出解释，所有的现象都能被归纳为自然现象。而宗教中的神迹无法用科学的理论进行解释，所以人们认为这些东西是不存在的，是值得怀疑的。但是基督教的《圣经》中满是这样的神的奇迹，所以人们开始质疑《圣经》的可信性。人们有了这样的疑问，同时具有批判的精神，批判《圣经》的热潮开始兴起。

德国的一个语言学教授雷马勒第一个对《圣经》中记述的历史做出了全面而系统的质疑。他认为，《旧约圣经》中描述的奇迹和展现神力的事件都是想象出来的或者虚构和夸大的描述，而在《新约圣经》中的福音书里描绘的耶稣与历史中真实的人物形象存在着很大的出入。历史上真正的耶稣只不过是一个激进的革命者。他的传道失败后，他的门徒面临绝望，他们此时利用耶稣生前的传道赢得了不少信徒的追随和布施。于是他们为了能够继续传道，得到更多的利益，便偷走了耶稣的尸体，伪造出耶稣复活的假象。所以，福音书中描述的耶稣的形象是不能够相信的。

这个理论被发表之后，使很多欧洲基督教徒的信仰受到了极大的冲击。神学家们开始还击，试图通过研究历史的方法，以考据的方式验证圣经中记载的耶稣事迹是十分可信的。于是，基督教会中开始了以"历史上的耶稣"为题的大讨论。在有些神学家看来，耶稣的门徒记载的他的事迹是很可信的，但是门徒们有时候并不理解耶稣的行为，于是一些他们无法理解的事情就被看成了奇迹。比如耶稣曾经使盲人重见光明，但是信徒不知道他是使用药物治疗的，所以就认为这是奇迹。还有，耶稣之所以能让湖面上的风浪平息，是因为他对当地的气候和环境十分熟悉，当他看到湖上的天气情况，就知道当船走到湖中的某处时，风浪将会平息。同时，对新约圣经中的一些记载，要用另一种视角去看待。学者们认为，《圣经》中的很多事迹其实是神话故事，是想要通过这样夸大和虚构的方式来解释一些人生中的深刻的道理，神话就是通过这种方式来表达真理的。所以想要理解基督教的教义，不能只看重神话故事，更应该懂得它想要传递的思想。还有一些人认为，基督教的兴起是有深刻的历史原因的。当时的社会条件和政治环境等众多因素共同起作用，才造就了基督教。所以想要明白基督教的真正含义，还需要对它的历史背景十分了解。还有人说，基督教最重要的并不是圣经理论，而是耶稣本人的人格力量和他宣传的理想。

这些泛滥的学说深刻地影响了基督教的神学家们。很多人不再按照传统方式信仰宗教，而是想要换一个角度来理解教义。有些神学家认为基督教的教义是全欧洲人的共同产物，还有人认为基督教的核心思想是一种高尚的道德。基督教被这些人重新解释之后，它里面包含的关于神的旨意不可推测、神对世人的启示和神显示的奇迹等这些现在的人无法理解的东西被拿掉了。和过去通过《圣经》作为指引的基督教相比，他们信仰的基督教已经完全不同了。

因为传统的信仰受到了严重的挑战，教会不像之前那么活跃了，在社会上也失去了影响力。在这个时期，欧洲开始发生剧烈的转变。

政治环境方面，欧洲社会受到了来自美国的革命和民主政体的强烈冲击。这里的君主独裁制度和贵族制度都面临着挑战。启蒙运动带来了自由主义思想，给传统的政治体制造成了巨大的压力。法国大革命爆发之后，全欧洲都掀起了革命的风暴。在一连串革命发生之后，原来的旧制度虽然还苟延残喘，人们的意识形态已经发生了根本的变化。原有的政治框架和社会秩序开始慢慢崩塌，用不了多长时间就会彻底崩溃。

同时，资本主义逐渐发展起来，欧洲的经济水平向前飞速发展。在这个时候，英国开始了工业革命。这场革命不但带来了科学和技术上的进步，也随之产生了诸多社会问题。因为科学的发展使欧洲人的宇宙观和人生观发生了变化，他们这时更加相信宇宙是一架精密运转的完美机器。人们这样想之后，就更难接受《圣经》中的奇迹和神话了。这种影响马上爆发出来，它带来的后果要经过很长时间才能显现。但是工业革命带来的社会变革很快出现了。

工业革命开始之后，传统的手工业逐渐被大型工业取代了，因为工厂普遍使用机器，工人们大量失业了。这些无业的人因为穷困，开始酗酒和犯罪。这些人的出现带来了严重的社会问题。同时随着工业化的发展，城市变得越来越发达，这就吸引了一些原本在乡村中务农的农民来到城市。这些农民的思想和观念无法跟上城市的步伐，他们出现了身份认同的危机，所以也开始酗酒。工业革命改变了传统的经济格局，一小部分人把社会的财富集中在自己手中，贫富差距越来越大。

这种变迁，表面上只是造成一小群富有的人和一大群贫穷的人，但事实上，整个欧洲文化的道德架构及社会运作都在急剧的转变中。在资本主义经济发展的压力下，帝国主义也开始出现。整个欧洲的面貌正面临重大的改变。

社会发生了一系列变革，但是教会迟迟没有做出反应。不管是在政治思想上，还是在道德伦理上，教会都没有感受到变革带来的冲击，所以也就无法做出回应。对于工业革命带来的宇宙观，教会该怎么回应？日趋严重的世俗化趋势，教会要如何面对？对于生活穷困潦倒的人和他们严重的酗酒问题，教会要怎样解决？社会中的贫富差距扩大，教会要如何看待？这些问题都在考验教会能否充分适应社会的变革。

教会在经受这些问题的困扰时，约翰·卫斯理开始在英国推动宗教的改革和复兴。过了没多长时间，一股传福音的热潮出现了。

1720年，约翰·卫斯理考入了牛津大学，6年后他成了林肯学院的研究生。他的弟弟查理·卫斯理也来到了牛津就读。不久之后，两兄弟和一些信徒聚集在一起成立了圣洁会，他们按时祷告并且彼此考查《圣经》的知识。又过了没多久，他们开始不满足于内心的追求，开始向周围传播福音。他们去监狱里传播耶稣的教义，也因为自己的传道行为被同学嘲讽，还被安上了"循道派"的绰号。

1733年，怀特·菲德也来到了牛津大学，随后就加入了卫斯理创建的圣洁会。

1735年，卫斯理兄弟远渡重洋来到美洲传教。在佐治亚州，他们辛勤地布道，但是收效甚微。由于心理上的低落情绪，查理回到了英国，只剩下约翰在这里继续传道。1738年，约翰也感到灰心失望了。在一次弟兄会的宗教聚会中，有人朗读《罗马书注释》的序言，这给约翰·卫斯理带来了极大的震撼。这次聚会后没多久，他就来到德国，加入弟兄会的生活，体会对神的虔诚敬仰。从这个时候开始，他改变了人生道路的方向。

就在这个时期，怀特·菲德也来到了佐治亚州布道。但是与卫斯理兄弟不同的是，他所过之处都带来了基督教的复兴。在新英格兰，他与爱德华兹的布道产生的影响汇聚成了一股力量，带来了巨大的变革。从这时开始，美国的基督教开始了大复苏。1738年以后，怀特·菲德开始周游美国并且传道。他主要工作的地方是在美国，所以他带动了美国的大复兴。英国的工作是由约翰·卫斯理带领的。

卫斯理兄弟在英国努力为宗教事业而奔走，他们在各处宣讲神的教义，但是却被很多教会拒绝了。因为他们充满感情的布道方式不受教会的欢迎，所以他们只能到教会之外的地方传道。1739年，怀特·菲德从美国回到英国，为卫斯理兄弟带来了巨大的改变。怀特·菲德在美国的时候通常用露天的方式进行传道，他把这种方式在英国复制，取得了轰动的效果，于是他请卫斯理兄弟和他一同工作。从这时起，约翰·卫斯理开始了他的露天传道的生涯。在他传道的地方，都增加了大批的信徒，很多人都认识到了自身的不足，皈依基督教的怀抱。

这场基督教的复兴运动从英国开始，传向美洲之后又由美洲向其他地方传播。从18世纪末到19世纪末的100年间，是基督教扩张最快的时期。

第六章

阿拉伯世界

## 阿拉伯半岛的历史

从远古时期以来，除了南部的也门地区有一条狭长的肥沃土地，阿拉伯地区一直都是游牧民族的大本营，这里发源了闪米特人的各个民族。在历史上的不同时期，这些游牧民族从这里向东方、西方和北方扩张，到达美索不达米亚、埃及和地中海地区。在某一时期，迦勒底人走出了阿拉伯东部，征服了苏美尔人居住的南方。在每一个历史时期中，都有闪米特人对外族的入侵，但是这样的出征背后，总会有一个部落留在这里，成为下一次侵略的后备力量。

随着文明的发展，阿拉伯半岛出现了更加发达的帝国，在这些帝国的文字记载的历史中，都表明阿拉伯仿佛一个楔子一样安插在埃及、两河流域和巴勒斯坦中间，汇集了大量的游牧民族。这些人四处劫掠，有时会经商，还会通过为商队提供保护换取报酬。这里有一些地方被暂时地征服过。先后有波斯、埃及、马其顿等国家宣布对阿拉伯地区拥有主权，但是他们的说法和提供的保护都是没有实际意义的。在图拉真时期，这里有一个罗马帝国的阿拉伯省，管辖的地区包括豪兰地区的肥沃土地，最远到达佩特拉。这里偶尔会兴起一个阿拉伯酋长，出现昌盛一时的城市。比如巴尔米拉的奥德内塔斯，还有沙漠中的城市巴勒贝克，它辉煌的遗迹到今天仍然让人惊叹。

巴尔米拉败落后，在罗马帝国和波斯古国的记述中，都把沙漠地区的阿拉伯人称为萨拉森人。波斯的库斯鲁二世时期，在也门设置了管理部门和征税的人，他们宣称对阿拉伯地区拥有统治的权力。在这之前，也门地区处于阿比西尼亚人的管理之下。再向前上溯700年，这里的贵族还信奉犹太教。

在穆斯林来到阿拉伯地区之前，两个帝国曾经统治着这里，这就是拜占庭帝国和萨珊王朝。拜占庭帝国的首都位于君士坦丁堡，统治范围在地中海的东部。萨珊王朝首都在泰西封，控制伊朗高原和两河流域。这两个帝国存在长期的冲突，一个信奉基督教，一个信仰琐罗亚斯德教。在603年至629年间，两个帝国之间进行了多次战争，严重损耗了双方的实力，对阿拉伯地区出现的政治风暴再也无法抵抗。

在文明发达的邻居看来，此时的阿拉伯地区是蛮荒之地，只有游牧民族生活在这里。但是到了6世纪后期，这一地区因为大量商人的经过成为繁华的商业地带。因为波斯和拜占庭帝国之间的战争，传统的从波斯到达红海的商路受阻，商人们因此选择了一条虽然难走但是相对安全的道路，那就是从叙利亚经过阿拉伯到达也门，再从也门向印度洋地区运送货物。因为这条繁华的商路，麦加得到了极大的发展。这里位于商路的中间地带，为重要的交通枢纽，向北能够到达叙利亚，向南连接也门，东至波斯湾，西至红海的港口。

整个阿拉伯地区除了南方有农业和君主国，其他地方都还处于部落状态，以游牧为生。部落的首领被称为酋长，他们是部落中德高望重的人，在传统的约束下管理部落的一切。他们还有重要的作用，就是在战争时领导部落保卫家园、冲锋陷阵。这里的部落大多数信奉多神教，对水和植物进行崇拜。他们认为，无形的众神就住在水、石头和植物中。他们还信奉众多神明，而且这些神明都受最高的神"安拉"统治。阿拉伯地区的北方曾经出现过犹太教和基督教的传教士，他们把基督教陆续传播到边境上的部落，并进而将其他的独立的民族都吸纳进基督教。和这些宗教相比，本土的多神教和原始崇拜并不适合思想睿智的阿拉伯人。对他们来说，这是很令人羞耻的事情。在7世纪初期，这里出现了几个先知，这反映了这个地区的人们想要发展本土宗教的愿望。就像所有成功的传道者一样，穆罕默德的出现体现了时代的希望，获得了时代的认可。

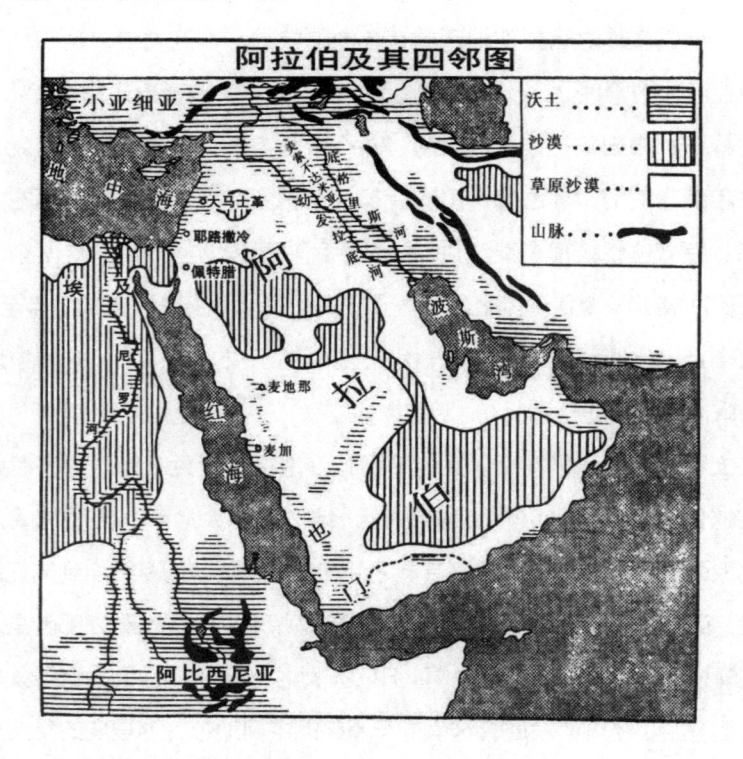

阿拉伯及其四邻图

沃土
沙漠
草原沙漠
山脉

7世纪初期，阿拉伯地区沙漠诸地还没有出现危险的预警。这里的生活如同以前的世世代代一样继续着。有水源的地方通常有小块的肥沃土地，这里就会出现务农的人，建造起带有围墙的村庄，防备在沙漠中带着牲畜四处游牧的贝都因人。后来这里开始有商队同行，随之兴起了一批重要的城镇。这些城镇逐渐变得繁荣，其中最主要的两个地方，一个是麦加，另一个是麦地那。在这一时期，据说麦地那拥有1.5万名居民，而在麦加这个数字是2万到2.5万。麦地那有丰富的水源，还有许多枣树。这里的居民主要是也门人，来自阿拉伯南部的沃土。麦加和它完全不同，这里的水源是一个苦水泉，居民也是刚刚从游牧生活转向定居生活的贝都因人。而且人们来到麦加并不是主要从事商业活动，而是来到这里朝觐。在阿拉伯的部落之间形成了一个宗教同盟，他们以麦加和另外几个地区为中心，每年都有一段时间他们会停止战争，来到这里朝觐并保护朝觐者。在人们来到这里举行的集会上，会有一些经济性质的比赛，还有唱起战歌和情爱之歌。每个部落的酋长都化身为诗人之王，为创作诗歌的人颁奖。获奖的诗歌会在整个阿拉伯地区被人传唱。

在麦加，有一种用来朝拜的圣堂，名叫克尔白。这是一种方形的小型庙宇，用陨石作为地基，上面用黑色的石头建造。这块陨石被尊为神明，保护阿拉伯地区的其他小神。一个贝都因人的游牧部落占领了这座庙宇，自诩为这里的守护人。每年停战的时间里，阿拉伯地区的居民都来到麦加，面对克尔白朝觐。他们匍匐在地，亲吻陨石，吟诵诗歌。在这些来朝拜的人身上，麦加人得到了很多好处。

所有这些都让人同1400年之前的希腊联想到一起。但是这个地区的野蛮的阿拉伯人信奉的多神教已经遭受了来自不同方向的攻击。马卡比人和西罗德党人时期，很多阿拉伯人改变了信仰，也门地区也被犹太教和基督教先后统治过。在麦加和其他的宗教中心，显然会出现一些宗教方面的讨论。麦加作为本土宗教的大本营，一天天变得繁荣。而麦地那的周围居住着很多犹太人，所以产生了信仰犹太教的倾向。这让麦加和麦地那之间无法避免地相互竞争且互相不满。

## 穆罕默德

伊斯兰教是由穆罕默德创立的，大约570年，这位伟大的先知在麦加出生了。他的家庭很贫苦，他受过的教育有限，先是做牧童，后来又到一个富有商的寡妇那里做仆人。在这里他负责看守骆驼，还要为她的生意提供帮助。他跟着商队一起来到叙利亚和也门地区，虽然他没有什么经商头脑，但是他的运气不错。这位寡妇看上了他，并和他结了婚，这让寡妇的家里人十分生气。穆罕默德这时候25岁，他的妻子比他大很多，一般说来是40岁左右。结婚之后，他不再远行。他们生了几个孩子，其中的一个孩子名叫阿布德·马尼夫，意思是侍奉麦加神马尼夫的人。这说明穆罕默德此时还没有开始创立自己的宗教。

到他40岁之前，他在麦加的生活都十分平凡，只是一个富商妻子的丈夫。或许能够推测出，这个时候的他曾经和人一起做农产品生意。在这个时期去麦加朝觐的人看来，这个人只是一个普通人，无所事事，或许长得很英俊还有些腼腆。他是个倾听别人讲话的人，也是水平普通的诗人，总之是个平凡的人。

我们现在只能猜测他当时的内心世界是怎样的。一些作家凭借丰富的想象来假设过他内心的强烈斗争。他带着许多疑惑和愿望独自一人来到沙漠中。不论是在烈日当空的中午还是在万籁俱寂的夜晚，他都清楚地感知到，自己虽然独处但是并不孤独，这片沙漠属于神，没有人能够在沙漠中拒绝承认神。可能这些曾经真实地发生过，但是并没有史实能够证明他去沙漠中旅行过。但是能够确定的是，他对周围的事物进行过细致的思考。也许他在叙利亚曾经到过基督教教会，而且他一定知晓很多犹太教的故事。他还听说过这些犹太教徒对阿拉伯的神也就是克尔白的陨石十分蔑视。他在麦加经常见到来朝觐的人，留意过这些宗教中的迷信行为。这让他承受着内心的巨大煎熬。在他自己都不知道内心发生了什么改变的时候，犹太教徒让他信奉了真正的神。

到了最后，他决定将他的思想公之于众。在他40岁之后，他开始传播他的学说。起先他只是和他的妻子和一些密友讲述他的思想。他写下了一些诗篇，并且声称这些是天使传授给他的。在这些诗篇中体现了神的唯一性和一些易于接受的正义理念。他坚信有来世，不信奉这个唯一的神的人和作恶的人都将在死后堕入地狱，信奉这个神的人将要升入天堂。他宣称自己是世间的新的先知，除了这一点，他的教义在那个年代毫无创新之处。但是对于麦加来说，这种思想是煽动性的异端。因为麦加是崇拜多神教的，在世界的其他地方摒弃多个偶像的时候，麦加保留着自己的坚持。穆罕默德声称自己和耶稣以及亚伯拉罕一样，都是先知和导师，但是他比之前的人更进一步。他没有提到佛教，可能因为他根本没有听说过乔达摩的名字。

在刚开始的几年里，这个新生的宗教只在为数不多的人群中秘密流传，这些信徒包括穆罕默德的妻子赫蒂彻、养子阿里、仆人扎伊德和他的挚友艾布·伯克。在接下来的很多年里，这个宗教在麦加只有很少的信徒，表示出的也仅仅是对多神崇拜的抱怨，所以显得微不足道，在这里生活的其他人并没有要阻止它的意思。后来它慢慢积攒能量，穆罕默德开始在公众面前宣传他的教义，鼓吹来世，并且吓唬那些崇拜许多偶像的人和不信他的人说地狱中有邪恶的火焰。这种传道收到了良好的效果。很多人认为，这个人的目的是夺取麦加的权力，把对现实不满的人都收服到自己的羽翼下，于是统治阶层开始镇压这个新的宗教。

因为麦加是用来朝觐神明的圣地，所以城内不准流血。但是穆罕默德和他的信徒们在城里已经寸步难行、无家可归了。他们的反对者通过与他们断绝关系并没收他们的财产来表示对抗。一些信徒为了免于蒙难，只得逃往阿比西尼亚。但是穆罕默德本人毫发无损，因为他有广泛的社会关系，而且反对他的人也不想制造流血冲突。我们不再详述具体的斗争过程，但是也有必要说明一件这个新宗教的创始人身上令人费解的事，那就是尽管他宣传只有一个神的教义，可是仍然有些摇摆。他曾经到克尔白去，说麦加的众多神明可能是真实存在的，是一些可以裁决命运的圣人。有人说，这说明他是阿拉伯人中最典型的阿拉伯人。

当他放弃旧的信仰时，很多人追随他，但是他立刻又反悔了，这说明他的内心是畏惧神的。他曾经丧失了诚实的结果恰恰显示了他的诚实。他对自己曾经犯下的错误全力弥补，声称自己的舌头被魔鬼占领了，之后他用加倍的热情再次开始对偶像崇拜宣战。这场针对过时的多神崇拜的斗争在经过短暂的沉默之后再次燃起战火，而且这一次没有和解的希望。

在开始的一段时间里，传统势力占据上风，在穆罕默德开始传教10年后，他已经50岁了，但是在麦加依然没有得到成功。他的妻子赫蒂彻去世了，几个主要的信徒也相继离世。他想要去临近的小镇塔伊府请求庇护，却被当地人用石头赶了出来。在他的世界处于最黑暗的时期，一丝希望在他面前出现了。在一个他意想不到的地方，人们信奉他的教义，这就是麦地那城。这里因为内斗而四分五裂，许多去麦加朝圣的人都听说过穆罕默德的传道并且被吸引。或许犹太教徒的影响让他们不再相信远古的多神崇拜，于是人们请穆罕默德以神的名义管理麦地那。

穆罕默德没有即刻动身，他和麦地那城的人进行了两年的谈判。他派自己的一个门徒到那里去传播自己的教义，同时毁掉偶像崇拜的塑像。接下来他让麦加的信徒前往麦地那等候他，他不愿意处于一群不认识的信徒中。这些信奉穆罕默德的人陆续从麦加离开了，这里只剩下了他的挚友艾布·伯克。

麦加虽然是不准流血的圣地，但是穆罕默德依然差点被暗杀了。麦加的长老们肯定觉察到了麦地那正在发生的事，他们意识到，如果这个异端宗教的创始人明白了他即将成为商道上一个大城镇的领导者，将对他们造成灾难性的结果。他们认为，习俗要让位于更迫切的需要。于是他们认定穆罕默德必须死，即便是要流血。他们计划在他睡着的时候杀死他，而且为了分担玷污圣地的罪行，他们决定派出一个代表团来执行这个任务，麦加城内除了穆罕默德家的所有家庭都派出了代表。但那时穆罕默德已经做好了逃跑的准备。晚上，人们闯进穆罕默德的卧室，只看见他的养子阿里正睡在他的床上。

这是一次危险的逃亡，身后有人不停追赶。有专门在沙漠里追踪猎物的人向麦加的北方寻找逃跑的痕迹，但是穆罕默德和艾布·伯克是向南走的。在这里他们已经准备好了骆驼和食物，之后绕了很远的路，最终到达了麦地那。622年9月20日，他们二人进入了麦地那城。城中的人热烈地欢迎他们。从这时起，对他的考验结束了，他开始掌握巨大的权力。阿拉伯人把这件事称为希吉拉，伊斯兰教的历法从这一年开始纪元。

穆罕默德宣传的教义在其死后被记录下来，成为伊斯兰教的经典——《古兰经》。穆罕默德的个人品格与他所创建的伊斯兰教的特性应该区别看待。在穆罕默德和耶稣之间我们不去作比较，如何评价穆罕默德的才干，这个问题并不重要。我们只是将伊斯兰教与7世纪已经趋于腐败的基督教和火祆教术士的衰退传统做一个比较，历史学家对此给予了更多的关注。探讨伊斯兰教的兴盛原因，我们会发现这与其教祖没有任何关系，而其来源中偶然

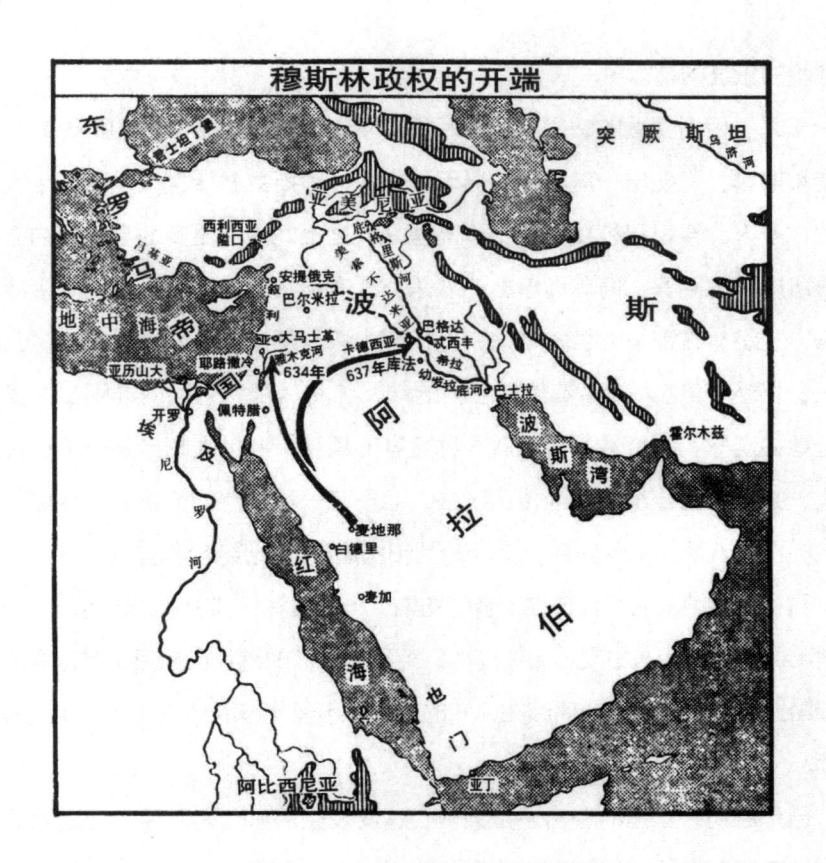

发生的一些事件加上沙漠作为其发源地的某些特点在其中发生了影响，总的说来，伊斯兰教具有很多美好而高尚的属性。决定社会生活发生巨变的并不一定是某些崇高的人物，单纯的信徒加上他们单纯的想法，也能为真理笼罩一层奇迹的光环，对正义充满纯洁的憧憬。

　　伊斯兰教的核心就是仁慈、宽容，讲究兄弟情义，这样的精神简单而易于理解，体现了沙漠中的豪爽气概，与人们最基本的本能相通，并且富于感染力。由此看来，它的对立面则是犹太教，犹太教推崇上帝，把他视为犹太种族的至尊；而基督教则创立了三位一体说，但基督教的教义和异端让人们感到有些不解，普通人很难完全明白。另外还有马兹达教，为袄教僧徒所信奉，就是在他们的唆使下，摩尼被处以磔刑。对于绝大多数受伊斯兰教影响的人们来说，他们所关心和关注的并不在于宗教的创立者，不关注他的品行和作为，他们所关注和关心的是真主安拉，在他们看来，这是一个经过了良心考验的正直的神。

于是，伊斯兰教的教义和方法就得到了广泛的传播，从前的世界充满了贪婪和欺诈，呈现出一盘散沙的局面，如今，伊斯兰教让世风发生了巨大的变化，圣人、祭司和神权君王不再高居众人之上，人们更多地享受到内心所追求所期待的平等，简单而淳朴的欢乐。没有什么模糊的象征，没有阴冷的祭坛，也没有在那里诵经的祭司，人们心中只有那富于感染力的教义。直到今天，仍然有3亿人信奉着伊斯兰教的教义，将其视为生活的准则，并身体力行地去遵守。这个教义传播着一种宽容的精神，向世人昭示着公平公正的理念，并以此为传统不断地传承下去，弘扬了一种人性的精神。在这样的精神下，世界上就会消除残暴，消除剥削和压迫，让社会变得更公正。

在穆罕默德成为麦地那统治者的初期，十分具有贝都因人的特色。他凭借麦地那作为基地，袭击麦加来的商队。阿拉伯地区的游牧民族很习惯这样的袭击和劫掠，而且他们如今团结在先知的周围，不但能够取得战利品，还能得到救赎。

但是起初一年里的袭击总是失败，这时发生的事变得严重了，因为穆斯林们破坏了阿拉伯的宗教联盟的休战约定。在这个本应休战的时间里，穆斯林不顾约定的道义而袭击了一个商队，还杀死了一个人。他们只取得这一点成绩，而且是穆罕默德命令他们这样做的。

在这之后爆发了一次战役。从麦加出发的一支700人的护送商队的队伍，遇到了另一支前来袭击的300人的队伍。这就是白德尔战役，麦加人大败而逃，有五六十人被杀死了，受伤的数字也是这样。穆罕默德得胜归来。他从这次胜仗中得到了灵感，下令对城内反对他的犹太人开始进行一系列的暗杀行动。

麦加人要报白德尔一役之仇，于是在麦地那附近击败了穆罕默德和他的信徒，这就是伍侯德战役。穆罕默德在战役中受了伤，差点被敌人杀死，他的门徒有很多逃跑了，但是麦加人没有乘胜追击进入麦地那城。

这一时期，穆罕默德所做的一切都是在试图让沮丧的信徒们重新振作精神。他们在这段时间里受到的情感磨炼在《古兰经》中有清楚的记载。有学者说，《古兰经》中关于这一时期的章节里所体现出的他们的强大自信心，是经中的其他章节完全无法比拟的。

穆罕默德于629年来到麦加，成为这个城镇的主宰。当他进入克尔白时，就打碎了马尼夫的神像，将它踩在脚下。接着，他的势力范围开始向外扩展，经历了诸多的战事，占据大量领土，可以说，他是一个成功者。632年，时年62岁的他已经拥有了整个阿拉伯世界，然而，就在这一年，他去世了。

在拥有了权力和自由的年代，穆罕默德的家庭生活并无什么特殊之处，在他逃亡期间，也就是最后的11年里，他的生活也没有什么异样，在这一点上，他和任何其他将人民聚集在一个君主国的人并无什么区别。但就是他传播了伊斯兰教的精神，并用这种精神将人民紧密地团结在一起，使这种精神深入人心。他机敏、决断、宽容，和处在他的地位上的其他阿拉伯国王所采取的方式非常相似。

## 征服时期

穆罕默德一手建立起了穆斯林社会。毋庸置疑，如果说穆罕默德是原始伊斯兰教的头脑和想象，那么艾布·伯克就是它的良心和意志。在穆罕默德和艾布·伯克的终生相处中，穆罕默德是说道的人，而艾布·伯克是信道的人。在穆罕默德对自己所说之道产生动摇时，艾布·伯克起到了支撑他的作用。艾布·伯克的的确确是个没有疑心的人，他的信仰见诸行动就像利刃剔物那样利索。查阅各种典籍，我们可以确实感到，艾布·伯克从来不迁就麦加的地方神灵，始终以安拉至高至圣的准则来规范他的私生活。穆罕默德逃亡（632年）第11年，患伤寒而死时，是艾布·伯克继任哈里发，担当起了领导人民的重任。哈里发，意思是先知的代理人，是先知在世俗社会的代表。艾布·伯克只是伊斯兰教的守护者，不是宗教领袖。在他的领导下，阿拉伯人开始向外发动战争，让叛教的部落重回伊斯兰世界。正是因为艾布·伯克对安拉的正直有着百折不回的信心，才防止了麦加和麦地那之间的分裂，平定了贝都因人联合起来抗税的大规模叛乱，并大举袭击叙利亚。于是艾布·伯克以移山填海的信心按照穆罕默德在628年从麦地那写给世界上各君王的信里的指示，率直而稳妥地从事于使全世界隶属于安拉——他组织了一支三四千阿拉伯人的小股军队。

这企图曾差一点就成功了。假若伊斯兰教有一批较年轻的像艾布·伯克品质的人来进行他的工作，准是会成功的。这企图之所以差一点成功是因为阿拉伯这时是伊斯兰教的信仰中心，也因为在抵达中国之前，除了在俄罗斯草原或突厥斯坦之外，世界上没有另一个对他们统治者和领导人具有信心的精神自由的人们组成的社会。拜占庭帝国的首领赫拉克利乌斯，科斯洛埃斯二世的征服者，已过了他的壮年期，患有水肿病，他的帝国因为与波斯长期打仗而衰落了。在他治下的诸多民族很少知道他，更少关心他。波斯王政的腐败已到了巅峰；弑父的卡瓦德二世在位没几个月就死去了，宫廷内发生了一系列篡位阴谋和血腥暗杀，削弱了国家的力量。波斯和拜占庭之间的战争，大约在艾布·伯克统治开始时才正式作罢。双方都大大利用了阿拉伯援军；对君士坦丁堡表示忠诚的基督教化的阿拉伯人，散居在叙利亚一些城镇和居留地；美索不达米亚和沙漠之间的波斯地界是在阿拉伯藩王的管辖下，都城在希拉。阿拉伯人的势力，在像大马士革这类的城市里是极为强大的，那里信基督教的阿拉伯绅士会读书，会背诵最近的沙漠竞赛作者的诗。这为伊斯兰教的兴盛预备好了大量易于吸收的材料。

现在开始的出征是世界史上最著名的几次战役。阿拉伯地区突然成了人才荟萃之地。哈利德的名字在许多精干和虔诚的穆斯林将领的星座中最为显著，像一颗光灿夺目的大星。他统率的军队攻无不克，当第二个哈里发——奥马尔——不公正地、不可宽宥地把他降级时，他不为一时的宠辱所动，只高兴地侍奉安拉，并顺服于他曾领导过的僚属。在此，我们不必详述这次战争的过程。阿拉伯军队同时攻击了拜占庭的叙利亚和波斯边境的希拉城，他们到处提供三选一的办法：或纳贡，或表白信仰唯一真神安拉而与他们联合，或自取灭亡。他们遇到过训练有素的大军，但这些军队精神委顿，结果被他们战而胜之。任何地方都没有发生过民众抵抗的事。居住于美索不达米亚稠密的灌溉地带的人民对他们是向拜占庭或珀塞波利斯或向麦地那纳税毫不在意；阿拉伯人的朝廷和波斯人的朝廷相比，显然是更为廉洁、正直和慈善的。信基督教的阿拉伯人甘于参加到侵略者的队伍里面去，许多犹太人也是这样。这时东方和西方一样，一次入侵就成了一次社会变革。但这也是一次崭新的有特色的充满活力的宗教变革。

哈利德在约旦河支流雅木克河岸上同赫拉克利乌斯的军队打了决定性的一仗（636年）。罗马各军团还没有正式的骑兵，帝国军队在骑兵作战上只信靠基督教化的阿拉伯援军，而这些援军一旦交锋就跑到穆斯林那边。拜占庭军队组织了一支浩浩荡荡的由教士、圣旗、画像和圣物组成的游行队伍，还有一些修道士唱圣歌助战。但这些圣物毫无魔力，唱圣歌也未起到坚定人们信心的作用。在阿拉伯方面，各埃米尔和酋长依古代阿拉伯人的习俗慷慨激昂地训导他们的队伍，妇女们在后面尖声鼓励着她们的男人。穆斯林队伍里满满的都是胜利在望或相信天国近了的教徒。非正规骑兵叛变后，战役的胜负几乎毋庸置疑了。企图逃跑的军队溃散成乌合之众，惨遭屠杀。杀红了眼的拜占庭军队背水作战，河流都被死尸壅塞住了。从此后，赫拉克利乌斯逐渐把那么艰难地才从波斯人手里赢回的整个叙利亚让给了他的新对手。不久，大马士革陷落，一年后，穆斯林进入安提俄克。有一段时间由于君士坦丁堡的最后一次努力阿拉伯人不得不放弃该城，但是在哈利德治下他们又夺回它并将其永远占领。

同时，在东方战线上，他们在最初迅速夺得希腊以后，波斯的抵抗力增强了。王朝之争以王中之王的到来而告结束，一个能干的将军卢斯泰姆出现了。他与阿拉伯人在卡德西亚交战（637年）。他的军队就像大流士率领攻进色腊基或使亚历山大败于伊苏斯的另一支组合军那般。这是征募来的一支杂牌军。卢斯泰姆有33头战象，他自己坐在波斯阵后高台的金座上观战，这个金座令人忆起希罗多德所记的1000多年前赫勒斯蓬特和萨拉米斯诸战役。

双方激战了三天；阿拉伯人天天进攻，波斯军则坚守阵地，战到黄昏才告罢休。第三天，阿拉伯人来了援军，夜色降临之际，波斯人打算以战象冲锋来终结战斗。起初，这些巨兽所向披靡，后来有一头受了重伤的象，无法控制地奔突在两军之间。它的横冲直撞影响了其他战象，两军在落日余晖的映照中都一时惊掉了下巴，鼓着眼睛瞪着这群怒吼的灰色怪物在痛苦的士兵的包围里狂奔。最后，一次偶然的机会，它们冲击了波斯军队而不是阿拉伯军队，使阿拉伯人得以趁乱进击。黄昏变成黑夜，但这一回两军并没有休战。阿拉伯人彻夜奉安拉之名猛击和进逼已溃不成军的波斯人。黎明时分，卢斯泰姆的残军散乱地远遁出战场之外。零散武器和作战物资沿途抛了一地，运输工具和死伤的士兵也都被弃之不顾了。最后，高台金座也被砸了，卢斯泰姆的尸首躺在一堆死尸烂肉之中。

634年，艾布·伯克死去，穆罕默德的妹夫奥马尔继任哈里发；穆斯林的主要征服就是在奥马尔治下（634—644年）发生的。奥马尔带领穆斯林军队，由早期的侵略战争发展成征服式战争。之所以有如此转变，是因为波斯帝国和拜占庭帝国实际上已外强中干，徒有其表，两国之间绵延不断的战争拖垮了它们，人民也受够了各种宗教迫害和苛捐杂税。

在穆斯林军队的征伐中，拜占庭帝国彻底丢失了叙利亚。拜占庭人和波斯人都是骑马打仗，阿拉伯人则是骑骆驼，阿拉伯人能够随时对拜占庭人和波斯人发起攻击，又能随时后撤至沙漠。这也就是为什么阿拉伯人征服一个地区之后，都会把靠近沙漠的城市作为根据地的原因。虽然在托鲁斯山脉发动袭击的穆斯林遇到了一点点阻碍，但这不过是战争中发生的一点小小意外罢了。奥马尔的战士几乎所向无敌，亚美尼亚惨遭蹂躏；整个美索不达米亚近乎被踏平了，波斯更被摈弃于两河之外。埃及没作任何反抗就从希腊人手里转到阿拉伯人手里。随后，奥马尔率领部队攻打伊拉克。这里的闪米特人因为不满琐罗亚德斯教的统治，改信伊斯兰教，这为阿拉伯部队的取胜提供了帮助。637年夏天，阿拉伯人又在卡迪西亚打了大胜仗，波斯皇帝撇下离这里不远的首都泰西封，往东逃跑了。穆斯林军队获得了大量的战利品，从而又召集了一批南部沙漠中的贝都因人加入军队。

几年之内，闪米特种族以神和神使者的名义几乎光复了1000年前丧失给雅利安种波斯人的所有疆土。早就陷落了的耶路撒冷，没有经过持久围攻就签订了条约，12年前曾被波斯人带走而由赫拉克利乌斯收复的真正十字架，也再次不受基督教国家的支配了。不过，它仍在基督徒手中，基督徒只要缴纳人头税就会受到宽容，所有的教堂和圣物都归他们保管。

耶路撒冷居民在投降之前提出了一个特殊条件：该城只愿由奥马尔哈里发本人来受降。此前，奥马尔一直在麦地那组织军队和总管战役。他来到耶路撒冷（638年），他的到来表明初期穆斯林攻击的活力和朴实有效很快被胜利削弱了。他来时走了600英里，只携带一个贴身侍从。他骑着骆驼，旅途中只备有一袋大麦、一袋枣、一个盛水袋和一只木盆。他的将领们穿着流光溢彩的缎袍，骑着饰以盛装的军马在城外迎候他。老人看到这个场面，勃然大怒。他从鞍子上溜下，双手抓起尘土和石子，一边向这些身着华服的绅士掷去，一边厉声斥骂他们。这是多大的侮辱啊！穿如此盛装是干什么用呢？他的战士们在哪儿？沙漠里的人们在哪儿？他不让这些花花公子护送他，继续和他的侍者一同向前走，而那些机灵的埃米尔们骑着马远远地跟着，以避免被他掷出的石子打中。他和耶路撒冷的大教长会晤。这教长是只身从拜占庭统治者那里拿回了这个城市。他和大教长相处甚是融洽，他们一起走遍圣

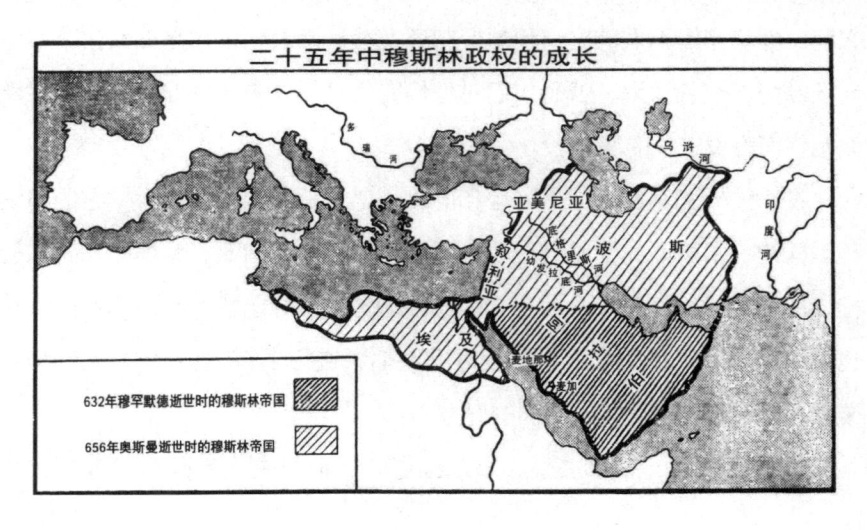

二十五年中穆斯林政权的成长

632年穆罕默德逝世时的穆斯林帝国
656年奥斯曼逝世时的穆斯林帝国

地各处。这时，奥马尔的怒气稍稍有所平息，这才拿追随他的这些个穿得像公子哥的将领们开起了俏皮玩笑。

足以表示这时趋势的，是奥马尔写给他的一个地方长官的信，这个地方长官曾为奥马尔在库法建造了一座宫殿，奥马尔命令他把这宫殿拆毁了。

他在信中说："有人告诉我，你要仿建科斯洛埃斯的宫殿，你甚至也要用他使用过的门。你也要像科斯洛埃斯那样，在几个门口设置门卫和传达员吗？你要使信徒远离并拒绝接见穷人吗？你要背离穆罕默德的简朴遗风而效法那些奢华的波斯皇帝，甚至跟随他们一起下地狱吗？"

## 阿拉伯帝国政权

在伊斯兰教史上常提到两个首脑人物，他们就是艾布·伯克和奥马尔一世。伊斯兰教在125年的时间里，从印度河流域传到了大西洋和西班牙，从中国边境的喀什噶尔流向上埃及，所到之处都受到广泛的欢迎。伊斯兰教倡导良好的社会秩序，它洞察人民的苦难，对被压迫、被欺凌、缺少受教育机会的人民充满了同情，并且洞悉一切自私、腐败和脱离人民的现象。伊斯兰教的精神充满了宽容，它是一种新颖而纯洁的精神。在伊斯兰教传播到欧洲之前，罗马帝国积聚的财富和蓄奴制度已经开始衰退，欧洲的文化艺术也出现了颓势，究其原因，就是人们对他们的代表们失去了信仰，当然，伊斯兰教也将面临着这样的考验。

在对波斯和突厥斯坦的征服和同化上，伊斯兰教倾注巨大，它的路线图是这样的：从波斯向北发起进攻，经过埃及再转而向西。假如它在开始时就把方向选在拜占庭帝国，那么8世纪时就能占领君士坦丁堡，接着深入欧洲也就易如反掌。摩阿维亚哈里发对这座都城进行了7年的围攻，此时拜占庭帝国虽然破败，但依然是欧洲的堡垒。

在阿瓦尔人、布尔加人、塞尔维亚人、斯拉夫人和萨克森人中，有新近接受了基督教化者，也有异教徒，在他们中间，伊斯兰教一定会发现自己的皈依者，这很像他们在中亚找到突厥人那样。对于君士坦丁堡，伊斯兰教最初并没有占领的意图，但在阿拉伯半岛到欧洲的这条路线的尽头，也就是法兰西，才遭遇了前进道路上的巨大阻力。这个新的帝国从一开始就被麦加的贝都因豪门大族所掌控。在麦地那非正式的欢呼声中，第一任哈里发艾布·伯克被推选出来。

到了第二任哈里发奥马尔和第三任哈里发奥斯曼，情形也是如此，这三个人都来自麦加的豪门大族，都不属于麦地那人。从品德上讲，艾布·伯克和奥马尔都属于高尚正直的人，而奥斯曼却很像那些外表衣着华丽而内在品质却非常低劣的人，在他看来，征服的目的不是为了安拉，而是为了阿拉伯，特别是为了阿拉伯的麦加，以及为了他自己、为了麦加人，为了他的倭马亚家族。为国家和人民他敢于担当起责任，在这一点上是值得称赞的。

在他之前的两任哈里发都曾皈依伊斯兰教，而他有所不同，为了交换的公平，他才与穆罕默德联合起来。他的就位，标志着哈里发形象的改变，从前热情古怪的人不见了，代之以东方式君主，而且是一个好君主。穆罕默德的薄弱之处在奥斯曼统治时期以及其去世后表现出来，就像艾布·伯克和奥马尔的生活对穆罕默德训诫中神圣的火焰做出了深深的印证。如果说艾布·伯克的态度是坚决的，那么穆罕默德却时常是权变的，而权变就造成了

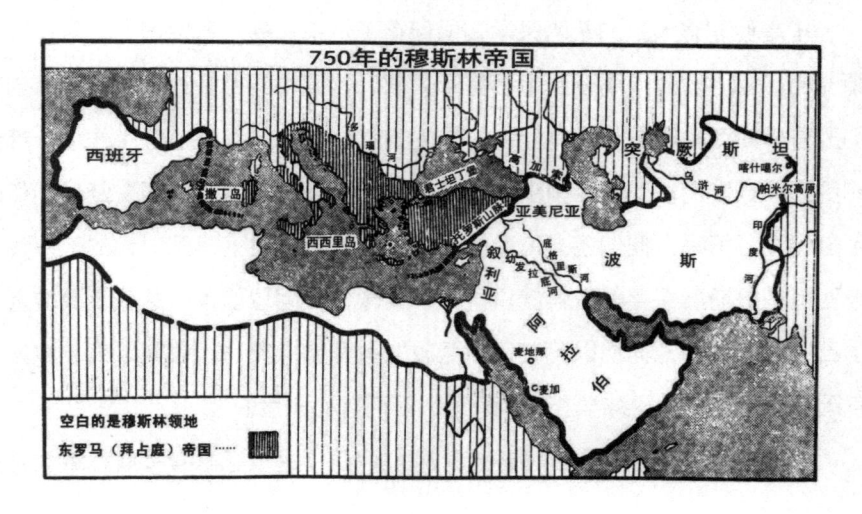

那些加入奥斯曼的贪婪的贵族的新成分。656年，一群暴徒在麦地那的街上用石块袭击了奥斯曼，他们还追到他的家中，将他杀害。阿里最终成为哈里发，然而也没有逃脱被害的结局。

## 伊斯兰文明

探讨阿拉伯的伊斯兰教文化与原来阿拉伯人的关系，可以比照亚历山大时代以后的希腊文化与原来欧洲希腊人的关系。阿拉伯文化经过与萨珊王朝的波斯文化和希腊化了的埃及的科普特文化相结合，已经不再是过去单纯的阿拉伯文化。

波斯人和埃及人都学会了讲阿拉伯语，但他们的原有特性并没有消失。在阿拉伯人的早期征战中，阿拉伯文化与希腊文学有了密切接触，当然，这时的希腊原著已经被翻译为叙利亚文。罗马正教以东的基督教，也就是景教派基督徒，看上去要比拜占庭的神学家更有智慧，思想也更为开放和活跃，所受教育也比讲拉丁语的西方基督徒更高一些。在萨珊王朝晚期，他们曾受到宽容的对待，到了11世纪，突厥人处于支配地位时，他们都曾受到伊斯兰教的宽容。在波斯世界，他们是一群有学识的人才。

正是他们将大量的希腊医学知识保存了下来，并有所发展。在倭马亚王朝时代，哈里发的大部分医生都信奉景教，他们中的很多人是学问家，当他们改信伊斯兰教时，并没有什么内疚的感觉，无论从思想还是工作上，都没有受到什么影响。很多亚里士多德著作的希腊译文和叙利亚译文经过他们的手被保存了下来。他们还有大量的数学文献。对比之下，同时代的圣本笃或卡西奥多鲁斯所保存的资料就显得微乎其微了。阿拉伯人从这些景教徒那里学到了很多东西，他们以此对伊斯兰教的教导加以改进。长期以来，波斯一直因强烈的、精细的神学上的纯理论活动而著称于世。

在这些活动中，语言的表述使用阿拉伯语，这也标志着穆斯林教会开始走向异端和分裂。什叶派的分裂发生在波斯。阿拉伯人请具有希腊学问的波斯人做教师，但也不局限于此。在东方的所有发达的城市中，有很多同种的犹太人，他们继承了本民族的文化艺术和传统，阿拉伯人和犹太人在彼此的交流中互相补充，共同受益。在语言方面，犹太人表现了灵活的态度，在伊斯兰教兴起之前1000年，亚历山大城已经希腊化，在这里希腊语也得以流行，而此时新兴的伊斯兰世界的人们都在讲阿拉伯语。

从阿拉伯文化的角度讲，犹太因素是非常重要的，犹太人结束了，阿拉伯人就跟了上来，彼此难分难舍。印度也给阿拉伯人带来了启发，特别是在数学方面。在阿拉伯人的全盛时期，他们就接触到了印度的自然科学，对这一点人们已经没有任何值得怀疑的。阿拉伯人有着开放的思维方式，这在倭马亚朝治下已经有所展露，到阿拔斯朝就达到了一个高峰。历史是所有成熟的哲学和文学艺术的发端和核心，阿拉伯作家起初都是一些历史学家，他们研究历史，探讨历史人物的功过，作品带有史诗性。因为读书已成一种风气，一些传奇和短篇小说也应运而生。读书成了人们日常生活的重要组成部分，读书标志着一个人的教养程度，于是，也就有了与之相匹配的教育制度和教育文献。9—10世纪时，读书的辅助工具也出现了，比如语法和词典以及有关伊斯兰教文献的语言学著述。

在清真寺附近建立的教会学校发展成为具有一定规模的大学，并影响到了穆斯林以外的世界，东西方的很多留学生来此学习。阿拉伯哲学思想对欧洲曾产生影响，这种影响到阿韦劳埃斯时达到了顶峰。他将宗教和科学做出分别的研究，把科学从基督教和伊斯兰教的神学光影下分离出来，从这样的角度发展了亚里士多德的学说。当时还时兴一个新的行业，就是抄书业，在亚历山大、大马士革、开罗和巴格达等地，抄书业非常兴旺。大约在970年，在科尔多瓦出现了针对穷人开办的27所义学。

在希腊数学的基础上，阿拉伯人有了自己的数学。至于阿拉伯数字的起源问题人们还不甚清楚。狄奥多里希大帝统治时期，波伊提乌曾使用一些符号，它们与现在人们使用的9个数字非常接近。热尔贝有个学生也曾使用一些符号，与现在更为接近。但有一种说法，认为在9世纪前，"0"还没有出现，它的出现要归功于穆斯林数学家穆罕默德·伊本·穆萨的发明，他也是第一个使用十进位的人，数字位置的值也是由他确定的。但对这种说法很多印度人表示怀疑，他们认为0和十进制是印度人发明的。阿拉伯人在几何学上没有大的建树，但他们却创造了代数，还有就是发展了球面三角学，正弦、正切和余切诸线也是阿拉伯人的创造。阿拉伯人在物理学上也有建树，他们发明了钟摆和光学机件。

阿拉伯人在天文学上建树颇丰，他们建造了数座天文台，他们发明的天文仪器，至今还被广泛地应用。黄赤交角的度数和春分秋分的岁差也是经他们计算得出的。他们在医学上的成就超过了希腊人。无论在生理学、卫生学还是药物学上他们都进行了深入的研究，很多疗法至今还在被使用。在外科医生那里，已经开始使用麻醉剂，能够施行难度很大的手术。当时的欧洲，教会禁止使用医药，希图用宗教仪式的方式治病。与此形成强烈反差的是，阿拉伯人已经发展出了具有真正意义的医学科学。

阿拉伯人在化学上也取得了长足的进展，许多新的物质被他们发现，比如钾碱、硝酸银、升汞防腐剂、硝酸和硫酸等。他们的制造业非常兴旺，在设计上追求精美，花样多，工艺完善，注重使用金属材料。纺织业达到了空前的繁荣。他们的玻璃和陶器制品品质优良。他们还掌握了染色、造纸以及多种制革的工艺，这些产品在全欧洲广受欢迎。他们还制造出了各种酊剂、香精和糖浆，从甘蔗中提炼糖类，酿酒业发达，能够酿出品种多样的好酒。在农业生产上，他们注重用科学的方法耕种，懂得肥料的应用，注意作物与土壤的特性相匹配，在农田灌溉上形成了完善的系统。他们还擅长园艺，掌握了嫁接技术，能种植出各类水果和鲜花。他们从东方引进多种苗木，在农业科研方面也取得了很大的成绩。

在阿拉伯人的各项发明创造中，关于纸的制造有必要单独介绍。阿拉伯人对于造纸术的发现最初还要追溯到中国，也就是说，中国的造纸术经过中亚细亚传到了阿拉伯世界，接着又经过阿拉伯人传到了欧洲。在造纸术出现前，书写是在羊皮纸或纸草纸上进行，阿拉伯人征服埃及后，欧洲的纸草纸的供应就中断了。印刷术在大量造纸出现前用处不大，在当时，通过出版报纸和书籍来推动教育事业的发展也是难以施行的。历史学家对此有所披露，但从欧洲黑暗的时代看，落后的事实要远远超出历史学家在著述中的描述。当然，伊斯兰教世界中的政治生活也并非无可挑剔，但精神文化生活却在持续发展。直到今天，关于如何使国家稳步健康地发展，阿拉伯人也没有能够找到一个彻底的解决办法，专制政体依然存在，骚乱、阴谋和暗杀都在潜滋暗长。但无论社会如何动荡，各方势力如何抗衡，形势如何此消彼长，伊斯兰精神还是被保持了下来，并始终影响到人们的生活。文明的进程是拜占庭帝国无法毁坏的，任何其他势力也阻碍不了伊斯兰文明的发展。

在突厥人尚未发起入侵时，伊斯兰教在知识的领域内正不断地进步。人们可能会认为，知识与侵略和残暴无关，因为文明总是要继续下去的。从世界范围看，科学和文学艺术保持了这样一种态度，就是掌握了知识的人不愿意同强敌做抗争，他们似乎更保持了自我，保持自我的认知。他们没有宗教徒那样的狂热，他们缺少勇气和自信，但他们有着独立的思考，正是这种独立自主的精神，使他们在探索科学和文化艺术上不断取得新的进展，为人类文明的宝库积聚下宝贵的财富。

通过民众教育和民众文学，他们渐渐发现了掌权的方法，与过去有学识的人相比，当时的他们具有畅所欲言的品质，在有关人类事务的组织中争取话语权，这在过去是无法想象的。穆斯林的征服与新型的建筑相关联，这种建筑以多种名目命名，包括萨拉森式、穆罕默德式以及阿拉伯式等。但根据加耶的说法，真正的阿拉伯人从来不是艺术家。在他们看来，清真寺、宫殿、墓葬以及城市的建筑，都是出于它的功用，但在被征服的地区，比如在埃及、叙利亚和波斯，他们会寻找工人和建筑师。从这个角度看，所谓波斯的阿拉伯艺术实际上就是波斯艺术的延续。

在埃及和叙利亚，这里出现的建筑和装饰，却显示了一种新的风貌，也就是说，这才是阿拉伯的艺术。这种建筑艺术在西方、北非和西班牙，已经显示了一种以马蹄形的拱门为代表的风格。早在阿拉伯人到此之前，在建筑风格上，叙利亚和埃及已经用尖拱取代了圆拱。

在这里，希腊的现实主义正被图案装饰所取代，阿拉伯人的深沉气质也在不断促成并发展了这种风格。加耶有句话谈到了现存早期的阿拉伯的绘画代表作，他是这样说的："不服从宗教戒律，而出于本性。"避开文化艺术，单从日常生活看，阿拉伯人对裸体就充满了厌恶之情。

阿拉伯艺术在自己的发展进程中发生了演变，那些写真的动植物图案，逐渐被几何图案所取代，形成了一种阿拉伯的图案风格。屋顶和拱顶用厚重的宝石镶嵌，增加了镂空的隔板，外形也变得多面化。拱顶用圆形的和多边形的柱子盖住，柱子像钟乳石一样从高处垂下。经过这样的营造和装饰，一种特殊的美感出现了，这种美感带有某种神秘的感觉，犹如水晶和波纹一样充满了一种节奏美，这与希腊艺术的追求开放和自由、充满活力的风格有所不同，具有一种独特的美。

从具有阿拉伯风格的建筑中能够发现这种美感，比如在清真寺的尖塔和球形圆屋顶，还有富于装饰性的瓷砖上，都能领略到阿拉伯艺术风貌。阿拉伯人还喜欢将《古兰经》用流畅美观的阿拉伯文字装饰起来。伊斯兰文明虽然也曾受到其他宗教的影响，但从本质上讲，它还是具有本民族特色。

## 哈里发统治的衰落

胜利带来的好运并没有一直眷顾阿里的后代。和刚建立不久的伊斯兰教相比，阿拔斯人的冒险精神由来已久。现在他们恰好利用了阿里的遗泽，新登基的哈里发要做的第一件事就是把阿里的家族成员斩草除根，杀死他的子孙后代。阿拔斯人成了统治者之后，哈里发在海上失去了话语权，西班牙和北非不再服从他的管理。几个穆斯林国家先后成立了。在西班牙，倭马亚时代的后裔建立了一个穆斯林国度。

伊斯兰教原来的大本营位于大马士革,如今穿过沙漠到达美索不达米亚平原。阿拔斯之后的曼苏尔在巴格达建立了新的首都。这里原本是萨珊王朝首都的遗址。无论是突厥人还是波斯人,乃至阿拉伯人,都变成了埃米尔,并且按照萨珊王朝的制度改建了军队。麦加和麦地那的圣城地位只体现在信徒做祷告时要朝着它的方向,麦加和麦地那成了信徒们朝觐的地方。因为《古兰经》是用阿拉伯语书写的,这种语言也非常易懂,所以得以在很多地方传播并且取代了希腊语,所有穆斯林都学会了使用阿拉伯语。阿拔斯王朝之后的很多帝王无须赘言。在小亚细亚地区战火连年不断,无论是拜占庭帝国还是巴格达都没有取得长久的优势。

有一个称自己是神的假冒的先知,他的名字叫莫坎那,他的经历十分曲折。在历史上,无论是阴谋叛乱还是政权更迭都变得平淡无奇。但是在阿拔斯王朝有一个哈里发仍然需要着重提及,因为无论是在传说中还是现实中他都十分重要,这个人就是阿尔拉西德哈里发。他不但成了穆斯林国家的哈里发,在文学作品中他也是永远高高在上的哈里发。

这个帝国十分富有,装饰豪华而优雅。在首都巴格达,有发达的商业圈环绕着帝国的行政中心。这个国家的每个政府部门都设立了办公地点,管理有序。城中分布着很多学校。这里聚集了世界各地的留学生,还有其他拥有发达文明的国家派来的使者和慕名而来的科学家、哲学家和文学家。各省的首府也建有宏大的公共建筑。各个城市之间靠高效的邮政系统和商队紧密相连。在边境地区,军队保持忠诚,守卫良好。行政官员和大臣们勤勉尽责。这个帝国的疆域从亚丁湾,穿过埃及直达中亚细亚。

在政府中任职的不只有穆斯林,基督徒、犹太人甚至异教徒都可以当官。假冒的先知和叛乱的人在这片土地上已经消灭殆尽。这里不再有饥荒,取而代之的是富裕。政府开办的医院治好了曾经肆虐的瘟疫和疾病。从前效率低下的阿拉伯式的行政方法也不见了,而是采用了由罗马人创立的一套十分复杂但高效的先进制度。各个政府部门,例如财政、邮政、司法和军事等,都成立了专门的办公系统,由政府委派的官员加以管理。这些官员手下有各种办事员和文职人员为部门服务，这就让哈里发不再和普通民众有直接的联系，而是掌握了整个国家的权力。

皇室和它的附属设施是按照罗马的样子建设的。在哈里发周围环绕着为他服务和取悦他的人，其中有宫人、妃子、弄臣、游吟诗人和戏子。这些人都使尽本领来获取他的宠爱，在一定程度上让他无法专注于朝政。同时，繁荣的贸易让全世界的黄金都流向了巴格达。还有很大一部分钱财是通过抢劫和掠夺得来的。帝国的军队进攻小亚细亚地区和印度，把从那里抢到的财富献给了首都。依赖帝国治下地方的产出和商业所得，伊拉克变得十分富饶。巴格达作为国家的中心，具有庞大的商业体系。这里因此出现了一个新兴的阶级，成员是高官子弟、各级政府官吏、拥有土地的地主、哈里发宠爱的侍臣以及手握重金的商人。这个阶级拥有巨大的势力和财富，并且热爱文学、艺术、诗歌和哲学。他们建造了豪奢的住宅，在里面举办宴会，互相斗富，还举办慈善活动。每个时代的富人所做的基本都是如此。

以上描述的种种情况旨在说明，阿拔斯帝国已经丧失了与伊斯兰教的紧密联系，而是由被伊斯兰教消灭的诸多帝国的碎片拼接而成的。在这个国度里，没有什么能够让统治者追求上进，所谓的圣战只不过是另一种形式的巧取豪夺。哈里发现在已经成了一个堕落的皇帝，成了人民的王，行政管理也转变成了官僚制度。

那些富裕起来的新兴阶级迅速抛弃了这个国家的宗教信仰。他们空谈一切哲学或者奢侈的生活，不再遵守《古兰经》中提倡的传统，丧失了阿拉伯人原本的纯朴习性。穆斯林的坚定信仰本来是团结这个国家的唯一力量，现在被哈里发和随从们抛弃了。

阿尔拉西德哈里发于809年死去。在他身后，这个庞大的帝国迅速陷入了一片混乱，内战爆发了。基督教和伊斯兰教这两大宗教在穆斯林不再向前进攻。倭马亚王朝陷入衰败之后，进入了停战的状态。两个宗教间只在边境上存在一些小摩擦，而非大型的战争。但是到了11世纪，战争又变为你死我活的了。

第七章

**罗马帝国的兴衰**

## 罗马帝国的开端

　　罗马城，建立于公元前753年。它的建立，预示着人类历史上一个奇迹即将诞生。罗马的政体经历了国王专政、民主共和，最终成为横跨欧洲、亚洲和非洲的庞大帝国。下面我们就来探讨一下，罗马是如何建成的。

　　古代罗马发源于意大利半岛。这是一个伸入地中海的狭长半岛，形状如同一只长筒靴。在古埃及文明和两河流域文明的双重影响下，地中海的东部地区较早地开始了自己的文明，而地中海西部由于远离文明地区，所以在荒蛮中迟迟不能开化。在意大利半岛的北部，是一片肥沃的平原，平原的北边矗立着阿尔卑斯山。阿尔卑斯山是意大利与中部欧洲的天然阻隔。意大利半岛的东部多山，四处耸立着悬崖峭壁，海岸线也十分平直，缺少天然港湾；而半岛西部则属于丘陵地带，河水流动缓慢，船舶在河里可以自由航行。在流经这一侧的台伯河南岸，是一片平原，这个平原名为拉丁姆平原，罗马人就开始生活于此。

　　公元前1000多年前，这里的山冈上出现了几个小村庄。当时的意大利半岛，并不是如今天这般阳光明媚，有着美丽的葡萄园和橄榄园。在没有得到人类开发之前，这里遍布沼泽和森林，地面崎岖难行。后来，人们到这里放牧、开荒，砍伐树木。他们想办法抽干了溪水，在地上铺设石板，让沼泽地成了一片广场，并在其上建立了一座城市，这就是罗马城。

而在传说中，罗马城的建立更加传奇。据传说，罗马人的祖先是一对双胞胎兄弟。他们是战神与人类的公主结合而生下的。刚刚出生没多久，兄弟俩就被仇人遗弃在台伯河岸边。一只母狼到河边喝水，发现了装着两兄弟的篮子，就用奶水哺育他们，他们也因此能够存活下来。后来，一个放牧的人收养了兄弟俩，并给他们起名为罗慕路斯和列莫斯。两兄弟长大成人之后，杀死了仇人，并建立了一座城池。两兄弟对城池的归属展开了竞争，最后，哥哥战胜了弟弟。罗慕路斯就用自己的名字命名了这座城市，给它取名为罗马，并且自己成了国王。这就是罗马诞生的历程。但是，现代史学家对这个故事并不是十分重视。

虽然创建罗马的时期被认为是公元前753年，但是在罗马城的广场下，还埋葬着比罗马人年代更久远的伊特拉斯坎人。罗马位于伊特拉斯坎人的领土和拉丁人的领土交界之处，不利于防守。罗马城最开始时被拉丁人统治，后来则落到了伊特拉斯坎人的手里。这些人统治罗马时荒淫残暴，最后被赶出了罗马，罗马人重新回到了拉丁人的怀抱。伊特拉斯坎人被赶出罗马时，

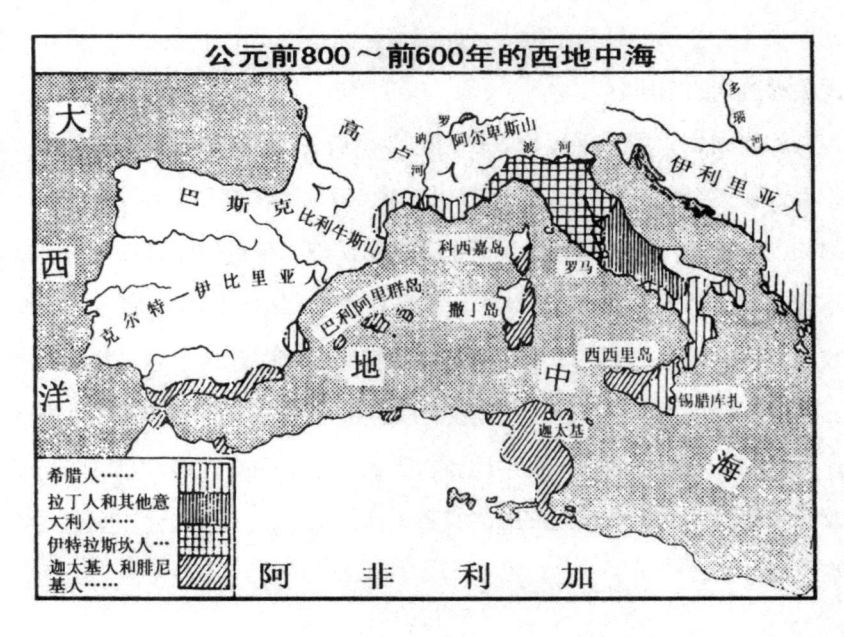

正是公元前6世纪，与此同时，东方的孔子正在周游列国，想找到一位诸侯王结束中国的混战；在印度，乔达摩·悉达多正在贝拿勒斯向弟子布道。

赶走了暴虐的伊特拉斯坎国王之后，罗马建立了全新的政体，这就是罗马共和国。这个共和国是一种混合政体，包含君主制、民主制，还有一些贵族制思想。这个国家有两位最高统治者，被称为执政官，任期为一年，经由公民大选产生。贵族们议事和处理政务的地方被称为元老院，这个机构早已存在，是罗马的政治中枢。元老院最初有三百名元老，到共和国晚期时，这个数字变成了一千名。

共和国诞生之初，贵族把持政府。元老院的元老和执政官都出身贵族，而平民只有投票权，并没有被选举的权利。贵族利用手中的特权欺压平民，使平民身上的负担大大加重了。为了争取同样的权利，普通的罗马人开始勇敢地抗争。他们没有选择武装暴动的方式，而是选择不流血地进行斗争。公元前496年，一群罗马平民带着粮食和武器离开了罗马城，来到一座名叫圣山的地方建立了政府，与罗马政府对峙，这一事件被称作第一次撤离运动。如果失去了平民的支持，等到发生战争时，就会造成兵员的短缺。所以，执政的贵族们同意给平民更大的权利，允许他们组织议会，并由此产生了一个新的官员种类——保民官。这些官员的作用之一，就是保护平民免遭贵族的欺压。

共和国时期，罗马平民争取权利的斗争从公元前494年开始直到公元前287年，前后绵延二百多年。公元前450年，罗马的贵族和平民共同制定了第一部成文法——《十二铜表法》。根据这部法律，平民也可以保护自己的利益不受侵害。公元前336年，李锡尼乌斯作为平民出身的保民官，被选举为执政官。从这以后，法律规定，两个执政官必须同时包含一名贵族和一名平民。到了公元前4世纪之后，所有政府职务平民都可以担任，平民甚至可以进入元老院。这也导致了一批平民新权贵的诞生。晚些时候，罗马禁止了债务奴役制度，平民和贵族之间的冲突不再如此尖锐。在这之后，罗马共和国开始向外扩张。

罗马共和国在刚建立的时候十分贫瘠，且地域狭小，随时可能被其他国家消灭。在建国初的一百多年里，罗马和临近的国家不断地发生冲突。公元前5世纪晚期，在与别国的摩擦争斗中，罗马逐渐占据上风。在摧毁了坚固的堡垒韦伊城之后，罗马征服了伊特拉斯坎，将自己的领土扩大了一倍。从这时开始，罗马迈出了征服世界的第一步。

　　其实，伊特拉斯坎人的文明更为发达，武器也更先进，并且占有人数上的优势。罗马人如果要正面和他们作战，将会十分辛苦。但是，伊特拉斯坎内部发生的两件事，严重削弱了自身的实力，让罗马人有机可乘，并最终完全制服了他们。第一件大事，是伊特拉斯坎人在西西里和希腊人之间发生了一场战争，这让伊特拉斯坎人的舰队全军覆没。第二件事，是高卢人自北方向意大利发起了猛烈的进攻。高卢人打进了意大利，占据了波河流域，接下来的两个世纪里，他们继续向南挺进，并最终定居在加拉提亚。伊特拉斯坎人现在面临着高卢人和罗马人的双重夹击，陷入腹背受敌的困境。在这样的情况下，经过长期的战争，罗马人最终夺取了伊特拉斯坎人的坚固堡垒——韦伊。从这里到罗马只有几英里，它的存在对罗马来说一直是一个巨大的威胁。

　　公元前400年，一群高卢人从意大利北边的山区突然攻打过来，一路向南，长驱直入。到公元前390年，高卢人打到了阿利亚河边，这里距离罗马城只有十千米。最后，高卢人攻入了罗马城，接下来，他们洗劫了罗马。在罗马人自己书写的值得怀疑的历史传说中，他们最终坚守住了丘比特神殿的城堡。如果不是高卢人在偷袭时惊动了一群鹅，而鹅的叫声惊醒了守夜的士兵，他们完全可以趁着夜色出其不意地攻下城堡。7个月后，罗马人投降，并向高卢人支付了一大笔赎金。因为缺乏足够的攻城装备，加之一些高卢人染上了疾病，于是他们接受了罗马的赔款，返回了北方。之后他们还多次攻打过意大利，只是再也没能到达罗马。

　　高卢人对意大利的入侵，是一场洗荡整个国家的浩劫，就像历史上曾经发生过的那样。尽管罗马城被高卢人毁掉了，但是罗马人用他们比城堡还要坚固的意志坚持了下来，并迅速恢复了元气。之后，罗马开始向外扩张。虽然历经挫折，但是罗马最终将意大利半岛中部的坎佩尼亚征服了。在占领了意大利的北方和中部之后，罗马人开始向意大利半岛的南部进攻。意大利南方有许多小国，大多数是希腊移民建立的。这里有一个斯巴达人的殖民地，名为他林敦，与希腊的关系十分密切。为了抵挡罗马的进攻，他林敦向希腊求救。当时希腊的伊庇鲁斯国王是皮洛士，皮洛士具有高超的军事才能，一直渴望成为亚历山大第二，征服整个地中海。此时他林敦的求援，正中皮洛士的下怀。

公元前280年，皮洛士率领一支包括两万两千名步兵、三千名骑兵和二十头大象的军队来到了他林敦，并与罗马人在赫拉克利亚展开激战。罗马人从来没有见过能打仗的大象，陷入极度的恐惧，大败而逃。但是到了公元前275年，罗马人终于扬眉吐气，打败了皮洛士的大军。公元前272年，他林敦向罗马人投降。到了公元前3世纪中期，整个意大利半岛除了波河流域之外，都被罗马人收入囊中。

在历经一百多年的疯狂扩张后，罗马终于将整个意大利征服了。但罗马没有把意大利统一成一个国家，而是在各个地区根据当地的实际情况实行自治，靠当地的部落高层或上层社会进行管理。这种区域自治的政策在很长一段时间里，保证了罗马的稳定。

在征服了意大利半岛之后，罗马人开始向地中海西部挺进。这样一来，他们与盘踞在当地的另一个大国——迦太基不可避免地发生了冲突。从公元前264年到公元前146年的一百多年间，罗马和迦太基之间进行过三次大规模的战争。迦太基是腓尼基人在地中海的殖民地，而腓尼基人被罗马人称作布匿人，所以这三场战争也被称为布匿战争。

公元前1世纪，罗马内部开始分裂，恺撒（盖乌斯·尤里乌斯·恺撒·奥古斯

尤利乌斯·恺撒

都）、庞培和克拉苏三位军事强人形成了三足鼎立的态势，控制了罗马。从征服高卢，恺撒开始了他的霸业。他用了八年的时间，征服了高卢，驱逐了日耳曼人，还跨过地中海入侵英国。整个大不列颠和莱茵河流域之间的广大领土都被恺撒掌控在手中。不但军事能力突出，恺撒还有优秀的写作能力，在战争中也经常进行创作，记录战争的情形。他写的《高卢战记》文字不加矫饰，朴实无华，到今天依然是学习拉丁语的入门作品，是拉丁文学的优秀范本。

羽翼渐丰的恺撒开始令元老院感到畏惧。元老们命令恺撒卸任高卢总督，并交出手中的军队。公元前49年1月，恺撒从高卢发兵，到达卢比贡河岸边。这里是高卢和意大利的交界地带，对岸就是罗马的腹地，如果他私自带领军队过河进入自己的祖国，就意味着叛国。在河边，恺撒对他手下的士兵说，现在我们可以回去，但是一旦过了河，就要用武器来解决一切。当然，这条河并没有阻止恺撒的野心。最终，恺撒带领军队渡过卢比贡河，罗马的内战开始了。

在内战开始之前，克拉苏就战死了。内战正在进行的时候，庞培也死在了埃及的沙漠中。和恺撒作对的元老们被大规模清洗，元老院中到处都被安排了恺撒的亲信。恺撒成了最后的胜利者，他身上挂满了祖国之父、终身保民官和大祭司长等种种荣誉，成为威震天下的君主。

征服了整个意大利之后，恺撒接着向小亚细亚和埃及进发，并且都取得了胜利。他所说的最著名的一句话是："我来了，我看到了，我征服了。"充满了君临天下的霸气。恺撒就像一个战神，不断地开疆拓土。他连续进行对外战争，渴望征服北方的日耳曼人和幼发拉底河流域的帕提亚帝国。如果计划顺利，也许罗马的疆域就不只限于西方，而很可能扩张至日耳曼人的领地。但是，一场突如其来的死亡最终改变了他的命运，使这个计划再也无法实施了。

公元前48年，为了追击庞培，恺撒来到了埃及。此时的埃及在托勒密王朝的统治之下，罗马人认为可以轻而易举地征服埃及。但是在这里，恺撒遇

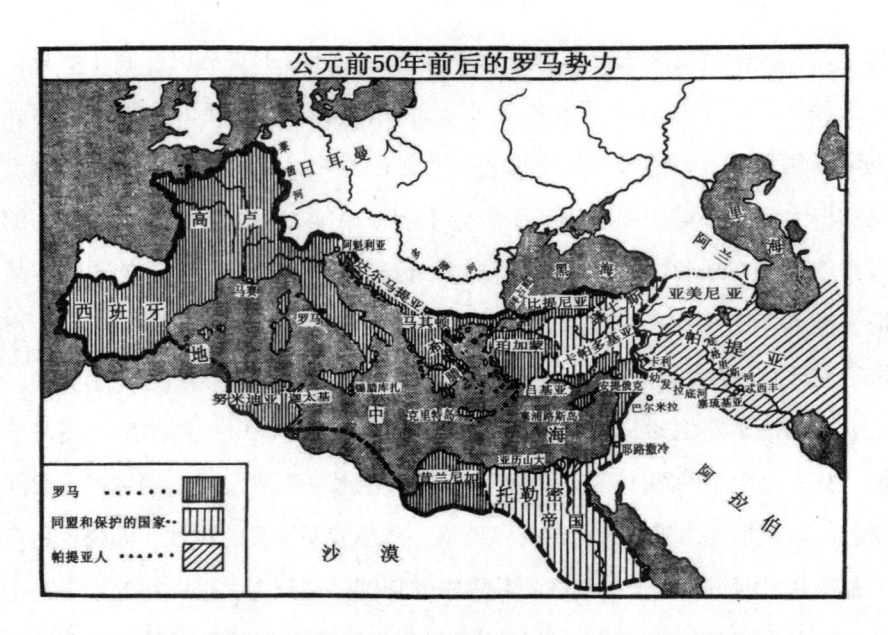

到了埃及艳后克利奥帕特拉。根据历史记载，这位美艳的女王并非具有无人可及的美貌，而是拥有超凡的语言魅力。据说，只要她一开口，听她说话的人无一不被倾倒。恺撒也不例外，轻易拜倒在她的脚下。恺撒的心脏被丘比特之箭击中，与女王坠入了爱河。埃及的托勒密王朝也因此保住了。恺撒在埃及停留了九个月，经常和女王一起乘船在尼罗河上漫游。他和女王还有了一个孩子，当他离开时，女王用他的名字给自己的孩子命名为恺撒·里昂。公元前45年，恺撒邀请克利奥帕特拉到罗马做客，并以国王的规格接待她。罗马人被震惊了，他们昔日的帝王、战争的英雄，正慢慢变成一个合格的暴君。恺撒对元老院的元老们缺乏尊敬，还任用自己的亲信担任执政官。罗马共和国不再召开公民大会。恺撒变得越来越傲慢，他说共和国只剩下了一具躯壳。恺撒已经变成了一个专制的君主，而这在共和国的民众眼中是不可接受的，因为专制与共和从根本上就是对立的。恺撒并不知道他正在走向自己的末路。

公元前44年3月15日，恺撒走进了元老院，在那里等待他的，是布鲁图斯和其他元老们的匕首。恺撒虽然最终死在了巨大的权力之下，但是共和国的根基已经动摇，罗马不可避免地走向了帝国的开端。

## 罗马帝国的崛起

恺撒去世之后，其养子屋大维开始崛起。他和马克·安东尼为了争夺罗马的权力，开始了一场长达13年的斗争。其间，唯独有一个人不能不予以提及，这个人就是西塞罗，他不只是出于自私的雄心，更是为开明的思想所鼓舞。他出身中等家庭，稍微沾染一些狄摩西尼爱骂人的传统。他的雄辩和高超的文字表达能力，使他在元老院中赢得了不可小觑的显著地位。作为元老院的议员，西塞罗不是其中最富有的，但是他也仍然有六栋别墅。每栋别墅里都备有佣人和画匠。罗马的政治精英们大多信奉斯多葛主义，这是一种教人在自己的职分上尽忠职守，同时与人保持兄弟般情谊的哲学理论。所以，罗马上流社会并不是整日骄奢淫逸，而是在追求富足生活的同时不失理智。

不过，令人感叹的是，西塞罗虽然为人高尚，却是个可悲的无能人物，

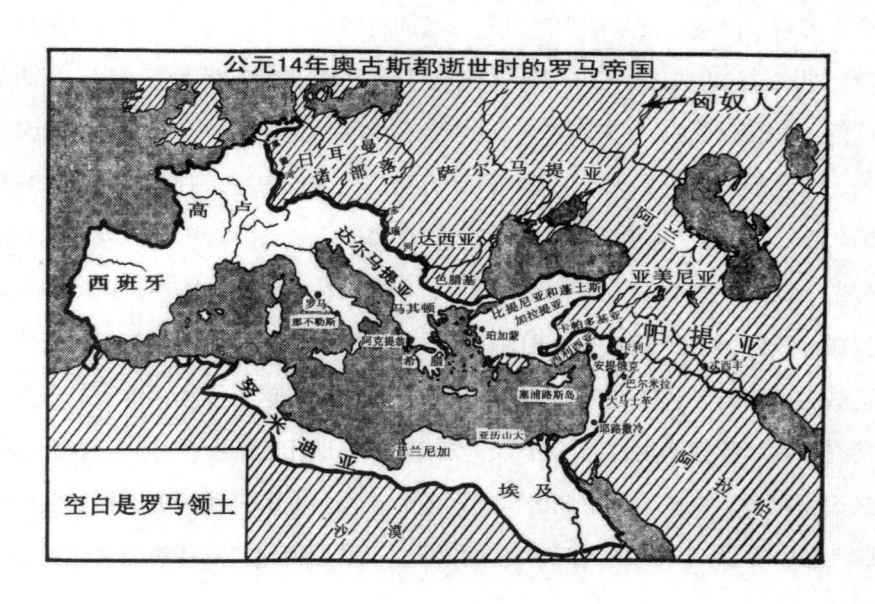

他在当时已极度退化、懦弱、卑鄙的元老院里坚持为共和国理想辩护。他是个严谨的杰出作家，对现代读者而言，他给我们留下的演说和私人往来信件，使他成为这一时期最真实和最具生气的人物之一。尤利乌斯·恺撒被杀害的一年后，也即公元前43年，西塞罗被褫夺公权并被杀，首级和双手均被钉在罗马广场上。最后，公元前31年，屋大维获得了亚克兴角海战的胜利，打败了安东尼和埃及女王克利奥帕特拉，成为罗马帝国的至高统治者。屋大维似乎曾努力营救过西塞罗，那次谋杀肯定不是屋大维干的。

　　这里，我们不去追溯尤利乌斯·恺撒过继的继承人屋大维的那些以获得优势为结局的同盟和背叛的情况。这些为首人物的命运，都是同埃及女王克里奥帕特拉的命运纠结在一起的。

　　恺撒死后，埃及女王克里奥帕特拉着手去获取比恺撒年轻得多的安东尼的倾心，她跟他大概早就相互认识。有一段时间，屋大维、安东尼和第三个人物雷必达，瓜分了罗马世界，正像恺撒和庞培在他们最后冲突之前所分割的那样。屋大维占据较贫瘠的西部，巩固了他的统治；安东尼占有较富裕的东部——还有克里奥帕特拉。落到雷必达手里的是一块带着宿怨的骨头——迦太基的非洲。雷必达似乎是个善良之士，毕生致力于迦太基的重建，而不是追求个人的荣华富贵。安东尼则热衷于古代神王思想，正是这种思想使得尤利乌斯·恺撒过分地失去了心理平衡。安东尼和克里奥帕特拉鬼混在一起，沉湎于酒色、逸乐和尘世浮华的美梦，直到屋大维动手结束了他们的奢华生活为止。

　　公元前32年，屋大维耍花招诱使元老院免去安东尼东方统帅之职，并开始攻击安东尼。在阿克提翁发生的一次大海战（公元前31年），克里奥帕特拉由于在战斗中率领60艘船突然离去，而最终使得安东尼输掉了这场战争。现在，我们很难断定这是预谋的背叛，还是因为这个风流女人的一时任性。这些船只的离去，使安东尼陷入无望的混乱之中。这场混乱，由于这个模范情夫一根筋的猛追猛打而加剧了。安东尼没有通知他的指挥官，就登上快艇去追克里奥帕特拉，任由他的官兵们或战或死。他的官兵们都不相信他已经跑走了。以后这一对情人的重逢与和解，不过是传记作家普卢塔克的讽刺性猜测。

屋大维的网慢慢收紧了。屋大维和克里奥帕特拉之间已达成某种谅解，这不是不可能的，正如在尤利乌斯·恺撒当政时，这个女王和安东尼之间也有某种程度的默契那样。安东尼在他这出小小戏剧的最后一幕，摆出悲伤之态，并穿插爱情场面。有时，安东尼仿效爱嘲弄人的泰蒙，像个对人类丧失信心的人，虽然人们认为，被他丢弃在阿克提翁的水手更有理由采取这种态度。最后，他发现他和克里奥帕特拉均被屋大维围困在亚历山大城。经过几次困兽犹斗的出击，安东尼鲜少获得胜利，于是喧嚷着要和屋大维单挑，以二人的决斗来定胜负。后来，听信了克里奥帕特拉已自杀的谣传，这个浪漫过头的喜剧明星竟引刀自刎，但因刀刺无力，转侧未死，最后被屋大维的士兵带到克里奥帕特拉面前，才气不打一处来，彻底垂下了高傲的头颅（公元前30年）。

普卢塔克关于安东尼的叙述，很大一部分采自见过并认识安东尼的目击者，他们把他描绘成英雄典型，把他比拟为半神半人的海格立斯。确实，他也自命是海格立斯后裔，也常以印度的酒神巴克斯自期。有一段令人作呕的描述元老院的情景，说是有一回他喝醉了酒，正想登台讲话，却被有失礼仪的醉后狂吐搞得话都讲不利索。

克里奥帕特拉还想继续忍辱偷生，也许她希望能折服屋大维来扮演尤利乌斯·恺撒和安东尼扮演过的神王角色。她和屋大维有过一次会晤。会见时，她把自己打扮成一个深陷忧伤的美女，淡妆素抹，薄纱掩体。但是，当她看清了屋大维毫无神王的神气，顿时明白了他对她的关切，仅仅是出于想把她放在罗马大街上的凯旋队伍中展出时，她就没有任何盼头了。有人把一条毒蛇隐藏在盛满无花果的篮子里，瞒过罗马哨兵，偷偷递给她时，她任凭蛇的毒牙把她咬死了。

看来，屋大维几乎没有尤利乌斯·恺撒和安东尼的那种自命神王的抱负。他既不是神，也不是传奇英雄，而是一个人。在这出罗马共和戏剧的最后一幕中，他是个比别的演员气派都大、能力都高的家伙。概而言之，他也许是当时罗马可能产生的最合适不过的政治人物了。他自愿辞去他从公元前43年就掌握的非凡权柄，用他的话来说就是"把共和国交给元老院和罗马人民来掌控吧"。旧的宪法机器再次启动；元老院、人民大会和行政官职都恢复了各自的职能，屋大维本人作为"共和国的恢复者和自由战士"而受到人民的衷心拥戴。

很难断言，作为罗马世界的真正主人，他与这个复活了的共和国究竟是什么样的关系。他的让位，就这词的真实意涵来说，只会是使一切事务陷入混乱。为了和平和秩序，他至少得保留他的权威。事实上，这个目的达到了。在史无前例的情况下，帝王政治建立起来了。任何恢复国王称号的事当然是办不到的，再说，屋大维本人也明确拒绝过独裁。人们也未曾为他设立什么新官职或创造什么新头衔。但是他被元老院和人民按照旧宪法授予某些权力，像在他以前的很多公民那样，使他列入共和国的那些合法任命的行政长官之位。只是为了显示他作为首席执行官的尊严，元老院下令他应把"奥古斯都"加在名字里，同时在一般交谈中他此后将被称作普林切普斯，也即首席公民，这是简单的礼节上的尊称，是共和国习语，除表达在公民同胞中公认的首要和优越的地位之外，别无他意。

西塞罗在他的《共和政体论》中，草拟的自由共和国立宪总统的理想实现了，但这只是表面文章。因为事实上，授予屋大维的特权把他所辞掉的专制职权暗中还给了他。在恢复了的共和国和新的普林切普斯之间的权力平衡上，后者占绝对优势。

就是这样，罗马的共和政体以普林切普斯或君王的统治而告终，比部落或城市规模稍大的自治共同体的初次伟大试验失败了。究其失败的本质，是它不能维持团结。在罗马初期，罗马的公民，包括贵族和平民，都持守一种公平、正义，以及全体公民必须忠于法律，而法律又必须为全体人民谋利益的传统价值观念；它重视法治的意识一直延续到临近公元前1世纪。但是，未曾预见到的货币的发明和发展、帝国的扩张和分裂、选举法的莫衷一是，把这个传统糟践了。这是因为，把老问题加以一番伪装之后，当作一种人们无从辨识和判断的新问题提了出来，也是因为人们只是肤浅地忠于其表白的公民义务，却背叛了真正的公民义务的精神本质。

罗马人民之间的联系，是道义上的，而不是宗教上的；他们的宗教是奉行祭祀并充满迷信的；它不像犹太教所推演的那样富于神性领袖和神圣使命的伟大思想。在新时机面前，公民观念失败和泯灭之后，在这体制中根本就没留下什么真正的团结了。每个人越来越倾向于自是其是，专务个人认为正当的事了。

在这种情形下，要么归于混乱，要么返回君主政体，别无选择了，不接受某个挑选出的个人作为国家统一的意志，就只能在混乱中自取败亡了。当然，在返回君主政体的过程中，总是隐隐有一种期待，即君主将会像魔术那样不再是一个渺小者，而将会在思想上和感情上像个国家显贵人物那样更形伟大和高贵。当然喽，君主制怎么会满足那样一种期望呢？

在我们即将做出的对罗马皇帝的简要回顾中，我们将会看到不切实际的期待不能满足到何种程度。最后，我们将发现，在这些皇帝中，有个较有建设性的君士坦丁大帝，他意识到单凭自己是无法汇聚起一种统一的力量的，于是他转而借助帝国内一个新宗教运动的信仰、组织和教导网来推动他的工作，以涵养人们精神上明显缺乏的互相渗透和关联的因素。

欧洲和西亚的文明随着恺撒回到君主政体，并通过君主政体，不久后在基督教的组织、协助下，力图营造和平、正义、幸福和安稳的世界秩序，几达18个世纪之久。然后，几乎是在突然之间，从一国至另一国，纷纷回复到共和政体。由于有了印刷、报纸和组织化的普及教育，又有了浸透世界达几代之久的普遍主义宗教观念的熏陶，于今而言，创建一个世界性的共和国和世界性的公平经济体系似乎是一件平常事。罗马人过早地为此而努力，遭遇悲惨的失败也就在所难免了。

我们深知，在世界范围内创建共和并推行公义的经济体系，某些条件是绝对必需的。这些绝对必需的条件，基督教出现之前的任何一个罗马人是意识不到的。我们还可以认为，达到这些条件是吃力并毫无把握的，但是总得有人去尝试，因为臻于幸福、自尊和希望的境地，别无他途。这些条件中，第一是应在一切人的心目中，树立起共同的政治观念，这个观念就是把国家当作是关乎每个人的建构，看作是他应尽本分的主要事实。在罗马早年，当它尚且是个20平方英里的小国时，孩子们在家中，耳闻目睹父辈的政治生活，就可以自然而然地养成这种观念。但是，在已经变得像和皮洛士战争前的罗马那样庞大的国家中，要维持这种道德上的统一，就需要对每个人进行关于历史、主要法律、国家的总意图的系统教育。但是，没有人对这种系统教育感兴趣，并且从来没有人为这种教育做出过努力。事实上，在那个时代，没有做出这种努力的可能性。会做出这种努力反而是不可想象的。那时，人们尚不具备这种知识，也不存在可以吸纳教师的社会阶层。而且，也没有为任何这种系统的道德和智力训练进行组织的观念，没有像基督教那样有它的信条、教义问答、传道和坚信礼等一整套的教育机构。

我们现在知道，即使有了这样的普及教育，也不过是为健全的共和国打下基础罢了。紧接着教育，还必须有关于国事的丰富、及时和真实的报道，以及对当时各种有争议的问题的自由讨论。即使到了今日，我们的报纸和我们的政论家、政治活动家们，对这些职责还执行得不够理想，甚至很差。但是，事情毕竟还是做了，既然这些事情做了，最终还是会做好的。在当时的罗马国家里，甚至没有人试图去做这些事情。罗马公民是从谣言和街谈巷议里才知道一点点有关政治的事实。他们挤着站在罗马广场上，远远地听到一些不完全的演说，难免会误解他们将要投票表决的每个问题。

既然这些障碍不能克服或排除，以使罗马变成积极有效的民治政府，罗马人思想中的政治本能就会驱动他们转向君主制。但罗马那时所设置的，并不是晚近欧洲式的君主制，也非世袭君主制。普林切普斯的确有些像美国的战时总统，只是他的任期不是四年而是终身的。他能任命元老院里的元老，而不像美国总统那样，受民选参议院的限制，还有个徒作摆设的民众会议来代替美国众议院的职能。他又是个祭司长，而华盛顿不可能有这样的职务。实际上，他通常要指定和培养他的继承者，为他自己选择一个儿子或养子或他信得过的近亲。把普林切普斯的权力交给一个人而不受任何约束，这本身就是极大的权力。这进一步增强了君主崇拜的传统。当时，君主崇拜的传统已从埃及传至整个希腊化的东方,而且它正影响到罗马,进入每个东方的奴隶和移民的头脑。神王观念不知不觉地支配着整个罗马化的世界。只剩下军队还是清醒的,不久军队就提醒那个神王,他不过也是个肉体凡胎。

在罗马帕拉廷的奥林匹斯山上的神王,从来就不是安全的。只有当他是受军团拥戴的首领时,他才是安全的。结果是:只有勤奋的、能使军团始终保持活力并总是和军团保持密切联系的皇帝才能长治久安。利剑高悬在皇帝的头顶,督促他频繁活动。假若他把事情交给将领,将领中就难免有人起来取代他。也许,这种督促是补救罗马帝国体制的一种特色吧。在幅员辽阔、固若金汤的中华帝国,皇帝并不像罗马那样依赖军团。因此,荒淫懒惰的或年幼无知的君主,就不像在罗马那样会遭到迅速废黜。

## 罗马的统治者们

奥古斯都·恺撒成为罗马的统治者之后,在罗马建立了专制的君主政体,这个国家的成就被来自西方的史学家们出于爱国之情而过分夸大了。因为英国、法国、德国和意大利等国家的政治体制是继承自罗马帝国的,所以罗马在欧洲学者的心目中无比高大。但是这些人对罗马对东方世界的破坏做出了选择性的忽略。

从全世界范围来看,罗马帝国就不再显得如此重要了。罗马帝国灭亡之前,存在了大约四个世纪的时间。拜占庭帝国并不能算是罗马帝国的延续,它只是一个希腊化的帝国,它的官方语言是希腊语。尽管这个帝国的皇帝也冠以罗马皇帝的尊号,但是我们也要知道,保加利亚的沙皇也使用这一尊号。在罗马时期,美索不达米亚地区是按照自己的方式发展的,它后来的希腊文化经过了波斯和帕提亚人的加工和修改。而对中国和印度来说,罗马没有表现出什么影响。

在罗马帝国存在的四个世纪中,分裂和混乱的时间占了很大一部分。如果把它所有繁荣稳定的时间加在一起，总的时间还不足两个世纪。同时期的中国在悄无声息地向外扩张，政治体制稳定并且文化繁荣。埃及在公元前4000年至公元前1000年文明都极为发达。苏美尔文明在被闪米特人征服之前也延续了很长时间。和这些国家相比，罗马这样的光辉岁月只能算是历史上的匆匆一瞥。从另外的角度来讲，波斯帝国的疆域和文明水平与罗马帝国相比不分上下，而且从来没有被敌人征服过帝国的本土。它拥有二百多年的繁荣史。在它之前，米迪亚帝国在出现了半个世纪后被亚历山大灭国，但是又以塞琉古王朝的身份再次崛起，并延续了几个世纪。最后，塞琉古王朝成了罗马帝国的一部分，但是帕提亚人复兴之后建立了一个新的波斯国。这个帝国被萨珊王朝统治，比罗马帝国存在的时间要长。它成了宗教的热土和希腊文化的避难所。

罗马帝国的名声是罗马人的后裔在发展壮大之后向外传播的，罗马的实际情况与它的盛誉相比，十分不相称。早期的文明曾经向西方传播并且融合。在地中海盆地周边的文明蓬勃发展的时候，闪米特人和雅利安人彼此融合，但是没有合并在一起。罗马帝国像是文明交织在一起形成的大网，破裂之后再修补上，最后彻底破裂了。

在罗马帝国的历史上，出现过一些有名的帝王，他们都是伟大的统治者。

奥古斯都·恺撒，也就是之前我们提到的屋大维。他努力改组政府并且实行财政改革，通过他的努力，罗马的行政机构树立了廉洁自律和奉公守法的传统。他规定，各地的人民可以直接上诉到恺撒，用来防治贪污和恶政。但是他把帝国的欧洲边境划到了莱茵河和多瑙河，这就放弃了日耳曼，但是日耳曼是保证欧洲的繁荣与稳定的基石。在东方的幼发拉底河流域，他也做出了类似的划分行为，放任亚美尼亚的独立。这成了罗马帝国和萨珊王朝不断摩擦的诱因。我们有理由怀疑，他的真实意愿是否认这几条边界就是帝国最终的边界，还是想要求得暂时的稳定来巩固王权，以便下一步的扩张。

在罗马历史中，提比利乌斯被描绘成一个勤勉的帝王，但是他在罗马的名声很不好。民间传说他荒淫无道，犯下很多罪行。但是罗马帝国并没有因为他的残暴或者恶习而衰败，反而十分繁荣。这是一个无法轻易做出判断的皇帝，在能够得到的文献中都对他有很低的评价。

　　和提比利乌斯一样，尼禄皇帝也是一个荒淫残暴的帝王。他为了表示对后来嫁给他的波佩亚的热烈感情，杀死了自己的妻子。那些历史中的罗马皇帝还有他们的继任者，甚至包括他们的女人，实际上不会比最自私和最暴力的普通人还要坏一些。只是他们没有宗教的束缚，他们本身就作为神明而被人崇拜。他们没有足够的知识来使自己变得高尚，他们的女人也没有文化，作风剽悍。没有任何法律能够约束这些皇帝，他们身边充满了小人，对他们所有的作为都曲意逢迎，竭尽全力满足他们最微小的愿望，鼓动他们把本来模糊的冲动付诸行动。所以我们作为普通人偶尔出现的一闪而过的冲动和邪念，在他们手中却能够真正地实施。尼禄皇帝在罗马的名声十分不好，但是有趣之处在于，他并不是因为手段残暴、杀死亲人这样的行为而不得人心的。让他倒下的是一次叛变。不列颠地区有一个女王名叫博澳迪希亚，她叛变了罗马帝国，罗马军队平叛却遭到失败。同时，在意大利的南部地区发生了严重的地震。罗马人继承了伊特拉斯坎人的传统，十分迷信。他们可以宽容一个残暴的皇帝，但是不允许存在一个带来霉运的皇帝。于是在一名老将的带领下，罗马驻西班牙军团造反了。这位名叫加尔巴的将军被立为皇帝，众人簇拥着他迁往罗马。在孤立无援中，尼禄皇帝不得已自杀了。

　　加尔巴的罗马皇帝并没有做多久，因为像他一样想自立为帝的人有很多。罗马帝国驻扎在莱茵河地区、帕拉廷地区和东方的军队统帅都想要称帝。所以一年里罗马帝国出现了四个皇帝，在加尔巴之后，先后出现了奥托、维素利乌斯和韦帕芗。其中来自东方驻军的韦帕芗的实力最强，他不但夺取了皇位，还保住了它。所以尼禄就是以恺撒为姓的最后一任罗马皇帝了。从此以后，罗马皇帝不再以恺撒为姓，而是使用神圣恺撒的称号。因为要加强对皇帝的崇拜，罗马的君主政体向东方的形式大步迈进。到这里，第一个时期的罗马皇帝就结束了，他们统治了罗马95年的时间。

　　韦帕芗和他的两个儿子梯特和多米齐安共同构成了罗马的第二个王朝，

这就是弗拉维王朝。后来，多米齐安被杀害了。之后出现了另一些没有血缘关系的皇帝。他们都是通过立嗣继承王位的，这就是安敦尼王朝的诸帝们。在这两个王朝的统治下，罗马帝国的边界进一步扩张。公元84年，吞并了北不列颠。莱茵河和多瑙河间的三角区成了帝国的一部分。在今天的特兰西瓦尼亚建立了达西亚行省。图拉真皇帝还入侵帕提亚，攻克亚美尼亚、亚述和美索不达米亚。罗马帝国的疆域在他的统治下达到顶峰。

哈德里安为人小心谨慎，懂得知难而退。图拉真皇帝在东方占领的地区到了他的时代被放弃，同时被放弃的还有北不列颠。他受到中国修筑长城抵御野蛮人的启发，在不列颠修筑起了哈德里安城墙，哈德里安在莱茵河与多瑙河之间修建了隔离带。罗马四处扩张的时代已经过去，他的继承人统治罗马时，在北欧地区已经开始采取防守的姿态来对抗斯拉夫人的进攻。

马可·奥勒留是一个在历史上获得了诸多不同的评价的皇帝之一。有些人认为他十分自负，他对宗教很狂热，在参加祭祀仪式时喜欢穿着祭司的衣服，他的这个习惯很让人反感。同时在传说中他还无法对他的妻子福斯蒂娜的暴行进行约束，这也是人们对他不满的一个原因。但是这些关于他家庭的传说没有什么事实依据。最让人吃惊的是，他这样的一个父亲竟然会有像康茂德那样的儿子。作为一个皇帝，他十分勤勉，尽管在他的统治时期，罗马帝国先后出现了一系列恶劣的灾难，比如洪水和饥荒，还有野蛮人的入侵，甚至还遭受了一次大瘟疫的侵袭，但他始终维持着罗马的社会秩序，使之不至于混乱。这位罗马皇帝视自己为罗马帝国的仆人。他努力建立完善的法律，提高公众的道德水平，保护儿童和青年，缩减政府开支，限制角斗比赛和表演，修筑良好的公路，还恢复了元老院中的元老的权力。他任命的官员都有足以匹配职位的能力，他对一切都事无巨细地关心，甚至包括交通规则的制定。他身体不太好，但是经常整天工作，很少休息。他的皇帝身份要求他出席一些场合或者观看一些表演，这时他就会读书或是让人给他念书，他记笔记。他认为所有事情都不能草率处理，认为浪费时间是最为严重的罪行。

但是今天的人们之所以纪念他，并不是因为他是一个好皇帝。他同时还是一个哲学家，深入阐释了斯多葛学派的哲学理论。他的哲学著作《沉思录》中，记录了很多人们灵魂深处的故事。这让他成为一代又一代人的精神偶像。

马可·奥勒留逝世后，罗马的一个时代终结了。从他的儿子康茂德的统治开始，罗马的统一和稳定不复存在，混乱开始了。罗马帝国延续了200年的和平，之后的100年间，我们会见到很多不合格的皇帝和他们所做的各种荒唐无稽的事情。在四周的野蛮人的紧逼下，罗马帝国的疆域进一步缩小。这些皇帝中倒是还出现过几个相对来说能干的人，他们是塞维鲁、奥雷连和普罗布斯。其他的皇帝都是冒险家，不值一提。还有几个皇帝在混乱中统治着帝国的不同地区。科洛迪乌斯在塞尔维亚战胜了哥特人，所以他也被称为哥特人的征服者。他最后死于一场瘟疫。

## 罗马文明的鼎盛时代

从尤利乌斯·恺撒以后，罗马的社会文明向前进化了。人们的举止变得温文尔雅，而且也更为诚实厚道。实际上，罗马从这时开始向古希腊、巴比伦和埃及曾经达到的文明水平不断迈进。

在安敦尼王朝时期，已经有法律规定不能对奴隶进行严酷的虐待，也不许将他们卖给角斗场。在城市中，建筑的外观变得更加雄伟，室内的装潢也有了长足的进步。罗马早期的奢侈的习惯和纵欲的生活方式，到了这个时期已经收敛了，开始向文雅转变。他们的衣服更加华丽和精致。通过丝绸之路，他们和中国进行贸易，进口了大量的丝绸。这些华美但是轻薄的丝绸制品经过漫长的旅途最终来到罗马时，它们的价格已经和黄金一样了。因为罗马贵族要使用大量的丝绸，所以他们拥有的贵金属不断流入了东方。

食物的烹调和待客的艺术也有了很大的提高。曾经有人描写过一个罗马富豪举办的一次宴会，宴席上出现的各种富有想象力的珍馐美味，让现代的纽约也自愧不如。宴席间还有音乐伴奏，还有舞蹈、魔术表演和诗歌的吟诵。

整个罗马帝国的境内都充斥着我们所认为的富人文化。这个时代还有比以前更加丰富的书籍，每个人都会以自己的藏书而感到自豪。虽然人们的主业还是要管理自己的财产，只能偶尔一窥文学的宝藏。希腊时代知识是向东方传播的，这个时期的知识却是向西方传播的。不管是在不列颠还是在高卢，如果有人认为自己的希腊文化水平不够，就会找到一个奴隶来提高自己。因为奴隶贩子都保证了这些奴隶具有渊博的知识。

但是不管是罗马的文学还是艺术都很难让人认为是罗马人自己创造出的东西，这两样都来自伟大的希腊文化，罗马只是作为它的延续罢了。拉丁文化是希腊文化的主干上长出的一根新枝，主干先于枝条存在，并且在枝条枯萎后仍将继续存在。从希腊文学分支出来的拉丁文学朝着一种体裁努力，这种体裁就是讽喻诗。这有些像是现在的讽刺戏剧，像是一种结合了谩骂和音乐的独特体裁。还有一种游吟诗人的诗歌，能够给农民吟唱。讽刺诗后来进化成了散文和诗歌的混合体，并进一步发展成连载的散文故事。很多拉丁文学都已经遗失了，因为基督教的修士们对这些文学没有好感，没有花心思去保存它们。但是因为书籍的大规模印刷，所以有很多散文和小说流传到各处。现在我们能够发现的，只是其中的一小部分。

希腊的知识和学问已经具有被认可的崇高地位。在安敦尼时期，希腊文化在罗马的地位相当于维多利亚时期的牛津和剑桥在英国的地位。研究希腊文化的学者在外行面前受到尊敬，但是同行之间又互相轻视。这时已经有很多研究希腊文化的成果以及对它的注释。对希腊文学的褒奖甚至摧毁了希腊精神，亚里士多德的著作受到的崇高评价也完全消灭了任何想要模仿他的企图。西塞罗以希腊史学家狄摩西尼的继承人自居，卡图卢斯也从希腊最好的文学著作中学习怎样表达自己的内心。因为希腊有史诗流传下来，所以罗马人认为他们也应该有自己的史诗。奥古斯都时期的罗马徒有表面的繁华，却华而不实。维吉尔的《亚尼德》尽管谦虚却仍然试图和《奥德赛》与《伊利亚特》相比较。罗马诗人奥维德也试图与希腊最优秀的诗人一争高下。

罗马人要管理国家就需要对国家的边境进行详细的调查，但是他们并没有进行过这样的工作。罗马人所写的游记只限于在罗马帝国的范围内。和希罗多德对非洲人敏锐和奇特的记述不同，罗马人没有对外国的记载。在罗马人的记录中，找不到类似中国人对印度或者西伯利亚的描述。罗马人曾经攻打过苏格兰，但是对于皮克特人和苏格兰人没有留下任何值得注意的记载。更别提到大海上远航了。探索未知的地方对于罗马人来说是一种无法想象的事情。

就在迦太基被消灭之后，从直布罗陀海峡进入大西洋的船只货运量开始减少，直到几乎没有。这个时代被世俗的财富和官僚主义所统治，所以亚历山大城的文明不可能再向前发展了。罗马人从来没有研究过他们买回来的丝绸是哪些人编织的，使用的香料是谁制作的，珍珠是哪些人采集的。虽然他们可以很轻易地找到这些问题的答案。

世界上所有地方的珍宝都送到了罗马，即便是最遥远的地方也被搜刮到了。猎人从斯基提亚森林中送来了毛皮，波罗的海出产的琥珀运到多瑙河，再从这里运往罗马。野蛮人完全不能理解这些对他们没有丝毫用处的东西何以值这么高的价钱。罗马对巴比伦人制作的毛毯还有其他来自东方的物品有很大的需求，但是他们最重要的贸易伙伴是印度和阿拉伯。每年到了夏至时分，就有一支庞大的舰队从埃及起航。利用这时的季风，他们要花40天的时间横渡大洋，来到马拉巴尔海岸或者锡兰。在这里，亚洲和其他地方的商人们正在等着他们。船队通常在这一年的12月或者第二年的1月返航，他们一靠岸，陆上的商队马上用骆驼把货物从红海运送到尼罗河，通过水路送往亚历山大城，接着毫不停留地运往首都。

在印度的南方地区，有罗马人的货栈。在马拉巴尔海岸的克兰加努尔驻扎着罗马士兵，甚至还建有供奉奥古斯都的神庙。但是在罗马，上流社会的人们流连于宴会和角斗场，花尽心思勒索和赚取钱财，对了解中国、印度或者波斯毫无兴趣，也不愿意过问匈奴人或者斯堪的纳维亚人的事情，更不想探索海洋上的奥秘。

如果我们能够理解这个对所有事情都毫不关心的社会氛围能够造成人们缺乏灵感时，就能够明白为什么罗马明明有着大好的前景却没有发展出任何科学成果，更别提更好地控制物质与材料了。大多数罗马的医生都是希腊人，很多是作为奴隶出现的。罗马的贵族们不会懂得，向别人购买才智就是践踏自己的才智。罗马人并不是天生就没有才能，而是社会的现状和经济水平决定了他们的才能无法发展。

从中世纪到现在，意大利出现过很多科学领域的杰出人才。意大利人卢克莱修是那个时代最有天赋的科学家，他生活的时期处于马略和恺撒之间。他的才能兼具达·芬奇和牛顿的特质。他曾经写作过一篇拉丁文长诗《物性论》，描述的是自然的发展过程。这部长诗体现了他惊人的洞察力，他对人类的历史和物质的起源进行了大胆而准确的推测。

如果说罗马的土壤上不适合物理和生物科学生存而导致它们最终枯萎，那么社会科学和政治理想则根本没有破土而出的机会。政治上的研究会被视作对皇帝不敬，对社会和经济学的探索则会对富人形成挑战。直到罗马将要灭亡的时候，它都没有审视过自身的社会情况，也从来没有对它的官僚体系有过任何质疑。所以没有人会想到，它因为缺乏想象力而难以保持帝国的团结。罗马也没有普及一种共同思想的教育，来让人们感觉到为帝国工作和战斗就等于为自己心爱的东西工作和战斗是一样的。这就是罗马的悲哀。统治者们显然不会认识到这一点，对他们来说，人民无须为任何事业而战斗。富豪们蒙蔽了人民的内心，让他们只满足于填饱自己的肚子。罗马的军队中都是日耳曼人、布立吞人和努米迪亚人，这些富有的罗马人天真地认为可以雇佣野蛮的外族人来为自己提供保护，利用他们对外抵抗敌人、对内镇压叛乱。

## 西罗马的消亡

罗马中央的权力一天比一天衰退了，到了3世纪，日耳曼人的部落开始入侵罗马帝国。这些日耳曼部落的名称错综复杂、难以区别，而且他们之间的关系也十分复杂。尽管历史学家们拼命想要搞清楚他们之间的区别，但是他们自己却并不在意这一点。

236年，一个名为法兰克的部落闯入了莱茵河的下游，还有一个名叫阿勒曼尼的部落向阿尔萨斯发起了进攻。还有哥特人从北部向南发起的进攻也十分严重。这些人在俄罗斯的南部出现，被第聂伯河从中分开成为西哥特人和东哥特人。当他们来到黑海时，就变成了航海民族。这些人大概从瑞典地区从水路发展而来的，因为现在也仍然可以从波罗的海乘船经过俄罗斯到达黑海，只需要在陆地上走不多的路。这些哥特人从罗马人的手中抢来了东部海上的控制权。

没过多久他们就对希腊海岸发起了攻击。到了247年，他们还渡过多瑙河，来到陆地上肆虐。在今天的塞尔维亚地区，哥特人杀死了狄西乌斯，罗马的地图上再也没有达西亚行省了。270年，哥特人被科洛迪乌斯打败了。到了276年，他们又攻打了黑海地区的本都。罗马驻扎在高卢地区的军团认为，在高卢任命一个皇帝，让他们实行自治，可以更好地对付法兰克人和阿勒曼尼人。这也反映出了罗马帝国的软弱。

在这之后，罗马暂时阻止了野蛮人的入侵，普罗布斯皇帝强硬地要求法兰克人和阿勒曼尼人退回莱茵河以外的地区。这次入侵带来的积极改变是，因为感到不安，奥雷连皇帝决定在罗马的周边布置防线。从帝国的早期直到这时，罗马都十分安全，所以允许人们自由出入。

321年，哥特人再次渡过多瑙河，洗劫了塞尔维亚和保加利亚。之后君士坦丁率军把他们赶走了。在他统治的后期，和哥特人在血统上有渊源的汪达尔人在哥特人的逼迫下来到多瑙河畔，经过罗马的同意，他们进入了潘诺尼亚，这就是今天的匈牙利在多瑙河以西的部分。

到了4世纪的中期，匈奴人又从帝国的东方开始入侵。他们之前已经收服了阿兰人，现在又征服了东哥特人。受到汪达尔人的启发，西哥特人也渡过多瑙河进入了罗马。因为罗马皇帝和他们讲和的条件令西哥特人难以接受，愤怒的西哥特人开始了进攻，并且在亚德里雅那堡打败并杀死了罗马皇帝瓦林斯。直到这时，罗马人才允许他们在如今的保加利亚地区定居，他们的军队也在名义上归属罗马，但是他们的领袖依然保留，其中主要是阿拉里克。阿拉里克的主要对手是汪达尔人斯提里科。罗马帝国过去已经出现了大量的野蛮人，如今蛮族化的程度进一步加深了。其中，罗马驻高卢军团的统帅是法兰克人，罗马皇帝狄奥多西一世来自西班牙，而支持他的军队是哥特人。

到了这一时期，罗马帝国已经分成了说拉丁语的西罗马帝国和说希腊语的东罗马帝国。狄奥多西一世的两个儿子分别继承了王位。东罗马皇帝受制于阿拉里克，西罗马皇帝受制于斯提里科。在这时，斯提里科的帮手匈奴人第一次出现在了罗马。在东西罗马的交战过程中，帝国的国界不复存在，当然这条国界因为两边都存在野蛮人，所以早就名存实亡了。哥特人、汪达尔人和阿兰人大批涌入，向西方肆无忌惮地进攻。混乱之中，一件足以记入史册的大事发生了。410年，哥特人阿拉里克从意大利长驱直入，通过不长时间的包围就攻占了罗马。

425年前后，汪达尔人和一部分阿兰人翻越比利牛斯山脉进入了西班牙，并在这里定居了下来。429年，这些汪达尔人在盖萨里克国王的率领下进入北非，占领了迦太基，在海洋上称霸。他们于455年进入了西西里地区，并在这里建立了一个汪达尔帝国。这个国家存在了100年，在477年发展到了鼎盛时期，除了占有北非，它还包括科西嘉岛、撒丁岛和巴利阿里群岛。

有一些关于汪达尔王国的数据和史实，能够帮助我们了解这些野蛮人入侵的本质。这并不是传统意义上的一个民族消灭另外一个民族并征服他们的土地，实际上发生的不是这样，从表象上看是被野蛮人征服了，而事实上则是一场革命。比如，有8万名汪达尔人从西班牙乘船到达了非洲。汪达尔人到来之后，成功地挽救了这个地区。他们把地主和贵族消灭了，还免除了罗马的诸多债务，还废除了兵役。农民们发现他们的生活处境变好了，最底层的官员也得到留任。所以，这并不是征服，而是把这里的人在绝境中解放了出来。

在汪达尔统治北非时，匈奴人中出现了一个伟大的领袖，他的名字叫阿提拉。阿提拉兴起于多瑙河以东的平原，他的疆土包括匈奴和日耳曼人的部落，从莱茵河畔一直延伸到中亚地区。他用帝王的身份和中国的皇帝进行谈判，这时的东罗马帝国里有一个公主，这就是狄奥多西二世的孙女霍诺利亚，她是一个多情的少女，招惹了很多是非。她曾经因为和宫廷侍卫相爱而被拘禁，在被囚禁的时候，她派人去见阿提拉，把她的戒指作为信物给了他。霍诺利亚请求阿提拉来救她，并许诺要嫁给他。同时她也怂恿盖萨里克进攻东罗马帝国。阿提拉率军进攻到君士坦丁堡，在来到这里之前，他一路攻下了70个城市。他向罗马皇帝提出了一份苛刻的和约，但是里面并不包括释放霍诺利亚的条件。

时间已经过去了这么久，我们无法揣测为什么他没有提出这个要求。阿提拉说霍诺利亚是他的未婚妻，并且用这个借口继续侵略东罗马。罗马向阿提拉议和，一个名为普利斯库斯的人跟随谈判使团来到了阿提拉的领地。他描述这里的记载流传至今，能够让我们一窥这位伟大的征服者的生活方式。

阿提拉的政府所在地并不像一个城市，相反更加像是一个大村庄或者营房。这里唯一的一座石头建筑是仿照罗马的样式建造的浴室。这里的人都居住在帐篷里，阿提拉和他的助手，以及他们的妻子和仆人居住在木制的宫殿中。宫殿的周围有用栅栏围成的围场。阿提拉拥有许多战利品，但是他仍然像平民一样过着简朴的生活。他吃饭使用木制的杯子和盘子，而不吃面包。他工作十分勤劳，经常在宫殿门前接见大臣。他总是骑马出行。这里也保持着蒙古人和雅利安人的习俗，在巨大的厅堂中举办盛大的宴会，在宴会上，人们会疯狂地饮酒。

451年，阿提拉向西罗马帝国宣战。他向高卢地区进攻。以他所拥有的兵力，他可以随心所欲地向各处派兵。他夺取了法国的大部分地区，使得法兰克人联合西哥特人和罗马帝国的军队一起对他发动了反击。他们在特鲁瓦展开激战，双亡阵亡的士兵达到15万人。阿提拉被联军击败了，这让欧洲从蒙古人的手中逃脱了。阿提拉并没有被这场战争打倒，他掉转方向，向意大利北部入侵。他烧毁了帕多瓦，还洗劫了米兰，最后在教皇利奥一世的哀求下，他与罗马和解了。453年，阿提拉去世了。

从这之后，阿提拉的匈奴人退出了欧洲的历史舞台，从人群中消失了。他们散布在所有普通的民众之中。大概他们已经混杂了很久，不再是蒙古利亚人种，更像是雅利安人种。他们并非如人们设想的一样成为匈牙利人，虽然在这里他们有很多后裔。过了大约100年，另一支匈奴人来到了匈牙利，但是到了791年，他们又被法国的查理大帝赶回了东方。

493年，一个哥特人成了罗马的国王，这个人就是狄奥多里克。此时的罗马王位已经空缺了17年。这个曾经的神圣罗马皇帝们建立的世界霸权，以及富豪们盛极一时的罗马帝国，在社会的崩溃中宣告结束了。

## 复活的希腊

虽然罗马帝国的体制已经在整个西欧地区和非洲失去地位，也不再有任何债权。债主找不到人还债，奴隶也没有了效忠的对象，但是在君士坦丁堡，罗马帝国仍然在向下延续着。我们之前已经提到了两个杰出的帝王，他们就是戴克里先和君士坦丁大帝。如果要评价这个在君士坦丁堡新建立起来的帝国，应该把它归功于君士坦丁大帝。

因为罗马人没有能够征服海洋，所以在罗马帝国的初期就能够感觉到罗马作为世界的首都是不合适的。因为迦太基和科林斯被占领了，地中海上的航运也停止了。因为这个民族没有能够很好地利用海洋运输，所以在罗马建立首都就代表着每次官员的调动，每次军队的部署，每项命令的发布在它最终到达目的地之前，都要先往北走过半个意大利。所以每个稍微有些能力的皇帝都会在一个交通方便的地方设立一个行宫。不管是米兰还是里昂，都建有这种方便皇帝的行宫或者陪都。在戴克里先大帝时期，还在杜拉索建立了一个首都。在罗马的最后几个皇帝在位时期，亚德里亚海湾地带的腊万纳也作为首都存在着。

君士坦丁大帝最终下定决心迁都，把这个帝国的首都永久性地迁移到博斯普鲁斯海峡。之前我们曾经提到过拜占庭。君士坦丁大帝选了这里作为罗马的新首都。如果能够仔细研究一下它的地理位置，就能看到在很多强有力的国王带领下，它能够很好地作为一个政治中心而存在。在这里罗马人可以团结一致，而且能够开始利用海洋。在这里能够使用木船沿着河流而上，进入俄罗斯的中央地带，也可以让野蛮人的进攻变得困难。它扼守东方商路的要道，距离当时的文明之地，比如埃及、美索不达米亚和西亚都不是很远。所以罗马帝国的国祚又在君士坦丁堡绵延了将近一千年。

很明显的是，君士坦丁大帝想要将君士坦丁堡建成整个罗马帝国的中心。但是以当时的交通运输的情况来说，在欧洲和西亚地区，没有一个地方的地理位置能够适合作为政府的中心。罗马如果面朝西方而不是东方，那么它就无法兼顾幼发拉底河外面的地方。同时，君士坦丁堡和高卢之间的距离太长了。于是这个已经没落的地中海文明，在意大利打了一场仗之后，已经没法再顾得上西方的事业，只能集中力量保护亚历山大帝国最后所剩下的一点残余了。这里的官方语言再次恢复成了希腊语，并没有因为之前的官方语言是拉丁语而受到什么影响。这个东罗马帝国或者说是拜占庭帝国，与其说是罗马的延续，不如说是亚历山大帝国又复活了。

人们不需要拉丁语，它也不能维持高于希腊语的地位。无论官方使用什么伎俩，一个不受欢迎的语言是无法同一种能够带来广博的知识和丰富的文学的语言相比。一个语言如果想要发展，必须能够给人带来进步，很显然，希腊语带来的进步远高于拉丁语带来的进步。自东罗马帝国从罗马分裂出来的那一天开始，它就说希腊语。它延续了希腊的传统，尽管传统有些退化。这个传统的思想中心从希腊转移到了亚历山大。这时的希腊精神不再代表着思想自由和说话坦率，而是变得迂腐和中庸。它已经没有发展科学的动力，也没有一种实际意义上的哲学。但是不管怎样，它都是希腊而不是罗马。罗马人虽然来到过这里，但是又离开了。它确实远离了西方。到6世纪，一些欧洲人和北非人被煽动起来，但是没过多久就沉寂了下去。每个地方的人都发展出了自己当地的特点。只有罗马周边才能发现叫作罗马人的人。

在西罗马的很多地区，我们发现了一些拉丁语出现的变异，还有一些是变异的迹象。高卢地区的法兰克人学习的是当地的拉丁语，过不了多久就变成了法语。意大利的条顿族侵略者影响着当地的拉丁语，随后变成了各种意大利方言。西班牙和葡萄牙地区的拉丁语也变成了相应的两国的语言。这些地区的语言都属于拉丁语系，所以能够证明，不管是法兰克人还是汪达尔人，不管是哥特人还是日耳曼人，他们的入侵都毫无意义。语言的发展能够证明，在西罗马发生的事情并不是被人征服或者取代，而是一次社会革命。瑞士南部地区的伐累也说着拉丁语，同样的事情也在格里松斯发生着。更好玩的事情是，多瑙河一带的地区，也就是现在的罗马尼亚，虽然这些地区很晚才成为罗马的一部分，并且很早就被占领了，但是仍然保留着使用拉丁语的习惯。

不列颠地区的拉丁语在很早的时候就被盎格鲁-撒克逊人给消灭了。在这里的各种方言的基础上，很快就出现了英语的雏形。

罗马的政治体制和社会结构这样一来被彻底消灭了。虽然在东方，它被更有生命力的希腊传统顶替了，在西方也分裂成了许多地区并各自开始了新的生活，但是有一个东西没有被消灭，而是继续生长，那就是罗马帝国的名声和皇帝至上的传统。真相一旦已经消失，野史就开始扩散，并最终无法证实。人类在想象中出现了一个平和稳定、壮丽辉煌的罗马帝国的印象，并且这个印象直到今天仍然存在。

从亚历山大时期之后，人们在政治上的统一经常会打扰到人类思想的发展。那些身为野蛮人的酋长和首领们，在击败了强大的帝国，劫掠了帝国的财富之后，自然会想到，有一个比他们更伟大的国王，为全人类制定规则和法律，是世界上的万王之王。他们愿意相信这个国王在不久后的某个时间夺回他的权力。恺撒就是万王之王中的一个。所以他们对恺撒这个尊号充满崇敬，但也心怀嫉妒。他们把恺撒的称号冠于自己的称号之上。从这个时期开始，欧洲国家的历史可以说是国王们自立为恺撒的历史。这种称帝的情况变得十分普遍，以至于在第一次世界大战中消灭了四个恺撒。德国皇帝人称恺撒，奥匈帝国的皇帝也叫恺撒，俄国沙皇的意思在俄语中就是恺撒，甚至连保加利亚的皇帝也叫作沙皇。法国的拿破仑三世皇帝在1871年垮台了，全世界最后就一个自称为皇帝并且保持着恺撒传统的是英国国王，他在二战之后还把自己叫作印度的恺撒。

# 第八章

中世纪的欧洲

## 封建社会时期的西欧

这是800年的圣诞节，在这一天早上，罗马将要迎来永远被历史铭记的一天。因为这一天将要进行一场庄严肃穆的典礼，一个帝王要在这里加冕罗马皇帝。罗马能够有这样的荣光，是因为它在过去的强大实力的余荫。西罗马帝国早就已经不复存在，罗马城也不再有往日的风采，但是它拥有的丰富遗产依然使它充满魅力。日耳曼人来到这里，在帝国的遗址上建立起新的国家。它不但不会对罗马的印记置之不理，相反要使出浑身解数向罗马靠拢，让自己凭借罗马的光彩而闪耀。

在800年的这一天来到罗马城加冕的是法兰克王国皇帝查理大帝，历史上尊称他为查理曼。他统治下的法兰克王国在5世纪到9世纪之间是西欧最强大的国家，所以查理曼是西欧名副其实的统治者。他是中世纪的欧洲一位伟大的帝王，对各个封建国家的制度和王权的扩大造成了重要的影响。西罗马帝国早已在风雨飘摇之中，民族大迁徙的浪潮最终冲垮了它，把西欧历史带进了中世纪。

日耳曼人在攻入罗马帝国时，还处在部落文明时期，与罗马帝国的文明相比十分落后。他们在把帝国这个政治体制消灭的同时，差点儿也把这里的文明一同毁灭了。

一路向南开始侵略的日耳曼人消灭了西罗马帝国，并且在罗马帝国的疆域上建立了很多独立的小国家。这些小国家被学者们称作野蛮人的王国，它们之间经常发生战争。这似乎是可以理解的，因为西罗马帝国被摧毁之后，野蛮人大量南迁，整个西欧社会都处于动荡不安中，社会秩序被完全破坏了。这些野蛮人建立的小国家之间没有固定的国界划分，也没有国家的领土概念。哪里的资源和财富更多，他们就向哪里进攻。在这些野蛮人建立的小国家中，后来崛起了赫赫有名的法兰克王国。

克洛维是法兰克王国日后辉煌的奠基人。他在5世纪晚期成了基督徒，并保护罗马教会不受侵害。这使得法兰克王国和罗马教会之间有紧密的合作，王国的统治日益稳固。克洛维的继承者们大多无能，使国王的权力被管理宫廷事务的宫相夺走，国家也开始慢慢分裂。到了7世纪末，在一位伟大的宫相查理·马特的领导下，法兰克王国得到了振兴。他的儿子被称为矮子丕平，丕平继承了父亲的职位。但是他已经不满足于只做一名宫相了，而是想要成为法兰克的国王。751年，他废掉当时的国君，自任法兰克国王，这就是加洛林王朝。771年，矮子丕平的儿子查理统一了整个法兰克王国，他被称为查理曼，是西欧最强大的统治者，并且在罗马城加冕为罗马皇帝。查理大帝在位的46年期间，发动了50多次对外战争，极大地改变了中世纪初期的西欧局势，带领法兰克王国走上了西欧的顶峰。

到了800年前后，法兰克王国的疆域几乎已经达到了从前的罗马帝国在欧洲的全部，查理大帝掌握了整个西欧大陆。因为罗马帝国的毁灭，统一西欧的理念早已经消失，但是查理大帝取得的伟大功绩似乎又让罗马人燃起了这个希望的火种。在查理身上，罗马人看到了和平统一的未来，罗马帝国似乎将再次复兴。罗马人认为查理能够作为罗马帝国的继承人。查理大帝用各种手段对法兰克王国的权力进行巩固，而且他是作为有卓越管理才能的政治家而不是只会打仗的武夫而被载入史册的。但是在王国内部，各个地方因为种族不同而有诸多矛盾，没有形成一个有机的整体。随着查理大帝的死去，王国已经名存实亡了。即便是这样，作为西欧曾经存在的最大的封建国家，法兰克王国发展出了一套新的封建制度，这对中世纪的西欧产生了深远的影响。

因为查理大帝极大地影响了他之后的欧洲历史，所以史学家们把查理大帝尊为欧洲之父。843年，查理曼的三个孙子缔结了《凡尔登合约》，加洛林王朝根据合约被分为东法兰克、西法兰克和中法兰克。在10世纪时，东法兰克发展成了德意志帝国，西法兰克发展成为法兰西帝国。但是意大利半岛上的中法兰克没有发展成意大利这样一个国家。意大利作为一个国家出现是在近代开始的。

5世纪到6世纪，民族大迁徙使不列颠地区发生了很大的改变。从5世纪中期开始，日耳曼人的几个分支从西欧跨越海峡来到了不列颠，罗马帝国消亡后，历史上出现了第一个历史时期——盎格鲁·撒克逊时期。

到了7世纪，在不列颠群岛上的日耳曼人建立起了七个国家，这些国家之间经常发生冲突，都想要争霸这一地区。这七个国家中，诺森布里亚、麦西亚和威塞克斯先后成了这里的霸主，在7世纪到9世纪之间称雄。

到了9世纪，威塞克斯一举消灭了其他几个国家，在整个不列颠群岛称霸，建立了英吉利王国。不列颠在这一时期同时还经常遭到一股北欧海盗的袭扰。这群海盗来自丹麦，擅长在海上作战，十分剽悍。他们在近海不停地劫掠，激起了英国国君阿尔弗雷德的反抗。

在整个英国历史上，阿尔弗雷德都是一个伟大的国王。他于871年到901年在位，为英国抵抗丹麦人的入侵起到了重要的作用。丹麦海盗在入侵英格兰地区时，曾经一度攻占了诺森布里亚和英国的西南部地区。他们在占领了这些地方之后开始定居下来，之后，斯堪的纳维亚半岛上的丹麦人源源不断地来到英格兰。878年，阿尔弗雷德带领英军和丹麦军队打响了阿丁根战役。在这次战役中，英军击败了丹麦人，取得了重大的胜利。不久之后，丹麦海盗船在海上又遭遇了大风暴，几乎全军覆没。在这样的情况下，丹麦人被迫于886年与英国签订了条约。条约中规定，泰晤士河以南的全部地方都归英国所有，丹麦人保留泰晤士河以北和以东的地区。

但是条约签订之后，丹麦人还是不断进攻英国。到了10世纪时，英国向丹麦求和，之后的很长一段时间内，英格兰人由给丹麦人缴纳名为丹麦金的赔款来换取和平。11世纪后期，丹麦人克努特成为英国国王，这也是英国史上的第一个丹麦人的王朝。1042年，威塞克斯王朝从丹麦人手中夺回了政权，但是没过多久，英国再次被诺曼人征服了。

一些西方的历史学家认为，5世纪到11世纪，西欧的社会十分黑暗，不但经济发展水平落后，文明也处在原始阶段，没有一个近代意义上的主权国家或者统一民主国家。中世纪时期，整个西欧社会都陷入了混乱之中。这时的国王和贵族统治阶级为了保证自己的权力，通常要招募一批武装力量保护自己。开始的时候，雇主只是给他们提供食物和武器，后来就专门划拨一块土地供养他们。这就是封地，封地上的人是臣民，分给他们土地的人是君主。君主和臣民之间存在着隶属关系，成为利益相关的两方。

封地上的统领人效忠君主，同时掌握着自己封地上的权力。君主要为封地的大臣提供保护。他们互相之间都有权利和义务。在这个制度的基础上，西欧的封建统治者形成了一个分为不同阶级的集团，在这个集团中处于最高地位的就是国王，是所有土地的领主。

在国家没有形成统一的政治格局之前，王室的收入通常来自它的领地。土地上的领主们握有封地上的各项大权，对直接分封他们的君主负责。就算是国王亲自册封的领主，通常也不会掌握他所有的土地。所以在那个时候，有的公爵或者伯爵拥有的权力甚至超过国王，这一点也不奇怪。法国早期的国王只拥有塞纳河和卢瓦尔河之间的一小块地方，诺曼底公爵等大贵族的领地比国王的还要大。尽管在法理上，他们还是王国的臣子，但是实际已经拥有了超过国王的权势。在这样的背景下，各级封建领主都在拼命扩大自己的权势。

到了11世纪之后，西欧的社会局面逐渐得到稳定，封建制度开始了新的发展。每个国家的发展道路都有自己的特色。10世纪晚期才开始形成封建国家的法国和英国，都走上了加强中央集权的道路。

1066年，法国的诺曼底公爵（即征服者威廉）渡过英吉利海峡，打败了英国统治者并夺取王位，建立了一个强大的帝国。威廉国王之后的历代英国国王都不断地强化王权，同时也受到贵族的抵抗。13世纪晚期，英国建立了国会，正式建立了等级君主制的国家。

到13世纪后半叶，法国在加强王权的路上也取得了一定成果。这时的法国国王能够控制绝大多数法国的领土，拥有的力量没有一个贵族能够与之相比。

1337年至1453年，英国和法国开始了一场漫长的战争，这就是历史上的百年战争。双方的军队在法国的国土上互相厮杀，长达数年。这样残酷的战争局面引发了法国人的反抗意识，此时，圣女贞德挺身而出。她冲破阻力求见法国的王子，要求他出兵救援被围困的奥尔良。她用自己的行为感动和鼓舞了法国人民，他们拼命抵抗并且最终把奥尔良从英国人手中解救出来。但是贞德被法国的封建主逮捕后交给了英国人，后者判处她火刑。贞德的事迹能够说明，法国人的民族意识和国家意识都在不断增强。百年战争的结果是法国人取胜了，战争结束后，王权变得空前强大。在这之后，法国的王权在曲折中向前发展，但是最后国家得到了统一，并且成了一个绝对君主制国家。

跟法国的百年战争结束后，英国开始激烈的内战。这场争夺最高统治权的战争结果，是把都铎王朝推上了历史舞台。新王朝的建立也使英国迈向绝对君主制，并且在伊丽莎白女王时期达到了顶峰。

我们可以说，英国历史上的伊丽莎白一世女王是英国的一位伟大的君主。她是一个合格的政治家，统治英国长达45年。她的历史功绩主要来自三个方面。第一个是加强了王权；第二个是大力推动英国的工业和发展海外贸易，使英国的资本主义开始向前发展；第三个是沉重打击了当时的西班牙人，夺取了海上的霸权，建立了英国的海上霸主的地位。从这些我们可以看出，在英国从封建君主国家走向现代国家的发展进程中，伊丽莎白女王发挥了重要的作用。

与英国和法国不同，德意志王国走上了另一条发展道路。936年，奥托继承了德意志王国的王位。他文武并用，将掌握权力的公爵们降伏了，把他们的权力收归国有。奥托对外发动战争，扩张自己的领土范围。961年，奥托占领了意大利北部，第二年，罗马教廷的教皇在圣彼得大教堂为奥托加冕神圣罗马帝国皇帝。

神圣罗马帝国代表着一个梦想，它自称加洛林王朝的继承人，想要统一整个西欧，延续罗马帝国的辉煌。但是实际上，它只是一句空泛的口号，而且德意志王国作为神圣罗马帝国的主体，本身还没有统一。在奥托之后，德意志王国的统治者没有继承强大的王权，但是保留了向外侵略的政策。德国和法国在交界地带开始了漫长的争夺战，同时还向东入侵斯拉夫地区。几代德国皇帝都派兵攻打意大利，这似乎成了一个固定的国策。德国国内的格局日趋复杂，王权被削弱，贵族们的权力变得强大。他们在各自的领地上建立了独立的政体，结果就是让德意志王国变成了一盘散沙，诸侯割据的局面一直持续到近代。英国和法国的王权不断加强，国家迎来统一的时候，德国却越来越虚弱了。伏尔泰曾经说过，所谓的神圣罗马帝国，既不神圣，也非罗马，更不是一个帝国。

## 中世纪西欧居民的生活

中世纪从罗马帝国的衰亡开始，一直到文艺复兴时结束，经过了很长一段时期。这个时期的生活可以从政治制度、社会制度和宗教制度几个方面来进行阐述。政治上，开始了封建等级制。社会的居民中出现了农奴制，限制了劳动力的自由。罗马教会此时也拥有了巨大的权力。在中世纪的全盛时期，社会开始出现缓慢的变革，随着经济水平的发展和国家之间的交流，这种变革逐步加快了。

中世纪的国王和贵族阶级都住在自己的城堡中，这里是他们的大本营。在中世纪时期，国王和贵族、教廷之间战乱频发，所以城堡最主要的作用是军事上的防御。同时它还能作为行政机构的管理中心，负责治安和税收的官署都设置在这里。由于军事上的需要，城堡通常建在战略地带，比如高地上或者港口附近。一般来说，城堡都位于城市的中央。一个原因是很多城堡都建立在前任城市的废墟上。还有一个原因是有了城堡之后，商人会向这里涌来，时间长了就在城堡周围有了城市。发生战争的时候，居民们就到城堡中避难。

早期的城堡都是用土建成的，随着建筑科学的发展，城堡逐渐被石质建筑取代。城堡四周通常建有高达30~40英尺的城墙，城墙下面有防御的水沟，里面注满了水。城墙上有弓箭手常驻的塔楼，塔楼之间的距离不能超过射箭的射程，通常为200英尺。这能够保证所有的地方都在射手的射程之内。外人想要进入城堡，要从吊桥上经过。城墙上还有若干侧门，可以让城中的守军出击。城堡的核心是城堡主人居住的内堡，这里也有一圈围墙，如果外城失守，这里就是最后一道防线。这个时期的城堡的特色是要求能够经受长期的围困，所以除了住宅，城堡内还有粮仓、磨坊、酒坊、马厩和教堂等满足日常生活需要的设施。

西欧地区在中世纪时的家庭观念和现在是有所区别的。在古罗马时期，家庭的意思是在同一个屋顶下生活的人，无论是主人还是奴隶，都是家庭的一分子。中世纪的家庭观念继承了罗马的说法，认为一个家庭中包含整个家族和他们的亲属，还包括他们的仆人。这跟今天的家庭概念中只包括几个成员的小型家庭是完全不同的。

城堡主人的家庭往往有100人左右，由卫士守护着。卫士也分为两类，一类是从农民和做苦役的人中间雇佣的步兵，另一类是骑士。

骑士是这一时期的一个特殊阶层，因为西欧实行分封制，土地的拥有者分给一个人一块土地，这个接受土地的人为了报答，就要向给他土地的人履行一定的义务。骑士就是一种接受分封的土地之人，他为自己的领主服役，保护他领主的安全。因为在服役的时候他需要骑着马拿着武器，所以被称为骑士。在封建社会中，骑士也属于贵族阶级，不过是贵族中最底层的一部分。

雇佣的工人包括很多职业，从做饭的厨师到各种技术工人，他们为堡主、骑士和卫兵提供服务。城堡中的教堂里还有一些供职的僧侣，他们都是堡主雇佣来的。

在一个城堡里，各个不同的阶层过的生活有着巨大的差别。城堡主人的整个家庭都住在内堡里，这里已经有了自来水。贵族们在铺着厚布垫的大木桶中沐浴。在13世纪时，一些豪华的城堡里就有专门的浴室了，使用水箱分别提供冷水和热水。

要想在城堡主人的内堡中用餐，有十分复杂的礼仪和程序。在主人的座次以外，最重要的位置要留给贵宾和教会里的客人。用餐时要遵守很多规矩，比如，要坐在指定的位置上，嘴接触过的食物不能再放回盘子里，不能用手抚脸，尽量不要打嗝，等等。在贵族的饭桌上有丰富的食材种类，主食除了面包之外有时还有蛋糕和甜点。他们每顿饭都会饮酒，主要是葡萄酒还有啤酒。

城堡里的贵族什么劳动都不做，有专门的人伺候他们的起居和一切，包括更衣和洗脚。冬天天气寒冷时，仆人要先用炉火烘烤衣服之后再服侍主人穿上。所以，仆人未必就比在田间劳作的农民过的日子好。贵族们有时需要接送宾客，十分繁忙。而且当时没有营业性质的酒店，出门在外就只能投奔朋友，如何管理家产也是他们需要操心的事情。

领主们进行册封的仪式十分隆重，他们会请来乐手，在户外举行仪式。接受册封的人要先履行一套宗教仪式，然后穿着盛装骑着马来到会场中，换上战场上穿的铠甲。向一个假人骑马进攻。结束这些仪式之后，就会举行盛大的宴会。

总而言之，只有贵族才能在城堡中过上帝一般的生活，而且是限于和平时期。在中世纪时期，普通农民的生活都挣扎在死亡线上。

在中世纪的西欧，农村人口占总人口数的90%。一个帝国的大部分都是小村落。有人说，普通人可能不明白国界的意思，但是对村界却了如指掌。

一个中等规模的村庄面积通常有两千英亩，居住的农民有500人左右。这一时期的领主通常把自己的领地分成一块一块给村民租种，村民是领主的佃户。佃户们还分为自由的农民和不自由的农奴。农奴要和封建领主签订契约。他们主要的区别是向领主尽的义务不一样，农奴的自由也受到了很多限制。

一个村庄的整体是由农民居住的村落和耕种的田地组成的。农田通常分成三部分，一部分用来播种适合在冬天种植的小麦，一部分播种适合在春天种植的大麦、燕麦和豆类，剩下的一块空闲着以培养肥力。这几部分田地每年互相轮换。农民们居住的村落通常位于交通方便的地方。住宅一般来说是简陋的木屋，排列得也没有次序。一直到13世纪，农村才出现石头建筑。住宅前后还会有院落，用来饲养家禽、栽种水果和蔬菜。

在宗教信仰上，几个村庄共同构成一个教区，由领主拨出款项修建教堂。领主会指定一个教士担任这里的教长，他的报酬由领主支付的薪水、向村民征收什一税以及为村民主持婚丧仪式时收到的实物馈赠组成。教堂里不提供座位，来祷告或礼拜的人只能在地板上站着或者坐着。教长紧邻教堂居住，虽然教会规定教士不准娶妻而且村里的教长也发誓独身，但是几乎每个人都背弃了誓言，不但娶妻生子，还有的教长有公开的情人。

每个村庄都有一座磨坊，是属于领主的，农民要自己花钱去磨坊磨面，这些收入都归领主所有。

村子四周有用作牧场的草地，但是每户人家都被严格规定了使用牧场的时间。

这一时期的村庄里房子杂乱无章，道路难以通行并且布满秽物，气味十分难闻。每天直到黑夜降临，村里动物发出的叫声才会停歇。为了保暖，房子的窗户都开得很小，晚上用木板挡住。村民靠点蜡烛和炉火照明，炉子的燃料以木柴为主。因为没有排烟设施，屋子里总是烟雾缭绕。

领主和农民饮食上显著的不同在于，领主吃掉了大量的肉，而农民只能吃面包和麦片粥，饮用淡啤酒。少数生活条件较好的家庭能偶尔食用奶制品。大多数农民根本没法填饱肚子。他们不是在餐桌旁就餐,而是把碗放在腿上吃饭。为了节约,他们会烧上一大桶水,然后一家人轮流在里面洗澡。室内没有床,他们就在地上铺满芦苇和干草来当成睡觉的地方。

很多家庭都饲养家禽和家畜,但是肉和蛋是用来换钱支付土地的租金的。

春天和夏天会出产很多蔬菜和水果,水果主要有苹果、梨和樱桃。这一时期,生吃水果被说成是不健康的,所以要用水煮过之后才吃。

农民们的食物中缺少的营养成分最多的是蛋白质,其次他们还缺钙和各种维生素。

这个时期的很多文学作品中都有对美食的憧憬,这说明整个时代都有一种巨大的饥饿感。

除了经受苦难,中世纪时期的农民也有难得的欢乐时光。在一年中的几个宗教节日里,他们可以吃到肉和蛋糕,还可以饮酒和跳舞。最吸引人的娱乐方式是斗鸡,而最多的消费都投入到了啤酒上。

在中世纪,人们并不像今天这样惧怕谈论死亡,他们把生死都看得很淡然。其中一个主要的原因是,在这个时期,婴儿的死亡率非常高,新出生的婴儿中有1/3到一半都活不过15岁,所以死亡是非常常见的,人们把死亡看成是自然的事情。还有一个原因是,基督教的教义认为现实没有什么意义,来世才值得加倍重视。所以人们对现实的生命并不看重,所以看淡生死。在他们看来,死亡并不可怕,可怕的是死后要下地狱。

西欧中世纪的城市是在古罗马城市的废墟上建立起来的,与中国古代封建城市不同。西欧中世纪的城市初建时,并不是政治和文化中心,而是商业和手工业中心。

在中世纪,一个城市的发展水平和当地的商业活动的发达程度相关。进行的贸易越频繁,城市的发展和扩张速度就越快。通常来说,进行国际贸易的城市比只做本地贸易的城市要更大一些,而且这些城市往往建造在河边,因为这时的主要运输渠道都是水路。

中世纪的许多城市按照今天的标准划分的话都能够称作移民城市,因为它们早期的居民都是从旁边的村庄里迁移过来的。而像巴黎这样的大都市，吸引的就不只是周围的农民，还吸引了来自英国、德意志、诺曼底甚至意大利的人来到这里。尤其人身自由受限的农奴更渴望进入城市，因为法律规定只要农奴在城市中连续生活一年零一天，他就能得到自由。

到1200年时，西欧出现了很多规模不一的城市。有的小镇只有几百个居民，但是像巴黎、米兰等大都市，在当时已经拥有25000多人口。到14世纪初，这些大城市都有5万以上的人口。像佛罗伦萨这种特大城市，人口则可以达到10万。但是不论城市的规模发展得多大，在整个中世纪时期，城市人口占全部人口总数的比例都从未超过1/10。

城市里的人也分成了三个阶层，而且贫富差距十分明显。位居市民顶层阶级的有官员、富商和贵族，处于中层的是小手工业者和普通商人，最下层的人是作坊里的学徒和受雇做纯体力劳动的苦力。最上层的这群人的收入差不多相当于底层人民收入的150倍。而且让人不会感到意外的是，城市人口的大多数是由最底层的苦力组成的。这些人的工作和收入来源无法获得保证，只能栖身在富商资助的宗教避难所里。

城市中普通人居住的房子都是沿街建造的，木质结构。通常有三层楼高，每一层都分成两部分，这使得每个房间只有20~30英尺宽。门窗也使用木头制造，晚上要给窗户安上木制挡板。因为过多地使用木头，而且没有完善的排烟设施，所以经常会发生火灾。

处于高层的富人们居住的环境要比普通市民好很多。不但十分宽敞，而且更多地用石头建造。窗户上镶嵌着玻璃，房顶也会铺上铁皮。还有的富商自己建造一个院落，使住宅从四周独立出来。

虽然社会各阶层的贫富差距很大，但是城市中没有划分富人区与贫民区。街道通常按从事的行业划分，制皮匠居住在一条街道上，制铁器的居住在另一条街道上。城市里的街道十分狭窄，天气晴朗的时候尘土漫天，下雨之后又满地泥泞。在行人和车辆之间，还有很多家禽和家畜在路上出没，所以交通混乱不堪。

每家几乎都有一个简易的厕所，排出的粪便也有指定地点处理，但是人们通常都把垃圾和排泄物倒在街上，导致街上到处都充满臭味。一个从其他地方来到这里的人说，如果人总是生活在臭气中，他的嗅觉就失灵了。

除了家庭形式的店面，大城市里还有公共市场。市场内划分成若干区域，分别售卖不同种类的物品。比如面粉区、肉蛋区、蔬菜区等，还有的区域专门出售次等的商品。

一个城市的标志性建筑通常是教堂。在巴黎，连王宫的宏伟程度都不如巴黎圣母院。这好像是在提醒人们，无论国王的权力有多大，上帝都比他更大。教堂的院子里通常也是城市的墓地。因为这个时期的人对死亡看得很淡，所以经常在墓地中举行聚会。一些商人和妓女也常常在墓地里出没。

城市里通常有两个主要的组织，一个是教会，另一个是各行业的公会。在大城市中，通常划分出很多教区，每个教区都有几百个信徒，教区的教长对这些信徒的精神生活负责。行业公会是手工业者的联合组织，主要功能是用来保护从业者的权益，防止外来的竞争。

中世纪是一个缓慢变化的时代，无论哪个方面的发展，都如蜗牛前行般进展甚微。但是到了12世纪，随着城市的发展，商业进一步迈向繁荣，科学和各种思想开始形成交流，人口也随着商业活动四处流动。西欧之外的文化和科学上的成就也传播到了这里。到了中世纪晚期，社会的环境和政治的氛围都为日后的文艺复兴打下了基础。

## 欧洲大陆的信仰

查理·马尔泰尔和丕平国王治下的各族人民，因区域不同，文明发展程度也大为迥异。西边和南边的大部分民众是由拉丁化的信基督的克尔特人构成的；在中心区域，这些高高在上的统治者不得不和那些多少受基督教化的日耳曼人、法兰克人、勃艮第人和阿勒曼尼人往来；东北边仍是一些信奉异教的弗里西亚人和萨克森人；这以东是因圣博尼法斯传教而新近信奉基督的巴伐利亚人，再往东又是信奉异教的斯拉夫人和阿瓦尔人。日耳曼人和斯拉夫人所信奉的"异教"，与希腊人的原始宗教近似；那是以人为本的宗教，庙宇、祭司和祭祀在宗教中所占地位不高，它的诸神与人没什么差别，很像"学校级长"，一种毫无章法的任意干涉人类事务的权威人物。日耳曼人有与罗马的朱比特相近的奥丁神，与马尔斯相近的托尔神，与维纳斯相近的弗雷亚神，诸如此类，不一而足。在整个7世纪和8世纪，这些日耳曼部落和斯拉夫部落中，改宗基督教的过程没有中断过。

说英语的读者或许会注意到，萨克森人和弗里西亚人中最热诚最成功的传教士无不是来自英国。基督教曾两度传播至英伦三岛。当不列颠还是罗马帝国的一部分时，就有该教了。圣奥尔本斯镇的得名，就是来自殉道者圣奥尔本，几乎每个坎特伯雷的参观者也都参观过罗马时代用过的古老的圣马丁小教堂。我们已经说过，基督教从不列颠传至罗马帝国边境以外的爱尔兰——主要传教士是圣帕特里克——当时掀起了一个活力满满的修道院运动，圣科伦巴和艾欧纳的宗教拓居地的名字均与该运动有关。此后的5—6世纪，凶悍的异教徒英吉利人来了，他们隔断了爱尔兰的早期教会同基督教主体的联系。至7世纪，北方从爱尔兰，南方从罗马来的基督教布道士们，劝导这些英吉利人皈依基督教。格列高利大教宗派出的罗马布道团，恰好在6世纪末来到这里。传说格列高利大教宗在罗马奴隶市场上看见有人出卖英吉利儿童，他们肤色白皙，长得十分好看。这些儿童究竟是怎样来到这里的呢？当教宗问起，回答说他们是盎格鲁人。教宗说："若是他们得到福音，那就不是盎格鲁人，而是安琪儿了。"

罗马布道团在整个7世纪都在布道。在该世纪结束之前，多数英吉利人都成了基督徒，虽然也有中部英吉利王国默西亚顽固地反对基督教，坚持古代信仰和风俗习惯，但这只是支流，无碍于整个英吉利王国的基督教化了。这些新的皈依者，很快在学问方面有了长足的进展。北部英格兰的诺森伯里亚王国，有一些修道院成了圣道和问学的中心。

塔尔苏斯的狄奥多尔曾是坎特伯雷最早的大主教之一（668—690年）。当西部欧洲对希腊语一窍不通时，狄奥多尔的部分学生已能熟练使用希腊语了。各修道院都有不少饱学之士。其中最为著名的是比德，世人称其为"可敬的比德"（673—735年），比德本是太恩河上贾罗修道院的一名修士。该修道院的600个修士均是其弟子，此外还有许多外地人跑来旁听。逐渐地，比德精通了当时的一切学问。死时，比德留下了45卷著作，其中要数《英国人的教会史》和他的《约翰福音》英译本最为重要。比德的著作闻名遐迩，风靡全欧洲。比德认为，所有纪年应从基督降生的那年算起，也即将基督诞生的那年定为公元元年。通过比德的著作，公元纪年的应用在欧洲日渐风行。正是因为诺森伯里亚有大量修道院和修士，以致英格兰的那一部分文明在一段时期内比南方的要先进许多。

7—8世纪，英国传教士在法兰克王国的东部边境积极布道。其中有个主要人物叫圣博尼法斯（680—755年）的，出生于德文郡的克雷迪敦，劝化弗里西亚人、绍林吉亚人和黑森人信奉基督教，最后殉道于荷兰。

英格兰和欧洲大陆日益强盛的统治者，利用基督教作为统一思想的有效手段来巩固他们的征服地。基督教成了侵略性首领们的旗帜，比如在非洲乌干达合并于英帝国以前的血战时期，就是这样的。

公元768年，丕平一命归西，他的两个儿子——查理及其兄弟平分了他的王国。但771年查理的兄弟病逝，于是查理理所当然地成了蒸蒸日上的法兰克王国的唯一国王（771—814年）。在历史上，这个查理以查理大帝或查理曼而为人熟知。就像亚历山大大帝和尤利乌斯·恺撒，他的名声被后人过分夸大了。查理大帝明确地把他的侵略战争定位为宗教战争。今日之英国、法国、德国、丹麦、挪威和瑞典等所有西北欧洲的国家，在9世纪都是新旧信仰剧烈冲突的战场。这些国家无不是在刀剑之下皈依的基督教，正如阿拉伯、中亚细亚和非洲的伊斯兰教，在百来年前曾经用武力改变各国民众的信仰一样。

查理曼用火与剑来给萨克森人、波希米亚人传布基督教福音，远达多瑙河，也就是今天的匈牙利境内；他还把基督教福音带到了亚得里亚海岸，经由达尔马提亚把穆斯林从比利牛斯山脉驱赶到巴塞罗那。

此外，查理曼曾把从威塞克斯流亡来的埃格伯特隐藏在英格兰，并帮助埃格伯特在威塞克斯自立为王（802年）。埃格伯特效法查理曼征服布列塔尼的布立吞人，也把康沃耳的布立吞人征服了，并且在他的法兰克庇护人亡故以后，他还继续发动了一系列战争，最后自立为全英格兰的首位国王（828年）。但是，查理曼对异教最后堡垒的攻击，引起了尚未皈依基督的民众的强烈反抗。基督教化的英国人保留了极少从欧洲大陆带来的航海技术，而法兰克人尚未变成水手。因为查理曼的宣道席卷北海和波罗的海沿岸各地，异教徒迫不得已只好跑到了海上。这些跑到海上的异教徒，以对法兰西北岸和信基督教的英格兰进行的掠夺性袭击和远征，来报复基督徒对他们的迫害。这些异教的萨克森人和大陆上的英吉利人，及其来自丹麦和挪威的同族，在英国史上被称为维京人，原意为"海湾人"，因为他们来自斯堪的纳维亚海滨的深海湾。他们乘着又黑又长的划桨船，鲜少用帆。关于维京人所进行的战争和侵袭，大半的记载来自基督徒，因此我们知道大量的关于他们的屠杀和暴行，而很少知道查理曼加诸他们这些异教徒——萨克森人——的残忍行为。他们对基督教和男女修道士怀恨在心。他们热衷于焚毁男女修道院，并大肆屠戮。5—9世纪，这些维京人或北欧人正在学习航海技术，胆量更大了，航程也更远了。他们在北海冒险，直到格陵兰冰封的海岸，都是他们常去的地方。到了9世纪，他们在美洲有了居留的地方（欧洲人通常对这件事懵懂无知）。

北欧人在美洲从未有过永久的居留地。10世纪前后，北欧人有居住在美洲某部叫作"文兰"地方的意图，但在这个地方只逗留了两年。有一天，一只印第安人的满载彩色文身的皮制独木舟出现了，这些印第安人给了北欧人一种十分鄙陋的可恶印象。他们经过一阵沉默的彼此打量，没有做成买卖，但也没有引发冲突。

新世界凝视着旧世界。后来麻烦惹出来了，北欧人在人数上被超过，又背井离乡，就收起行囊上船走了。此后，再也没有其他关于北欧人在美洲土壤上停驻的记载。12世纪，许多关于他们的传奇故事开始在冰岛流传。他们用冒险家的眼光观看世界。他们袭击了海象、熊和鲸。在他们的想象里，南方有一座流着奶与蜜的既像罗马城又像拜占庭城的富庶城市，极为恢宏壮丽，他们称之为"迈克拉加得"（大城——参照冰岛语的迈克拉巴尔"大庄园"）或米克勒加特。

## 十字军东侵

1095年，西部欧洲各国都笼罩在战争的阴云中。所有的国王和骑士都以互相争夺土地为乐。他们攻打彼此的城堡，造成了一堆又一堆的废墟，但是即便是胜利也没有给他们带来任何荣耀。可怜的农奴在土地上苟延残喘，不但要从事繁重的劳动，还要在饥荒和瘟疫中挣扎。这时，只有教堂中传来的钟声，能够让人期盼和平和来世的幸福。

在这一年，罗马教皇乌尔班二世在法国的克勒芒召开宗教会议。参会的有各大教区主教、修道院的院长还有大批的骑士，他们赶来听从教皇的训谕和教诲。乌尔班二世教皇对他们说："看啊！野蛮的突厥人占领了主的领地。他们在那些土地上对主不敬，侮辱教堂。他们还杀死了上帝的子民，喝光他们的鲜血。现在不是我在要求你们，而是主在要求你们，不管你们是平民还是骑士，都要拿起武器去反抗他们！"

现在我们就来分析，这个时期的教会为什么有如此大的能量来召集和控制强大的军事力量，以及为什么这些欧洲人愿意为了教廷牺牲自己的生命。在这场绵延200多年的战争中，欧洲的政治格局和社会生活发生了怎样的改变。

第二年的春天，原本沉闷而阴暗的西欧突然开始了一股狂热的宗教潮。除了骑马的贵族，一些衣衫褴褛的贫民也加入了进来。这些人变卖了最后的一点家产，带着对基督教的狂热信仰，奔向天堂之路。

十字军东征能够吸引如此多的人参加，并且能够持续这么长的时间，与当时的社会背景和经济背景是息息相关的。在当时，封建社会在西欧达到了鼎盛时期，但是随之而来的是重大的社会危机。统治阶级的封建领主没有新的土地可以继承，随着经济的发展，城市人口膨胀，一些失业者没有谋生的能力，而且受到的剥削和压迫日趋严重。在他们看来，加入十字军，能够摆脱过去的束缚，到新的土地上找到谋生的途径。

这支从西欧各地汇聚而成的队伍，越向前走越壮大，最终形成了一支十万人的军队攻入了东南部欧洲。尽管因为疲劳和饥饿，这支军队伤亡过半，但是仍然有一部分人来到了拜占庭帝国首都君士坦丁堡。

这个情况出乎拜占庭皇帝的意料之外。他只是向西欧各国求援，没想过找来的是这样一支由乞丐和土匪组成的军队，于是把他们赶了出去。这些人刚离开拜占庭帝国没多远，就被突厥人集体消灭了，只有很少人能够侥幸逃命。这场由虔诚的信徒组成的远征军尽管出发时声势浩大，但是经过一系列苦难和屠杀，最终的结果十分凄惨。

直到1096年的秋天，由骑士们组成的正规军才开始出发，战场上出现了四支西欧的骑士大军。

这些来自欧洲的十字军犯下了诸多罪行，他们一路烧杀抢掠，尤其是在耶路撒冷，他们甚至开始屠城。十字军这样残忍的根本原因在于，他们把杀死异教徒并从他们的手中夺回圣城当作信仰，所以内心毫无愧疚。战争的苦难和危险也把他们变成了战争狂人。还有一个原因，那就是十字军在出发之前听说东方十分富有，他们带着掠夺财富的狂热思想，一路劫掠，烧毁房屋，搜刮他们遇到的每一个人。

耶路撒冷是很多宗教的圣城，这个词的意思是和平之城。这座城市的历史能够上溯到公元前10世纪，耶稣的墓也建在城中。

伊斯兰教的创始人穆罕默德于7世纪来到了耶路撒冷，率领穆斯林在这里建造了清真寺。所以，这片不到一平方英里的土地，是犹太教、基督教和伊斯兰教的共同圣地。穆罕默德对穆斯林们说，犹太教的《旧约圣经》和基督教的《新约圣经》，同伊斯兰教的《古兰经》一样，都是神圣的。所以在阿拉伯人统治期间，犹太教和基督教没有被消灭，能够与伊斯兰教并存，并且各自信奉自己的神。

到了11世纪，塞尔柱王朝的突厥人杀害了一些前往耶路撒冷朝圣的基督徒，这件事传回欧洲，就成了穆斯林对基督徒的疯狂亵渎和残忍迫害。

其实罗马教廷对犹太教和伊斯兰教的历史也十分了解，明白阿拉伯人对基督徒的宽容，但是他们的贪婪战胜了理性，煽动十字军的战士们向伊斯兰世界进攻。

十字军开进到君士坦丁堡附近时，进入了一个噩梦般的世界。这里炎热的气候、崎岖的山地令人难以忍受，还要不时遭受突厥人的进攻，在恐惧和疲惫的状态下，十字军慢慢变成了疯狂的野兽。征服的土地和掠夺的财富都归属领军的贵族，战士们要做的就是不停地杀戮。1099年7月，十字军攻入耶路撒冷。此时的十字军已经彻底变成疯子，面对耶路撒冷城内的1000多名守军，2万多十字军开始了疯狂的屠杀。守军被消灭后，城里的7万多名穆斯林和犹太人也成了屠杀和抢夺的对象。十字军的亲历者说，耶路撒冷城中的血泊没过了脚踝。妇女和儿童也难逃厄运，妇女被强奸，儿童则被摔死。

史学家们面对十字军的暴行，只能用其他不真实的东西掩盖血腥的场面。他们称在耶路撒冷发现了耶稣受难时的十字架和刺死耶稣的矛，宣称发现了神迹。侵略者们此时开始争执土地的分配问题。罗马教廷想要把这里归于自己的直接统治下，但是贵族们则要成为这片土地的主人，并且建立了耶路撒冷王国等国家，还有一些大小不一的领地，想要照搬西欧的封建制度在这里建立政权。

还有一些十字军战士带着战利品回到了西欧，吸引了更多人想要到圣地去获取财富。但是这一次，小亚细亚地区的突厥人已经准备好给他们以迎头痛击。在这场战争中，来自威尼斯和热那亚的大商人获得了巨大的财富。而这些来自东方的丝绸、珠宝和香料等运回欧洲之后，又让他们发了一笔大财。罗马教廷见此情景，不甘心所有财富都被世俗的贵族攫取，于是，宗教骑士团出现了。这些人既是发誓要安贫、守贞和绝对服从的修士，同时又是骑着战马、手拿武器的骑士。

宗教骑士团和普通的骑士军团有很大的区别。这些人一方面以军人的身份进行作战，一方面又保持着修士的身份，要信守宗教的律条，并且只听命于罗马教廷的教皇，世俗的封建主无法命令他们。他们因为立下守贞的誓言，所以都是独身。他们一起生活，一起作战，财富也都共同拥有，所以他们成为一支团结的军队，拥有强大的战斗力，成为罗马教廷最有力的武器。在十字军东征结束之后，宗教骑士团得以延续，又成立了医院骑士团，他们为日后的医院的建立奠定了基础。还有神庙骑士团，在欧洲的骑士阶层中经营财产，并且发放高利贷，最后被法国人消灭了。

神庙骑士团是以所罗门神殿来命名的。这个骑士团拥有良好的军事装备，获取了大量财富。很多留在当地的欧洲人认为东方的生活质量优于欧洲，于是有些人定居下来，学会了当地的语言并且在当地结婚。但是这个时期的主流思想并不是如此和谐，十字军仍然在四处作战，向更远的地方扩张。十字军的行为引发了穆斯林的圣战热情。伊斯兰世界的所有人，不管是贵族还是平民，都要尽力驱逐异教徒，保卫自己的领地。

1144年，穆斯林攻陷了十字军国家伊德萨伯国，这个事件再一次掀起了欧洲人狂热的宗教热情。罗马教会再次煽动并组织了十字军，教皇也宣布参加十字军能够得到更大的特权。但是这一次，似乎民众的积极性不高，第二次十字军东征没有取得像样的胜利，而穆斯林的圣战之火开始燃烧。

1175年，撒拉丁成了穆斯林的领袖。他带领军队对十字军国家进行了包围。撒拉丁拥有丰富的政治经验和强大的军事才能，深得穆斯林的拥护。1187年，在撒拉丁的领导下，穆斯林军队战胜了耶路撒冷王国的军队。撒拉丁没有屠杀这些曾经的十字军，反而释放了他们，其中包括耶路撒冷的国王。这个事件让撒拉丁仁慈的名声广泛传播。

欧洲人对耶路撒冷的陷落感到震惊。当时的三个欧洲君主野心勃勃，想要通过征服东方来获得更大的财富和名望，他们就是德意志皇帝腓特烈一世、英王理查和法国国王腓力二世。

腓特烈一世带领德国军队从巴尔干地区到达小亚细亚，打算征服地中海地区，但是这个短命的皇帝在路上溺水而亡，德国军队只得中途折返。

英格兰国王理查一世被称为狮心理查，他年轻而富有野心，想要占领地中海。他和法国军队还有奥地利军队一起围攻阿克，并俘虏了2700个穆斯林战俘。他勒索大笔赎金但是没有得到满足，于是在广场上把这些穆斯林俘虏全部斩首，从此恶名远播。而且因为贪婪，他还和法国国王、奥地利公爵结了仇。当他遭遇撒拉丁的军队，自知没有胜算，于是和撒拉丁展开了谈判，想要和平占领耶路撒冷。但是撒拉丁只允许基督徒到耶路撒冷朝拜。于是理查一世只能休战，并化装成商人返回英国。但是他落到了和他有宿怨的奥地利人手中，两年之后英国才花了一笔巨款将他赎回。

第三次十字军东征失败了，但是罗马教廷不允许这种失败。教皇英诺森三世认为失败是一种耻辱，于是下令全欧洲的富人和贵族们全力支持第四次十字军东征。但是这一次参战的人都是想要去东方发一笔财的乌合之众。他们甚至无力支付从威尼斯渡海的费用，于是威尼斯总督教唆他们攻打拜占庭帝国。1204年，这些人占领了拜占庭的首都君士坦丁堡。这个当时世界上最繁华的都市被洗劫一空。建筑被毁坏，文物和艺术品被掠夺，后来被用来装点了威尼斯。

这一次参加战争的贵族和商人们获取了巨大的财富，还在拜占庭帝国的废墟上建立起了一个拉丁帝国，并存在了50年的时间。但是罗马教廷想要继续他们的神圣事业，教会宣扬说，第四次十字军东征之所以失败了，是因为他们的思想不纯洁，意志不坚定，连处女在东征途中都变成了放荡的妓女，要想解救东方，只能用毫无罪过的儿童大军。

1212年，法国牧童斯蒂芬成功地征召了3万名童子军，可是他们到达海边想要渡海作战的时候，却发现等在那里的是贩卖奴隶的船队。这些可怜的儿童，渡海的命运是被贩卖到北非，成为奴隶。

在中世纪的社会中，儿童是社会的最底层，一点社会地位都没有。没有来自家庭的关爱，加上儿童本身好奇的天性，所以很容易被宗教集团所利用。同时，一些别有用心的人也想通过这些童子军来达到自己的某种目的，有的想要获利，也有人想要攫取名声。所以在这几个方面因素的共同作用下，导致德国和法国出现了大量的儿童十字军，这在历史上也是十分奇特的。但是儿童十字军的下场都十分悲惨，不是死于作战的路上，就是被贩卖到西亚和非洲，最后成了当地的奴隶。

在这之后，十字军的合理性已经完全丧失了。第五次十字军东征时，军队已经不想去收复圣地，而是向埃及发起了进攻。德国的腓特烈二世率领军队进行了第六次十字军东征。这位皇帝十分了解阿拉伯人，他通过谈判使穆斯林于1229年放弃了耶路撒冷。他和撒拉丁一样，允许穆斯林保留清真寺，并且可以自由出入耶路撒冷。教皇认为这是和魔鬼的交易，于是把腓特烈二世驱逐出了天主教会。

1244年，穆斯林再次夺取了耶路撒冷，号称圣徒的法国国王路易九世率领十字军进行第七次东征，并于1250年攻入埃及。路易九世不但战败了，还成了俘虏，十字军缴纳了巨额赎金并撤军才换取了他的自由。

十字军因为屡遭败绩并且伪善，所以声名扫地。这时，罗马教皇发现了四处扩张的蒙古人并且想要利用他们来消灭伊斯兰教。虽然蒙古人没有同意结盟，但是欧洲人通过这次交流首次了解了东方的富饶和神秘。

1270年，在第八次十字军东征期间，路易九世病死于突尼斯。在这之后，穆斯林大军从埃及开始进攻各个十字军国家，并把它们都消灭了。1291年，最后一个十字军的战略要地阿克被穆斯林攻克，十字军东征就此结束。

这场绵延两百多年的十字军东征运动造成了宗教和种族的仇恨，牺牲了很多人的生命，并带来了大规模的财产损失。但是从历史的角度来看，这些战争促进了欧洲和地中海地区的交流，并且使他们的文化最终到达了遥远的中国。

## 第九章

**陆路时代的大帝国**

## 亚洲游牧民族

在这一部分我们要说的是游牧民族对所有东西方已经存在的文明进行的最后一次也是规模最大的一次袭击。在过去的历史中，游牧民族和定居民族的文明是共同向前发展的，随着文明的不断发展，游牧民族的武器和作战意识也进化了。他们不再只是纯粹的野蛮人，而是在自己的道路上变得更加专业和职业化。人类历史的开端，游牧民族和定居民族之间就在互相影响。闪米特人征服了苏美尔人，西罗马帝国也被来自北方平原的游牧民族消灭了。来自阿拉伯的部落征服了波斯，极大地震撼了拜占庭帝国。但是从13世纪开始直到目前为止，蒙古人对文明的侵略是人类历史中破坏性最强的一次。

12世纪末期，蒙古人从默默无闻一下子就进入了历史的视线中。他们先是在中国的北方出现，这里曾经诞生了匈奴人和突厥人。蒙古人显然和他们是一脉的。他们团结在一个部落首领周围，这个人的名字已经不必再提了，但是他的儿子成吉思汗我们将要着重讲到。到了成吉思汗的时期，蒙古人的力量迅速发展壮大。

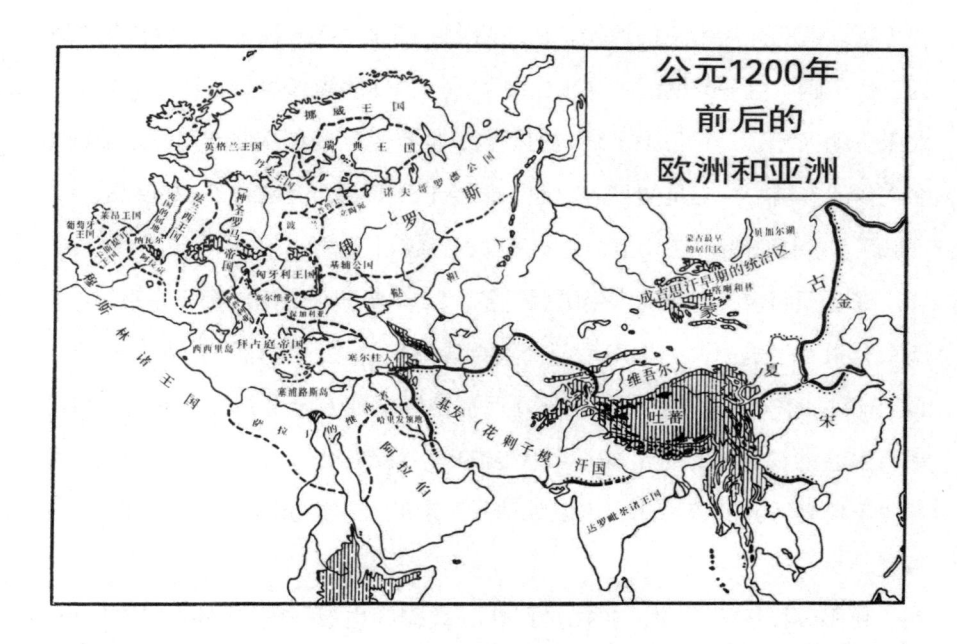

公元1200年前后的欧洲和亚洲

　　我们之前已经提到过了，伊斯兰国家已经从大统一变得各自为政。13世纪时，在西亚地区存在很多伊斯兰国家，它们彼此独立并且内讧。埃及在撒拉丁继承者的统治下，塞尔柱人控制着小亚细亚。阿拔斯王朝定都于巴格达，在东边又出现了一个国家，是突厥的贵族们建立的，名字叫作花剌子模。这些突厥人把一些分散的塞尔柱人王国吞并了，统治着恒河到底格里斯河之间的地区。但是他们并未对波斯和印度形成强有力的统治。

　　如果一个侵略者有足够的进取心，那么他会觉得中国文明相当诱人。我们后面将要系统地说明中国历史上的发达时期，之前我们只提到过周朝和汉朝。但是中国文明在这时已经迅速发展了，到了中国唐朝时期，皇帝开始研究各种不同的宗教，并比较它们的优点和缺点。总体上来说，唐朝皇帝认为老子是足够伟大的，而且他也热情地接待了去印度学佛的玄奘法师。他对所有宗教都保持宽容，但是他的继任者们却开始迫害佛教。即便遭受了迫害，佛教也在继续发展。最初的佛教是支持文明的进步的，但是后来又开始阻挠它的发展，这一点和西方的基督教修道院所做的十分相似。

　　10世纪时，唐朝作为一个强大的国家开始面临衰退，这时发生了一系列由于管理者的无能带来的退化。在政治上中国又一次分裂了，这个时期被称为五代十国。这一时期的中国相当混乱，一直延续到10世纪的中叶。之后，北宋王朝兴起了，它带来了统一的格局，但是经常要和从北方向南入侵的野蛮人作战。其中一支是契丹人，他们曾经十分繁盛，但是到了12世纪被金人征服了。金国的首都在北京，它的南部已经越过了黄河。

在金国面前，中原的宋帝国后退了。1138年，宋帝国放弃了原来的首都南京，来到了杭州。因为南京已经离金国的统治地带太近了。从1127年到1279年是南宋时期，它的西北部是西夏帝国，北方是金帝国。两个帝国中都有残留的汉族人，他们被游牧民族的统治者统治。这一部分亚洲人已经习惯于接受异族的统治了，所以就算是不欢迎，但是也准备好了迎接新的征服者。

我们同样已经知道，在13世纪初，北印度也被征服了。刚开始的时候它作为帝国的一部分，但是在1206年，库特布在德里建立了独立的伊斯兰国家。他原本是奴隶出身，后来成为印度的总督。我们之前已经说过，佛教早已经被婆罗门从印度赶了出来，皈依伊斯兰教也只是当地的一少部分人罢了。

这就是13世纪时，当成吉思汗忙于在贝加尔湖地区加强他对蒙古的游牧民族的控制的时候，亚洲其他地区的情况。

## 成吉思汗的统治

成吉思汗称得上是冷兵器时代的英雄，他的蒙古骑兵横扫欧洲，所到之处令人不寒而栗，欧洲的基督教世界，还有西亚的伊斯兰世界，都成了他驰骋的疆场。他征战无数，他的子孙更是建立了世界上最大的地跨欧亚的蒙古帝国。成吉思汗和他的子孙，被称作"世界的征服者"。人们或许将成吉思汗想象为一个暴君，嗜杀成性，但这是一种误解。他富于远见，是他将东方的先进文明带到了处于中世纪黑暗之中的欧洲，是他将人类唤醒。欧洲开始发展技术和贸易以及进行思想革命，都和蒙古人的推动和影响有关。成吉思汗还发展了战争的理论，后世所说的闪电战，其实早在成吉思汗时就已经开始大规模实施了。蒙古人所建立的帝国，版图横跨欧亚大陆，世界的版图因此被重新划分，也为世界进行了新的规划。

成吉思汗出生在中国的北部，那里是一片茫茫戈壁，他曾是金朝的子民，也在金朝做过官。在中原王朝看来，他不属于宋朝，即便在金国，他的社会地位也是非常低下，被视为野蛮人，官府利用他来对付边民骚乱。他们还称不上是个国家，只是一个部落，是一群人。在成吉思汗的一生中，有三件事值得一提，其一就是统一了蒙古各部落；其二就是基本上统一了中国北方，这就为忽必烈统一中国奠定了基础；其三就是向西征战。成吉思汗对于蒙古乃至中国的统一，都打下了一定的基础。

12世纪之前，蒙古还是一个小部落，受中国北方的金人统治。蒙古人是牧人也是射手，他们在草原上住帐篷、吃马肉、喝马奶。他们平时狩猎和放牧，偶尔也进行一些战争。草原的传统是，当冬天的冰雪融化后，他们就进入北方的牧场。到了冬天，他们再向南方的牧场迁徙。这些人的军事行动是通过对金人的斗争而开始的。金人建立的帝国占领了半个中国，也有许多汉人。从这次战争中，蒙古人学会了一些汉人的军事技巧。到了这个世纪末，他们已经成了一个善战的民族了。

用全民皆兵来形容蒙古人是非常恰当的。说到蒙古骑兵，就不能不说到马匹，与欧洲和阿拉伯的马匹相比，蒙古马算不上高大，速度也不占上风，但吃苦耐劳，善于持续作战。蒙古骑兵没有后勤补给，打到哪里，就在哪里补充给养。他们善于游猎，有着轻骑兵的优势。而欧洲军队骑士风气盛行，重骑兵队列密集，在矫健灵活的蒙古轻骑兵面前束手无策。蒙古骑兵更善于长途奔袭，有着连续作战的勇气和特点，善于打运动战和消耗战，直到将欧洲的骑兵拖垮，充分发挥弓箭的杀伤力。在他们的沉重打击下，欧洲的骑兵显得无能为力。在中原的战争中，蒙古人从宋朝金朝那里缴获了攻城器械和工匠，在对欧洲的征战中，这些都被派上了用场，发挥了巨大的作用。在指挥作战上，蒙古军队灵活善变，总能给对手以意想不到的打击。

蒙古骑兵装备新颖，还吸收了先进的文化，在军队建设中注意引进优秀人才，这就使这支军队成为世界上最先进的部队之一。这支军队以骑兵为主，这是蒙古军队的核心力量，是军队的主力。这支骑兵部队不用进行专门的训练就能表现出坚强的战斗力，证明这是一支出色的部队。蒙古军队的强大原因很多，其中既有战术优势，同时还注意配备先进的武器装备。蒙古军队初期使用的武器曾经只是生产工具，比如狩猎或放牧使用的弓箭、投镖、套绳等，这些都被用在了战场上，分别用于近战和远战，比如投镖、长枪、矛和弯刀就属于近战武器，而弓箭和弩则用于远战。当蒙古大军进入中原乃至中亚后，他们大开了眼界，看到了各种先进的武器，看到了先进的文化和技术，他们积极地吸取，并用于此后的征战中。蒙古人在军事上的建树在今天依然有着深远的影响。

成吉思汗还在游牧民族本来就具有的优势基础上增添新的装备。这些都是他从中国的汉人那里学来的技术。比如发射重型箭的弩，攻城用的石槌和专业挖坑道的工兵。这些坑道兵能够一直把地道挖到城墙下方，然后使用火药炸掉城墙。这样一来，这些非凡的骑兵们又具有了攻城的利器，在攻打有防御工事的城市时，这些都是十分必要的。

蒙古军队的构成很有特色，它被划分为4个万户，95个千户。按任务不同，又可分为战略部队、后勤保障部队和警戒部队。战略部队执行一线作战任务，主要由妇女组成的后勤保障部队执行后勤供应，警戒部队的任务则是负责随军畜群的管理和安全。部队出征时，还有各种语言的翻译随军，另外还有医生、道路管理等各类专门人员，还有办事人员以及军需补给人员随行。后方有专人负责放牧，木工负责维修畜栏和驿站。

冬季作战是蒙古人的专长，在冰封的河流和沼泽地带，他们会显示出特有的机动性。冰上行动首先就要探明冰层的承重，他们会驱使老百姓上冰试探。战前，部队首领会预先派出一支部队向敌方发起攻击，然后转入后撤，敌军尾随而来。这就是诱敌深入。几天后，敌军会发觉自己已经陷入蒙古军队的伏击圈。

战争历练了这支勇猛的军队，在作战原则上，他们深知突然袭击和机动灵活的意义，与此同时，他们还善于使用计谋，展开残酷的心理战。当蒙古大军征战到了欧洲，他们发现这里的对手作战十分呆板，机动性能很差，蒙古骑兵充分发挥了自己高度机动的长处，所到之处，如入无人之境。在战争中，蒙古大军进行了残酷的杀戮，给被侵略国和人民造成了巨大的伤害，影响十分恶劣。面对蒙古大军的入侵，欧洲军队始终无力抵抗，但也没有认真汲取教训，没有从失败中学会抵抗的方法。蒙古军队在入侵喀尔巴阡山地区时，因为时间短促，对欧洲中西部国家传统的军事战术和作战方法没有带来更直接的影响。

成吉思汗在开始他的征服行动之前，用了几年的时间来规划他的军事组织。他把蒙古统一了，还把周边部落集合到一起，形成一支凝聚力强大的军队。他最开始扩张他的势力范围时是向西方推进的，这些鞑靼人其实不是被成吉思汗征服，而是被许诺和劝诱加入了他的队伍。1205年到1209年，成吉思汗先把西夏征服了，使它成为蒙古的属国。1211年，他开始向北方进攻，并且征服了长城北方的地区。1213年，蒙古军队越过长城，来到了黄河平原。之后蒙古军队进攻金国，并且于1214年占领了金国的首都北京。他们联合了契丹人，因为契丹人刚刚被金人打败，所以他们的联合对成吉思汗提供了帮助。蒙古和金进行战争的时候，在北方地区的定居人民没有帮助任何一方，仍然在过着自己的生活。成吉思汗这时已经获得了他需要的支持。于是按照他的战略，他开始进攻帝国周围的游牧民族，1216年，他征服了满洲，1218年征服了朝鲜，第二年又消灭了喀拉汗国。

在征服了这几个地区之后，他一路向西，已经快要到达花剌子模。这个国家东边的疆域到达了喀什噶尔，从表面上看，它是那个时期最发达的国家之一。成吉思汗在攻打金帝国时，向花剌子模派遣了一个使者，但是这个使者被处死了。这种行为简直令人难以置信。这意味着花剌子模对成吉思汗的地位是绝对不承认的，所以才采用这样的高高在上的架势。作为报复，成吉思汗率领他的强大骑兵从帕米尔高原挺进了突厥斯坦。这些蒙古骑兵凭借着精良的武器和强大的战斗力，相继攻陷了喀什噶尔、浩罕和布哈拉。他们这个时候已经开始使用火药和大炮，这是从金帝国人那里学来的。随后，蒙古军队攻陷了花剌子模的首都撒马尔罕。蒙古骑兵从此在花剌子模的领土上所向披靡，大肆屠杀平民，掠夺他们的财富并送往蒙古。这时的巴尔赫惨遭屠城，成了一座没有一丝活人气息的鬼城，而它只是若干被屠城的城市中的一个。花剌子模的统治者惊慌失措地逃到一个海中的小岛上，并且在这里死去。他的儿子继续向东逃亡，到了印度，但是他在印度河的上游再次遭遇了蒙古军队，并向德里逃窜。突厥人的苏丹已经被蒙古的屠杀吓坏了，允许了他的避难请求。

　　蒙古军队所发动的战争具有这样的特点，就是规模大，战场大，空前绝后。成吉思汗的一生都是在马背和战场上度过的，他的一生都在纵横驰骋，东征西伐，直到66岁死去。他以及他的继承者们就是靠着快速机动的骑兵而征服世界，大军所到之处，甚至不能用长度单位去计算，而是要用纬度来衡量。他的手中虽然只有20万军队，但敢于发起空前绝后的战争。因为成吉思汗所发动的战争规模之大，历史学家将13世纪称为蒙古人的世纪。蒙古帝国的版图东起朝鲜半岛，西至波兰和匈牙利，北至西伯利亚，南至爪哇，但这就是它的全部吗？蒙古帝国的版图究竟有多大，还是一个谜团。纵观世界史，还没有哪个国家能够和蒙古帝国相媲美，即使亚历山大大帝所统率的马其顿重枪骑兵所到之处、罗马军队的征伐、拿破仑的大军的凌厉攻势，都没有打出这样广阔的天地。

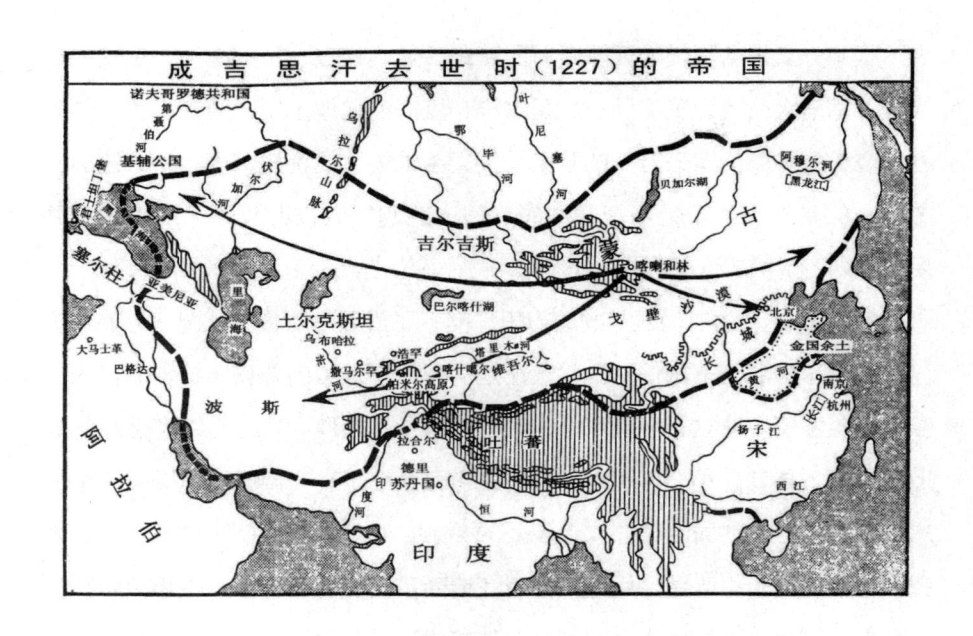

## 对欧亚的侵略

在突厥斯坦、波斯和北印度建立的花剌子模帝国，向东伸展到了喀什噶尔，在当时的人看来，它准是个最进步和最有希望的帝国之一。当成吉思汗尚在中华大地上与金国交锋时，便派遣使节前往花剌子模。成吉思汗万万没想到，他派遣的使节竟然被花剌子模杀死了。这几乎是一件令人难以置信的蠢事。用今天的政治语言来说，花剌子模政府采取这种盛气凌人的行动，是公开申明"拒不承认"成吉思汗。对此，成吉思汗当然不会善罢甘休，1218年，他的精锐骑兵经过短期的整编和高强度训练，在他的授意下横越帕米尔，开进了突厥斯坦。骑兵的武器装备精良，大概还拥有一些攻城略地的大炮和火药。中国人那时肯定已在使用火药了，蒙古人自然是从他们那里学会使用的。喀什噶尔、浩罕、布哈拉相继失陷成吉思汗的精锐骑兵，不久，就连花剌子模帝国的首都撒马尔罕也陷落了。从此，蒙古人纵横驰骋于花剌子模的领土上作威作福，俨然是这个旧帝国的主子。蒙古人的铁蹄没有休止的时候，他们一路向西，扫荡至里海，向南远抵拉合尔。在里海以北，一支蒙古军队和一支来自基辅的俄罗斯军队狭路相逢。经过一系列战役，俄军最后战败，基辅大公成为阶下囚。就是这样，黑海的北岸出现了骑在马背上的蒙古人骁勇的身姿。惊恐万分的君士坦丁堡手忙脚乱地重建防御工事。这时，蒙古人的其他部队正忙于征服中华大地上的割据政权西夏国。西夏被吞并后，只剩下金国的南部尚未被征服。

1227年，一生战功显赫的成吉思汗咽下了最后一口气。此时，他的帝国已从太平洋扩展至第聂伯河。而它还是一个仍在继续向外疯狂扩张的帝国。像所有游牧民族建立的帝国那样，蒙古帝国一开始纯粹是一个军事上和行政上的帝国，与其说是一种统治，毋宁说它只是搭了一个架子。它以帝王个人的意志为中心，它同治下的广大民众的关系，不过是向他们收税来维系游牧民族的部落生活。但是，后来成吉思汗请到了金国的一个十分干练精明的行政官来辅佐他。这个精通中国的全部传统和科学的政客，就是耶律楚材。在成吉思汗死翘翘之后很久，耶律楚材还能把蒙古人的事业继续推进下去，毋庸置疑，其人确实是历史上不世出的政治干才。耶律楚材的存在，稍微缓和了主人们凶狠残暴的行为，使无数城市和艺术品得以免遭毁灭。耶律楚材收集了不少档案和碑铭，当他被指控为贪污时，人们发现他自己所拥有的财富只是一些文件和几件乐器。在提高蒙古军事组织的效率方面，耶律楚材的功劳也许不下于成吉思汗。我们还应进一步注意到，在成吉思汗治下，整个亚洲大陆上的宗教宽容堪称彻底。也许，这和成吉思汗出身于赳赳武夫有关，因为自身没有任何文化根底，故而对所有文化一视同仁。

成吉思汗逝世时，新帝国的首都还是蒙古的哈拉和林镇，一个庞大而粗犷的地方。在这里，蒙古首领们集会选出了成吉思汗的儿子窝阔台做他的继任者。对金国残部的战争一直进行到金国被彻底征服为止（1234年）。在征服金国一事上，偏安于中华帝国南部的宋王朝帮助了蒙古人。宋王朝与蒙古人联合讨伐金国，于宋王朝而言，这是一桩得不偿失的买卖，等于自己亲手摧毁了他们对抗这个企图一统天下的征服者的最后屏障。此后，蒙古军团横扫亚洲，直指俄罗斯（1235年），可谓一次神奇的进军；1240年，蒙古军团攻破基辅，整个俄罗斯几乎成了蒙古人铁蹄下的纳贡者。

1241年，一支波兰人和日耳曼人的混杂部队在下西利西亚的利埃格尼兹战役中全军覆没，波兰遭到了蒙古人毫无怜悯的任意践踏和蹂躏。皇帝弗里德里希二世似乎未做多少努力，来抵挡这股猛进的恶浪。伯里在注释吉本的《罗马帝国衰亡史》中说过："只是在最近，欧洲才开始明白，1241年春那支蹂躏了波兰、占领了匈牙利的蒙古军团之所以赢得胜利，是由于完善的战略，而不是由于数量上的压倒优势。但是这个事实远非尽人皆知。把鞑靼人描绘成一大群粗犷的游牧部落，只凭人多势众就处处得心应手，还说他们毫无战略规划地纵横驰骋于东欧，纯靠压倒性的军事力量冲破一切阻碍，这些庸俗之见迄今仍在流行……

"在维斯瓦河下游延伸至特兰西瓦尼亚的军事行动中，指挥官的部署得到了准时并有效的贯彻，这是令人惊异的。这样的一个战役，完全超出了当时任何欧洲军队的能力，也超出了任何欧洲指挥官的想象力。在欧洲，上自弗里德里希二世，下至他的将领，在战略上和速不台相比，全都是阅历浅薄的生手。我们还要强调的是，蒙古人是充分熟悉了匈牙利的政治形势和波兰的状况才发动这场战争的。他们凭借组织严密的间谍系统获取情报，而当时的匈牙利人和基督教诸国，像幼稚的蛮族人一样，对自己的敌手一无所知。"

不过，在利埃格尼兹取得胜利的蒙古人并没有继续西进。从利埃格尼兹往西，是大片的森林和丘陵地带，不适宜于蒙古人的战术。于是，蒙古人转向南方，准备在匈牙利驻扎下来，屠杀和同化跟他们有血缘关系的马札尔人，就像这些马札尔人以前屠杀和同化他们面前的斯基台人、阿瓦尔人和匈奴人的混血后裔一样。从匈牙利平原，他们或许会向西或向南侵袭，正如9世纪的匈牙利人、7世纪和8世纪的阿瓦尔人以及5世纪的匈奴人那样。但在亚洲，蒙古人正与宋朝进行一场极其酷烈的交锋，而且他们还同时在袭击波斯和小亚细亚。窝阔台毫无征兆地突然死去，引发了1242年关于继承问题的纠纷。为此，甚至前方的蒙古军队也被紧急召回，开始横越匈牙利和罗马尼亚，涌回东方。

哈拉和林的王朝纠纷延续了好多年，这个庞大的新帝国显示出了分裂的迹象，这使提心吊胆的欧洲大为宽慰。1251年，蒙哥汗被立为大汗，他任命同母弟弟忽必烈总管中国事务，缓慢而有步骤地征服了整个大宋帝国。待大宋帝国被征服后，令人意想不到的是，东部蒙古人在文化和习俗上却更加汉化了。

西藏，这一片雪域高原上的圣土，也未能免于蒙哥铁蹄的入侵。波斯和叙利亚，也遭到了全面的入侵。蒙哥的另一个弟弟旭烈兀指挥了对叙利亚的战争，他把兵锋转向哈里发政权，并攻下巴格达，血洗全城，不分男女老幼悉数屠杀。那时，巴格达还是伊斯兰教的宗教首府。蒙古人不知为何，变得对穆斯林异常敌视。这一敌视加深了游牧民和定居土著的天然不和。

1259年，蒙哥病死。1260年，忽必烈被推选为大汗——因为把蒙古首领们从这庞大帝国的遥远地方，召集在一起要用去将近一年的时间。忽必烈对中国的事务深感兴趣，因此，他以北京取代了哈拉和林，定都北京。波斯、叙利亚和小亚细亚在他的弟弟旭烈兀的治下，是事实上的独立汗国；同时，在俄罗斯及其毗邻的亚洲地区的蒙古游牧部落和在突厥斯坦的各种较小蒙古集团，也是事实上各自为政的独立汗国。

1294年，忽必烈死去，随着他的死而来的是，连大汗这个名义上的至尊称号也被取消了。

忽必烈去世时，已经存在着一个以大都也就是北京为首都的庞大帝国，包含蒙古和中国的全境。在俄罗斯还有一个钦察汗国。忽必烈的弟弟旭烈兀在小亚细亚地区和波斯建立了伊儿汗国，得到了塞尔柱的突厥人的效忠。1295年，接替旭烈兀的大汗宣布伊斯兰教成为伊儿汗国的国教。这表明了伊斯兰教对蒙古人产生了同化作用。

而且蒙古的衰退还有一方面的原因，那就是盲目而过分的扩张。它在陆地上横跨欧亚大陆的东西尽头，即便是对于机动性很强的蒙古人来说，这个疆域也实在是太大了。他们在歌利亚打了败仗，进攻印度也开始受阻。在缅甸和越南，蒙古人发现平原作战的习惯完全不能适应森林作战的环境。蒙古海军也没有达成目的。1291年，蒙古舰队想要进攻琉球群岛，但是连目的地都没有找到就无功而返。派往爪哇的远征军在两年间损失了大批兵力，狼狈撤军。规模最大的进攻是征服日本。1274年和1281年，蒙古军队两次远征日本，但是被台风吹垮了蒙古人的舰队，日本因此得救。所以在日本历史中，把这场台风称为神风。这样一来，蒙古铁骑在海上和森林里的扩张进程都行不通了。

对蒙古人来说，不但海上的岛国和欧亚大陆的边界地区难以征服，而且他们发现，已经占领的地区也没法守住。因为有一个十分重要的问题，那就是和本地人相比，他们人数实在是太少了，而且不懂得治理国家。俄国诗人普希金曾经说过，蒙古人就像不懂数学的阿拉伯人。所以他们从马背上下来，定居在一个地方，就迅速地被当地人同化了。在这一点上，蒙古人不如阿拉伯人。因为阿拉伯人有自己的语言和信仰，并且成功输出了这些信仰，为他们和占领区的人民之间提供了一个桥梁。但是蒙古人没有这样的优势，他们在他们的属国采纳了比他们更为高级的语言、宗教和制度，没有保留自己的特点。这也是这个帝国没有存在多久的重要原因。

忽必烈在中国建立了一个蒙古政权，就是中国的元朝，它从1271年延续到1368年。在这之后，西亚地区的蒙古人恢复了精力时，要在印度建立一个蒙古国家。但是在这一时期，印度还在阿富汗人的手中，这个帝国一直延伸到德干高原。

## 马可·波罗游历

蒙古人征服整个欧亚大陆的故事，是历史上出现过的最精彩的片段之一。即便是亚历山大大帝，在征服的土地面积上也没法与之相比。蒙古帝国对人们造成的影响是十分巨大的，它给人带来了无限的想象空间。整个欧洲和亚洲都被连接起来了，道路变得畅通，在蒙古首都哈拉和林的宫殿里，出现了各个国家的代表。

原本存在于欧洲和亚洲之间的因为基督教和伊斯兰教的积怨造成的壁垒，现在正在慢慢消失，罗马教廷十分希望蒙古人能够皈依基督教。在这个时期，蒙古人唯一的宗教是他们在草原上的原始宗教——萨满教。一时间，罗马教廷的使团、印度的佛教高僧、中国的匠人、拜占庭帝国的商人，还有印度和波斯的科学家，一起在蒙古的宫廷中出现。在历史记载中，我们听到最多的是蒙古人的残暴和嗜杀，却听不到多少他们对科学和知识的追求。他们作为一个民族来说是不开化的、没有创造力的，但是他们对世界的贡献之一就是，把他们得到的东西在世界范围内传播。从成吉思汗到忽必烈，关于这些人的记载都让我们能够清楚地认识到，他们和夸夸其谈的亚历山大大帝或者精力充沛但是没有教养的查理大帝一样，都是充满能量和智慧的君王。

　　罗马教廷在蒙古的传教最终还是失败了，基督教的能量正在消退。蒙古人其实并不讨厌基督教，甚至与伊斯兰教相比，他们最初更倾向于基督教一些。但是来到蒙古传教的人明显是在利用耶稣的教导企图扩张教廷的权力。这样的基督教在蒙古人看来是有污点的，是不友好的。也许蒙古人并不介意

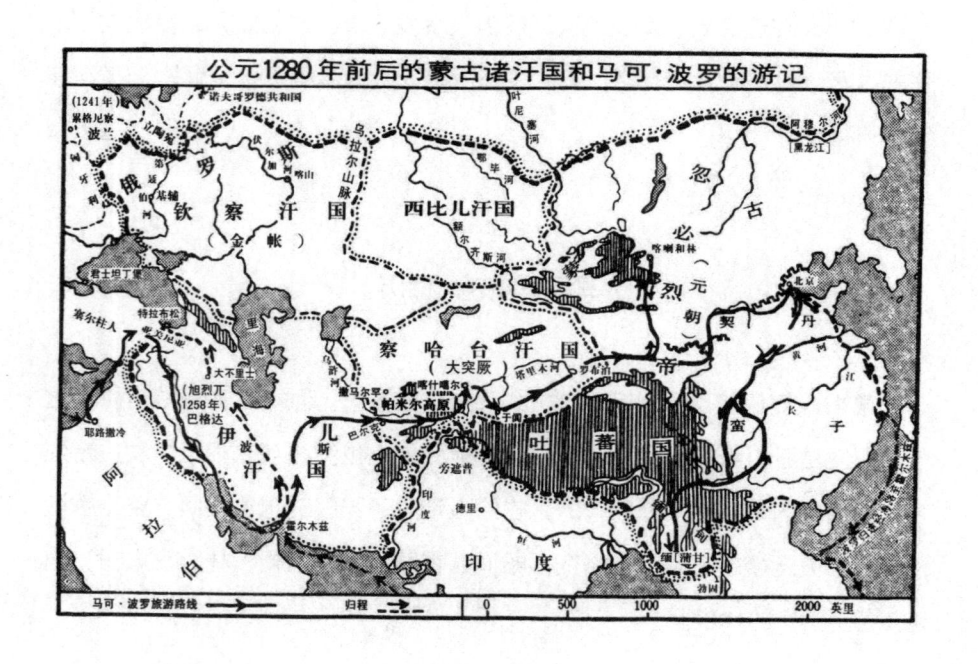

自己的帝国成为上帝的国土，这样可能倒是符合他们的心意。但是如果要把它变成法兰西或者意大利教士的封地可就不行了。这些教士只是傀儡，今天听命于日耳曼皇帝，明天又被法兰西国王支配，毫无自己的价值。

1269年，蒙古大汗忽必烈向罗马教廷派遣了一名特使，想要向西方的基督教世界寻求某些共性。他要求罗马教廷派遣100名教士来蒙古朝廷传道。但是当他的特使来到了欧洲，发现这里并没有一个教皇，教廷正在展开一场旷日持久的夺位之战。在整整两年时间里，教皇的位置都是空缺的。后来，等到一个教皇终于继位时，他只派出了两个教士去往蒙古，想要把这个世界上最大的国家收入自己的管辖之下。这两个教士因为畏惧路途的艰险，刚启程没多久就找借口打道回府了。

这次没能成行的宗教派遣只是若干次沟通中的一次。但是罗马教会的每一次尝试都已经没有之前的类似征服异端的热情，而是虚弱和无力的。教皇英诺森四世曾经派过一些教士去往蒙古的首都哈拉和林，后来还派人来到新的首都北京。我们在历史中见到过很多被派往东方的使者和主教，但是他们都死在了路上。1346年，北京的蒙古朝廷有一个罗马教皇的使节，他好像只是作为教皇的外交官来到这里的。随着元朝政权的瓦解，基督教向这里派遣的人越来越少，最后没有了。在蒙古建立的元朝灭亡之后，取代它的明朝是一个汉族人的王朝。直到明朝末年，在中国的土地上都再未出现过教皇的使节。这在之后，基督教又一次来到中国展开传教，不过是通过海路到达中国的。

1298年，欧洲的威尼斯人和热那亚人之间进行了一场战争，威尼斯人战败了。热那亚人俘虏了7000名威尼斯人，其中的一个绅士名叫马可·波罗。他曾经在世界各地旅行，但是他的邻居认为他是一个夸夸其谈的人。他曾经参加过一个到忽必烈的朝廷传道的使团，和他一同出发的两个教士打了退堂鼓，但是他仍然继续向中国前进了。马可·波罗在热那亚被俘时，为了排遣无聊的时光，他把自己在中国的经历向和他关在一起的一个名叫鲁斯蒂谦的作家描述了一遍。这个作家把马可·波罗的游记记录了下来。我们在这里不讨论这个故事的真实性，因为它尚存有争论。但是这个传记中记述的事情是可靠并且无可置疑的。在14世纪，《马可·波罗游记》在欧洲的上层社会十分受欢迎，人们可以通过这本书打开通往13世纪的大门，只凭着史学家们的记录，我们无法看到这样生动的场景。这本著作也直接导致了美洲的发现。

在游记的开头，马可·波罗提到了他的父亲和叔父到中国游历的故事。他们是有声望的威尼斯商人，在君士坦丁堡居住和经商。1260年，他们来到克里米亚，接着来到喀山。接着他们去了布哈拉，在那里他们遇到了忽必烈派出的使团，他们是往忽必烈的弟弟旭烈兀那里去的。这些蒙古人强迫马可的父亲和叔父一起去见大汗，因为他们还没有见过这样的人。于是他们跟着使团回去了，留给忽必烈的印象很不错，而且忽必烈对他们的基督教产生了很大的兴趣。忽必烈委托他们带着给教皇的信回到了欧洲。我们之前说过，当他们回到欧洲时，罗马教廷正处于混乱之中。经过了两年的时间，教皇才派两个教士和他们一起启程前往中国。他们带上了马可·波罗。正是因为他参与了这次行程，并且日后被俘时出于无聊口述了他的经历，才让我们能够看到那个时期的风貌。

这三个波罗家族的人踏上了去往中国的旅途。他们没有像上次那样从克里米亚经过，而是借道巴勒斯坦。他们带着忽必烈大汗的金牌和路引，大大方便了他们的旅途。忽必烈曾向他的父亲提出了想要得到一些耶路撒冷圣墓的油灯中的灯油，所以他们先到了耶路撒冷，之后来到亚美尼亚。之所以他们一路向北，是因为当时的埃及人正在攻打旭烈兀的伊儿汗国。他们从亚美尼亚来到了霍尔木兹，在这里他们遇到了印度商人。他们并没有走水路，而是继续在陆地上行进。经过了漫长的旅程，他们到达黄河流域，并最终来到北京。马可·波罗把北京称为汗八里，把中国北方称为契丹，把中国南方、之前属于宋朝的地方称为蛮子。

忽必烈此时正在北京，他热情地接待了马可·波罗一行。马可·波罗受到忽必烈的恩宠，因为他年轻又英俊，而且掌握了蒙古语。大汗授予他官职，并且让他出使外国，主要是到西南地区。他说的是在这片富饶的土地上的经历。这里的大路上，有很多为旅客提供住宿的豪华的旅馆，有环境优美的花园和苗圃。还有佛教的僧人建造的庙宇。民间大量出产工艺精美的丝绸。国土上到处都是城市和乡镇。这些描写开始的时候被欧洲人认为是过分夸大了，让人怀疑它的真实性，但是紧接着，欧洲人的想象力被激发了。

马可·波罗还提到了缅甸地区的事情。这里的军队中有几百头大象，最后这些象军也被蒙古的骑兵打败了。他也提到了蒙古征服勃固的历程。他谈起过日本，但是对这个国家黄金的数量十分夸大。最不可思议的是，他谈到了一个中国的基督徒的统治者，这个人名叫长老约翰，是一个牧师。他是中国所有信奉基督教的人的领袖。他没有亲眼见到这些人，这些应该是蒙古部落中的一个信仰景教的部落。由于可以理解的激动之情，鲁斯蒂谦用浓重的笔墨书写了这件在他看来最让人惊叹的事迹。长老约翰也成了14世纪时期最令欧洲人兴奋的人物。这件事燃起了欧洲人的冒险之情，让他们认为，在遥远的东方，有一群人和他们有着同样的信仰，那么这些人一定会欢迎他们的到来。马可·波罗作为元朝任命的官员管理扬州三年时间。在中国人看来，他并不像外国人。他还有可能作为使臣到过印度。而且在中国的史籍中，记载过一个名叫波罗的人，他在1277年在元朝政府中任职。这大大增加了马可·波罗的故事的可信性。

马可·波罗和他的父亲和叔父一路来到中国就花去了3年半的时间。他们在中国停留了17年。他们开始思念家乡了。他们虽然得到了忽必烈的宠信，但是也感觉到了随之而来的强烈的嫉妒。如果有一天忽必烈死去了，他们的结果不会很好。他们请求忽必烈让他们回家。忽必烈拒绝了他们的要求，但是他们抓住了一个机会。伊儿汗国的国王阿鲁浑的妻子去世了，在她去世之前，阿鲁浑承诺只会再娶本部落的蒙古女人，坚决不娶外族人。他派人来到北京，选了一个公主迎娶。为了使这个公主在路上不至于受苦，所以忽必烈决定让她走海路，并且派人护送。负责送这位公主的人强烈要求马可·波罗等人随行，因为在蒙古人眼里他们有旅行的经验，并且很聪明。这样，马可·波罗有了回家的机会。

这个护送队从中国东部的一个港口出发,来到印度地区,在这里停了很长一段时间,又接着航行了两年到达波斯。他们将公主交给阿鲁浑的儿子,因为这时阿鲁浑已经死了。完成了护送任务之后,他们三个人坐船去了君士坦丁堡,并于1295年回到了威尼斯。

这几个刚从蒙古回来的人穿着蒙古族的服装,被拦在了家门外。过了很长时间人们才认出了他们。很多人虽然认识他们,但是仍然装作看不见,因为他们衣衫褴褛,像是乞丐。为了让人们消除疑虑,他们举办了一次宴会,在宴会进行到最高潮时,他们拿出了身上穿的旧衣服,把仆人打发走,然后把衣服拆开。耀眼夺目的各种宝石和钻石倾泻而出,让宴会上的宾客眼花缭乱。但是即便是这样,马可所说的中国的面积和人口也总是遭人嘲笑。他还有一个外号,叫作百万先生,因为他提起中国的时候总是说道百万人口或者百万金币。

这就是威尼斯人马可·波罗口述的、现实令人惊奇继而轰动了整个欧洲的故事。欧洲的传奇故事里,总是出现马可·波罗带回来的新名词,比如汗八里、契丹等。

## 奥斯曼土耳其

马可·波罗在中国的经历只是当时许多类似的交流的开始,欧洲人正要开始他们的冒险并扩大他们的视野。蒙古人的征服还带来了一个令人意想不到的结果,那就是在达达尼尔海峡地区出现了奥斯曼土耳其人。

成吉思汗第一次攻打西突厥斯坦之前,有一小群人从这里向西南方向逃跑了,这些就是奥斯曼土耳其人的祖先。他们经过在中亚地区的长途跋涉,穿越沙漠和高山,想要找到一块能够让他们居住的地方。这时一小群游牧民族的牧人,在十字军和穆斯林军队还有各个大的帝国和小的诸侯国之间穿行。他们是如何保护他们的牲畜,在哪里放牧,又在哪里宿营,以及怎样同他们行经的地方的部落首领和谈，都需要我们去找到答案。

但是不管怎样，他们最终在小亚细亚地区，在塞尔柱的突厥人中间觅得了一块能够停留的地方。这个地方的周围都是和他们血统接近并且谈得来的人。这个地方名叫安纳托利亚，这里的城市中生活着一些犹太人、希腊人和亚美尼亚人，其余的都是信奉伊斯兰教并且说着突厥语的穆斯林。这些人的血统中流着赫梯人、特洛伊人和意大利人的血，但是他们早就忘了自己的祖先是谁。和巴尔干半岛上的人一样，他们也是一种混血，但是他们自认为是纯种的图兰族人，并且觉得自己比基督徒要先进得多。

随着时间的推移，这一地区的奥斯曼土耳其人成了一股重要的力量，最后，在塞尔柱人的鲁姆帝国分裂成的各个小国中，他们的实力最为强大。他们与元气大伤的拜占庭帝国保持着微妙的敌对状态长达几个世纪。他们没有向博斯普鲁斯进攻，但是在达达尼尔海峡他们得以立足，并且沿着这条路线向马其顿、伊利里亚和保加利亚不断推进。

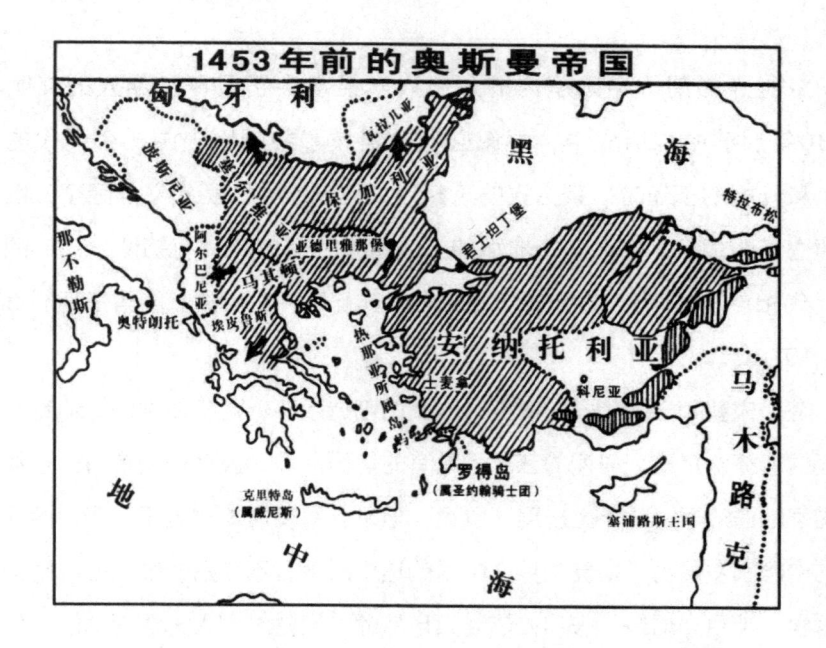

土耳其人逐渐发现，南斯拉夫人和保加利亚人与他们的文化很接近，但是任何一方都没有承认这个说法。可能是民族融合的过程比较相似，但是他

们和土耳其人比较起来，地中海白人和蒙古利亚人种的血统没有那么多。但是在诺迪科占的比重要大一些。这些巴尔干地区的民族都信奉基督教，他们各自分裂，有很深的矛盾。在另一个方面，土耳其人因为说着同一种语言，所以感觉自己更加团结。而且他们具备穆斯林的简朴的生活习惯。他们是骁勇善战的士兵，在征服敌人之后，会尽力让他们改信伊斯兰教。他们解除了基督教士兵的武装并且让他们纳税。逐渐地，奥斯曼土耳其人在东到托洛斯山脉，西到匈牙利和罗马尼亚的广大地区形成了一个帝国。当时的欧洲对外的屏障不是君士坦丁堡，而是匈牙利的突厥人。这些基督教徒挡住了土耳其人的进攻，保卫了欧洲。奥斯曼在埃及的马木路克雇佣军身上得到了灵感，组织了一批常备军，这就是奥斯曼禁卫军。

## 蒙古人的生活

忽必烈时期，中国境内的蒙古人已经学会了很多汉族人的文明。1280年后的中国历史中，把忽必烈也当成了中国历史中一个朝代的君王，和元朝的创建者。蒙古人的王朝后来被汉族的农民起义推翻了，汉族人建立了明朝。明朝是一个典型的汉族国家，有教养、有知识，他们的皇帝代代相传，直到被北方的少数民族满族征服，满族建立的清王朝一直延续到1912年。

在与宋朝和元朝相同的时期，欧洲的创造水平远远不如中国。但是有很多证据能够认定这个时期的艺术品具有的优秀品质。虽然宋朝在各个少数民族国家的逼迫下，政治上出现了倒退，但是艺术发展却达到了顶峰。南宋时期的中国画发展到了最高水平。中国的这个时期，不论是诗歌还是绘画抑或是哲学，都星光熠熠。宋朝人热爱大自然的心情是欧洲人无法理解的，他们的高尚情趣从他们绘画中的山峰、云雾、河流、大雁、小溪上的一叶扁舟中都能体现出来。

元人把宋人在绘画上的推动力没有重大变化地继承了下来，但当明朝统治之初，某种衰颓和雕琢之风却冒了头。到了明朝，历史进入了一个留下大量不朽古迹的时期。很多木雕和牙雕被保存了下来，还有碗、玉和水晶的雕刻品以及大量精美的青铜器。通向明陵的大道两旁的巨型石像，虽然不能代表中国最好的雕刻，却是闻名中外的。一种小题大做的过分雕琢之风渐渐地侵入了中国的雕刻，直到它在大量的龙、花草和象征性的图形下被压得透不过气来。

元朝时期的艺术家把宋代的绘画工艺原封不动地继承了下来。但是在明朝成立的初期，出现了一种过分雕饰的风气。明朝为我们留下很多不朽的作品，有很多木制雕刻和象牙雕刻留存到现在，还有很多用玉和水晶制成的物品和很多精美的青铜器。在明朝皇帝的陵墓大道两边，耸立着巨型的石头雕像，即便这些雕像无法代表中国雕刻技艺的最高水平，但是却闻名遐迩。

蒙古帝国衰落之后，帕米尔高原和东突厥斯坦的大部分蒙古人很快就回到了成吉思汗带领他们走出蒙古之前的部落生活状态。在此期间，许多独立的小型汗国还能够一点点寻找他们衰落的原因直到当代。在17世纪，卡尔梅克人建立了一个大规模的帝国，但是在它向四周扩张时，内部的斗争让它分裂了。大约在1757年，中国收复了这里。

在俄罗斯的钦察汗国，蒙古人依然靠游牧为生。他们到俄罗斯南部和与钦察汗国相邻的西亚的平原上去放牧羊群。他们还信奉了伊斯兰教，尽管不是太虔诚，仍然保留了一些萨满教的习俗。金帐汗国的可汗统治着他们。在钦察汗国的西边，荒凉的土地之上，斯基泰人，也就是斯拉夫人和蒙古人的混血，在今天的乌克兰地区开始放牧。这些游牧民族信奉的是基督教，他们能够作为抵抗蒙古人的先头部队。这些人的自由生活极大地吸引了波兰和立陶宛地区的农民，以至于这两个地方需要用严格的法律禁止农民们从耕地向草原上迁移。因为这一点，所以波兰的地主阶级对草原上的哥萨克人极其不满。波兰骑士团与哥萨克人之间经常发生战争，就像后者与蒙古之间一样。

钦察汗国和从前的突厥斯坦十分相似，虽然游牧民族在一望无际的草原上放牧，但是城市里和农田上仍然有一些定居的人生活，他们向游牧民族的统治者进攻。在基辅或者莫斯科这样的城市里，像蒙古人到来之前他们所过的那样，生活没有发生改变，仍然信奉着基督教。他们给可汗统治下的金帐汗国提供税收。莫斯科大公受到了可汗的信任，渐渐成了可汗之下权势最大的人，比其他一样进贡的属国地位要高。到了15世纪，伊凡三世大公带领莫斯科脱离蒙古人的统治，不再向金帐汗国进贡。这个时候，君士坦丁堡的统治者不再是君士坦丁的后人，于是伊凡三世使用了拜占庭的双头鹰徽章。他把自己说成是拜占庭帝国的后人，因为他的妻子是拜占庭公主。莫斯科大公伊凡三世率军向北方进发，征服了诺夫哥罗德王国，这个国家属于北欧人，以经商为生。他的事业奠定了近代俄罗斯的基础。同时他还和波罗的海发生了联系。虽然他把自己说成是君士坦丁堡的继承人，但是还没有疯狂到称自己为皇帝。在他的孙子伊凡四世的时候，终于称帝了。从此，来自莫斯科的皇帝被人称为沙皇，其实就是恺撒的意思。虽然他的名字是恺撒，但是他的传统却与欧洲没有多大关系，而主要是来自蒙古的。他采取专制的政治制度，学习了亚洲的君权无限的模式。他热爱的基督教形式是东正教的，这种形式在蒙古人到来之前，就已经通过保加利亚传教士传到了俄罗斯。

在钦察汗国的西边，蒙古人的疆域以外，波兰在10世纪和11世纪之间建立了第二个斯拉夫人的国家。虽然蒙古人曾经攻打过这里，但是始终没能战胜它。波兰信奉的宗教不是东正教而是天主教。它使用的文字是拉丁字母，不是俄文。它的统治者一直都没有脱离皇帝使政权独立。实际上，波兰可以说是基督教和罗马帝国的一个遥远的继承者，但是俄罗斯从来就不是。

在波斯和叙利亚地区建立的伊儿汗国可能是在所有蒙古人建立的政权中最有特色的一个。这里的游牧民族想要把定居民族的所有文明成果都消灭掉，而且它在一定程度上十分成功。成吉思汗刚刚进攻宋朝时，曾经有一次严肃的讨论，关于是否要把宋境内的一切城市都毁灭，所有定居人口都杀死。因为对于这些习惯在旷野上放牧的人来说，定居是危险的，是拥挤、软弱和腐化的代名词。而且，一块本来应该是水草丰美的田野的土地上，如今却挤满了人。城市对他们来说是没有任何意义的。在欧洲，早期的法兰克人和盎格鲁-撒克逊人也曾经对城市有过这样的厌恶感觉。但是只有在伊儿汗国，旭烈兀把这种想法真正变成了付诸实施的政策。蒙古人屠杀了农民，烧毁了房屋，还把绵延8000多年的水利灌溉工程给破坏了。随着这些文明痕迹的破坏，西方世界文明的创始人随之消失了。从苏美尔人开始，这里的人类就耕种这片土地。这里人口众多，出现过很多繁华的城市。现在这片土地成了废墟，河水没有用于灌溉，白白流走了。或者从堤坝上溢出形成了沼泽。后来，只有巴格达和摩苏尔恢复了一些，成了下等的城市。

如果旭烈兀手下的大将没有在与埃及人的战争中兵败而死于巴勒斯坦，埃及也将面临着同样的下场。但是这时的埃及成了土耳其苏丹国，控制它的是一个雇佣兵集团，名叫马木路克。和后来的奥斯曼帝国禁卫军一样，马木路克买来儿童从小进行军事训练，用这些从小训练有素的士兵来补充兵源。这些雇佣兵遇到有能力的苏丹时就会服从他，如果他没有能力，就会被杀掉，再换一个人接替苏丹。在这样的情况下，埃及能够保持自己的独立政权，直到1517年被奥斯曼帝国征服。

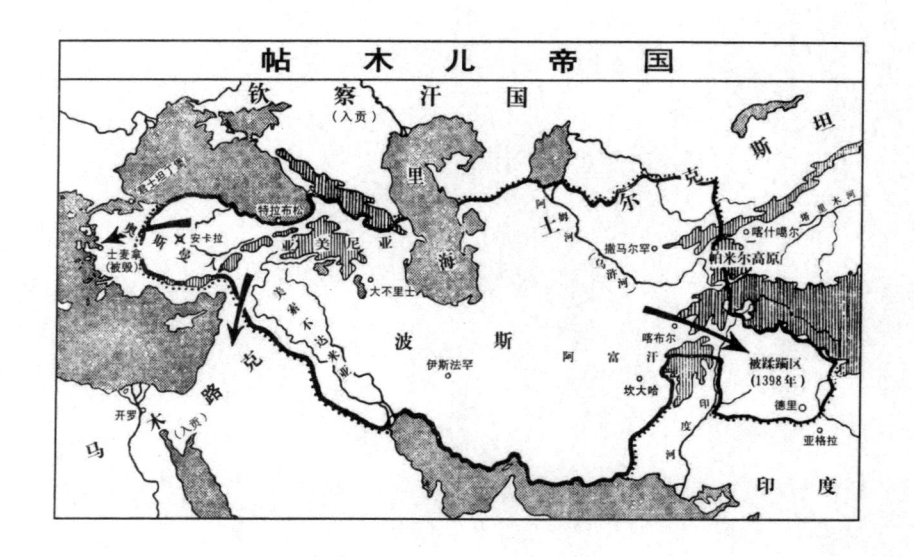

旭烈兀带来的对农耕文明的破坏很快就结束了，但是到了15世纪，又开始了一次游牧民族对定居民族的野蛮行径。这一次是在西突厥斯坦，由帖木儿领导开始的。他是成吉思汗的女儿的后裔，在撒马尔罕建立了汗国，并且控制了钦察和西伯利亚。到了1369年，他正式宣布自己为大汗。即便是在游牧民族中，他也称得上十分野蛮，从北印度到叙利亚，他建立起一个荒无人烟的国家。他最奇葩的举动是用人的头骨堆成金字塔的形状。在攻占了伊斯法罕后，他用7万枚头骨搭建了一座金字塔。

帖木儿的野心是想恢复成吉思汗的帝国的荣光，但是他的计划失败了。他攻打过很多地区，从奥斯曼土耳其人到埃及人都要给他进贡。他攻占了旁遮普和印度，他还在德里进行了屠城，把这里的人都杀光了。在他去世时，没有一块土地能够展现他的荣耀和权势，只留下恶魔的名声和一片荒凉的国家。还有在波斯仅剩的一块穷困潦倒的国土。

半个世纪之后，帖木儿建立的王朝被另一个游牧民族的部落土库曼人消灭了。

第十章

**西方的复兴**

## 新思想的萌芽

14世纪，人类社会中爆发了一场横扫世界的灾难，这场灾难同时把人类社会的基础薄弱之处显露无遗。这是一场大瘟疫，之前闻所未闻，但是又极其致命。这场瘟疫甚至带来了一种思想的发展。这就是黑死病，比之前所有的天灾和人祸都使人类更加接近于毁灭。伯利克里时期或者马可·奥勒留时期的瘟疫与之相比显得不值一提，格列高利一世时期发生的使意大利对伦巴德人敞开了大门的那次瘟疫也不如此次的致命。这场灾难首先爆发于中亚地区，通过克里米亚和一艘商船来到了欧洲。通过亚美尼亚，这场瘟疫席卷了埃及、北非和小亚细亚地区。1348年，黑死病侵入了英国。在牛津大学，2/3的学生病死了，整个英国的人口死亡了1/4还多，也有人认为英国在瘟疫过后减少了一半人口。欧洲所有国家的死亡人数加起来超过2500万人。黑死病接着传入了东方的中国，根据中国史书的记载，大约有1300万人感染而死。这场瘟疫传入中国时，它已经在欧洲肆虐了30多年。黑死病的病原体过去是在里海源头的飞鼠和啮齿类动物身上。这种病原体感染了人类之后，造成了大规模的爆发。在中国，这场瘟疫导致了社会秩序的严重混乱，河堤无人看管造成了溃坝，洪水冲垮了人口密集的农业区。

人类历史上从没有遭受过这样的灾难,这仿佛是对人类的警告,让他们停止互相的争斗,团结起来,用自己的知识和力量跟自然中不可理解的事情对抗。与此相比,蒙古的旭烈兀和帖木儿所犯下的屠杀罪行显得微不足道。在欧洲的大城市里,黑死病的肆虐更加疯狂,这里没有下水道的街道和肮脏的城市环境带来了传染病的流行,麻风病和热病都传播一时。伦敦的慈善墓地里,埋葬了超过5万人的尸体,这个墓地上面后来建起了卡尔特修道院,作为对这一事件的纪念。诺里季死了几千人,而在布里斯托尔,活人甚至都没有时间去埋葬死人。

在农村,黑死病造成的破坏和在城市中差不多。在约克郡,一半以上的牧师染病而死,诺里季的主管教区有2/3的牧师都更换了。农民和工人的组织不再工作了。因为人手极度紧缺,佃户们无法完成耕种的任务,地主们只得宣布暂时减免一半的土地租金,才能留住人们不放弃这些土地。在一个时期内,已经没有人种地了。当时人们说,玉米地里有很多四处游荡的牛羊,但是已经没人去把它们赶走。这些灾难直接引发了14世纪的农民起义。

黑死病爆发的时候,社会上缺少劳动力,也没有货物,但是土地的拥有者和贵族们却对于经济规律一无所知,他们中间没有人知道,在灾难到来的时候对于普通的劳动者千万不能继续增加压力。这些富人和贵族看到他们的财产开始缩水,土地也变得荒芜,就开始用残暴的法令强迫人们增加劳动,却又不给他们增加报酬,还不让他们去找更好的工作。这种情况下,一次反对整个社会的不公的起义自然发生了。甚至在起义爆发时,人们还认为这种不公的社会体系是最神圣且不容置疑的秩序。贫民们发出了自己的声音,而被称作狂僧的弗鲁瓦萨尔通过他的讲话替贫民表达了出来。这个曾经的牧师,20年以来一直在肯特的教堂庭院中讲道,全然不顾解职和被囚禁的危险。在封建地主们看来,这个人一定是发疯了,但是正是在他的布道中,英国人第一次听到了人人生而平等的宣言。他大声说道:善良的人啊,只要还有农民和绅士的区别,财产还是私有的,那么这个国家就永远都不会变好。我们叫他们老爷的人,哪里比我们更好呢?他们有什么资格得到我们的供奉呢？为什么我们要成为他们的奴隶？如果我们都是亚当和夏娃的后代，怎么能够证明他们比我们更加高贵？如果不是我们用劳动给他们赚取金钱，他们哪里有财富用来挥霍？他们穿着华美的衣服，吃着面包、饮用美酒，可我们却衣不蔽体，吃着燕麦渣，喝的是不洁的生水。他们住在精致的房子里，我们就只能在劳作一天之后，在田野中风吹雨淋。他们的尊贵都是我们的劳动换来的。他关于平等学说的布道中，有一句让整个中世纪时期的社会体系遭受致命打击的话，那就是，在亚当耕种、夏娃纺织的时候，哪个才是绅士呢？

但是领导英国起义的领袖瓦特·泰勒被伦敦市长刺杀了，这一切都是当着英王理查德二世的面进行的。他领导的起义运动也失败了。

法国发生的扎克雷起义，略早于英国的起义。法国农民暴动了，他们毁掉了村庄，焚烧了城堡。在一个世纪之后，同样的事情发生在了德国，它被拖入了一连串农民战争中。这些战争都是从15世纪的末期开始的。在德国，经济的崩溃和宗教的混乱交织在一起，比英国的情况还要更糟一些。

德国发生的这些战争中，最为突出的是再浸礼派教徒发动的起义。这个教派于1521年在三个先知的率领下，在维滕堡出现，并在几年后发动了起义。1532年到1535年，他们占领了威斯特伐利亚地区，在这里努力想要实现他们的共产主义理想。他们在占领的明斯特镇被该镇的主教包围了，这时街上出现了谣言，说发生了人吃人的现象，还有一个名叫约翰的莱顿人自称是大卫王的后裔，他掌管了政权并且实行一夫多妻制。这些教徒投降之后，主教对他们实行了残酷的刑罚，然后在闹市中处决了他们，还将他们的尸体肢解之后放在笼子中，挂在教堂的塔楼上示众。主教通过这个举动向全世界宣布，这里的秩序已经恢复了。

14世纪在西欧各国发生的劳动人民的起义比历史上发生过的任何社会动乱都更加严重，并且持续的时间更长。在它之前，与它的性质最接近的是波斯地区发生的穆斯林运动。1000年，诺曼底发生了一次农民的暴动，在罗马帝国末期也有类似的农民奋起反抗的事发生。但是都没有这次的严重，这表现出人类社会中正在萌芽的一种新的思想。这种思想与之前的农民对一切都漠不关心的原则完全不同，也和那种受富商奴役的人产生无政府主义的绝望毫不相同。

上面所说的所有这些人的起义都被统治阶级用残酷的手段镇压了，但是这种起义的根源从来没有消灭。从那个时候起到现在，文明社会底层的反抗精神一直都存在着。有起义，就会有镇压，也会有妥协带来的短暂和平。但是从那时起，斗争就没有真正结束。这些斗争在18世纪末法国革命时突然出现，而在19世纪抗击暴政的起义更加频繁，并且最终在世界上得到了巨大的胜利。在19世纪，社会主义运动只是正在进行的反抗活动的一部分而已。

在德国、法国和俄国等国家，这些工人阶级的运动带有反基督教的性质。但是通常来说，平民对苦难的生活和繁重劳役的反抗是和基督教日常的教导有着紧密的联系的。可能基督教的传教士并没有刻意传播平等主义，但是基督教的基础是耶稣的不灭的闪亮人格。基督教在传教的过程中，不自觉地播撒下了自由的种子，它所到之处，自由的思想早晚会萌芽，并且将茁壮成长。

工人阶级的反抗运动不断成长，工人作为一个阶级，发展出了自身的阶级意识，使得他们对全世界的秩序都提出了要求。这与大学的建立、印刷术的普及以及科学的发展，共同成了我们当前所处的近代文明进程中，与之前人类社会存在的任何一种状态都区别开来的标志。虽然它取得了一些成功，但是仍然能够明确地看出，它还在过渡时期，没有真正成熟。它要么健康地成长，要么就注定死去。或许它能够解决把辛苦的工作和幸福的生活相结合的问题，能够开启一种更为平衡且更让人满意的社会秩序。同时它也有可能注定要失败而瓦解，被另一种完全不同的设想所取代。

和在它之前存在过的所有文明一样，我们这个时候的文明或者只不过是和农民种植的一些用于增强土地肥力的农作物一样。它的成长是为了和某些传统结合之后再被打碎，重新融合进土地里，结出更丰硕的成果。这些都是我们需要面对和正视的历史问题。

# 文艺复兴（1）

14世纪，欧洲已经有了近代文明的萌芽。在意大利的佛罗伦萨和威尼斯等一些地方，工商业得到了快速的发展，在一些地区，资本主义萌芽出现了。新兴资产阶级来到历史前台，他们渴求新的思想形态，保护他们已经得到的政治和经济利益。新艺术和文化形式也是他们需要的，用来支持他们得到的一切。这样一来，就诞生了一种全新的近代精神。文艺复兴是一场新文化运动，反对神权至上和封建君主制度，是一股让欧洲焕然一新的力量。

文艺复兴产生的社会背景，是欧洲和世界范围内爆发的黑死病和封建主义危机。因为瘟疫爆发造成社会秩序混乱，经济也开始崩溃，人们的生活压力空前巨大，欧洲仿佛即将全面崩溃、陷入黑暗。但是，就在这样的困境中，意大利的佛罗伦萨和威尼斯出现了一丝黎明的曙光。这是一场彻底改变了欧洲人的思想，乃至影响全世界的运动。在这场运动之中，诗歌、绘画和建筑等艺术形式争奇斗艳、色彩纷呈，给欧洲带来了一个多重构架的近代文化体系。我们从字面意义能够理解，文艺复兴的意思就是重生。历史在大瘟疫的肆虐和社会的崩溃中孕育了希望的种子。中世纪的黑暗时代结束了，一个崭新的时代即将诞生。

今天很多欧洲城市的人们，比如佛罗伦萨和威尼斯，还有其他地方，仍在这个无与伦比的时代带来的艺术作品和社会成就以及它们带来的诗情画意中徜徉。

特拉克是一个极其敏感的诗人，他在那个时代就做出了非凡的举动。在他的历史划分中，中世纪的欧洲是一个混乱而黑暗的时期，有良知和内心充满激情的诗人和艺术家心中充满着强烈的改革意愿，于是这些文学家、艺术家和科学家联手开始了行动。

这个时期的艺术家，包括达·芬奇、米开朗琪罗等人，对文艺复兴起到了极大的推动作用，这种崭新的文化形式将文学、绘画和建筑的各自特征融合在了一起，转化为丰硕的文化成果。这些艺术家想要表达的思想就是，人类即将从黑暗中走出，崭新的近代文明即将到来。围绕在挽救欧洲的危机和重获新生的主题下，这些知识分子和艺术家展现出了巨大的创造力，激发出了无限的潜能。

在意大利的佛罗伦萨，随着社会的发展和经济的进步，出现了一种新的艺术展现方式。每一个人作为独立的个体，凭借自己的能力，得到与自己相符的社会地位。按照这个观点，建筑师设计的建筑开始变得以人为主，画家和雕塑家也对每个个体格外重视。同样，人们开始尝试了解人类自身的生理和心理结构，以及认识如何思考，从这一点来说，文艺复兴和这场变革带来的人文主义哲学，成为人类历史上最重要的一次改变和进步。

知识分子是带来变革的中心，他们自认为是人文主义者，追求人文主义的理念，通过现实主义来展示他们的思想。他们想要为人类的新生活而努力开疆拓土，他们决心与代表着悲观和绝望的中世纪文化彻底决裂，全欧洲的有识之士，都在为这个理想而奋斗。

这一时期产生的新文化是来自于民间的，从社会的最底层吸收养分。文艺复兴时期的艺术大师或者本身就是社会底层出身，或者是深入平民的文化中，用力汲取养分。我们可以说，文艺复兴时期的文化内涵，包含了文化的开放和兼收并蓄的重要特点。这一时期作品的内容，吸收了古典主义文化的精髓，还包含东方的中国人的创造，以及拜占庭人、阿拉伯人和欧洲人民的丰富智慧。

人文主义是对人生存的价值、人自身的精神以及人的生活水平和质量进行研究的学问。这门学问认为知识的价值体现在能够加以运用上。人的天性就是在俗世中幸福生活，人类的任务就是要在文化的荒漠中创造社会和城市。这是一种全新的信仰，强调人类在现实中的生活就意味着幸福。这种学说认为人类完全要依靠自己的力量实现社会秩序的改良和人的自我价值，与神的恩典无关。在人文主义者们看来，知识就是力量，人要展现自我具有的能力来创造自己的历史。人文主义的两个基本特征是：第一，人生而具有尊严，因此并非人性本恶，人类之所以还不完善，是因为缺乏知识的学习和积累；第二，人类不但具有人格尊严，还有主观意识和能动性，所以人们应该能够按自己的意志选择和行动。这个时代的思想家十分重要，他们把自己的全部才能体现在社会的诸多方面，在这个时代里，他们是当之无愧的巨人，他们通过作品传播的新思想，彻底改变了人们对人类自身的观点和看法。

在15世纪的佛罗伦萨，艺术家们最关注的问题通常是与社会的发展有关的。以多那太罗来说，他为奥尔圣米凯莱教堂设计外墙时创作的圣乔治雕像，充分展现了他作为这一时期的雕塑大师所达到的无与伦比的高度。他不但能够在三维空间内展示人类的躯体，还通过雕塑的表情和身体的姿态呈现出这个人的内心活动。这是对文艺复兴时期人们精神面貌的真实反映，人类想要通过自己掌握的知识和力量，支配自己所处的世界。也就是说，人一旦了解了周围的世界，就会随着他对世界了解的深入来一步步地主宰它。

因为掌握新的知识并且带来了更大的自信，人文主义者试图创造一个全然不同于过去的世界，于是就诞生了人间天国的观点。他们认为，《圣经》中所说的伊甸园存在于人类社会，要创造它就要靠人类本身的辛勤劳动。

新生的人文主义以自己对文明和世界的理解，发明了一种全新的艺术形式，那就是把人与空间紧密相连。

从1420到1463年，一个伟大的建筑师伯鲁涅列斯基给佛罗伦萨的天主教堂建造了一个八角形的穹顶，这个穹顶高300多英尺，再次体现了人类和宇宙融为一体的追求。这个穹顶不再是一个封闭的盖子，圆顶上有很多窗洞，能够射入阳光。这个设计体现出人类渴望摆脱束缚、追求自由的精神。如果我们不再远观，而是在近处仔细观察这个宏伟的建筑，首先映入眼帘的，是一个多面体构成的有机整体，在这个角度上，它也象征着欧洲文明是由多种文明复合而成的。从上往下看，能够看到新生的君主制政体。这个政体中，君主是整个民族和国家的最高代表。继续往下，能够发现是一种崭新的经济结构支撑这种政体，农民、手工业者和其他工人阶级的生产活动创造的价值产生税收，源源不断向政府输送，使政府与这个经济社会紧密地结合在一起。君主和平民之间，是不同于以往的官僚、贵族，还有归国家统辖的常备军，他们被用来维持社会的稳定、保卫国家的安全。我们向四周看看，就能够发现社会中已经出现了许多大学，它们能够培养各种类型的人才。因为大学的兴起，科学和文化也开始大规模地复兴。

这个透明的穹顶所要表达的，就是近代社会的整体缩影，社会中的每个部分都统一而和谐地发展。这个虽然具有多个层面但是彼此协调的结构，是刚刚出现的，是年轻并且有朝气的，与之前中世纪的欧洲十分不同。这种人类刚刚萌发的精神在当时另外一些杰出的雕塑作品上也有所体现，对其他艺术表现形式产生了重要的影响。

意大利的伟大诗人但丁在这时创作了不朽的名篇《神曲》，而他另外的一部著作《新生》则成为召唤一个新时代的代表。这本书对中世纪以来的经院哲学进行了彻底的否定，标志着文化的风向标开始转向。

在但丁之后，还出现了一些诗人扛起了重塑文明的重任，他们中间的杰出代表是彼特拉克和薄伽丘。一个深入研究人类的思想并且关心现实生活的文学流派诞生了。诗人彼特拉克是这个团体中思想最为敏锐的人。他常去登山，在山顶眺望远方。每当他极目远眺时，就渴望自己能够见到至高无上的光明之神。在他看来，中世纪是欧洲的一个秩序混乱的过渡期。他眼光十分锐利，能够将过去出现的黑暗和愚昧与将要出现的光明和科学区分开来。

这个文学团体中，薄伽丘十分有才华并且睿智。1347年到1374年之间，他在黑死病爆发并在欧洲肆虐的时期写出了名著《十日谈》。这本书中讲述了7个妙龄女子和3个青年男子为了躲避佛罗伦萨城中的瘟疫，是怎样在菲耶索莱山上的乡间别墅中打发时间的。他们在10天的时间里，谈论音乐、舞蹈，讲故事并且辩论，用来排遣寂寞和苦恼。这部作品要表达的是爱和理性，同时还对中世纪时期的迷信和愚昧进行了毫不留情的嘲讽。这部伟大的作品要展示的真正思想是，怎样能够创造一种有用的文化，彻底地改造当下的世界。这就是人文主义者心中的真理所在。

人们渴望知识并且尽情发挥自己的创造力，这也使人类社会中产生了许多新思想，鼓励人们向更深更远处进行探索。这一时期的成果包括哥伦布发现美洲和伽利略全新的关于宇宙的阐述。人文主义者用伽利略的宇宙理论作为基础，通过他的诸多发现，对我们所处的宇宙有了一个全新的认识。

毫无疑问的是，"知识就是力量"的概念不只是文艺复兴时期高喊的口号。在现代社会，人们依然把它当作基本的信仰。这种信仰能够给追求进步的人提供坚实的社会基础。无知者无畏，不做任何事情的人，当然也不会懂得任何道理。

文艺复兴时期，欧洲出现了重视教育的新理念。人们认为教育能够让国家变得更强大，于是在牛津大学和剑桥大学这样的学校中，近代高等教育诞生了。通过研究文化和探索科学知识，中世纪以来人民的迷信的愚昧，以及绝望的世界观，被彻底改变了。因为有了高等教育，人类得以主宰自己的命运，而知识成了坚实的基础，让人类能够发挥自身巨大的潜能。

我们面对文艺复兴时期的作品中十分鲜艳和明快的色彩时，总是感到惊讶。这时的艺术家们对色彩的使用十分大胆，显示出人们已经进入一个艺术的黄金时代。所有的艺术品都具有丰富的色彩和生动的形象，扫除了中世纪的灰暗。金色，代表着高贵和尊荣；红色，代表着火热的激情和爱情；黄色，代表着高雅；绿色，代表着希望；蓝色，代表着天空和海洋。

文艺复兴刚一开端，整个欧洲就被这些充满活力的丰富色彩充满了。拉斐尔、达·芬奇等伟大的艺术家为我们留下了太多的优秀作品。他们能够运用这些鲜艳且明亮的色彩，意味着欧洲人的思维方式已经发生了巨大的改变。他们从野蛮变得优雅，从对一切漠不关心到充满热情，从自觉身份低微到感到身为人类的高贵，从对世界了解的模糊到渐渐清晰，从苦闷压抑到充满想象力地生活。

文艺复兴的人文主义思想开始传播，社会中出现了充满热情和活力的新的精神。这一时期的天才艺术家们，用自己的艺术作品体现了全社会思想的转变。从这个时期开始，他们慢慢把圣母玛利亚头上的光环去掉了，还给她穿上了鲜艳的服装。

达·芬奇的代表作《蒙娜丽莎》中的主角并不是贵族妇女，她是一个商人的妻子。在那个时期，以她这样的人做模特绘画并不多见，但达·芬奇通过这个伟大的作品告诉人们，就算是社会灰暗，生活依然可以多彩。同时这部作品也暗示了妇女社会地位的提高。

在中世纪，基督教僧侣们视女性为障碍，妨碍自己实现禁欲的目的。然而到了文艺复兴时期，无论是文学作品还是绘画作品，都极大地提高了女性的地位。现在，女性终于展现出了她们的美丽，证明了女性近乎透明的精神世界。一位人文主义者曾经比喻说，如果在两个形状一模一样的灯笼里点燃同样的蜡烛，其中一个灯笼比较透明，它发出的光就更明亮。他用这个来形容女性，说明同男性相比，她们更加透明。这个理论将中世纪以来女性受到轻视的观点完全改变了。

人们在这个时期能够感觉到，社会的发展能够使他们彼此之间充分信任，并可以获得长期友谊。艺术家们开始深入地研究与描绘人类美丽的身体。诗人如饥似渴地描写乡间的优美景色。这个时期的形象是明亮和美丽的，是由众多的爱组成的。一个美妙的世界已经诞生，等着从中世纪的痛苦生活中解脱出来的人去发现和探索。

米开朗琪罗创作的大卫雕像是文艺复兴时期艺术作品的最重要象征之一，如今展出的大卫像是复制品，原作被保管在艺术画廊里。从这个伟大的作品中，我们能够看到米开朗琪罗表现出来的力量，源自人类最深处的激情。我们所看到的并不只是一个拥有发达肌肉的人体，而是力量和勇气的根本象征。这个雕像真实地反映了人类的生活，它不仅是一尊大卫王的雕像，更是一个领导我们开拓新生活、给我们以勇气的守护者。它要对人们表达的是，如果想要摆脱欧洲过去的黑暗和罪恶，就要用强大的精神和意志去战斗。这个雕塑还表现出了活力和快乐，提醒人们保持警惕，用他们的全部力量从中世纪的阴暗角落中走出来。

文艺复兴的思想在整个欧洲蔓延开来，使欧洲的另一个城市伦敦也得到了启发。文艺复兴时期，伦敦还只是一个村庄，远未达到今天的国际大都市的规模。在那个时候，知识分子都会到剧院欣赏戏剧表演。这里有一个名叫环球的剧院，是一个小剧场，是由演员和剧作家共同修建的，来演出自己创作的作品。英国历史上最伟大的剧作家莎士比亚的很多作品都在这里上演，虽然人们来这里欣赏戏剧是为了娱乐，但这也是文艺复兴的组成部分。

生活在16世纪的剧作家莎士比亚和17世纪的诗人弥尔顿是英国历史上最为光彩夺目的两颗文学巨星。通常我们都说莎士比亚是一个天才，在任何时代、对于任何种族的人来说，他的作品都不过时，都能引起共鸣。这是不容置疑的事实，他描写的是人类共同具有的普遍情感和遭遇，他对人性深处的把握无人能及。同时，他还是个语言方面的大师，在他的作品中使用了大约3万个词，为英语的发展做出了卓越的贡献。尽管他没有上过大学，但是他博览群书，把民间传说和新古典文学还有通俗的市民文化有机地结合成了一个整体。

在文艺复兴时期，这些最伟大的人文主义大师都创作了数量巨大的通俗作品。这是因为，他们要通过这些作品对社会进行启蒙，教导人们什么样的君王是好的君王，什么样的臣子是好的臣子，以及如何成为一个合格的丈夫或者妻子。他们不鼓励人们躲入修道院里成为一个隐士，或者只顾着自己提高修养，他们要通过自己的努力让人们共同创造一个文明的社会。

文艺复兴时期的这些伟大的艺术家和文学家，创作了大量杰出的文学作品、绘画、雕塑、建筑和音乐，这些作品帮助欧洲文明进入了一个新阶段。这些艺术家还对人才的培养非常重视，因为他们已经发现，一个国家如果没有培养出许多人才，就不能保持它的繁荣和成长。

这些人文主义者相信，社会必须平衡地向前发展。国家日趋繁荣，人类的生活也越来越好，人类可能具有无限制地发展的能力。他们相信，一个充满蓬勃朝气的人类文明时代就要来临，新的人类将要诞生，他如同米开朗琪罗的大卫像一样，即将充满力量地站立起来。

## 文艺复兴（2）

　　文艺复兴于14世纪中期兴起于意大利威尼斯和佛罗伦萨，直到1650年才宣告结束。这场运动持续了300年，极大地改变了欧洲人的精神面貌，为欧洲的再次崛起贡献了力量。这些建立了欧洲的新文化的人被称为人文主义者，他们创作了许多文学、艺术和建筑方面的伟大作品，生动地展现了近代文明的发展和进步。

　　文艺复兴时期，人文主义者人数众多，他们的研究领域覆盖了社会的方方面面。他们对待知识的态度十分积极，相信知识就是力量。他们不但发展了现代思想，同时继承了历史上不同时期宝贵的传统。他们对过去的黑暗进行反省，是想要创造一种适应新社会的文化。他们用大量的时间宣传人自身的价值、人需要具备的美德和人性的尊严。他们倡导理性的思考，并且在反对犯罪和腐败上以实际行动做出表率。他们最基本的理念是尊重个体、以人为本。他们坚信一个崭新的王国，必将随着人文精神和科学知识的发展而出现。

　　按照以前的观点，文艺复兴不过是一次文化和艺术领域的运动，但是实际上，我们今天可以了解，这场运动更是一场政治层面和社会层面上的改革运动，在欧洲最危难的关头，它提出了一个振兴欧洲的纲领。在当时，欧洲正处于中世纪的黑暗之中，古典时期的封建社会结构和秩序开始崩塌。欧洲必须找到一个突破口，否则就要永堕黑暗之中。这个突破的点就是人文主义者提出的观点，代表了文艺复兴时期社会的基本诉求，被概括为五句话：要秩序不要紊乱、要富裕不要饥饿、要文化不要愚昧、要和平不要战争、要美德不要腐败。

　　不可否认的是，人文主义者在欧洲建立起了一种新的政治结构，这就是新君主制。经过两个世纪的改革和动荡之后，15世纪开始，主要的欧洲国家纷纷进入了统一阶段，在同一个政府领导下，君王和平民开始联盟。这是欧洲国家由旧时代的封建国家转变为近代国家的重要标志，从这时起，政府不再依靠武力治国，而是通过政治手段加以管理。政治开始成了一种艺术。

文艺复兴时期，最重要的政治改革就是建立现代国家的概念。马基雅维里是意大利重要的理论家，他创作了《君主论》，阐明了近代的政治理论，并为这一理论的发展奠定了基石。人的思维方式也发生了变化，人们开始关注眼前的现实世界。与之相反，在中世纪里，人们只关注上帝。人们从这时起开始关注世俗中的事务和经历，这标志着欧洲人的生活理念发生了转变。

在新建立的政治秩序中，民族国家作为国家主权的拥有者，不受任何国际势力的干涉，地方上也没有一个势力能对抗中央政府。新的政府要在一定程度上代表广大人民的利益，而不再只代表封建主的利益，国家不再受封建制度支配，从而能够统一管理行政和司法机构。封建领主不再是欧洲的统治者，各个国家都获得了广泛的民族凝聚力，而且保证政治的统一和领土的完整。旧时代的由平民到贵族再到封建主的等级金字塔消失了，取而代之的是新君主制。君主不再位于金字塔的顶端高高在上，而是象征着民族国家的主权。社会中存在三种人，他们是教士、贵族和平民，在国家议会里，他们和君主一同掌握权力。这三个等级的权力由法律规定，欧洲的众多国家都开始召开等级会议或建立了议会，逐渐形成了近代政治的模式。很快地，国家就有充足的官僚来治理，还有常备的军队保卫领土。新的政治秩序让世界变得更加和平，不再有常见的战争，国家之间的争端往往通过政治和外交解决。这种新的政治体系能够使一些受过教育的平民进入政府，成为官员。在每一级政府中，都有这样的平民进入管理的核心。新政府能够为工商业的发展提供政治上的有力保障，还能维持良好的社会秩序。政治上的稳定带来了经济的发展和商业的繁荣，为人民生活水平和质量的提高打下了基础。

在文艺复兴时期，家庭是欧洲人生活中的最基本单位，幸福的概念发生了变化。在中世纪，幸福即物质，只有在物质上得到满足，才能感觉到幸福。文艺复兴运动拓展了幸福的概念，这个时期，人们不再单纯追求物质享受，更加追求爱情和精神品位。有几个因素是获得幸福的必要因素，分别是物质、社会、文化、生理和情感上是否能够得到满足。如此一来，人们在追求幸福的道路上，提出了全新的概念。中世纪时期，人们的思想十分偏激，认为只有强大的物质基础才能带来幸福。但是在人文主义者看来，除了物质，人更要有文化和精神上的需要，还要有情感的需要，同时要在社会得到认同。从这个意义上来说，文艺复兴运动不只带来了欧洲的复兴，也提高了欧洲人的素质，改变了社会，进而影响了世界。

文艺复兴时期，人们特别重视培养文化的氛围。这些人文主义者认为，只有全社会的文明水平提高了，人的素质才能随之提高。这种观点极大地影响了今天的欧洲人。

政治体制的改革带来了全新的社会结构，基督教的修士们打破了独身和禁欲主义的精神枷锁，他们开始恢复结婚生子。宗教改革家马丁·路德说，如果上帝和天使看到了他的信徒为自己的孩子洗尿布，也一定会露出微笑。这一时期，农奴不再被奴役，他们变成了自由的农民；中世纪的武士也变成了现在的国家的雇佣军，他们的效忠对象也从领主变成了国家和政府。谁出的价格最高，他们就忠诚于谁。在德国和瑞士，这种佣兵制度十分受欢迎。意大利人也十分喜欢使用这种雇佣军。他们给这些军人支付了很多酬金，想要用近代刚刚出现的武装形式守卫自己的国家。

在国家与国家之间发生国际争端时，政治协商和外交谈判成了解决问题的手段。出身于平民的政府官员们十分喜爱这种减少战争的方法。但是尽管这样，还总是发生战争，人们宝贵的生命也在战争中不断消耗。瘟疫是自然对人类的警示，但是与之不同的是，战争是人类的一颗毒果。

随着政治的稳定和外交的发展，欧洲的经济也随之进步，人民的生活水平比以前提高了。同时，通过武力掌权的贵族的实力被大大削弱了。人文主义主要体现在张扬个性和维护人的尊严上。这时人们思维的方式与15世纪不同了，也和中世纪的人们有明显的区别了。在中世纪，基督教的修道士和受过教育的知识分子往往利用抽象思维和逻辑演绎来研究神学，这是一种狭隘的思维方式，得出的结论常常是错误的。

从文艺复兴时期开始，知识分子就采用科学的方式思考。思维方式从抽象变为形象，实践重于理论，这些都有利于实验科学在欧洲的兴起。

文艺复兴的理性精神带来了社会状况的明显改变，区别于中世纪以来的挨饿受冻，这一时期提出的要富裕不要饥饿的理念根本上改变了经济结构。欧洲拥有了充分的资源向近代社会转变。人民具有的开放的观念，带来了富有创造力的奇思妙想，科学技术随之发展。

具有很强专业技能的人受到社会的欢迎。这些自由的手工业者具有各种不同的技术，他们在加工制造产品方面的成就很快被大家学习和吸收。

在这个时期，意大利成了领先国家，能够把新生的知识高效地运用到新兴行业上。直到今天，玻璃工匠仍然在使用文艺复兴时期的技术，用这种技术制作出来的玻璃器皿十分美丽，有自己的特色。

在社会发展的表面之下，起作用的是来自深层的本质因素，这就是价值观的变化。中世纪时期普遍价值观中的坏事，现在被人们公开追寻和赞美。在这时的人们看来，物质和精神不再是对立的，赚钱也不被认为是罪恶。

大探险家哥伦布公开表示对金钱的喜爱，他说这是对他的劳动的回报。人们开始勇于追求异性，对人体向往是高尚的而不是低俗的，并且成了许多诗篇歌颂的主题。中世纪以来被认为是错误的理论，在这个时候也成了真理。

地球在这一时期通过冒险家的环球旅行被证实是圆的，太阳也通过天文观测和数学计算被证实是太阳系的中心。与此同时，从前的一些正确观点，这时被宣布是错的。从前对男性力量的展现被视为邪恶，现在却成了展示个性和能力的手段。对圣人的遗体和宗教物品的崇拜已经被人们抛弃了，文艺复兴的社会里，它们远远比不上小说、机器和银行账户。知识就是力量成为每个年轻人标榜的口号。

中世纪的祭祀传统和弥漫在人心中的绝望情绪一旦消失，修道院的势力也开始衰落了。天堂从此开始远离世俗的人们，不再对个人生活直接干涉。与之相反的，人的自由意志和主观能动性被开明的思想家和人文主义者倍加推崇。

科学不再与宗教紧密相连，摆脱了神学而获得了独立的地位，这个变化能够使像达·芬奇那样伟大的科学家产生无与伦比的奇思妙想。在今天的我们看来，艺术和科学是不同的，文艺复兴时期的人们则不这样想，艺术和科学都在互相影响中彼此受益。所以如果这个时期的艺术家和诗人同时也擅长数学和几何，一点儿都不让人感到意外。

普通人的工作方式也发生了变化，从前不懂得控制成本和保护工人利益的传统方式消失了。人们开始关注劳动生产率和工人的生产积极性。这个时期，欧洲各国都形成了自己的民族性格。英国人崇尚经验主义，意大利人喜欢形象思维，德意志人则把追求优秀和哲学思辨作为民族特征。与此同时，法国人在意得体的穿着和语言，崇尚礼貌。他们开创了一套法国式的优雅、风趣、热情，这些直到今天依然是法国人的特征。这些国家在各自发展它们自身特点的同时，彼此之间也进行了丰富的思想和文化交流，进一步推进了这一时期的创造和发展。

接受教育和学习知识成了这时的人们的基本生活内容。每个地方都建立起了图书馆，每个人都渴望了解历史、探索真理，人们的价值观也发生了改变，不仅追求物质上的满足，还要追求公正的社会秩序和优雅的艺术美感。

这个时期能够更好地重新考察古典艺术，它让我们懂得，就是要一直反思我们的过去，不论过去的时间长短。不断地重新探寻和研究，在过去中寻找到对自己的进步有用的东西，否则，我们的文化将会变得越来越贫瘠和与世隔绝。

第十一章

美洲文明

## 遥远的美洲大陆

1492年，哥伦布开始了西行的漫漫征程，他要率领自己的船队去寻找远在东方的印度、中国和日本。这是一个勇敢而富于想象力的人，虽然有着非凡的魄力和信念，但他并没有意识到自己是一个新大陆的发现者。一直到死，他也只是认为自己发现了一条通往亚洲印度等地的捷径，所以才称当地的土著人为印度人，这也就是印第安人称谓的由来。

哥伦布发现的虽然是美洲大陆，并不是他所想象的东方的亚洲，但这里仍与亚洲息息相关。人类学的研究表明，印第安人来源于亚洲的蒙古利亚人种。美洲的考古发掘已经证明，这里没有旧石器晚期以前的人类遗存，由此得出结论，美洲的人类起初来自外部。据专家分析，在大约3.5万至1万年前的冰川时代，白令海峡封冻，亚洲人有可能通过陆桥到达美洲大陆。在此后的500年内，他们又不断深入美洲大陆内地，直至遍布整个大陆。在公元前1500年左右，玉米在美洲大陆栽培成功，这成为美洲进入成熟的农耕社会的标志。西班牙人于15世纪末16世纪初来到美洲大陆，而在此之前，美洲大陆一直没有出现阶级的分化，只有中美洲安第斯山中部地区出现了一些奴隶制国家，这样就形成了两个文化圈，也达到了美洲的古代文明发展的顶峰，成为重要的标志。

　　来到美洲，人们会发现这里是一个开放的世界，来往的船只在这里可以自由地进出。锯齿形的海岸线，形成了大量天然的良港，这比非洲平直的海岸线更适于商船的进出。美洲的气候也非常适合居住和开发。亚马孙河流域属于热带雨林，虽然气候潮湿闷热，而两极又非常寒冷，但其他地区却有很多适于居住的地方。非洲的黄金海岸和象牙海岸是闷热的，流行疫病经常发生，相比之下，美洲大陆更令人向往了。

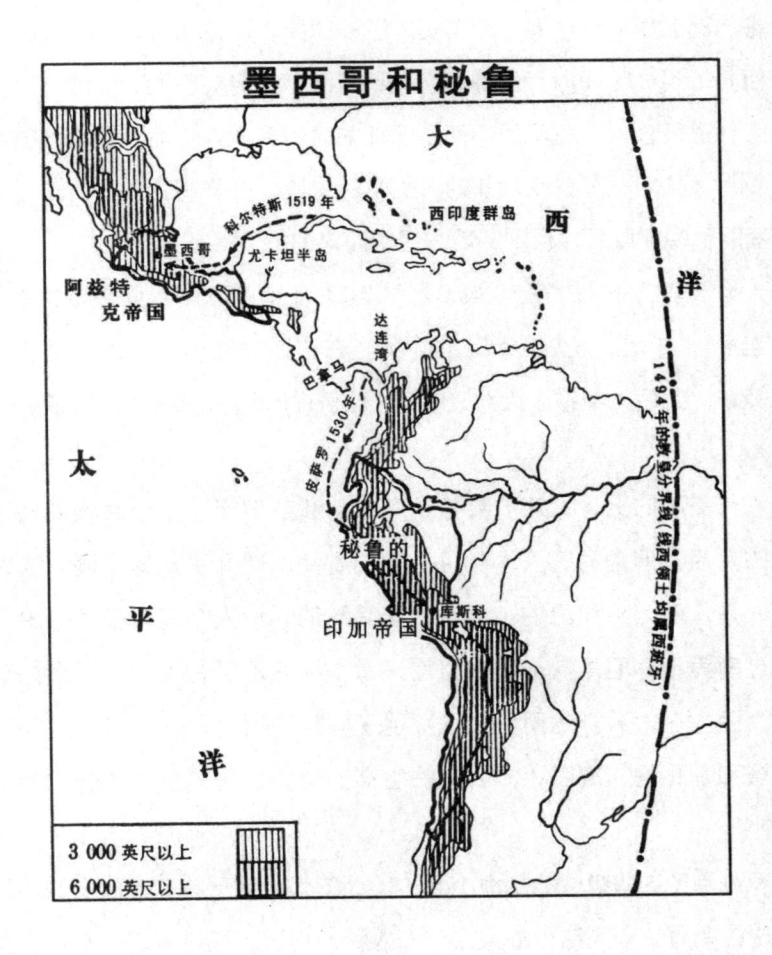

　　还有一个原因使得美洲更加容易被入侵，那就是这里的印第安人所处的"可怜"的境地。来到这里的殖民者与当地人的发展水平明显不在一个层次

上，当地的印第安人较为原始的文明使得他们很难进行有效的抵抗。从这个角度上来说，美洲的印第安人尚且如此，那么对于澳洲大陆上还处于新石器时代的原始人来说更是这样。

15世纪，哥伦布率领船队从欧洲出发向西行进时，他的本意是要寻找东方的印度和中国。他是个当之无愧的冒险家，但是即便他十分勇敢和有魄力，他也始终无法相信自己发现了一片新大陆。直到他去世的时候，他仍然相信，他只不过是发现了到达印度的捷径，所以他称呼当地土著为印度人，这就是美洲的居民被称为"印第安人"的原因。哥伦布发现的这片大陆虽然不是他渴望到达的亚洲，但是确实是和亚洲存在着关联的。他通过对美洲土著的人种进行分析，发现他们都是亚洲的蒙古利亚人。而且在美洲的考古中一直没有找到旧石器时代之前的人类生活遗迹，这表明这里的人类最早是在旧石器时代晚期以后才从别的地方迁徙而来的。

人类学家们估计，在大约3.5万年至1万年前的冰期，现在的白令海峡上还有连接亚欧大陆与美洲大陆的陆桥。在这段时间里，一些人类从亚洲进入了美洲，此后又经过了大约500年，他们逐渐向内陆扩张，由北向南占据了整个大陆。

所有美洲的土著人几乎都是从西伯利亚东部通过白令海峡来到这里的人类的后裔。但是为了严谨起见，我们要使用"几乎"这个词，因为还有一些人是从南太平洋上的小岛进入南美洲的。没人知道有多少原始人曾经发现过南美洲，但是从这里的植物来看，能够证明有人横渡了大海来到了美洲。因为在太平洋的两岸分别发现了同样的植物，这些植物是经过人类的栽培和驯化的，离开人类就无法生存。这些植物的分布充分说明了人类的迁徙。

不过除了这些少数的从海上到达美洲的人，剩下的99%以上的印第安人是通过白令海峡来到这里的蒙古利亚人种的移民。通过考古学家们的发现和使用碳14年代测定法，科学家们认定，在2万年前或更早的时候，已经有人类在美洲大陆上生活了。印第安人的最后一次大规模迁移大约在3000年前，在他们之后，爱斯基摩人也来到了美洲。起初他们在白令海峡两岸来回移动，后来因为现代的政治环境，他们只能选择留在海峡两岸的其中一侧。在距离亚洲最近的美洲地区，已经有了足够多的人口，他们阻止了外来移民的进一步增加。

在早期来到美洲的人类看来，到达美洲并没有多么困难。在第四冰川期的末期，海水被冻住，使海平面下降了460英尺。在西伯利亚和阿拉斯加中间，一个宽约1300英里的陆桥出现了。这座"桥"其实就是一块新生的大陆，为动物的迁徙提供了便利的条件。而且陆桥在美洲的一侧向下延伸，不再有冰层覆盖，而是布满了湖泊、沼泽和草地，这些茂盛的植物为当时的大型哺乳动物提供了丰富的食物，成了它们的牧场。最后，因为这些动物来到了美洲大陆，追踪它们并以它们为食的人类也随之到来了。

随着冰期的结束，冰川消融，海平面升高，这座陆桥也被海水淹没了，形成了一道海峡。但是这个海峡依然很狭窄，从海峡的这边可以看到对岸，所以人类能够乘坐小船轻松地来回摆渡。后来的文明发展更为先进的移民从亚洲乘船来到美洲，最后在哥伦比亚登陆并定居在这里。

最初到达阿拉斯加的大多数移民从育空河流域的高原上穿过，深入北美洲的腹地。就像他们从亚洲来到美洲一样，为了继续追逐猎物和寻找新的猎场，也为了应付后来的移民带来的压力，他们不断地向前推进。这些原始的部落用不了多久就走遍整个北美洲和南美洲的两块陆地。考古发现表明，在1.1万年前，已经有人到达了南美洲的最南端。

这里的人种几乎全部都属于亚洲的蒙古利亚人种。这类人种颧骨高耸，头发黑且粗硬，身体上的毛发稀疏，而且小时候脊骨上有蒙古人特有的斑点。不过这些蒙古人到达美洲后发生了进一步的变异，而且早期来到美洲的印第安人与后来的人相比，与蒙古人种的区别更加明显。在今天的蒙古人种得到完全的进化以前，这些早期的蒙古人就来到了美洲。这些移民形成的小部落以近亲繁殖为主，保留了各自的独特生理特征。

## 早期的美洲文化

首批跨越白令海峡抵达美洲的移民浪潮，可能和亚洲东北部原有的淡黄人种相差无几。后来移民的人，所具有的蒙古利亚种人特征却是越发明显。

美洲大陆的大部分部落，还停留在新石器未开化阶段。在春来草长的地区，美洲印第安人成了跟着北美野牛游动的人。在遥远的北部地区，他们跟着北美驯鹿游动。美洲大陆上，在欧洲人引进马之前，是没有马的。在热带森林里，美洲印第安人娴于捕捉鸟类和小动物。但是，在一两个肥沃区域，正如下面将要提及的，他们发展出了较为复杂的社会秩序，他们灌溉土地，建造石头房子，并雕刻上精美的富于传统且古怪有趣的图案。他们还建立了城市和帝国。

由于移民相继在新世界的绵延扩散，发生很多的移动和混合，也就没什么好奇怪的了。那些复杂的社会结构，也许是属于后来进去的更具有蒙古利亚人种特征的人的。定居的、以耕种稼穑为生的美洲部落，总是比以渔猎为生的部落在外貌上更具蒙古利亚种人的特征。

所谓日石文化，正如埃利奥特·史密斯的《早期文化的移动》中提出的，是指在人类历史的某一时期似乎有一种类型特殊的新石器文化在世界上广为传布。它有一套不像在地球上各地区独自发展的古怪特征，这迫使我们相信，日石文化是一种在传播中日渐形成的文化。它传到了地中海种族居住的地区，并越过印度传到印度之外，直抵中国的太平洋沿岸，最后它甚至越过太平洋传到了墨西哥和秘鲁。

新石器文化的这种特殊发展，被埃利奥特·史密斯称之为日石文化，包括许多不止于下列的古怪做法：1.割礼；2.产翁，即孩子出生后其父卧床坐月子的怪俗；3.按摩；4.木乃伊，即尸体涂上防腐香料；5.巨大石碑，比如石栅；6.青少年缠头以改变头形；7.文身；8.太阳和蛇相联系的崇拜；9用卍符号象征好运。这似乎是不可思议的，人竟会重复两次发明这一小小的古怪象征。更有可能是人们转相抄袭吧。

在整个地中海—印度洋—太平洋的广大区域里，埃利奥特·史密斯追踪这些像星座般结集的习俗。只要出现其中一项，其余的大多也会随之出现。它们把布列塔尼和婆罗洲、秘鲁联结了起来。但是，这一套习俗并没有在诺迪克或蒙古利亚人的原乡露面，向南传播也未越过赤道非洲多少。

从公元前1.5万年至公元前1000年，长达几千年之久，这一种日石的新石器文化和具有该文化特征的各种人群，也许曾通过较暖的地区，乘独木船漂洋过海，以致该文化在全球盛行起来。当时，日石文化是世界上发达程度最高的文化，它维系了最长久和最先进的人类共同体。它的起源地，也许就是埃利奥特·史密斯所提及的地中海和北非地区。

世代如落叶，这日石文化也在随着时间的变迁而缓慢地发生着变异。据考古资料可知，日石文化曾传播到太平洋沿岸，以岛屿为踏脚石进抵美洲。那时，它的起源地早已跨入另一个发展阶段了。当18世纪欧洲的海洋探险家发现东印度、美拉尼西亚和波利尼西亚时，这些地方的人依旧停留在日石文化的发展阶段。埃及和幼发拉底–底格里斯河谷的最早文明，也许是直接衍生自这个传布极广的文化。阿拉伯沙漠的闪米特族游牧民，似乎也曾有过一个日石文化阶段。

## 玛雅文明

在公元前1500年前后，美洲出现了高等的农业文化和成熟的社会，这是以玉米的普遍种植来确定的。但是到了15世纪，当西班牙人发现了这里时，当地的很多地区仍然处于原始社会，只有美洲的中部和安第斯高原地区出现了一些早期的奴隶制国家。中美洲和安第斯山成了两个显著的文化圈，代表着美洲文明发展的最高水平。

中美洲的文化圈包括现在的墨西哥中部和南部、危地马拉、洪都拉斯以及部分加勒比地区的玛雅、特奥蒂华坎和阿兹特克等地。这里形成了古老的印第安文明，这些文明兴起、发展并最终衰亡了。

中美洲文化从年代上划分可以分为三个时期。从公元前1500年至300年是古典时期，中美洲的文化在这一时期开始逐渐形成。奥尔梅克文明是这个时期文化的典型代表。这个文明被称为中美洲文化的摇篮和墨西哥文化之母。在公元前1500年，奥尔梅克文明开始兴起，到600年左右逐渐衰亡。这个文明主要分布在墨西哥湾附近，在巅峰时期人口有数十万之多。这一文明的遗迹有拉文塔、圣洛伦索等。圣洛伦索大概出现于公元前1450年前后，在它出现的300年之后，拉文塔出现了，在这之后的公元前500年左右，拉文塔衰落了。

在奥尔梅克文明中，居民们并不在城市中居住，他们建造的"城市"实际上的作用是祭祀中心。圣洛伦索的遗址是一个人工建造的土台，在这个遗址上没有发现人类居住的痕迹，所以只能推测这里是举行仪式的地方，人们会定期来到这里进行维护和修缮。

拉文塔坐落于一个沼泽中间的岛屿上，面积约为2平方千米。这里的街道是南北走向的，道路两旁摆满石碑。这里还有4个巨石建造的头像和雕刻着古怪图案的祭坛。根据考古学家们的分析，这里曾经生活的人数不到1000人，而且可能都是举行祭祀的神职人员和当地的管理者以及一些苦役。

奥尔梅克文明中出现了金字塔，这是模仿火山的形状建造的平顶金字塔。建造这些金字塔并没有使用石头，而是使用了黏土。所以当人们发现拉文塔的大金字塔时，看到的只是一个大约100英尺高、底边长400英尺的大土堆。在奥尔梅克的社会中已经出现了分工。这里有农民、商人、工匠和祭司。这里的经济模式是农耕经济，而且有考古发现表明，他们建造了一套灌溉系统，是美洲最早的能够控制水量的系统。他们还创造了美洲最古老的文字和符号，能够进行数学计算，甚至出现了零的概念。他们创造了用来计算的符号，但是无法发音，也就是说，他们还没有形成自己的文字。

奥尔梅克人在艺术上的最高成就是十分精美的石雕。各种形式的浮雕、人物和动物的雕像都曾在奥尔梅克的遗址中找到。墨西哥人类学博物馆中有很多这样的雕刻作品，其中最著名的是13尊用整块的巨石雕刻而成的头像。这些头像中最大的重达40吨，高度接近20英尺。它们的造型都十分生动，显示出奥尔梅克人高超的雕刻技巧。除了雕像，奥尔梅克人还擅长制作泥人。这种泥人是用白色的黏土制成的，制作完毕后再涂以红色，能够表现出人类的各种姿态和造型。奥尔梅克人还会用玉雕刻作品，通常雕刻的都是他们的神明。一个极具代表性的作品是一个成人双手抱着一个孩子的人物雕像。两个人的头部都很大，两张面孔呈一条直线。成人的面部看起来是正常的人类，而孩子的面容类似美洲虎，所以被称为虎人。这是奥尔梅克文化中的典型特征，根据人们的分析，这种虎人可能是美洲早期的雨神的表现形态。

从300年开始到900年，中美洲文化进入了古典时期，这一时期的典型代表是特奥蒂华坎文明和玛雅文明。特奥蒂华坎文明的遗址位于墨西哥城东北方向，这个词在印第安语中的意思是众神之城。这里有一条街道名叫黄泉大道，长约1.6英里。大道的两侧是成片的住宅和数量众多的神庙。在大道东侧，有一座太阳金字塔。这座金字塔分为5层，高约216英尺，是全美洲最大的金字塔，占地面积差不多相当于埃及的大金字塔。这座金字塔的塔顶曾经有一座太阳神庙，在这里曾经用活人进行献祭。在特奥蒂华坎的北端，与太阳金字塔呼应的，是月亮金字塔。金字塔南边不远，是达官显贵们居住的蝴蝶宫，这里是全城最繁华的地方。这座宫殿的柱子上刻着蝴蝶和鸟的浮雕，在它下面还发掘出了供奉着海螺的神庙。在这座城市的南边，有一座占地接近40英亩的城堡，这座城堡中的羽蛇庙是一个神秘的祭祀场所，主体部分已经消失，残留的底座上还雕刻着栩栩如生的羽蛇头像。

特奥蒂华坎的文明起源于公元前1世纪，到了300年的鼎盛时期，它的人口数量达到20万，这里成了世界上最大的城市之一。特奥蒂华坎的全盛时期，是由祭司们统治的。它是一座圣体，是祭祀的中心。人们从各地赶来这里朝拜并参加各种宗教活动。一些学者认为，特奥蒂华坎最终是在野蛮人的入侵中灭亡的，正如古罗马帝国一样。距离特奥蒂华坎不远的地方，托尔特克人在7世纪建造了图拉城。之后不久，特奥蒂华坎就开始衰落了，到900年左右，这个文明突然消失了。

在中美洲的古代印第安文明中，最璀璨夺目的就是玛雅人的文明。这个文明的早期历史甚至可以追溯到公元前1500年前后。玛雅文明的全盛时期，分为旧帝国和新帝国两个阶段。旧帝国时期属于中美洲文化的古典时期，分布于危地马拉和洪都拉斯地区。新帝国属于后古典时期，分布在墨西哥地区。

玛雅人以其艺术和科学的显著发展而闻名于世。玛雅人的文明在数学、历法和文字上很好地继承了奥尔梅克文明的特点。玛雅人的数字采用的是20进制，而且包含零的概念，他们应用这个概念的同时，印度人在东半球也第一次使用了这个概念。与欧洲人相比，他们在这方面领先了800年。玛雅人的历法比奥尔梅克人的更加先进，即便是在全世界也处于领先地位。玛雅人使用两种历法，一种是宗教历法，一年有260天。还有一种是太阳历法，每个月20天，一年有18个月，还要加上5个忌日，总共是365天。与现代最先进的历法相比，玛雅人的历法也毫不逊色。

在整个美洲，都没有其他文明在文字方面能够达到玛雅人的成就。玛雅人使用的文字是象形文字，由图形组成，能够同时记录语音并且表达意思。在玛雅的纪念碑或者神庙的墙壁上，我们经常能够看到雕刻的文字。玛雅人还学会了制造纸张，并编著了很多书籍。但是欧洲殖民者中的一些传教士把这些书称作异教徒的邪书，并焚毁了它们。如今我们用来研究玛雅文明的一个重要的资料是当年在这里传教的兰达教士的笔记，这位主教曾经在他的日记中沾沾自喜地说道，有成百上千的玛雅人的图书被他认为是异端邪说，并且被他亲手烧毁了。

玛雅人早期建造的城市，并非通常意义上用来居住的城市。这里没有军事要塞或者住宅，也不是统治者的首都，而是举行祭祀活动的中心。因为这时的玛雅人从事的农业还是刀耕火种的原始农业，一块土地只能耕种几年时间就没有了肥力，这时村庄就需要迁徙。玛雅人在进行宗教仪式的中心地带用石头建造了一些巨大的建筑物，这样能够表明他们社会的统一。这些建筑物用来作为神庙和供神职人员居住的简单住所。它们都完全是用石头建成的，还用雕刻来加以装饰。在整个美洲，都没有比这再精美的雕刻了，现在这些雕刻被列为全世界最伟大的艺术作品之一。

玛雅旧帝国时期最伟大的城市之一是蒂卡尔，它地处危地马拉地区的热带雨林中。这座城市面积约为190平方英里，四周建有围墙。它的中心地带大约为6平方英里。这里有3000多座建筑，在它最繁华的时期，这里的居民达到了5万人。这里有高耸的金字塔，它们通常成对出现在道路的两侧。蒂卡尔的金字塔顶端通常还有一座神庙，神庙的上面还有一个高达数十英尺的尖顶。这样可以使本身就高大的金字塔显得更加挺拔。除了蒂卡尔，玛雅人还在科潘和乌斯马尔等地建造了宏伟的城市，创造了发达的文明。这些玛雅人的遗址中发现了大量的石碑，这些石碑用绿色的火山岩制成，雕刻十分精美。石碑的中间通常刻有人像，石碑的背面是一些文字和图案。这些雕像的人物面部十分写实，服饰也非常华丽，体现出无比高超的雕刻技巧。

到了900年前后，不知道出于什么原因，玛雅人从原来的地方消失了。他们背井离乡，整体迁移到了几百千米之外的尤卡坦半岛上。在这里，玛雅人开始了新帝国时期。这个时期他们和托尔特克人开始了接触，两个文化的交流为玛雅人带来了一些新的特点。由此，玛雅人开始了羽蛇崇拜。这一时期玛雅人建造的最辉煌的城市是奇琴伊察。这里的金字塔与原来的蒂卡尔金字塔相比，不再峻峭挺拔，而开始变得庄重稳固。这里的一切都有丰富的隐喻，似乎都暗合着玛雅人的天文历法。

玛雅人在这里建造了库库尔坎金字塔。这是一座城堡形的金字塔，用来供奉羽蛇。在2007年，全世界评出了新的七大奇迹，库库尔坎金字塔也名列其中。这座金字塔高100英尺，正方形的底座每边长180英尺。金字塔共有9

层，每一层都有阶梯，能够直接通向塔顶端的神庙。9层阶梯被从中间分隔开，它们之和为18，代表一年中的18个月。金字塔的四面各有91级台阶，总数为364级，加上门口的一级，一共365级台阶，代表了一年中的365天。金字塔的底座上雕刻着羽蛇的头像。每当春分和秋分日，从某个特定的角度观察夕阳时，仿佛有一条巨蛇沿着金字塔缓缓向下游动，这个景观被称为蛇影奇观。

奇琴伊察还拥有古代美洲最大的球场。这座球场的看台有540英尺长，中间的长方形开阔地带是比赛的场地。球场四周的墙上有石制的环，参加比赛的球员要运用自己的肘部和膝盖来击球，使实心的香蕉球通过石环。奥尔梅克文明中就已经有这种球赛了，比赛本身并非为了娱乐，而是祭祀活动的一部分。输掉比赛的球队的队长在比赛结束后会向神灵献出自己的头颅。奇琴伊察最著名的遗址是圣井。在兰达主教的笔记中曾经记述过，古代的印第安人曾经在圣井旁举行祭祀的仪式，把美貌的少女和大量财物投入井中，供奉给羽蛇之神。美国驻尤卡坦领事汤普森毕生致力于奇琴伊察的遗址考古，他不顾生命危险，潜入圣井进行发掘，并最终证实了兰达主教记述的传说。

玛雅人创造的文明在4世纪直到10世纪都非常繁荣，然后迅速地衰落了。我们至今仍然不知道玛雅文明消失的原因。或许是因为耕种土地失去了肥力，也可能是爆发了大规模的流行疾病，更有可能是农民阶级由于不满祭司集团而爆发了革命。但是不管怎样，玛雅文明都消失了，他们建造的巨大石头建筑被废弃，最终被森林吞没，直到近几十年，考古人员才发现了它们。

## 阿兹特克文明

从900年直到西班牙人发现了美洲大陆并征服了这里,是美洲文明的后古典时期。在这一时期,除了玛雅人建立了他们的新帝国,还有两个文明十分具有代表性,这就是托尔特克人和阿兹特克人的文明。西班牙人来到美洲时,墨西哥中部的统治者是阿兹特克人。这个文明是在13世纪末开始强盛起来的,是最后一个能够代表中美洲文化的文明。阿兹特克人曾经过着流浪的生活,在他们的传说中,他们信奉的神明曾经对祭司说,当你们看到一只鹰口中衔着蛇站立在仙人掌上,那里就是你们停留的地方。到了1325年,阿兹特克人终于见到了这个传说中的情景,于是他们建造了特诺奇蒂特兰,这就是今天的墨西哥城的前身。西班牙人征服这里时,这座城市已经拥有20万人口了。

阿兹特克的统治者是他们的皇帝,他不但是人民的统治者,还是宗教的最高领袖。其他的所有职务都被贵族们包揽了。阿兹特克有繁荣的商业,在首都特诺奇蒂特兰的几个城区都有大型市场,里面摆满了各种各样的商品。阿兹特克人主要从事的生产是农业,主要的粮食作物是玉米和豆类,同时还种植龙舌兰。阿兹特克用龙舌兰来酿酒,还可以用它的纤维制造绳索,它的叶子还能用来搭盖屋顶。

阿兹特克文明和这里曾经出现过的其他文明有着共同的特点,那就是有高明的历法和丰富的数学与天文知识。阿兹特克人的太阳历也有365天。这里的人也信奉羽蛇神,并用活人进行献祭。

在此数千年期间,当旧世界的人们正从旧石文化的野蛮状态一步步迈向文明的时候,世界的其余部分又发生了些什么呢?从莱茵河到太平洋一带,诺迪克种和蒙古利亚种的人,正在学习使用金属。但当这些文明渐趋稳定时，大平原上的这些人却变动不居，从缓慢的流浪生活发展成完全的季节性游牧生活。

在已开化的地区以南，中部和南部非洲，尼格罗人的进步比较缓慢，这种进步似乎是在肤色较为白皙的部落从地中海地区侵入的刺激下取得的。后者连续带来了农耕法和使用金属的方法。这些部落分两路进入黑人地区：一路越过撒哈拉沙漠往西，如柏柏尔人和图阿雷格人等，他们和尼格罗人混居一处，衍生出部分准白种人，比如富拉人；又一路取道尼罗河，比如乌干达的巴干达人，也即干达人，就可能含有远古的白人血统成分。当时，非洲森林比较稠密，从尼罗河上游一直向东和向北绵延。

在3000年前，东印度群岛大概只是零零散散地居住着一些掉队的旧石器时代的澳大利亚种人，这些人在无可稽查的太古时代流徙至此，当时，有一条几近完整的陆地桥梁经由东印度群岛通向澳大利亚，大洋洲诸岛还渺无人烟。旧石文化的人们搭乘出海的独木舟，登上太平洋诸岛，是在人类史上远为较晚的时期，最早也应该是在公元前1000年。他们是较晚才到达马达加斯加的。新西兰在人迹来到之前，其美景尚未为人所感知。当时，当地最高级的生物是一种现今已绝种的形似鸵鸟的恐鸟和小小的无翼鸟，长着状若粗发的羽毛和退化了的微型翅膀。

在北美洲，一群蒙古利亚种人的部落，这时已和旧世界隔绝。他们缓慢地向南分布，猎取平原上触目皆是的野牛。他们还学会了种植玉米。在南美洲，蒙古利亚种人又学会了驯养鸵鸟以供差遣。同时，在墨西哥、尤卡坦和秘鲁，兴起了独具特色的三种迥异的文明。

当人们到达美洲南端时，还有大懒兽和大犰狳。这些美洲的原始文明，对我们了解人类的发展很有帮助，它们似乎保留了公元前五六千年从旧世界的经验中习得的观念和方法。直至15世纪末，欧洲的发现者把它们消灭为止。美洲南端的这些人类的种群，似乎从未使用过铁器，其冶金术是最简单的，其主要金属铜和金，都是未加过工的。但是，他们的石工、制陶法和纺织水平却不是一般的高，他们还是异常娴熟的染匠。同湮灭已久的旧世界的原始文明相近，美洲的这些人类共同体在播种、收割时，往往以活人为祭。但是，这些原始的社会观念，尽管在旧世界已为别的许多观念所冲淡和抹灭，在美洲却发展到了异常顽强的程度。在宗教饰物中，蛇是最主要的象征。美洲的这些文明，似曾建基于主要由僧侣把控的区域，它们的战时首脑以及和平时期领袖，都必须受法律和符命的严厉控制。

它们的僧侣阶层，将天文科学发展至高度精密的程度，他们比巴比伦尼亚人更善于计算年时。一种极为精致的文字即玛雅文字，则是尤卡坦文明的贡献。迄今为止，我们能辨认出来的这种文字正是用来记载僧侣们竭心尽力推算出来的准确而又复杂的历法的。玛雅文明的艺术也很发达。秘鲁的一些简单雕刻使人联想起苏美尔人的作品，但玛雅的制品和旧世界制造的任何成品一点都不像，它的美，有夺人心魄的震撼效果。和这些制品最相近的，是南部印度的一些雕刻物，但也不是十分相像。令人惊奇的是，它的巨大造型能力和它设计上的完美性。但它源于疯狂的错杂和因袭的奇形怪状，却又使人感到迷惑不解。许多玛雅铭刻，更像欧洲精神病院里的病人们挖空心思绘成的某种画面，而不像别的旧世界作品。似乎玛雅人的头脑，是顺着与旧世界头脑不同的路线进化的。他们的思想是拧着来的，以旧世界的标准来评价，玛雅人的头脑简直是没有一点严格的理性。

我们把这些异彩纷呈的美洲文明和一般精神错乱的观念联系起来，就不难理解为什么他们对杀人流血的思想如此着迷。阿兹特克人也即墨西哥人，每年祭祀，被杀的人数以千计。活人的胸膛被剖开，挖出尚在跳动的心脏，就是支配这些僧侣们的奇思怪想的一种行动。族人的公共生活和节日庆典，无不受这种荒诞无稽的可怕思想支配。

玛雅文字不只铭刻在石头上，皮革上的绘画也所在多有。这些绘画色彩鲜明，与今天欧美各地卖给儿童的廉价彩纸出奇地相似。同一画像反复出现，略作变化，好像在讲述同一个故事。在秘鲁，用形形色色的绳子结扣记事，奇怪而又复杂的结绳方法代替了文字的功能。据传说，甚至颁发法律和命令也可以使用这种成束的"结绳文字"。虽则从收藏的古物中，还可以窥见这种"结绳文字",但阅读它们的技术却已失传。据载,中国在没有创造文字前,也使用过类似的结绳记事法。

当西班牙人来到美洲的时候,墨西哥人不知有秘鲁人,秘鲁人也不知有墨西哥人。秘鲁人这时也开始制作地图,并使用算盘。墨西哥人从未听说过马铃薯,而马铃薯是秘鲁人的主食。不管过去墨西哥人和秘鲁人有过什么联系,都已被遗忘得干干净净了。公元前5000年,苏美尔人和埃及人大概也不太知道彼此的存在。美洲事实上比旧世界要落后6000年。

## 印加帝国

美洲出现的古代文明总是被称为失落的文明,这些建立在高山之上或者热带雨林中的神庙和技术高超、工艺精湛的雕像,还有那些今天的人们仍然无法破解的谜团,都引发了很多猜测。组成美洲文明的除了之前提到的中美洲文化圈,还有一个安第斯山文化圈。现在让我们沿着印第安人的足迹,走入安第斯山的印加文明。

南美洲这片丰饶的土地上,曾经存在过很多辉煌的文明,这些文明兴起又衰落。但是所有这些文明中,印加帝国是它们发展的顶峰。作为印加帝国的前身,这一地区曾经存在着很多其他的印第安人创造的文明,如查文、纳斯卡、莫奇等。

在南美洲,人类最早的聚居地是奇尔卡部落。这个部落诞生于公元前8000年,部落中的人们以捕猎和采集为生,同时开始尝试耕种豆类。这里的另一处重要的遗址是一座神庙,它建造于大约4000年前,庙中有手臂呈交叉姿势的塑像,所以这里又被称为交叉手庙。这个庙宇由黏土建造,好像是为了呼应它在中美洲的类似的远亲。

在安第斯山的文化圈里,还有一个文明和奥尔梅克文明十分接近。这个文明因为它的遗址查文德万塔尔而被叫作查文文化。它起源于公元前1500

年，在公元前400年至公元前200年发展达到顶峰。查文德万塔尔是一个古庙群，建造于海拔4000多米的高山之上。在群落中的主庙的正前方和左侧分别有一个广场，周围布满了石雕。这些石雕的形象从美洲虎到持刀的武士，形式多样，神态逼真。顺着广场旁的台阶拾级而上，能够发现两个通往地下的巷道，在地面之下约2米。这里存放着建造于公元前8000年左右的方尖碑，上面刻着各种造型的人物。这里是一个用来举行宗教活动的祭祀中心，常住人口不足3000人。这里发现了很多来自远方的特产，比如来自秘鲁的朱砂和来自智利的青金石，这说明了这里与那些地方存在着交流。还有一些艺术品中的形象说明这里和亚马孙盆地也存在着关联。

公元前10世纪至5世纪，在秘鲁南部沿海地区存在着帕拉卡斯文化。在这个文化中出现了令人惊叹的纺织工艺。这些人制作的织物具有丰富的色彩，人们能够从中分辨出多达190种岩鳄。在这里还出土了一些木乃伊，他们身上都穿着鲜艳的衣服。不论是在纺织工艺上，还是在染色技术上，这些服装都体现出了高超的水平。

在帕拉卡斯文化的基础上，发展出了纳斯卡文化，这两个文化所处的位置大致相同。纳斯卡文化存在的时间大约是公元前200年至600年。纳斯卡人十分善于制作陶器，这里的陶器通常具有砖红色或者橙色的底色，上面用各种不同的颜色勾画出野兽、花草或者神明的图案，造型各异，十分生动。根据现代仪器的测量，这些陶器的表面经常要上8次到10次的釉，工艺十分复杂。纳斯卡文化中没有别的文化常见的宏伟的神庙，人口数量也不多，但是他们建造了令人惊叹的水利工程。这些工程的复杂和精巧，让现代人都无法理解，这就是著名的纳斯卡地画。在秘鲁西南部的一片旷野上，存在一些巨大的图案，有秃鹫、蜂鸟、猴子、蜘蛛等，只有在几百米的高空之上才能一览它的全貌。人们难以理解这些地画是如何创作出来的，所以不禁产生了诸多想象。甚至有人把这些地画与地外文明联系在了一起，还把它称为众神之车。

在纳斯卡的北方生活着莫奇人，他们有数十万人口，控制着比纳斯卡大得多的地方。这是一个军事上的强国，从这里出土的物品通常与战争有关，因此有考古学家认为，这是一个好战的民族。

莫奇文化的一个重要遗址是塞罗布兰科，这里矗立着两座巨大的金字塔。它们都是平顶的土制金字塔，这是美洲金字塔的独有特征。有的土坯上有制作者的名字，这说明这些土坯是由不同的地方制作的。这里还曾发现过一座制作陶器的作坊，其中出土的陶器能够代表印第安文明中最高超的制陶工艺，这些艺术品上的画像能够展示出当时的美洲社会生活风貌。

莫奇人制造的陶器不但能作为日常器具使用，还具备塑像的功能。这些陶器被塑造成了人像、动物、房屋或者船只的形象。很多人物的形象是拿着武器的战士，或者脖子上套着绳索的奴隶或者俘虏。还有一些陶器被制成了描写性场面的造型，表现出当时社会中的性别角色。还有的陶器描绘了患病的人的形象，通过这些陶器的造型，我们甚至能分析出那个人患上了哪种疾病。

在南美洲的内陆地区，更多的印第安文明遗址被发现了。这些遗址中，有一个很重要的文明，它就是蒂亚瓦纳科。这个文明位于海拔4000多米的高原上，它的作品与纳斯卡地画一样神秘而且举世闻名，这就是太阳门。它是由一块重达上百吨的巨石整块雕刻成的，门上雕刻着很多神秘的图案。每年的秋分这一天，太阳都会在门洞中轴线的方向升起。传说中，这一天的第一缕阳光，必定会从太阳门的正中央准确地射进来。

和印加帝国同时存在的还有一个奇穆王国，其首都昌昌城被称为城堡之城。这个王国也拥有很大的领地，它的南端到北端长达600多英里。奇穆王国的工匠十分著名，他们会制作精美的金银器和编织品。这里同样修建了巨大的水利工程。奇穆王国的社会等级森严，这里的贵族有着崇高的地位。

奇穆王国的首都昌昌城是世界上最大的土砖城堡的遗址，在奇穆王国的鼎盛时期，昌昌城的面积达到8平方英里，拥有10万以上人口。奇穆语言中，昌的意思是太阳，所以昌昌城的意思就是太阳之城。这个城市被分成了10个城堡，每个城堡中再分成不同功能的区域。考古学家们分析，每个奇穆国王都会为自己建造一座城堡，去世之后就埋葬在城堡里。这些城堡被围墙分隔开来，各自独立。这些城堡都是用土砖建造的，现代人会觉得它们很矮，但是在当时都是高大雄伟的建筑。城堡具有复杂的结构，墙壁上也布满了各种雕刻。这些雕刻分为两种形式，一种是用抽象手法表现了一些主题，一种是以写实的手法刻画了一些鸟类、鱼类和动物的形象。

南美洲的的的喀喀湖，是世界上面积最大的高原淡水湖泊。它的面积为3410平方英里，海拔将近12500英尺，这里的平均水深328英尺，最深处达820英尺。这里是安第斯山文化圈的重要发源地之一。居住在这里的人们到现在还以原始的方式生活，展示着当年的印第安社会是怎样的景象。

生活在这里的乌鲁族在湖面上用当地盛产的芦苇编织成一个个浮动的小岛，在上面世代繁衍生息。芦苇对他们来说是重要的生产资料和生活资源。他们用芦苇制造船只，建造房屋，还以芦苇根作为食物。他们延续了古老的印第安习俗，男人们都擅长捕鱼，女人们则都是编织能手，随手就能编织出各种颜色鲜艳而且具有印加特色的纺织品。因为岛上只有不多的资源，不足以供养所有人，所以为了获取生活必需品，他们使用原始的以物易物的方式来进行贸易。交易完成之后，还要向对方致意。乌鲁族印第安人就这样与世无争地生活在的的喀喀湖上。

对印第安人来说，的的喀喀湖是他们的圣湖，印加人的祖先曼科、卡帕可就出生在的的喀喀湖中。他们作为太阳神的后裔，遵照太阳神的旨意从圣湖来到了库斯科，并在这里建立印加帝国的首都。他们从这里开始向四方扩张，最终成了一个庞大的帝国。在印第安语中，库斯科的意思是世界的肚脐，也就是说，印加人认为这里是世界的中心。

通常来说，印加人总是被称为印加印第安人，其实印加这个名字，是国家统治者的称呼，就好像是神圣罗马帝国皇帝一样。实际上，他们只是克丘亚族的一个部落。这个部落的居民懂得种植马铃薯，还把美洲驼作为蓄养的牲畜。12世纪，他们来到库斯科地区并定居在这里。

这些克丘亚印第安人来到库斯科之后，建立了自己的王朝。部落的首领成为王朝的统治者，其他部落成员成为被他们征服的部落里的贵族。印加王朝中的贵族是世袭制的，在整个美洲文明中独树一帜。这种制度让国家始终处于连续的统治之下。王朝统治者的称号是印加，他被认为具有特殊的才干，能够管理整个国家。印加的妻子通常是他们的亲姐妹，所以实际上他们一直处于近亲通婚中。王朝的更替持续到了第八代。当西班牙人来到美洲时，发现印加都十分俊美，并且很强壮，这样优秀的遗传基因似乎可以证明，第一代印加一定是一个非常强壮且优秀的人。

这个文明的首都库斯科城位于秘鲁，是在高原上建造起的城市。印加帝国总是在向外扩展，不是派出军队征服，就是派遣使节说服。所以帝国的疆域不断扩大，到达了西部沿海和北部的山谷。西班牙人到来的时候，印加帝国已经扩张到智利中部地区，从南到北跨越2500英里。阿兹特克人的国家与之相比微不足道。印加是一个真正的帝国。

这个庞大帝国的文明与中美洲相比，还不是十分完善，这主要体现在文字和历法的先进程度上。但是同时，这个国家有它的独到之处，那就是整个国家机构的运转更加流畅。印加帝国修建了横贯国土的两条主要的公路，并且依托这两条路建立了公路网。公路网把整个国家联系在一起，其中不但有普通的道路，还有各种桥梁。其中的一些道路到现在仍然可以供人通行。帝国的农业非常发达，这得益于大规模的水利系统发挥着巨大的作用。其中的一些水利设施现在也仍然能够使用。这个时期，全国各个地区之间的通信都由邮差负责，他们通过遍布全国的驿站递送信息。驿站里通常都准备着食物和水，所以不只是邮差，普通旅客也能在这里短暂歇脚。驿站还能行使集结军队的职责，让地方的叛乱得到迅速镇压。

除了发达的管理体系，还有一种维系帝国统治的方式，那就是全民信仰的宗教。这个宗教崇拜的神是太阳神，祭拜神需要一套复杂的仪式。在这个宗教里，印加被称为太阳的后裔，因此只有通过印加祭拜太阳才能起到作用。另外的管理手段是比较常见的，例如把土地收归国有；为人民登记造册以便收缴税款；把一个地方的居民迁徙到另一个地方，以便同化当地的民族；还时常举行大规模的集体婚礼。印加帝国在集权方面做得相当成功。

印加文明没有自己的文字，他们采用结绳记事的方式记述事件。可能是因为军事行动的需要，印加人善于修建要塞和城堡。他们使用蒂亚瓦纳科的建筑形式，用形状各异的巨石来直接垒成城堡，而无须黏合。这种建筑也没有常见的表面装饰。在库斯科城以北大约2英里的地方有一座著名的城堡，这就是萨克萨瓦曼城堡。它有3层围墙，每层围墙都高达60英尺，用到的最大的石块高达30英尺。城堡所在的山顶有一个阅兵场，每年夏至到来的那一天，这里就会举行盛大的崇拜太阳神的祭祀。

在首都库斯科城中，如今还可以看到那个时代具有的街道、房屋和庙宇。这个城市的中心是一片广场，它的东北方是著名的科里坎查神庙。这座神庙是印加帝国中最重要的神庙，在印加语中，它的意思是黄金建成的院落。

在西班牙人刚刚来到这里时，这座神庙的墙上和地面上都铺着金箔，神庙的院子里，有用黄金制成的各种动物的雕像，甚至还有黄金制成的玉米和植物。西班牙侵略者们把神庙毁掉了，抢走了庙中的黄金，还以这里的基石作为地基修建了一座天主教堂。经过两次大地震后，教堂被彻底摧毁了，但是用印加形制建造的牢固的地基和四周的围墙却成功挺过了这两次灾难。后来，西班牙人重建了教堂，于是便出现了教堂中充满神庙风格的奇异景象。人们能清楚地辨认出神庙的构造以及各个神庙的位置。墙壁的角落里有金色的太阳残片，它好像在提醒人们这里曾有的辉煌。

在库斯科城的西北方是比尔卡班巴山，乌鲁班巴河从这里发源，奔流而下。在这座高山之巅，隐藏着一座宏伟的印加城市。西班牙人在这里统治了长达300年，却没有发现这个城市的存在。可能最后的印加人就藏匿在了这座城市里，但是为什么他们最终又放弃了这座城市，还是一个未解之谜。1911年，一位耶鲁大学的历史学教授发现了这座城市，没有人知道它的名字，所以根据当地的山峰的名字把它命名为马丘比丘。2007年评选出的新世界七大奇迹中，马丘比丘榜上有名。

马丘比丘位于群山之间的山脊上，一面靠山，三面临河，两边是近乎垂直的悬崖峭壁。马丘比丘可能是在1440年到1500年之间建成的，常住人口只有1000户左右。尽管现在的马丘比丘只剩下了一座遗址，但是依然可以从中看出兴盛时期的景象。这里的街道不是十分宽阔，但是纵横交错、井然有序。道路两旁有宫殿、祭祀的庙宇、堡垒和住宅。人工开凿的沟渠引来山里的泉水，用来补充城中居民的饮用水。马丘比丘的城墙和所有的主要建筑都是采用巨石切割后拼接而成的，石块与石块之间没有灰泥作为黏合剂，缝隙却小得连匕首都无法插入。这里建有金字塔，塔顶端的太阳神庙由处女管理。建筑的墙壁上都有三角形的窗子。这座古城中的主要建筑是巨大的神庙，还有一座通往库斯科方向的大门。传说中，印加祖先就是从这里的富饶之窗出发去征服世界的。马丘比丘有一座广场，中间竖立着一个巨大的石柱，名为拴日石，它所起的是日晷的作用。在地势低洼的地方，还专门开辟了一片土地作为庆典和阅兵使用的广场。在这里发现了很多崖间墓葬，共有173具遗骸，其中150具为女性的遗骸。据分析，这些女性可能是用作献祭和陪葬的。

　　从南美洲的西边进入太平洋，行驶大约3200海里，会发现一个三角形的小岛，这里如今归属智利，名叫复活节岛。岛上没有河流，有很少的植物。除了老鼠之外也没有其他的野生动物。但是这里有一批令世人震惊的遗迹，那就是600多座用巨石雕刻而成的人像，面朝大海竖立着。这些作品，不知是否也是印第安人的杰作。

　　古代印第安人留给我们的是一大堆未解之谜，也让我们可以进行无尽的想象和推测，在未来的某一天，这些被尘封的历史可能会揭开它神秘的面纱，让我们一窥究竟。

## 和美洲类似的文明

不少人相信,大约3000年前,在直布罗陀海峡之外的大西洋中,有过一个文明大国。它是一块辽阔的土地,一个"大陆"。那是希腊女神赫斯珀里德的金苹果园。这些持此信念的人根据的是,希腊及其后来的文学作品中关于这样一个消失了的"大陆",有过诸多暗示。这种故事所描写的事物,就其性质而言,对于电影制片人和观众是可接受的,但从地理、地质或考古的事实来看,却是毫无根据的无稽之谈。

有充分理由假设,在地质年代上的一个远古时期,现今在大西洋海水滚涌的地方,有过一块陆地,但自从中新世以来,欧洲或亚洲曾向西延伸的说法,非但没有证据予以支持,相反,有很多证据予以否定。然而,人类文明最多是近2万年,大概只是近1万年的事。而且,人类之成为人类,也只是更新世以来的事。

在西班牙和北非发现的人类遗迹,并不能据此说明在西方有任何层次更高的文化。在希腊较早时期的文学中,在荷马和赫西奥德的作品里,甚至全然不知有西班牙,更别说大西洋了。关于大西洋岛的故事,雷金纳德·费森登曾做过仔细研究,他得出的结论是,这些故事不是指在大西洋中失掉的土地,而是指一桩更有可能的事情,即在高加索区域曾一度存在过一个更为重要的文明。我们知道,在人类这段历史时期里,洪水淹没过俄罗斯的南部和中亚,后来又退却了。因此,现在的沙漠,过去曾经一度是海洋;现在几乎寸草不生的蛮荒之地,过去曾一度是稠密的森林。在雅利安各族向南迁徙之前,黑海海岸可能曾是汪洋一片。在那里,突然沉没的情况随时可能发生。现在,海面只需升高50英尺,就会使黑海与里海相连。只要一个周期的能制止海水表面蒸发的潮冷年代,就可以造成这种情形。现今,大家有这么明确的地理观念,又有了精确的地图,这使我们很难想象,在公元前2世纪期间，甚至最渊博的人士对地理也是懵懂无知的。关于有人曾穿过达达尼尔海峡，从海上到过一个消失的国家的传奇，可能由于希腊和腓尼基的商人开辟了地中海西端，而很容易地被改编为另一些传奇，不过这个传说中的地方现在被移植到新发现的海峡那边去了。无疑，格鲁吉亚是个具有大量考古机会的地方，倘若与初期文明相关的具有原始价值的东西有待发现，那极有可能某一天会在黑海和西突厥斯坦之间的地带。很多希腊寓言和传说都汇集在格鲁吉亚，说格鲁吉亚是产金羊毛之地，是希腊神话中亚尔古船的英雄的目的地；普罗米修斯被缚在那儿，兀鹰啄咬着他的命门。至少权威如弗林德斯·皮特里爵士也赞同这种想法，认为科耳基斯（高加索以南的一个国家）和史前期的埃及曾经有过某些联系。希罗多德也曾指出，科耳基斯人和埃及人之间有一系列的相似之处。

　　澳大利亚这块陆地，由于地理位置偏远，其与世隔绝的程度比南美洲和非洲的最南端还要严重。和美洲的土著人一样，这里最早的居民是何时抵达这里的，仍无法确知。据最新的考古发现，早期人类至少在3.1万年前就已经在这里繁衍生息了。今天，在当地的土著人中，人数最多的是一个棕色皮肤的种族，他们的躯体和四肢都特别细长，其之所以未遭灭绝，是因为他们生活在沙漠地区，于白人殖民者毫无利用价值。在澳大利亚的东南部，生活着另一个土著民族，他们人数不多，身材粗壮，皮肤呈浅棕色，体毛浓密。在东北部的沿海雨林里，生活着黑人的一支，他们身材瘦小，头发蓬松卷曲。

　　这些土著，虽然发展程度迥异，但由于澳大利亚是一块与世隔绝的大陆，所以他们的文明缺少与外界的交流和碰撞，呈现出一种万年如一日的死寂状态。按人类学家的历史分期，这些土著大概处于旧石器时代。平日里，他们不穿衣服，只有在需要装饰的时候略作点缀。他们用来狩猎的主要武器是木质的飞镖和梭镖。他们是称职的猎手和食物采集者，谙熟一切动植物的习性。他们使用树枝编织而成的篮子作盛器，有时也会使用树皮或木头来制作。他们不会耕种，没法自己生产粮食。忍饥挨饿时，他们就靠祭祀神明来求取神明的庇佑和恩赐。最典型的祭祀方式是：把自己的血和土拌和在一起，献祭给神明。在他们的观念里，这样做能增加当地的动植物数量。

这些土著人聚居在一起，同甘苦，共进退。每天猎人打猎归来后，得按照严格的规定把打来的猎物分给所有成员，负责采集植物或昆虫的妇人也不例外。这些土著人，自由散漫，过着亘古不变的生活，没有首领、国王或者政府来领导他们，替他们规划未来。但是，他们仍然有自己的一套复杂的礼仪和社会组织方式，每个部落都划分成三个"年龄—性别"集团：成年男子集团，成年女子集团，儿童集团。在成年男子集团中，有一个人数虽少但颇具权威的长老阶层，他们是习俗的守护者，也是社会权力的持有者。其他男子即使被邀请参加长老议事会议，也只能旁听，没有发言资格，更别说决策了。儿童进入成年，则要举行献身仪式，即成丁礼。

当18世纪后期，欧洲人刚到澳大利亚时，土著只有30万人左右。除了人数稀少，这些土著也没有像样的领导组织和武器。和非洲人与美洲印第安人一样，这些仍处于旧石器时代的澳大利亚土著显然也无法逃避被征服的命运。他们原始的武器根本无法抵抗外来的侵略，至少有2万土著人死于争抢土地资源的冲突，更多的土著人不是沦为奴隶，就是被赶往不毛之地，但悲剧并没有到此结束。活下来的土著人不得不面对移民带来的大量疾病，要是赶上缺衣少食的穷苦日子，土著人的生活更是雪上加霜。至1933年，土著人在澳大利亚的人数大约仅存7万人左右。还有一些异族通婚所生的混血儿，大约有8万人。

欧洲人的殖民政策给澳大利亚土著带来了不幸，使他们在近现代文明中日渐边缘化。但我们应该明白的是，即使在今天，保留澳大利亚土著的传统对于维持文明的生态多样性是有益的。从迄今为止的考古成果中，我们也确实知道，澳大利亚土著也曾经创造过堪称灿烂的远古文明。保存在现代博物馆里的一些岩画和树皮画，就是洪荒之世澳大利亚土著人原始文化高度发展的明证。这些用坚硬的石制工具或各色赭石在深山石崖上刻凿或绘制的一幅幅关于狩猎、猛兽、精灵及各种原始宗教崇拜的图像，直观拙朴，怪诞离奇。尤其当岩画与奇特的地形地貌融为一体时，仿佛整个历史、世界、人生和艺术都凝固在岩画之中了。人类学家和考古学家估计最古老的岩画可上溯到2万~3.5万年前。澳大利亚土著人还擅长一种树皮画，用以表现所崇拜的偶像和各种飞禽走兽，不仅画出它们的外形轮廓，而且描绘出体内的骨骼和器官，成为澳大利亚独有的艺术瑰宝。用自然方式再现自然原貌的视觉艺术，正是这些土著人独特文化的精髓所在。

　　澳大利亚土著笃信一定的人群同某种动物存在着超自然的亲缘关系。每一部族通常用某种动物来命名，这种动物即该部族的图腾。在土著人的信仰中，人是作为一种动物、一块岩石或一个精灵开始生存的，是母亲赋予了他肉体。一个土著男子长大后，经过成丁礼再次将这种神圣的生命援引进来。在宗教仪式的加持之下，他将保持这种生命，直至死亡，再通过葬礼回到作为中心的图腾中，周而复始，开始新一轮的生命演替。

第十二章

中国文明

## 隋朝统一中国

　　罗马帝国在长达7个世纪里兴衰更迭，西欧社会也被撕裂，整个社会的政治、经济、文化和宗教全都被毁灭并重新改造。在中国也发生了巨大的变化。从汉朝末年到唐朝初年的400多年间，中国经历了长期的分裂和动乱，但是没有发生根本性的改变。这种分裂只是帝国的领土和政治版图发生了变化，而且不管是在动乱开始之前还是结束之后，中国在亚洲的地位都保持一致，中国的辨识度仍然很高。

　　在东方和西方的庞大帝国之间存在着很多差异，这些差异对于西方国家更有利。中国的货币不通用，因此西方通行的货币和信用制度没有在中国兴起，所以既没有带来好处也没有坏处。中国没有奴隶，不存在奴隶作为劳工的现象。虽然中国人也雇用小姑娘做家务，还会买卖妇女，但是这些都是妇女地位低下的另一种延展。能够用土地来产出和换取价值的人通常来说都是这一块土地上的主人，并且要交土地税。虽然有相当规模的小地主，但是大地主是非常罕见的。没有土地的人被雇佣耕种，并用粮食当作工钱。这些都让中国政权稳定。中国的地形有利于形成一个统一国家。但是奢侈的习惯让它变弱了。在2世纪后期，蔓延全世界的瘟疫也对中国造成了伤害，像造成了罗马100年混乱一样,汉朝也在瘟疫中衰弱了。

汉朝结束之后,中国开始了分裂,许多新兴的小国家开始互相攻击,蛮夷国家也崛起了。到了4世纪,接触了一些文明的匈奴人在中国的陕西建立了一个王朝。它的地域包括中国北部和鲜卑地区,继承了中华文明,并将这些文明和知识介绍到了北极地区。具有鲜卑血统同时和中国本土民族融合之后诞生的隋朝把中国的南方征服了。隋朝的建立意味着中国开始了它的文艺复兴。在隋朝时期,中国版图中首次包含了琉球群岛,并开始文学的盛世。当时的皇室拥有数量繁多的藏书,数量多达5.4万册。隋朝之后,唐朝开始兴起,并延续了长达300年。

## 大唐帝国

中国在文化和艺术上的复兴是从隋朝开始的,在唐朝时期开始兴盛,这就使唐朝的文明具有自身的鲜明特点。这样的情形是由多种因素作用的结果:中国的文化变得开明,经学盛行,佛教的传入,以及北方民族的尚武风气,这些带来了新的中国。唐朝的政府和军队不同于以往,艺术上也充满了勃勃生机。

如果将这样一个中国形成的过程,和罗马后期的衰落史加以比较,会让人觉得十分有趣。罗马帝国分为东、西罗马,在中国也有南、北朝时期。二者都遭受了少数民族的侵略,这些野蛮人建立的国家也很相似。查理曼相当于鲜卑的皇帝,查士丁尼和刘裕有很多相同的地方。拜占庭帝国与中国南朝非常类似,但是两个国家的命运截然不同。中国再次恢复统一,而欧洲则仍处于分裂状态。

到了唐太宗时期,中国的疆域变得十分广大,南至安南,西到里海。这个帝国最西边的边境紧邻波斯的边境。帝国的北方始于吉尔吉斯大草原,沿着阿尔泰山直到北方的沙漠。这个庞大版图中不包含东北的高丽。直到唐高宗时期，高丽才被唐朝征服而成为属国。在唐朝时期，中国的南方人全部进入文明社会，他们和中原地区的人种相互融合。和北方人自称汉人有所区别的是，他们自称为唐人。这时出现了成文法，完善了以文学取士的考试制度，还将中国流行的经书加以修订，刊印了官方版本的十三经。拜占庭帝国向唐朝派出了使节，还有一些基督教（当时称景教）的传教士于635年从波斯远道而来。唐太宗热情地接待了这些传教士，并且抱着万分尊敬的态度听这些人讲述了景教的基本教义，还让他们把基督教的《圣经》翻译成汉语进行研究。

又过了两年，他认为这些宗教符合自己的心意，宣布可以在国内传播。他允许这些传教士修建教堂和寺院。今天的西安仍然保留着一块石碑，这块被称为"大秦景教流行碑"的石刻塑造于781年，上面记载了传教的故事。在景教传教士到达中国的7年之前，代表另外一个宗教的使节也到达了中国。他们是阿拉伯人，从麦地那的港口乘坐商船，从海路到达广州。我们之前提到过这些阿拉伯人，他们的领袖穆罕默德把自己称为"上帝的使者"。他们受穆罕默德的派遣来到唐朝，带来了对唐太宗的召唤。这个信息与他们之前向拜占庭皇帝赫拉克利乌斯传达的一样。

唐太宗的反应和赫拉克利乌斯十分不同，他没有选择无视这个信息，而是热情地招待了信使。他表示这个宗教的观点很有趣，还有未经证实的说法认为他在广州为他们建造了清真寺。唐朝初年，中国的帝王表现出的渊博文化和温和有礼，连同他们强大的国力一起远播四方，与西方的混乱和分裂形成了鲜明的对比，产生了文明史上最引人深思的一些问题。统一的中国此时已经在全世界取得了领先的地位，为什么没能一直保持下去呢？为什么中国在文化和政治上的强势没有能够延续到现在呢？的确，中国在世界范围内的领先保持了相当长的一段时间。直到1000年后的16世纪，西方探险者完成了环球航行，发现了美洲，普及了书籍和教育，并且有了近代科学的长足发展，才能视作西方相对中国取得了优势地位。在唐朝时期，中国处于极盛时代。到了宋朝之后，虽然屡屡被进攻和侵略，但是宋朝的经济和文化都十分发达。到了明朝，中华文明依然十分繁盛，这时的中国与同期的任何国家相比，都把它们远远甩在身后。中国既然有了这样的成功，为什么没取得更大的成功呢？中国曾经进行了最早的远洋航行，还有发达的海外贸易，为何发现美洲和澳大利亚的不是中国人呢？

由南非的布须曼人的壁画我们可以知道，在一个无法确定的年代，中国船只曾经到达过那里。墨西哥也曾发现过中国人留下的痕迹。据说，在新西兰和新加利福尼亚也发现了中国人在岩石上雕刻的作品。但是虽然如此，这些偶然的发现和迦太基人环绕非洲，或者欧洲人到访美洲不同，并没有人追随前人的脚步再次来临。和其他国家或者地方的人一样，中国人有很多独立的发明和创造。早在6世纪，中国人就会制造火药；欧洲人学会用煤取暖时，中国人早在几百年前就已经学会了。他们的能工巧匠能够建造复杂的水利工程、优美的桥梁和建筑。他们同时还能制作精美的瓷器和漆器。那么问题是，为什么这些人没有成为有组织的集体，从而对全世界的近代科学起到带头作用呢？文人学者们被教育成要合乎礼仪，但是很多思想并没有在普通民众中得以流传。中国人给人的印象是十分聪明的，但是中国的底层人民缺少文化，文盲所占的比例依然很高。

据我们所知，中国人的保守程度在全人类中都名列前茅。与欧洲人的开放不同，中国人十分怀旧，甘愿墨守成规，思想的僵化程度让西方人无法想象。中国人的心理状态非常微妙和独特，让西方人不禁怀疑，自己的大脑结构是不是与他们存在巨大的区别。其中一个重要的证据是，中国著名的哲学家孔子呼吁人们效仿古代圣人的德行。

但是对这种笼统的看法深入地加以剖析，我们就会发现它完全没有道理。西方人自认为代表着开创精神和冒险精神的某些值得褒奖的优点，在漫长的历史中也只是在某些特别的时刻才能显现出来。在其他大部分时间，西方人和中国人没有表现出本质的不同，也是传统而保守的。

同时，中国人已经证明了自己在被激发的情况下能够进行创造性的发明，并且多才多艺，丝毫不比欧洲人差，和中国人类似的日本人表现得更加明显。如果要作比较的话，希腊人是个非常好的例子。从公元前6世纪开始到公元前2世纪，他们发挥了相当大的智慧。但是希腊人在这之前和之后都一直存在，罗马的拜占庭帝国虽然有1000年的历史，但是它和中国一样，在头脑的开拓上停滞不前。在罗马时期，意大利人似乎不知道该怎样使用自己的头脑，但是文艺复兴改变了这一切。

英国人虽然在7世纪到8世纪时短暂地辉煌过一阵子，但之后就陷入了沉寂，直到15世纪才再次崛起。伊斯兰教的出现带给阿拉伯人将近200年兴盛的时光，但是无论是之前还是之后，他们都没有任何成就。同时我们能够发现，在中国出现了很多零散的发明，艺术方面也有进步，意味着思想具有创造力。与波斯人相比，中国皇帝杀死自己父亲之后继位的情况更多。中国出现过很多次思想解放，在史书中记载了很多反传统的改革行为。对于任何社会来说，要想产生进步，必然需要一个十分独立的集团的存在。这个集团不需要为了得到生活资料而穷苦或被奴役，也不会因为十分富有而产生奢侈放纵的恶习或肆意妄为。

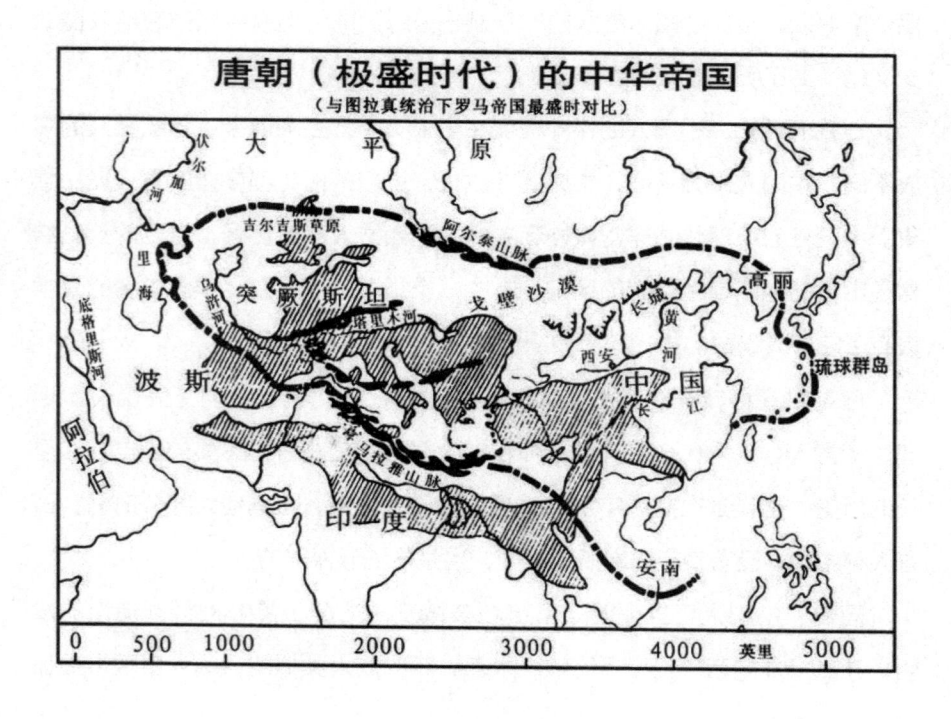

  这个集团代表的阶级有言论自由的权利，并且能够时常交流。他们不会因为自己的言论而被归为歪门邪道并且加以迫害。这样的情形曾经在希腊的强盛时期出现过。不管在任何地方与任何时代，想要实现科学的进步或哲学的诞生，都要有富有知识的群体和一些高尚的人出现在当时的历史中。在中国强盛时期的唐朝和宋朝，乃至恢复汉人统治的明朝，一定有很多中国人家境优渥，他们中间的很多就如同在雅典的柏拉图学院就读的人一样，如同意大利文艺复兴时的才子一样，如同伦敦皇家学会的会员一样。但是不同之处在于，中国的这些时期里没有对任何新的事情进行记述和分析。

  如果不认为中国人和西方民族在人种上存在什么差异，导致中国人天生保守而西方人本来就追求创造的话，那么就需要从另外的角度来解释为什么中国和西方出现了如此巨大的差别。很多人都试图找到其中的原因。中国在早期比起西方世界具有非常大的优势，但是在接下来的几百年中却停步不前。中国人的所有智慧都被一种非常复杂和困难的因素束缚住了，那就是整个国家的国民都需要在学习语言上耗费大量的精力。

  前面已经提到过汉字和汉语独有的特点。虽然日本的文字是以汉字作为基础的，但是对汉字进行了简化，书写更为便捷。日本文字大量借鉴了汉字中的表意形式，与汉字的使用方法相同，但是有些符号是表音的。日语的假名有一种是学习苏美人创造的音节表加以排列的。日语中使用的文字依然非常低级和粗陋，就像是早期的楔形文字一样。但是相比来说使用汉字更为复杂。日本开始了学习西方字母的举动。朝鲜文字也是以汉字为基础的，但是很早之前就发展出了字母。

  在全球范围内，这几种文字之外的所有文字都源自地中海地区的字母拼音系统，和汉语相比，这些文字更容易被掌握和熟练使用。也就是说，在世界上其他地方的人们只需要为了记载事件而学习一种通用且简单的语言时，中国人却要花费更多的时间来掌握复杂得多的词汇。中国人不但要学会单个的文字，还要学习这些文字加以排列组合之后形成的每个词的意思。所以中国人需要从过去的经典中进行大量学习。

在中国，很多人都识字，特别是那些常见的汉字，但是对于书籍上的各种文章，能读懂的人就不是很多了，能够理解其中包含的深刻含义的人数量更加稀少。在日本也有同样的情况，但是没有中国严重。对于欧洲人来说，特别是以英语和俄语为母语的国家，因为他们的语言中的词汇十分不规则，所以民众识字和懂得阅读的程度因人而异。这些人的阅读能力与他们掌握的词汇量密切相关。但是对于中国人来说，想要达到同样的阅读水平要耗费更多的时间。中国文人最主要的学习项目就是如何阅读。

所以或许能够认为，在中国，有能力受教育的人在最初开始学习的时候就苦读诗书，所以必然会对这些传统的经典产生更多的喜好。通常来说人们都倾向于继续研究已经熟悉的领域，而不会冒险去研究其他未知的东西。这种偏好不只是东方人的专利，西方人也是如此。欧洲大学里的学者和中国的士人阶级一样，都表现出这种倾向。进入现代的英国人仍然不肯对传统的拼写方法加以改变，即便是他们知道这些改变对于教育和普及知识有很大的好处，仍然故步自封。因为中国人具有的独特文字，和因为这些文字衍生出的教育体系，成为世代相传的筛选人才的工具，符合这套体系标准的人会受益，不符合的人则无法从中获得提高的机会。这样的方式排除了一些人取得权势的机会。这是一种非常有力的解释。

但是直到最晚出现的汉族朝代明朝，才建立了完备的传统考试的制度。蒙古族的统治灭亡之后，明朝继承了中国的疆域，统治十分保守。明朝的开国皇帝在过去的科举考试基础上制定了更加苛刻的制度，想要将中国的文人都招揽到自己麾下。古老的典籍严重地束缚了中国人的思想。如果一个人把这些古书统统读完，那么他的思想也会像牛津大学的学者一样僵硬不堪。在过去的1000多年中，中国虽然时有分裂和被侵略，但是总体上还是向前发展的。虽然朝代不断更迭，但是文人阶级和科举制度从未改变。从唐朝开始，中华文明用一种缓慢但坚定的方式向外扩张，影响了南方的安南和暹罗，以及北方的朝鲜和蒙古。虽然从地图上看来，这些只体现在了疆域的扩展。7世纪的中国人已经进入了高度的文明。

## 宋朝的影响力

历史上，唐朝强盛而宋朝富庶。宋朝在经济上较唐朝富裕，人口也更多。在宋朝，大规模的水利工程在农业上得以应用，让宋朝的生产力水平达到了很高的程度。中国人引以为傲的四大发明中，有三个是在宋朝时出现的，这就是指南针、火药和印刷术。但是宋朝虽然富裕，却远不够强盛。造成这种情况的原因似乎能够从宋朝的建筑中找到端倪。和汉唐时期相比，宋朝的建筑风格发生了巨大的转变，从过去的追求宏伟大气的风格变为清新典雅的风格。

宋朝建筑的显著特征是挑檐，和汉唐时期的沉稳庄重的风格不同，房檐是向上翘起的，非常具有艺术感，并且十分优美和轻灵。这种风格能够作为宋代建筑的典型代表，明显地体现出了一种贵族化和世俗化的气息。从唐朝末期开始，市民社会逐渐兴起。到了宋朝时期，全社会都呈现出了繁盛的市井文化。到了南宋时期，首都临安拥有超过100万人口，但是其中竟然有接近四分之一的人是王族和官僚阶级。这些人几乎都是北宋朝的王公贵族，所以他们每天过着奢侈的生活。他们的出现带动了商业的兴起，所以商人的数量占总人口的比重也达到了近四分之一。青楼和酒肆随处可见，各种商贩走街串巷，带给贵族们醉生梦死的生活。这时的海上丝绸之路十分繁荣，泉州港也成为最大的港口。

宋朝的商业水平虽然发达，但是无法和征税的水平相比。所以我们无法通过国家财政收入来衡量当时的经济发展情况。宋王朝的开创者非常重视安全的问题，所以在之后的300年里，国家财政都面临困难的局面。宋朝的开国皇帝如果能够复活，一定会考虑改变当时制定的政策。由于这个皇帝是将军出身，所以时常感到焦虑，因为他在早年间曾经历过动荡的社会和各种叛乱与暴动，官僚也在各种势力中来回变换阵营。因此，他非常希望建立全新的制度，杜绝这些事件的发生。他为文官和军队制定的一切准则的基础必须保证一点，那就是王室必须能够绝对控制整个国家。宋朝为了实现这个目的而倾尽了全部努力。

但是宋朝的领土面积非常小，和帝国的威名十分不相称。金国人占领了北方之后，宋朝的国土变得更小了。但是即便如此，和过去相比人口仍然没有减少，虽然人均拥有的耕地下降严重，使农产品大量减少。但是那些失去了土地的农民一部分加入了军队，另一部分来到城市，成了商人。这一点似乎也可以解释为何宋朝对商人并不是十分歧视。北宋和南宋时期，官府利用对一些资源的专卖来创造收入，主要是盐的垄断经营，南宋还有数量庞大的杂税。

民间发达的商业没有上缴多少税收，但是有利于积累财富，让商业资本得以聚集。但是要注意，虽然此时兴起了众多商人集团，但是他们并没有使数量庞大的农民阶级的地位得到改善。

宋朝刚刚建立就面临着周围强大敌人的威胁，和汉唐时期相比周边形势要差得多。汉朝和唐朝的主要外敌分别是匈奴和突厥。这两个只是少数民族组成的部落，管理水平还十分原始，比不上统一有序的国家。这些部落之所以进攻中国，只是要抢夺食物和其他无法自产的生活资源，所以具有骚扰的性质。与之不同的是，宋朝的敌人是辽、金等国家。当时中原地区刚刚结束分裂，但是整个中国并未统一。在这片土地上同时存在着宋朝、契丹建立的辽国、党项建立的西夏和位于遥远的西南边陲的吐蕃。

根据宋朝面临的防御形势，如果宋朝有一个强大的君主，能够用进攻代替防守，先主动向外出击并且取胜，才能让国家稳定，进而谈论其他制度的建设。但是实际上宋朝的策略是注重防御，并且防御的手段并不高明，所以注定要失败。在这种条件下再奢谈其他制度，就难以为继了。中国自古以来都是通过战争的优势来稳固国家的。即便是修建了长城，中国的防守通常也是进攻型的。但是宋朝或许是受到了唐朝的影响，使得防御的策略非常保守和消极。宋朝的防御难以守卫国家，进攻的能力又差，虽然军队弱小又不能没有军队，所以始终在强撑着国防态势。所幸宋朝是个十分注重文化的王朝。虽然军队不够强大，但是文化依然兴盛，所以没有祸起萧墙。

## 汉族重新掌权

当忽必烈成为蒙古大汗的时候，蒙古人已经接受了汉族的文明。从1280年之后史官们都把忽必烈当成中国元朝的君主，而非一个外来的侵略者。这个由蒙古族建立的王朝只延续了80多年就被汉族农民起义推翻，并建立了明朝。明朝存续的时间从1368年到1644年，这是一个汉族王朝，拥有灿烂的文明。明朝统治一直持续到被北方的少数民族满族消灭。满族生活在中国东北，这些人似乎就是成吉思汗打败的那些金人的后代，所以他们自称后金。清朝直到1912年被共和取代。清朝统治时期，满族让汉族留起辫子，所以在近代史上，中国人的形象是留着辫子的。到了共和时期，人们不再被强迫留辫，所以这些只存在于历史中。

我们之所以要把这些朝代更迭简要地叙述一下，是因为它们关系到远东地区这个人数众多的庞大国家和其中的文明。虽然宋朝是在契丹、金国和西夏的环绕之下艰难生存，在政治上呈现出倒退，但是同时在艺术上又大为发展。到了南宋，中国画的技艺达到史上的最高水平。一位西方艺术家评价说：和他们在诗歌和哲学上成就一样，宋朝人在艺术上也取得了十分辉煌的成果。宋朝的艺术家们热爱大自然的方式，并非是欧洲人所能想象的。这些人的意趣，在他们的绘画中所描绘的山峰和河流，以及从芦苇荡中飞起的大雁，在月光照耀之下默然思索的文人，或者一条河流中船上的渔翁上时有体现。

因为中国的艺术家在绘画或制作瓷器时总是使用非常脆弱的原料，所以虽然他们比同时期欧洲的艺术发展水平要高，却远没有欧洲留下的艺术资料多，也让人无法欣赏到当时艺术的精华。但是我们仍然有很多证据证明这一时期出现了众多优美的作品。宋朝灭亡之后，元朝人很好地继承了宋朝的绘画功底。但是到了明朝，一些其他的风格出现了。明朝为我们留下了很多不朽的作品。这一时期出现了很多象牙雕塑和木质雕塑，还有很多用玉石和水晶制作成的雕刻作品。在通往明朝皇帝陵墓的大路两边，有很多巨大的石头雕像。这些雕像虽然未必是中国雕塑的最佳代表，但是十分著名。这种过分雕琢的风气在中国持续了很长时间。

  早在唐朝，人们就开始制造真正的瓷器了，但是保留至今的最早的瓷器，来自宋朝。瓷器是和丝绸一起流传到西方的。欧洲历史上记载，撒拉丁为大马士革苏丹献上了一份多达40件瓷器的礼品。到了明朝，皇帝直接指挥制造瓷器，所以它更加蓬勃地发展起来。这时制造的瓷器上出现了绘画。到了15世纪，青花瓷诞生了。还有一些装点着优雅花纹的瓷器，以及红色釉面瓷，代表了中国陶瓷艺术巅峰的杰出成果。

  或许我们可以在这里说说汉唐和其他几个朝代的一些中国艺术以及建筑。中国人并不喜欢在建筑上使用石头，而是用木头和砖，这一点并不被西方人所理解，因为中国有很多可以用于建筑物的石头。在11世纪之前，中国除了长城之外，没有知名的建筑遗迹。但是从一些史料中可以证明，早在秦国之前，中国人就能够修建建筑物。一些建筑从蒙古族的蒙古包上得到了灵感，这些带有雕刻的木头建筑物的特点是屋顶很大，并且有两层到三层。

  在这些建筑的屋顶能够使用瓦片，瓦片的颜色十分鲜艳。通常来说，地上的建筑都是单层的，横向展开。中国建筑中最常见的是牌坊和石桥，其中的一些十分精美。还有一种类型的中国式建筑是高塔。这些高塔拥有塔身、回廊和栏杆，具有中国建筑的元素。中国的塔从2000年前开始就是这样的模式，到今天仍然得以保持。但是这样说并不准确，因为中国的塔来自印度，和印度的一种纪念塔相似。

  因为中国的雕塑也同样不愿意使用十分耐久的材质，所以我们几乎无法了解汉朝之前的雕塑是什么样子的，只有青铜器是个例外。我们已经发现了商朝和周朝的众多早期的青铜器。这些青铜器铸造得是如此精美，意味着当时存在着一个高度发达的文明。到了汉朝和公元纪年开始之后，我们才通过遗留下的其他文物了解了中国。

我们已经知道中国艺术中的根本是绘画，汉朝时期就有很多优秀的作品。顾恺之是当时的中国大画家，现在我们依然能够找到他留下来的作品，能够从中看出他精湛的绘画技巧。中国绘画使用的颜料是水彩，与西方通常在墙壁上作画不同，中国画都画在纸上。这就意味着在中国画里，对于透视的表现方法是拒绝的。中国画是平面的，是唯美的。表现的对象通常是山水和景物，人像则非常少。很多人认为唐朝是中国画的巅峰。

中国的雕刻艺术是无法与绘画相提并论的，和欧洲同时期的作品也无法相比。但是与此同时，中国能够制造十分优秀的陶器。中国人烧造陶器比西方用的温度高得多，唐朝末期出现了非常好的有釉面的瓷器。汉朝陶器已经非常好了。

现在很多欧洲人的家里，或者他们的收藏室中都有很多唐朝制造的陶器，例如人物、车马、骆驼。这些陶器出现于中国古代的坟墓中。这些陶器的形象是用来代替需要被杀死陪葬的动物或者奴隶的。过去，通常在统治者死去之后要进行这样的殉葬，让他在阴间仍然有追随者。后来开始用陶俑代替真实的殉葬。在阿提拉时代，匈奴人仍然采用真正的动物或奴隶殉葬。但是到了古埃及时期之前，这个古老的习俗已经不复存在了，而是使用专用的人偶来代替。

中国人曾经想要把他们的文字字母化，并且实施了几种计划。在佛教最初传入中国的时候，很多书籍是从梵文翻译成汉文的。受到印度影响，当时已经发明了两种字母，但是除了佛经之外，都没有普及使用。而且中国古代的文言文语法和措辞，也影响了字母的推广，直到今天。虽然整个中国使用同一种文字，但是各地的口语存在非常大的区别，发音方式也不一致，造成一个地方的人听不懂另一个地方的人的口语。但是受过教育的人通常都会学习一种通用语。中国近代的教育改革者，试图在这种通用语的基础上制订拼音方案。当他们刚刚制成一种近代汉语的字母拼音表时，已经在中国历经千年的考试制度也不复存在了。

293

从文言进化成白话，汉语的复杂程度进行了非常大的简化。这样就造成了阅读汉语时非常简单明了，虽然字体复杂，汉语仍然更加易读易懂。和古代汉语相比，更加符合近代文明的需要。但是仍然存在很多其他原因让中国无法成为世界的主宰。因为过去中国取得了巨大的成就，曾经是世界上最繁荣的国家，因此这个国家里的人都把自满和守旧看作是正常的。从这一点上看来，人仍然具有动物性。

在19世纪之前的2000多年的中国历史中，中国人几乎从未怀疑过，他们自身的文明比世界其他地方的文明要更加优越。既然是这样，则使他们并不认为自己需要改变。在中国出现了很多优雅的艺术和优美的文学作品，中国人擅长制作美食，并且世世代代愉快地生活在这片土地上。这个国家始终是一个小富即安的国家，这里产生了很多工匠，在需要的时候，他们还能投入到农业生产中。

同时，中国周边有很多可以扩张的地方。中国的北部和西部有很多能够种植的土地，所以中国从未出现过类似日本的焦虑，因此中国的家族里普遍存在一些很早结婚的后代依然留在家里的现象。中国人的这种生活世代相传，民众没有承受罗马帝国里穷人的苦难，而这种安逸最终使这个国家崩溃了。

虽然中国也有很多十分贫穷的人，百姓对统治者也有诸多不满，但是穷人占总人口的比例并不高，不满的程度也没有那么深。因此在发生多次动乱和自然灾害之后，人口数量会逐渐恢复。虽然统治者不断更换，带来很多混乱的时期，饥荒和瘟疫也时有发生，异族人的入侵也在中国建立了两个王朝，但是所有这些都没有让中国的秩序受到破坏。在世界的其他地方马上就要发生转变的时候，中国人的注意力依然集中在国内，大海属于西方的列强。后来出现了难以预料的结果，但是历史的进程不会被阻挡。接下来的几个世纪中，曾经的天朝在西方蛮夷的侵略中跌下神坛。

## 中国文明对日本的影响

在亚洲大陆东边的大海里，有一个由几千座小岛组成的岛国，这就是日本。日本国土的形状狭长，从北方到南方需要跨越3000多公里，看起来就好像一只昂首翘立的海马。在冰河时代，可以通过陆地从亚洲大陆到达日本，两者相连的地方就是大陆桥，在大约1万年前，冰河时代结束了，由于海平面上升造成大陆桥被淹没，日本因此成了一个四面环海的岛国。因为日本位于亚欧大陆板块和太平洋板块之间的交界地带，两个板块互相碰撞造成了强烈的地壳运动，因此日本的火山和地震活动非常频繁。日本民族是从哪里来的呢？有人认为，占日本人大多数的大和民族并非一种独立诞生的民族，而是日本本土民族同外来民族相融合而产生的新民族。

早期的日本人在大约1万年前进入了新石器时代。这些人能够制作一种陶器，陶器表面有着绳子一样的花纹，因此这一时期又被叫作绳纹时期。到了公元前4世纪，在这个时代快要结束的时候，一些移民从亚洲大陆来到了日本。这些外来移民中有中国人、朝鲜人，还有一些人来自其他地区。他们教会了日本本土民族种植水稻和冶铁，让日本进入了农耕时代。这个时期的文化在九州岛的北部被发现，所以被称为弥生文化。科学家们通过研究这里出现的人类遗骸，证明了移民与本土民族的融合。原生的日本人身材很矮，面部也十分宽阔，平均身高在150厘米左右。而在弥生时代的遗址中，出土了很多面部狭长，平均身高达到160厘米左右的人类骸骨。这些人的身材与中国人和朝鲜人的特征十分接近。

弥生时代持续了700年左右，时间从公元前4世纪绵延至公元3世纪，在这一时期，日本的农业经济得到了长足的发展。这一时期日本社会的特征是，因为当时有很多从东亚大陆来到日本的移民，这些人来到日本之后，和日本本土的原住民相互融合，他们的后代，就是今天的大和民族的祖先。这些人传授给日本原住民种植水稻的技术和制作工具的技术，因此提高了当地农业生产的水平，促进了人口的大规模增长。意了弥生时代的中后期，日本已经与亚洲大陆上的中国建立了外交关系。

九州岛地区的北部有一个小的部落，他们的国王于公元57年来到中国，向当时的汉朝皇帝进贡。汉朝皇帝赐予他一枚金印，金印上刻有汉倭奴国王的字样。3世纪末到4世纪初，在如今的日本奈良境内，又出现了一个强大的部落。这个部落信奉太阳神，他们认为天照大神是自己的保护神。在随后的一个世纪中，这个部落凭借武力与通婚，统一了整个日本的西部地区，并建立了一个被称为大和国的统一王国。这个国家的历代国王和贵族在全国各地修建陵墓，以显示统治者的权威。这个时期是从4世纪到6世纪，所以在日本的考古史上，也被叫作古坟时期。从东亚大陆来到日本的工匠为日本带来了先进的文化和各种农业和加工业技术。这些工匠被大和国的政府统一管理，把他们分成了若干个专业群体，其中包括服部和陶部等。这些工匠极大提高了日本纺织和金属加工业的水平。

到了4世纪时，来自朝鲜的百济国王给日本国王送来了一份十分珍贵的礼物，这就是《千字文》的手抄本，引起了日本极大的兴趣。405年，日本国王请百济作家到日本去，教日本的王子学习汉字，这意味着汉字正式进入了日本的官方视野。日本王室把汉字作为记述宫廷事务的书面语言，并且对中国的政治制度也产生了极大的兴趣。日本人开始改革他们的政治制度，其中最著名的两次改革分别为推古朝改革和大化改新。日本的对德太子在7世纪时，按照中国的传统儒家思想为日本王朝的官员按照不同的等级制定了12级官位，用来表示他们之间的等级。这些官员分别戴着12种颜色的帽子，每一种帽子都用美德来命名，例如红色的帽子被称为礼，而蓝色的帽子被称为仁。到了8世纪，经过不断的改革，大和王朝成了一个中央集权的统一国家，政治清明，法律完善。此时施行的法律是律令制，所以这时的日本又被叫作律令制国家。这种类型的国家在全国实行统一的制度，通过对土地和税收的统一管理来对整个日本民族实行集权的直接统治。

在这一时期，大和国的大王也改称天皇。在把最高统治者称为天皇的同时，律令制国家的国号从大和改为日本，意为太阳升起之地。7世纪，日本出现了神道教，这个宗教从日本的原始社会时期吸收了对自然神和祖先神的崇拜。在过去，神道教的宇宙观十分朴素，他们认为宇宙是由三个世界组成的。其中神仙生活在天上，代表着光明；恶魔居住在地下，代表着黑暗；而在光明和黑暗之间，是人类生活的人间。古代日本人认为，很多物体上都会有神的存在，这些物体就被叫作神体。一座山，山上的岩石和岩石上生长的树都可以成为神体。在日常生活中也有神体的存在，例如镜子、玉石或者雕像。在神道教中，最高的神就是天照大神。古代日本人认为，天皇就是天照大神的后裔，能够直接与天照大神交流，所以神道教的崇拜对象既有神本身，也有神的后代——天皇。

佛教于6世纪传入了日本，当时的王储圣德太子为了巩固自己的统治，大力推崇佛教，使佛教成了日本最流行的宗教。因为官方的推崇以及鉴真东渡，日本的佛教和佛教建筑，得到了迅速的发展，出现了一批能够代表当时最高建筑水平的佛教建筑。从这时开始，一直到16世纪的江户幕府时期，佛教都是日本的国教。为了加强王权的统一，日本开始修建它的都城。8世纪，按照当时中国的唐朝都城长安为样板，日本建造了平城京。这个都城位于奈良，面积约为30平方公里，在都城的正中央，有一条宽约90米的朱雀大街。这条大街的正北方是天皇的宫殿以及中央行政机构的所在。都城里的街道和长安一样呈棋盘状，分布着许多佛教寺院。据说当时平城京有10万人口。日本从710年正式定都平城京，进入了奈良时代，这个律令制国家的兴盛时期持续到了794年迁都。

这一时期，日本向中国派遣了大量的遣唐使，他们学习了中国先进的政治制度，并且在回到日本之后在本国推广，这让日本从7世纪后期到8世纪得到了快速的发展。虽然这一时期的日本还远远没有达到唐朝的发达水平，但是日本全力以赴地模仿唐朝，通过对唐朝的学习，试图使自己的国家有一天能够达到中国的水平。日本学习了唐朝的官僚制度，建立了类似的机构，像中国一样为人民建立户籍，控制他们的流动。还有土地分配制度，也是向唐朝学习的。从7世纪初到9世纪末的200多年的时间里，日本向中国唐朝派出的遣唐使达到数千名，和遣唐使一同出访的，还有大量的留学生和僧人。他们把大量先进的唐朝文化和宗教文化带回了日本，让日本人对中国有了更多的了解，并且激发了他们的求知欲，促使日本更加繁荣。

关于遣唐使，近年来在日本出土的很多文物都能够证明。当时日本虽然出现了一批有文化、懂管理的官员，也建造了大量的寺院，但是人们依然想要获得更加先进的文化。因此在630年到894年间，日本每隔12年就要向唐朝派出一次遣唐使。日本先后一共派出了20次遣唐使，其中的16次顺利到达了中国。这些遣唐使肩负着发展日本国家体制、提高日本人文化的重大使命。这些遣唐使的规模为400~500人，分坐4条船，经过危险的航行来到中国，其中的很多人死在了航行的途中。到达中国的海岸之后，他们还要在陆地上行走将近1300公里才能到达唐朝的首都。经历过这些艰难险阻之后，遣唐使们开始努力学习唐朝的知识和文化，以及宗教和政治制度。

到了10世纪，曾经十分强大的唐朝灭亡了。同一时期受到唐朝文化深深影响的日本文明迎来了属于自己的独特文化。9世纪，日本人以汉字为基础，发明了平假名，之后又把汉字极度简化为片假名。有了这些假名文字，日本在10世纪之后开始兴起了大量文学作品。其中包括和歌、小说和宫廷日记。

## 孤立中的日本

当镰仓幕府于1192年创立的时候，日本的军政大权和整个国家的土地基本都被武士阶级控制了。从这时开始，日本社会在武士的裹挟下进入了武家社会阶段。幕府对日本的实际统治持续了675年。虽然征夷大将军——也就是幕府的最高领袖——还需要天皇同意才可以任命，但是实际上天皇已经没有实权，无法管理国家，而只是象征性的存在罢了。武士集团之间会发起战争，争夺政权。因为元朝的军队在1274年和1281年两次对日本进行了远征，因此到了13世纪中后期，镰仓幕府已经失去了往日的荣光。1333年，在内忧外患中，镰仓幕府最终灭亡了。在这之后，足利尊氏在室町成立了新的幕府，自称征夷大将军，这就是历史上的足利幕府。

足利幕府后期日本又陷入了分裂，这就是日本历史上的战国时代。这场战乱绵延了一个世纪，到了1573年，各派中最强大的织田信长把末代足利将军赶下了台，标志着足利幕府灭亡。织田信长开始了征服全日本的霸业，他去世之后，他的手下丰臣秀吉统一了日本。丰臣秀吉在大阪建立了自己的根据地，并且重新订立各项制度，把散落在民间的武器统一收缴，实行了兵农分离。

丰臣秀吉于1591年颁布法令，规定了社会各阶层的身份，分为士、农、工、商。统一日本之后，他又想向外部进行侵略扩张，并且先后对朝鲜和中国发动了战争。这些战争无一例外地失败了，丰臣秀吉郁郁不得志，于1598年死去。他的属下开始争权，最终德川家康胜利了。

1603年，江户地区又出现了一个幕府，这就是历史上的江户幕府。这个幕府实行幕藩体制。其中，幕府是中央政权，藩是地方政权。每个藩的主人就是大名。大名在他的领地之内可以实行一定的自主。幕府保留了一部分直辖领地，余下的分配给了260个大名。这一时期的社会等级制度依然非常森严，除了贵族，底层人民仍然被分为士、农、工、商四个世袭阶级，世代不得改变。

从1543年开始，欧洲人开始来到日本，他们还带来了天主教。但是天主教的教义对幕府统治的合理性提出了挑战，动摇了幕府的统治基础。在这样的情况下，幕府禁止天主教徒传教。从1635年到1639年，幕府连续发布了5次命令，闭关锁国，只允许中国和荷兰的商船在长崎港与日本通商，其他国家的船只一律拒绝入境。

日本在江户幕府时期实现了长达260多年的和平，这一时期文化和经济得到长足进步。江户中期,大众文化开始流行。在艺术上,这一时期出现了十分华丽的浮世绘,并且很快在民间流行开来。这个时期还出现了武士道,规定了武士的道德标准和行为准则,并且对普通人造成了影响。日本闭关锁国时期,西方开始急速发展,从18世纪中期开始,列强逐渐向日本扩张。美国海军准将佩里于1853年率领舰队抵达了日本,次年,日本被迫打开了国门。

## 第十三章

列强的诞生

## 新航路的开辟

　　1453年，君士坦丁堡陷落。在接下来的整整一个世纪里，土耳其人持续地给欧洲带来了沉重的压力。蒙古人和雅利安人之间的边界线，在伯里克利时代是在帕米尔以东的某处，现在却大幅收缩到了匈牙利。长期以来，君士坦丁堡一直只是土耳其人治下的、巴尔干半岛中的一个基督徒的孤岛。它的陷落对于欧洲同东方诸国的贸易来说，是一桩不幸的消息。

　　在地中海的两个彼此竞争的城市中，一般来说，威尼斯不如热那亚对土耳其人友好。每个有点头脑的热那亚海员无不对威尼斯的贸易垄断感到恼火，并试图寻找一条可以穿过或绕过它的航线。那时，又有新的民族从事海上贸易，由于古老的通道对他们关上了，他们倾向于寻找通向旧市场的新路径。

　　比如，葡萄牙人正在大西洋沿岸发展贸易。自从罗马毁掉迦太基以来，经受一段长期的忽视后，大西洋又觉醒起来了。至于究竟是西欧人自己向大西洋挺进的，还是西欧人因受了直到勒潘多战役（1571年）为止仍在统治着地中海的土耳其人逼迫而挺进大西洋的，这是一件很难断定的微妙之事。威尼斯和热那亚的船只悄悄绕至安特卫普，汉萨镇的海员则正在南下，并大力扩张他们的活动区域。那时，航海术和造船术都有了极大发展。

在地中海，划桨的大木船宜于沿着海岸航行，但在大西洋和北海，情况就不同了，这两个地方风大浪高，海岸与其说是避风港，毋宁说是危险地带。外洋上得要帆船才可行，14、15世纪时，用罗盘和按星位航行的帆船出现在了外洋上。

在13世纪，汉堡商人已定期从卑尔根穿过灰暗冷凛的大海驶至冰岛的北欧人那儿。在冰岛，人们已听说过格陵兰这个地方。而且，很久以前，海洋探险家们就发现叫文兰的一块更远的陆地。那里气候宜人，如果不怕与世隔绝的话，可以在那里定居。这个叫文兰的地方，也许就是新斯科舍半岛，或者是新英格兰也说不定。

15世纪时，整个欧洲的商人和船员都在揣度去东方的新航线。葡萄牙人对法老尼科老早以前就解决了这个问题毫不知情，还在思谋着能否沿非洲海岸绕航到印度去。他们的船只（1445年）依汉诺到佛得角的航道前行。他们渡海向西，找到了加那利群岛、马德拉群岛和亚速尔群岛。这在横渡大西洋上，迈出了相当大的一步。哈里·约翰斯顿爵士说过，在东部大西洋和西非海岸的这些海上冒险事业中，在葡萄牙人之前，有13、14和15世纪初的诺曼人、卡塔洛尼亚人和热那亚人。但到了14、15世纪，葡萄牙人后来居上。无论如何，是葡萄牙人把那些到那时为止还只是偶然的发现确定下来。必须承认，葡萄牙人是航海天文学的先驱。

1486年，一个名叫巴托罗缪·迪亚士的葡萄牙人，报道上说他绕过了非洲南端。众人没有想到的是，就是这则不起眼的报道，为11年后华斯·达·伽马的伟大事业打开了通道。在西班牙人向西航行之前，葡萄牙人就已经开始往东航行了。

有一个名叫克里斯托弗·哥伦布的热那亚人，开始对一项朝正西方向航行横越大西洋的计划越来越热衷，这项计划于今天的人而言没什么可以值得称道的，似乎本该如此，但于15世纪的人们而言，可不是那么简单，他们为此耗费了数不尽的心血。那时，没有人知晓有一块单独存在的大陆叫美洲，就是美洲的土著对自己的脚踏之地也所知无几。哥伦布知道地球是个球形体，但他低估了地球的体积。马可·波罗的游记对广袤亚洲的夸张叙述给了他一个错误的意识，因此，他假设大西洋那一边的以盛产黄金闻名遐迩的日本大约是在墨西哥的位置。他多次航行经过大西洋，到过冰岛，或者也听人说起过文兰。没准儿是这些航行大大鼓舞了他向日落之处航行的计划。

哥伦布是个一文不名的穷鬼，有记载说他是因为破产而沦落的。总之，他没有财力拥有自己的船只，他要掌握一条船的唯一方法只能是找到一个愿意把船委托给他，让他带队航行的人。他先是找到葡萄牙国王约翰二世，约翰听了他的计划，但是双方没谈拢。后来，约翰二世却安排他进行一次目的地不明的远征，哥伦布当时完全被蒙在鼓里，稀里糊涂地就出发了。这真是一次纯粹葡萄牙人的远征。不过，这次偷偷地抢在倡议者前头要外交手腕的尝试失败了，它也该当失败。船员哗变，船长撂挑子，悻悻然地返航归国（1483年）。于是，哥伦布找上了西班牙宫廷。

起初，西班牙宫廷没有授予他船只和驾驶权。当时，西班牙正在进攻穆斯林在西欧的最后据点格拉纳达。在11—13世纪之间，基督徒已光复了西班牙的大部分国土，然后有一个间歇期。现在，整个基督教化的西班牙因为阿拉贡的斐迪南和卡斯提耳的伊莎贝拉联姻而统一了，西班牙正倾尽全力地完成基督徒的征服事业。哥伦布对西班牙深感失望，就派遣他的弟弟巴托罗缪去拜见英王亨利七世。但是，这项海洋探险事业并未引起一向精明的英王亨利七世的留意。最后，1492年，格拉纳达攻陷了——这是对50年前基督徒丢失君士坦丁堡的丁点补偿。随后，由于帕洛斯镇的部分商人的帮助，哥伦布得到了他所需要的三艘船只，其中有一艘"圣马利亚"号，载重100吨，铺有甲板。其余两艘没有甲板，载重吨数也只有圣马利亚的一半。

这支远征队人数不多，总共88人！哥伦布率领他的船队向南行驶到加那利群岛，然后在宜人的气候里顺风横渡茫茫大海，尽管前途未卜，也一点不曾影响到这时哥伦布一行的雀跃心情。

这次为时两个月零九天的航行，船员们心里也有过疑虑和恐惧，他们担心会一直航行下去。当他们看到了一些飞鸟，发现一根人工制成的木棍和一根长着奇异浆果的树枝，他们这才放下心来。1492年10月11日晚10时，哥伦布瞅见前面有一丝亮光。次日清晨，他们就看到了陆地。天还没大亮，哥伦布就穿上盛装，举着西班牙皇室的旗帜，登上新世界海岸。

1493年年初，哥伦布重返欧洲。他载着黄金、棉花以及珍奇的鸟兽和两名即将受洗的目光灼灼、身有花纹的印第安土著。西班牙宫廷以为他发现的不是日本，而是印度。因此，他所发现的群岛被命名为西印度群岛。同年，他又率领一支包括17艘船和1500人的大远征队浩荡出航，并且得到教宗的明确允诺，他可以代表西班牙国王占领这些新发现的土地。不久，成群的西班牙冒险家涌向这片新土地进行探险。值得指出的是，哥伦布临终时还不知道他已发现一块崭新的大陆这一事实。他到死的那天都还相信，他环绕全球航行到了亚洲。

哥伦布发现新大陆的消息，震动了整个西欧。哥伦布的发现推动了葡萄牙人重启绕道南非前往印度的尝试。1497年，华斯哥·达·伽马从里斯本航行至桑给巴尔岛，在那里，他捎上了一名阿拉伯引水员，横穿印度洋，抵达印度的卡利卡特。

1515年，爪哇和摩鹿加群岛已有葡萄牙船只。1519年，受雇于西班牙国王的葡萄牙海员麦哲伦，沿海航行到了南美洲以南，穿过黑暗而凶险的"麦哲伦海峡"，进入太平洋，那就是穿过巴拿马地峡的西班牙海洋冒险家们看见的太平洋。

麦哲伦的远征船队，继续向西横渡太平洋。比起哥伦布的航行来，麦哲伦的这次远征要英勇得多。麦哲伦在浩瀚无际的海洋上航行了98天，除了两个荒凉小岛外，什么也不曾看见。水手们因患了败血症，导致身体虚弱。雪上加霜的是，他们每天只有一点淡水可喝，少量劣质饼干可吃。饥不择食的海员们，渴望能抓到一些老鼠，借以暂时平息饥饿引起的阵阵剧痛，就算是啃吃牛皮或吞食锯末，他们也在所不辞。在如此不堪的情况下，麦哲伦的远征队竟然到达了拉德隆群岛。他们发现了菲律宾。不幸的是，在同当地土著的战斗中，麦哲伦被杀死了。其他几名船长也未能幸免于难。有5艘船，在1519年8月与麦哲伦一道出航，共有280人。1522年7月，"维多利亚"号从大西洋上返回它在瓜达尔基维尔河上的塞维利亚堤道附近抛锚停泊时，船上仅剩31人。这是前所未有的绕行地球一周的首次远征。

英国的、法国的、荷兰的和汉萨诸城镇的海员，要到较为晚近的时期才加入这项新的探险中。他们对东方贸易的兴趣显然不够强烈。当他们加入探险的事业时，他们起初的努力是企图从北面绕过美洲，正如麦哲伦是朝南绕过去一样。他们还企图从北面绕过亚洲，正如华斯哥·达·伽马是向南从非洲绕过去一样。这两项冒险自然是失败了。在美洲和在东方，西班牙和葡萄牙比英、法、荷等国先行了半个世纪。而德国则从来没有开始过。在这些关系重大的年代中，西班牙国王同时是德意志的皇帝。教宗把美洲的垄断权赋予西班牙，并不是简单地交给西班牙整体，而是交给西班牙的卡斯提耳王国。教宗的这一做法把这片奇异土地在西班牙人和葡萄牙人之间瓜分掉了，从一开始就限制了德意志和荷兰两国在美洲冒险事业上的参与度。汉萨诸城镇属于半独立性质，它们的背后没有君王支持，它们自己也没有凝聚成一个整体，强大到足以从事远洋探险。这是德国的不幸，也是世界的不幸。正当所有西方列强入驻这所新开办的公海经营贸易和管理学校的时候，德国却被一场战争的风暴搞得精疲力竭，心有余而力不足了。

在整个16世纪中，卡斯提耳发现了一个崭新的世界，那里充满黄金、白银和殖民定居的大好机会，其发迹的过程像一卷巨大的绚丽画卷，徐徐展开在眼睛都看直了的欧洲人面前。这一切的荣华富贵，都是属于卡斯提耳王国的，欧洲人再怎么眼红嫉妒都没用，因为教宗有言在先。正进入鼎盛的罗马教廷，把这片奇异的土地交由西班牙人和葡萄牙人瓜分，前者分到了佛得角群岛以西370海里一线以西所有的地盘，后者分到了这条线以东所有的地盘。

西班牙人在当地虐待土著居民，他们自己人也互相拆台。西班牙的法律和秩序，拿这些远离本土的西班牙人毫无办法。在经历了长时期的暴行和征服后，美洲这才非常缓慢地进入建立殖民当局的阶段。但是，在美洲秩序远未建立起来以前，金银珠宝早已开始绵绵不断地经过大西洋，流向西班牙。

在追求财宝的狂热劲头消逝之后，接下来是开垦农场和采掘矿藏。于是，新世界最初的劳工难题接踵而至。起初，是残酷奴役印第安人干活，但为了西班牙人的体面，对此既不能缄默也不能有微词。从西非运进黑奴，早在16世纪就开始了。历经稍许衰退之后，墨西哥、巴西和西属南美，变成了巨大的发横财的蓄奴之地。

就是这样，西班牙在世界事务中跃升为一时的首要强国，这是非常令人难忘的一次猝然的崛起。从11世纪始，这个又穷又乱的半岛发生分裂，其基督教居民同摩尔人世代为仇。然后，出于偶然而获得统一，赶上了因发现美洲而赚得盆满钵满。在这之前，西班牙可是个穷国。它唯一的财富是它的矿藏。然而，由于它垄断了美洲的黄金白银，它支配世界竟达一个世纪之久。

美洲的发现本来就是土耳其人征服导致的一个理所当然的结果。如果不是通过蒙古利亚人所发明的罗盘和纸张，并受到不断增长的关于东亚的财富与文明的知识刺激，"大西洋边缘"的精神、体制、社会的活力不会有如此惊人的迸发，东欧和中欧还将继续在土耳其和蒙古人的阴影之下苟延残喘。紧随着葡萄牙和西班牙的觉醒，法国、英国，以及不久之后的荷兰也都迎头赶上，分别依次成为扩张和建立海外帝国的急先锋。

研究欧洲历史的中心，一度是地中海东部沿岸诸国，现在则转移到了大西洋。有好几个世纪，土耳其帝国、俄罗斯、中亚和中国都不同程度地受到欧洲历史学家的忽视。虽则如此，这些世界的中心地带仍然是中心，它们的福利和对世界事务的参与，于人类的永久和平至关重要。

## 新的海上霸主

马基雅弗利式的君主政体，是从基督教世界的精神崩溃中兴起的。但在法国、俄国和在德国与意大利的许多部分，比如萨克森和托斯卡那，个人专制的君主政体并未受到限制，也没有被颠覆。它的确是17—18世纪期间统治欧洲的主流体制。就是在荷兰和英国，个人专制的君主政体在18世纪也有回潮的迹象。

英国、法国和西班牙在美洲的属地（1750）

在法国，没有明确有效的议会政治传统，也没有英国的那种大宪章，来规范以国王为一边、以地主商人为另一边的利害冲突。地主商人没有公认的集会场所，没有严谨的团结方式，他们结成抵制国王的联盟——"福隆德"就是这样的联盟。当查理一世在英国为求自保而战时，这个联盟正在和年轻的国王路易十四及其重臣马扎兰做斗争。但是，经过了一场激烈的内战之后，他们最终（1652年）还是战败了。当英国在汉诺威王朝建立以后，上议院和下议院成为国家的统治力量时，在法国却相反。1652年后，宫廷完全支配着贵族。红衣主教马扎兰在黎塞留为他准备好的基础上站了起来，黎塞留就是与英王詹姆斯一世同时代的红衣主教。

马扎兰时期过后，法国的大贵族，不是在宫廷里充当侍从和官员，就是被收买和驯服了——但付出了代价，代价是把其纳税的重担转移到无从发声的广大平民身上。教士和贵族——确实，每个有头衔的人——可以免交很多税种。最后，这种不公平的做法变得容忍不下去了。但是，法兰西君主国还是像《诗篇》的作者大卫王的绿色月桂树一样茂盛。18世纪初，英国作家已经著书提请人们注意法国下层阶级的悲惨生活。可以想见，那时的英国穷人相较之下的繁荣了。

在法国，所谓"大君主国"就是建立在这种不公正的关系上的。号称大君主的路易十四当政长达72年（1643—1715年），如此漫长的统治堪称空前绝后。路易十四为欧洲的国王树立了一个模式。最初，有信奉马基雅弗利的大臣红衣主教马扎兰辅佐他。马扎兰一命归西后，他本人成了理想的"君主"。在他的能力限度之内，他是个罕见的能干之君。他的雄心战胜了他的可鄙情欲，通过和一种仍可赢得我们钦敬的精心树立的尊严混杂在一起的充满生机的外交政策。他领导他的国家走到了破产的边缘。他切近的企图是：巩固法国并使法国的疆域扩张到莱茵河及比利牛斯山脉，进而吞并西班牙的尼德兰。他较远的企图则是：要看到在一个重新建立起来的神圣罗马帝国里，法国国王成为查理大帝的可能继承者。

他把行贿当作比战争还要重要的治国手腕。英国的查理二世被他重金收买，波兰贵族也大多如此。他把法国纳税阶层的钱当作自己的钱，奉送各方。在他心目中，堂皇显赫才是最要紧的。他住在凡尔赛的大宫殿，里面的沙龙、走廊、挂镜、花坛、喷泉、庭园和景色，无不令人妒羡。

欧洲的国王和王侯们，都以效法他为乐事。为了建造各自的凡尔赛宫，欧洲的国王和王侯不惜以举国的财政为支撑。贵族们也不甘落后，到处仿效新的式样来扩建他们的别墅。制造美丽、精致的针织品和家具摆设的大工业日益兴隆。精巧的工艺品触目皆是，雪花石膏雕刻、彩色陶器、镀金木器、金属制品、印花皮革，大量的音乐、堂皇的绘画、美丽的印刷和装订、精美的烹调、甘醇清冽的葡萄酒。在大挂镜和精致的家具中，走动着一种奇怪的"绅士"人物，头戴扑了粉的假发，身穿花边绸袍，脚蹬红色高跟鞋，扶着使人惊艳的手杖来维持身体的平衡。更多的是奇妙的"贵妇"们，盘着扑粉的高耸发髻，穿着用金属架子撑起的绸缎衣裙。在这一切中间，装模作样的是这个自命不凡的路易十四——他的世界的太阳。他似乎一点也没有觉察到，在他这个太阳的光线照不到的黑暗里，一张张瘦瘠、怨毒的脸阴沉沉地注视着他。

路易十四建立了一支足以与英荷相抗衡的法国海军。不可否认，这是一项非凡的成就。但是，因为他沉湎于那个包括整个世界的神圣罗马帝国之梦，导致他晚年病急乱投医，跑去取悦从前一直与他为敌的教宗。他着手反对那些新教王侯，对新教徒痛下杀手。他的最认真的、最有才能的臣民由于他的宗教迫害，大量流亡海外，同时也带走了他们的技艺和工厂。例如，英国的制丝业就是法国新教徒建立起来的。他以"龙骑兵"迫害新教徒，这是一种特别恶毒和有效的迫害方式。粗暴无礼的士兵进驻新教徒家中，任意骚扰主人，欺男霸女。不肯屈服于严刑拷打和烈火焚烧的人，也都不堪忍受"龙骑兵"的骚扰而投降了。

人烟稀少、尚待开发并且非常适宜于欧洲作物移植的美洲大陆的发现，还有一向欧洲人知之甚少的赤道非洲地区以南广大的待开发地域的发现，以及东方海洋中迄今未经西方文明洗礼的诸多岛屿地区的逐渐为人所知，给人类提供了有史以来最好的机会。欧洲人民的世界在突然之间增加了四倍，就像获得了一份丰厚的遗产。摆在他们面前的，是比他们的真实需要还多的土地，只要他们去占领并且好好经营这些土地，他们因拥挤而导致的贫困就会像泡沫一样消失掉。他们就像不肖子孙那样接受了这份光荣的遗赠。对他们来说，更多的土地只是意味着残暴争夺的一种新契机而已。迄今为止，有哪个人类共同体是宁愿有所创造而不去坑蒙拐骗的呢？有哪个国家，当它能设法使自己付出一切代价去损害另一个国家时，还肯与那个国家合作的呢？欧洲列强自然也不是天使的国度，他们开始对新疆土提出疯狂的"要求"。第一个声称有权拥有美洲三分之二土地的西班牙，除了使自己在美洲因流血而濒于死亡之外，并没有好生利用它的属地。

我们知道，教宗在最后一次行使全球统治权时，是如何将美洲大陆分给了西班牙和葡萄牙的。其权力的行使，是基于私心，而不是维护整个基督教世界在新地域上的共同权益和责任。这当然引发了被排除在外的各国敌视。英国海员对任何一方的要求都不予尊重，尤其不把西班牙放在眼里；瑞典人把他们的新教精神，也用在类似的算计上。荷兰人一经摆脱西班牙主人，也扬帆西航，去分抢新世界的好玩意儿了。虔信天主教的法国国王也跟任何新教徒一样，在利益面前毫不犹豫。所有这些强国，都忙于在北美和西印度群岛竖桩标界、跑马圈地。

在这场掠夺中，丹麦王国（当时包括挪威和冰岛）和瑞典人都没有得到多少土地。丹麦人吞并了西印度群岛的部分岛屿。瑞典人则近乎什么也没有得到。瑞典的力量本可以使它在新世界分享很大的份额，但它却只在欧洲获得了一点无用的虚名。瑞典人在美洲建立的几块小殖民地，不久即落入荷兰人手中。

同样，荷兰人也没有得到多少土地。这个由红衣主教黎塞留和路易十四统治下的君主国，经过西属尼德兰向荷兰的边境蚕食鲸吞他们的土地，而荷兰在地理位置上没有英吉利海峡后面的英国那种优势，可以凭借天险而得以不受干扰地从事海外冒险。

此外，詹姆斯一世和查理一世的严酷专制和查理二世的倒行逆施，使得大批意志坚定、具有共和精神的新教徒，以及那些家底殷实而富于道德感的人，被逐出英国。他们跑到美国，在新英格兰等地安家立业，他们以为国王和他的课税权到不了这里。"五月花"号只是源源不断地向外移民的先遣船之一。这些移民虽说不信奉英国国教，但一直留在英国国旗下，这是英国之幸。荷兰人从未派出同等数量和质量的殖民者，首先是因为他们的西班牙统治者禁止他们这么做，其次还因为他们已获得自己的国土。虽然受到龙骑兵和路易十四的迫害，有大量法国新教的胡格诺派移民出境，但他们有荷兰和英国作为避难所，他们的勤奋、技能和专注主要是用在加强那些国家上，尤其是英国。他们中的少数人，在卡罗来纳建立殖民地，但法国没有保住这些殖民地，先是落到西班牙后来又落到英国人手中。

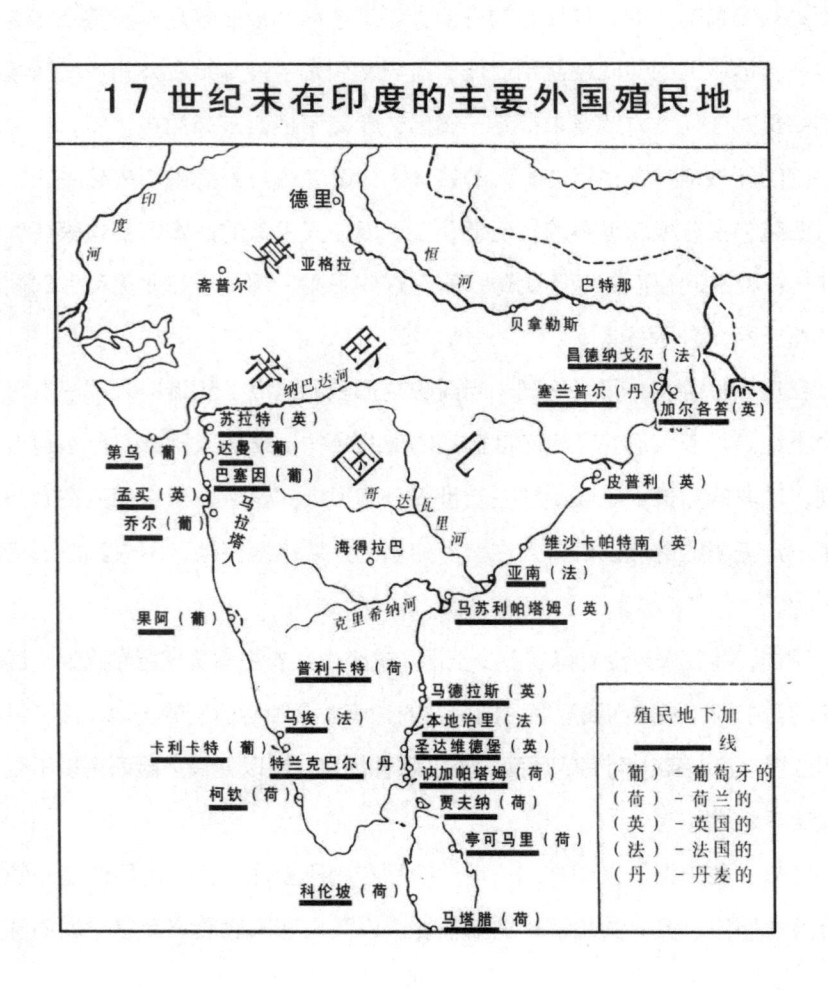

## 17世纪末在印度的主要外国殖民地

荷兰的移民地盘，连同瑞典人的，也都屈从于英国。新阿姆斯特丹于1674年变为英国所有，更名为纽约，有兴致的读者可以在华盛顿·厄尔文的《尼克博克的纽约史》中读到。1750年，北美事态可以简洁明了地用我们采自鲁宾逊的《中古和近代史》中的一幅地图来予以说明。英国的势力在东海沿岸从萨凡纳延至圣劳伦斯河、纽芬兰岛和大片的北部地区。而哈得孙湾公司的所有领土，是凭条约从法国人手里拿到的。1605年，英国人占据了巴巴多斯（这几乎是英国人最早的美洲属地），并从西班牙人手里购得了牙买加、巴哈马群岛及英属洪都拉斯。

法国的探险家和代理人同时向南向北推进，向南在新奥尔良，向北在魁北克和蒙特利尔，建立了真正的殖民地。法国人同大平原上的美洲印第安人签约。这是法国人在地图上从事的一场比现实中更为惊险的竞赛。法国人向美洲印度安人提出要求：他们有权占领英国人背后的横跨大陆的广阔区域，尽管他们尚未在那里建立城镇。但是，英属殖民地的定居人口已超过100万，而法国人那时几乎还不到它的十分之一。法国有一些杰出的旅行家和传教士在兢兢业业地工作，但没有稠密人口做支撑。

这一时期，很多美洲的旧地图仍可找到，这些地图是用来恐吓英国人和"激起"英国人对在美洲的"法国预谋"的反感的。1754年，英法战争爆发了。1759年，在沃尔夫将军指挥下的英属殖民地军队占领魁北克，次年又征服加拿大。1763年，加拿大最终成为英国的囊中之物。但是，在南边以路易十四命名的不太固定的西部路易斯安那地区被西班牙拿走了，1800年又被法国收复。最后，1803年美国政府又从法国手里买了过来。

在与加拿大的战争中，美洲殖民地人民习得了不少军事艺术上的经验和有关英国军事组织的宝贵知识。这些知识，不久以后将会对他们有很大的用处。

## 殖民帝国

英法两国的殖民权力冲突不仅发生在美洲。这时，印度的情况也引起了英法两国冒险家的兴趣。现在，巴贝尔、阿克巴和奥朗则布的莫卧儿帝国日渐衰微。印度的情形很像过去的德国。印度德里的莫卧儿皇帝，和德意志的神圣罗马皇帝一样，依据法律所赋予的地位和权柄，仍属大君主，但在奥朗则布死后，除了首都附近之外，他只行使名义上的权威。印度教和本地信仰，一度有所复兴。在西南部，信印度教的马拉塔人起来反对伊斯兰教，一时把势力扩展至南部印度的整个三角形地带。在拉其普特那，伊斯兰教的统治也被婆罗门教所取代，强力的拉其普特诸王公统治着布尔特普尔和斋普尔。在奥德，有一个以勒克瑙为首都的什叶派王国。孟加拉也是一个独立的穆斯林王国。远在北方的旁遮普，兴起了锡克教。锡克教是一个很有趣的宗教团体，宣称唯一神主宰着全世界，对印度教的《吠陀经》和穆斯林的《可兰经》都予以攻击。起初，锡克教讲求和平，但不久就企图凭借刀剑来建立上帝的王国，这在最初对他们自己也产生了重大的伤害。1738年，从北方来了一个军人，波斯土库曼人的统治者那迪尔·沙。这个赳赳武夫，穿过开伯尔山口疾驰而下，粉碎了每一支阻挡他的军队，打进了这个陷入混乱但又活力满满的印度。他攻占和洗劫德里，抢走大量战利品。尚未沦陷的印度北部是那样残破，以致此后的20年，从阿富汗来了不少于6次的对北印度的成功掠夺。那迪尔·沙去世时，阿富汗成为独立国家。一时间，为争夺北印度的统治权，马拉塔人同阿富汗人干起仗来。稍后，马拉塔的权力逐渐分裂为一系列侯国：印多尔、瓜寥尔、巴罗达及其他。18世纪的印度像极了七八世纪时的欧洲，是一个为外来侵略者所袭扰，同时又在缓慢复兴的地方。

这就是英法两国闯进时的印度。自从华斯哥·达·伽马完成了他的绕过好望角到卡利卡特的纪念之旅以后，其他欧洲列强接踵而至，为在印度和东方建立一个商业和政治的据点而争斗。以前，印度的海上贸易掌握在红海的阿拉伯人手中，葡萄牙人经过一系列海战，夺得了印度的海上贸易权。葡萄牙的船只较大，并载有火炮。此时，葡萄牙人独占了对印度贸易的全部份额。作为新兴的东方香料市场，里斯本的出现使威尼斯黯然失色。然而，时移势易，到了17世纪，葡萄牙人不得不把对印度的贸易垄断权交给后来的荷兰人。在荷兰人权势熏天时，他们在好望角有居留地，占有毛里求斯岛，在波斯有2个货栈，在印度有12个，在锡兰有6个，并在整个印度东部到处筑起了炮台。他们出于自私心理排斥欧洲别国的商人，迫使瑞典人、丹麦人、法国人和英国人与他们展开了对抗性的竞争。英国的海军上将布莱克，在欧洲附近的海面上，结结实实痛殴了荷兰人一顿。这是荷兰人的海外垄断遭遇的第一次有效打击。到了18世纪初，英国人和法国人为了整个印度的贸易和特权，同荷兰人展开了强有力的角逐。英国人在马德拉斯、孟买和加尔各答建立了自己的大本营，而本地治里和昌德纳戈尔是法国主要的居留地。

最初，所有这些欧洲列强试图建立的只是货栈，远涉重洋来到印度，不就是为了在贸易中获利吗？但是，由于印度这个国家的不稳定和竞争者横行无忌的霸蛮做法，他们自然得在居留地设防并武装起来。这些武装，诱使当时割据印度相互称雄的各地王公们争着与之结盟。在新的欧洲民族主义政治的精神引领下，当法国人站在这一边时，英国人就会另选一边。英国方面了不起的领袖人物是罗伯特·克莱武，他生于1725年，1743年去到印度。罗伯特·克莱武的主要对手是迪普莱克斯。这一段贯穿整个18世纪上半叶的斗争过于漫长和复杂，在此略过。1761年，英国人发现他们已完全统治了印度半岛。在普拉西（1757年）和布克萨尔（1764年），英国人的军队在与孟加拉和奥德的军队的战争中获得了辉煌的决定性胜利。莫卧儿皇帝名义上是大君主，实际上已沦为傀儡。英国人在印度这块辽阔的土地上征税，对真实的或假想的敌人横加勒索。

英国人的成功并不是靠英国国王的武力而是靠东印度贸易公司得到的。在伊丽莎白女王治下，东印度贸易公司组建时，本来只是一个从事海上冒险的公司。在公司的实际运营过程中，他们被迫征集军队并武装起他们的船只，以此保护他们的商业利益。逐渐地，他们发现自己不单经营着香料、染料、茶叶和珠宝，也经营着王公们的税收和领土，乃至整个印度的命运。它本来是来印度做买卖的，最后却发现自己干的是海盗的勾当。没有人敢于挑战它。不但它的船长、指挥官、参谋，甚至它的办事员和普通军士，都满载赃物返回英国，这有什么好奇怪的呢？在这样一片辽阔而富有的土地上，当地的居民任由他们摆布，无从决定他们可以干什么或不可以干什么。于他们而言，那是奇妙阳光下的一片奇妙土地；它的棕色民族作为人类的一部分，不在他们同情心的范围里。它的庙宇和建筑，似乎是用来维持荒唐的行为标准的。

不久，当这些将军和官僚回国，彼此恶意地斥责对方的残暴时，国内的英国人备感困惑。议会通过了对克莱武的谴责法案。1774年，克莱武自杀了。1788年，第二个了不起的印度执政长官沃伦·黑斯廷斯，受到弹劾，而后又被免罪（1792年）。在世界史上，这是从未有过的奇怪情况。英国议会发现，它自己统治着一个伦敦贸易公司，而这公司又统治着一个远比英国国王的所有领土更大、人口更多的帝国。于广大英国人民而言，印度是一个遥远、奇异、几乎到不了的地方，穷困的年轻人到那里去冒险一搏，许多年后归来时，却变成了极为富有、爱发脾气的老绅士。对英国人来说，在东方的阳光照耀下的这些几百万棕色人的生活，究竟是什么样子的真是难以设想。印度在他们的印象里，是充满异域风情的，不真实的所在。因此，对东印度贸易公司的一切非法行径，英国人也就不会有任何有效的监督和控制。

我们已经看到，世界大同的观念是如何初次进入人类事务之中的。我们已经看到，马基雅弗利式君主政体是如何反对基督教世界的兄弟情谊，以及马基雅弗利式君主政体是怎样在欧洲的大部发展成17、18世纪的大君主政体和议会君主政体的。我们也追溯了基督教教会在维持其创立者的普世价值上的失败是如何适得其反，导致政治事务的利己主义的。人类的心思和想象一刻不息地活动着，在大君主的赫赫权势下，一些固有观念正如结网一般，

路易十四

盘绕成一个复合体，扰乱人们的心思。国际政治的概念不再是君主之间来往的事，而是列强之间来往的事了。君主们去了一茬，又来一茬。奋发有为的路易十四被好色的路易十五接替，路易十五又被愚钝的业余锁匠路易十六接替。彼得大帝让位于一连串女皇。查理五世之后哈布斯堡王室的世系，不管是奥地利的还是西班牙的，大都是些嘴唇厚、下颌宽的迷信者；查理二世和蔼的恶棍派头对他自己的矜持无异于一种嘲弄。远为稳定恒久的却是外交部的办事人员和国事当政者的观念。当君主"不在朝"或君主承替时，是大臣们维系着对外政策的连续性。

我们发现，在人们的心目中，比起君主作为元首的那个"强国"来说，君主渐渐地变得不那么重要了。我们开始越来越少地提及这个或那个国王的阴谋或野心，而更多地津津乐道于"法兰西的预谋"或"普鲁士的野心"。在一个宗教信仰衰微的时代，我们发现，民众正在表现出一种对人格化实体的新信仰。这些模糊的幽灵，即"列强"，悄悄溜进了欧洲的政治思想中。到了18世纪后半叶和19世纪，则完全起着支配的作用。时至今日，"列强"

的幽灵依然支配着欧洲的政治。名义上，欧洲人的生活是基督教的，但分裂的是，崇拜同一个上帝的子民，却不属于同一个国度。在现实中，欧洲人已经完全拜倒在奇异的国家神像之前了。对这些主权在握的神，对"意大利"的统一，对"普鲁士"的霸权，对"法兰西"的荣光和对"俄罗斯"的命运，欧洲的好几代人，已经牺牲了可能的统一、和平、繁荣和千百万人的宝贵生命。

今天，"列强"的幽灵仍在可怕地统治着我们的身体和头脑。但正如这段历史清楚地指出的那样，"列强"只是最近几个世纪的事，在浩瀚的人类历史上，算不得什么，不过是一个稍纵即逝的涡流，一个偶然出现的意外。"列强"的出现标志着一个倒行逆施的阶段，正如马基雅弗利式君主政体的兴起标志着倒退一样。从整个过程来说，人们退回到他们民族的或国家的神，只是一时的。世界国家的观念——一个普天之下的正义之国，2000多年前在这个世界上已经存在，每一个活着的人都理应是它的公民，也绝不会再抛弃它了。人们知道，即使拒不承认这样一个普天之下的正义之国，它的存在依然是毋庸置疑的。在人们关于今日国际事务的著述和讲话中，在史学家和政治记者对当前热点问题的议论中，总有一种醉汉正在清醒、但又非常害怕清醒的神气。他们仍在喧嚷着他们对法国的"爱"、对德国的"恨"以及"大英帝国在海上的传统优势"之类，不一而足，像极了那些逐渐清醒尚感头痛但还在称颂酒杯的人。他们崇奉那些毫无生命的神。人民反感列强在海上或陆上称霸，而只要法律和服务。那个不可避免的挑战就横亘在我们每个人的心坎里，像破晓的晨光从百叶窗隙射进杂乱的屋子里一样。

## 俄国的扩张

当亚洲南部成为英国的殖民地,英国商人开始在这里进行生产和贸易活动时,亚洲的北方也并不太平,俄国的扩张也在紧锣密鼓地进行中。在此之前,基督教的俄罗斯诸国已经从金帐汗国统治下恢复了独立,莫斯科的沙皇也成了诺夫哥罗德共和国的主人。彼得大帝对俄国社会生活的方方面面进行了大刀阔斧的改革,把俄国拉向了欧洲。

这个中部强国在旧世界地跨东西方。在西方,哥萨克人在波兰和匈牙利的封建农业和东方的鞑靼人之间形成一个屏障,哥萨克人生活在寒冷荒芜的欧洲东部地区,这里的情形很像19世纪中叶荒芜的美国西部。就是这片荒芜的土地,却也并不是人迹罕至,因为这里既是流放地,也是避难所,那些遭受迫害的无辜者、反抗的农奴、宗教上的宗派分子,还有盗贼、流浪者、杀人犯等,他们纷纷来到这里,甚至在这里开拓自己新的人生之路。为了生活,也为了自由,哥萨克人在不断地抗争。

来自东边的鞑靼人逃亡者对哥萨克混血种是有贡献的,第聂伯河上的乌克兰哥萨克人和顿河上的哥萨克人组成了这些新的游牧部落。后来,这些部落逐渐被编入俄罗斯帝国的军队,就像苏格兰高地那些氏族被英国政府所改组,成为一支军队。帝国为他们提供了地处亚洲的新土地,在这里他们的职责主要就是对抗已经开始衰退的蒙古游牧民族。

起初他们居住在突厥斯坦,后来经过西伯利亚来到阿穆尔河流域。在17至18世纪,蒙古游牧民族逐渐衰落,成吉思汗曾经横跨欧亚大陆的强大帝国已经烟消云散,在两三个世纪内,中亚在世界上的地位已经衰落。加上气候的变化,瘟疫和传染病的流行,也对中亚各民族的发展造成了一定影响。当然,从世界历史全局看,这或许只是某种暂时的衰退,有一种观点认为,从中国传入的佛教对这里的民族产生了一定的安抚作用。总之,到16世纪,蒙古鞑靼人和突厥人已经停止了对外扩张。

与历史上的纵横驰骋相反，此时的蒙古鞑靼人和突厥人成了被入侵被征服的对象，来自西方的基督教俄国和来自东方的中国都成了他们的强大对手，在17世纪，哥萨克人不断向东扩张，他们一旦发现适于耕作的土地，就在那里定居下来。在他们的居住区，周围有碉堡和岗站形成一道警戒线。当时的土库曼人非常强大，而且活动频繁，所以，哥萨克人保持了高度的警觉。但在东北方向，俄国却可以直抵太平洋。

俄国人对东方的觊觎也引起了中国的关注，他们也开始注意对北方的影响。到18世纪中叶，俄国人和中国人已经在蒙古一带有所接触。中国的清政府曾在此时对新疆、西藏、尼泊尔、缅甸和安南实行管辖。

中国有着积淀厚重的文化，到了清代，文学作品特别是小说的繁荣可以与欧洲的作品一决高下，文学艺术形成了独特的风格，具有相当高的水平。中国的戏剧也发展到了一个新的阶段。在绘画方面出现了很多大家，套色印刷的出现，使作品锦上添花。

瓷器的工艺也达到了空前的高度。18世纪后，在瓷器的审美观上出现了衰微的趋势，主要是为迎合欧洲人的品位。在整个18世纪，瓷器被大量出口到欧洲，贵族和乡绅都对瓷器有着浓厚的兴趣，这样的需求使瓷器贸易一直没有中断过，欧洲也在仿制中国的瓷器，但始终没有赶上中国。欧洲的茶叶贸易也在进行。在这一时期，日本开始入侵中国，而在19世纪之前，日本还没有占据自己的一席之地。

日本同明朝时期的中国一样，都实施闭关锁国的政策，反对外国的干涉，它有着自己的文明生活，与世隔绝，它的历史也充满了生动和浪漫的色彩，但总是与世界的发展进程相隔离。日本的人种主要是蒙古利亚人，在北方诸岛上也有一些白种人，这常使人联想到原始诺迪克型的白种人，这些毛发浓厚的阿依努人看上去非常有趣。日本的文明几乎都来自中国和朝鲜，因为在历史上日本就与中国有着密切的往来，深受中国的影响，这种往来在中国的唐朝曾达到了一个顶峰。从中国引进的文化艺术，在日本得到了一种特殊的发展，比如它的文字就源自中国，是在其基础上加以演化而成。

帝国开始走向衰退，基督教世界的梦想也已经烟消云散，如同一场梦。各国在发展本国政治、经济和文化的同时，也在不断地相互碰撞，但人们都希望在彼此的碰撞中不致造成大的灾难。

在人类历史上，18世纪是个发展的里程碑，回顾历史上发生的一些事件，探讨历史发展的规律，联系当下世界的发展，我们会感叹风云变化之快，世界的安宁来之不易。18世纪是个同化的时代，也是一个复原的时代，时光虽然短暂，但积聚和发展了人类的思想和科学的成果，对此后历史的进程奠定了丰厚的基础。

## 伟大的工业革命

想要建设任何一个前所未有的持久社会和政治结构，必须首先要完成一种长期有效的工作。想保证社会的自由和正义，就需要先建立如何使用财产的科学；要保持经济的高效运行，就要建立一种应用货币的科学；要让这个社会里生活的人都能够和平地主张他们的权益，就要建立一种管理政府和集体的科学；为了让全人类能够处于一种共同体之中，保证他们的共同利益，让各民族和国家之间发生的战争及其带来的损失能够停止，就要建立一种平衡世界的科学；更重要的是，为了使人们保持坚定的意志来进行共同的事业，就需要建立一种教育制度，并推广到全世界。

开创了19世纪的历史的人，正是那些将以上几种科学真正落到实处之人，这些人的努力成果成了下个世纪人类生活的基础。与这些人相比，同时期的所谓政治家和政客看起来就像是淘气的孩子——或者是偷窃钢铁的窃贼———一样四处惹祸。这些人对这座巨大的建筑物一无所知，只是放肆地在堆满建筑材料的工地上撒野，由着性子破坏成果。

世界上出现了一种新的浪潮，让人类具有新的能力，改变了人们的生活，这股浪潮贯穿整个19世纪。带来这种改变的，是解放了的思想努力投射在科学上的结果。

其中最为著名的成果，就是蒸汽机的诞生。最初出现的蒸汽机是用来抽水的，可以给刚开采的煤矿排水。煤矿中出产的煤用来冶铁。

来自格拉斯哥的詹姆斯·瓦特本来是个制造数学仪器的工匠，他对抽水机进行了改造，用它驱动机器。1785年，第一台这样的蒸汽机出现在诺丁汉的纺织厂中。到了1804年，瓦特的蒸汽机被运输业利用，为火车头提供动力，促成了1825年第一条铁路的诞生。

铁路的出现使人类长期以来在陆地上行进的最快速度发生了巨大的变化。当拿破仑兵败俄罗斯而向巴黎撤退时，尽管他使用了所有能够利用的便利条件，仍然花费了312小时才走完这段1400英里的路程，平均时速只有5英里。普通人的出行则更慢，要花费超过两倍的时间。

而通过铁路，任何人都能够只用不到48小时就走完这段路。通过铁路，连接欧洲大陆需要的时间变为从前的1/10。政府能够管辖的行政区域，也因为信息传达时间的缩短而比从前增大了10倍。

人们需要一定的时间去理解这种可能性。还有轮船，它比蒸汽机出现得要早一些，尽管还不是十分完美。1802年，在福思和克莱德运河上驶来了"夏洛特·邓达斯"号轮船。到了1807年，美国人富尔顿在纽约的哈得孙河上经营"克勒蒙"号汽船，这艘船的动力来自英国制造的蒸汽机。另一艘美国人建造的轮船"菲尼克斯"号在纽约和费城之间，第一次实现了海上航行。一艘安装了蒸汽机的美国轮船"萨凡纳"号完成了横渡大西洋的壮举——虽然它也安装了帆。这些船只都属于明轮船，所以并不适合远洋航行。它们的桨很容易坏，造成船只无法行驶。

使用螺旋桨推动前进的轮船很晚才出现，因为在正式使用螺旋桨之前，还要克服许多困难。轮船装载货物的能力一直到19世纪中叶才赶得上帆船，此后开始迅速发展起来。人们在进行远洋航行时头一次能够知道大概何时可以到达。此前，横渡大西洋需要数周的时间——甚至可达数月，还要面对可能的危险。如今航行时间大大缩短，到了1910年，乘坐最快的轮船只要不到5天就能到达，且十分准时。

蒸汽机带动陆上和海上运输取得巨大进步的同时，法拉第等人开始研究各种与电有关的现象，开始为人类提供更加便利的交流条件。1835年，电报诞生了。1851年，在英国和法国之间铺设了第一条海底电缆。只用了几年的时间，所有文明国家都开始使用电报。过去的信息只有从一点到另一点进行传递，现在已经变为在全球同时发出和接收。在19世纪中期的人们看来，火车和电报给他们带来的震惊是极为巨大的。但是实际上这些十分粗陋的发明只是一个更为壮阔的发展进程中取得的最初果实罢了。

变化是爆炸式出现的。与从前任何时期相比，这个时期的发展都是十分迅速的，知识和技能的发展达到了前所未有的高度。人类获得了强大的能力，能够支配任何材料。这种能力的作用起初并不明显，但后来体现出巨大的重要性。

在18世纪中期之前，人类利用木炭从矿石中冶炼铁，加工成小块，然后锻造成铁器。这种技能只有铁匠掌握，所以铁器的锻造质量和铁匠本身的经验与能力密切相关。在16世纪时，人们能够处理的最大的铁块也不过只有两三吨重，所以这也影响了当时的大炮的体积上限。18世纪出现了鼓风炉，燃料也从木炭变为焦煤。

在18世纪之前，人们还不知道轧钢板和碾压的铁条为何物。直到1839年，奈斯密斯才发明了汽锤。碾压钢板出现之前，使用钢铁制造的机器都无法得到发展。以当今的眼光来看，过去的蒸汽机只是一些制作十分简陋的机器，但是在当时，它们代表了冶金技术的巅峰。

到了1856年，贝西默尔发明了转炉炼钢法，之后的1864年，平炉炼钢法也出现了。这些能够精炼和铸造钢铁的先进方式和巨大规模，是过去从未有过的。如今我们能够使用电炉来冶炼成吨的钢铁，钢水就像牛奶在锅里翻腾一样在电炉中翻出了浪花。从人类取得的进步的结果来看，任何一项进步都比不上人类掌握了对大块的钢铁进行熟练加工和精密控制的技术。从冶金技术的发展来看，铁路和原始的蒸汽机只是起初的一小步。

这之后不久，铁质的轮船、巨大的桥梁和钢结构为主体的建筑物相继出现。人们突然意识到，他们从前设计的铁路的轨道间距实在是过于谨慎，他们原本能够让铁路旅行变得更加平稳和舒适，但是现在为时已晚。在19世纪之前，世界上还不存在载重量超过2000吨的船舶，但是现在的油轮可以轻易达到5万吨。有人对这些科技的进步十分看不起，认为这些只是改变了事物的体积，这足以证明这些人的眼光是多么短浅。和这些人想当然认为的不同，大船或者大尺寸的钢结构建筑绝不只是简单地把小船或者小建筑给扩大了，它们之间完全不同。这些巨大的物件使用了更好的材料，更加轻巧和牢固，并且制造时经过了精密的计算。

在过去，不管是建造船舶还是房屋，都要受到物质的限制。但是现在，人们能够驯服和改变物质，用它来制造新式的船舶和房屋。矿产从矿场中被开采出来，沙子从沙洲被抽取出来，经过一系列熔炼和锻造的过程，最后变成闪着绚烂光芒的钢铁和玻璃制品，共同组成了城市中的建筑物。不仅是钢铁，还有很多其他矿物也被冶炼出来。

人类对各种物质的控制程度正在逐渐加强，能够冶炼矿产，制造和加工玻璃，还能更好地控制燃料和纺织品，这种伟大的改变是工业革命带来的最重要的成果。但是人们依然处于这种发展的初期阶段。尽管已经获得了更大的动力，但是还在学习应该如何应用这些动力。在最初应用科学技术时，人们曾经有过一些愚蠢和可怕的行为。科学工作者和使用这些科技的人尚未开始利用他们手中的各种物质进行随心所欲的操作。

人类如今的生活已经发生了巨大的变化，这一时期也成为历史上从未有过的时期。在100多年的时间里，工业革命爆发了。人类在这段时间内发生的变化，超过了过去在旧石器时代和农耕时代的总和，也超过了从古埃及时代到英王乔治三世之间的漫长时间里诞生的全部成就。人类此时已经形成了一个全新的巨大的物质世界，这就要求人们在社会结构和政治经济方面也做出相应的巨大改变。这些改变依赖于工业革命的发展，到现在为止，它们依然处于萌芽状态。

# 英国议会改革

从19世纪初期开始，因为工业革命带来了经济的高速发展，英国开始实行一系列的政治改革，以适应这样的社会变化。历史学家称这段时期为改革时期，资产阶级民主化的标志就是英国的议会改革。

如今世界上很多国家都有议会机构，这种议会机构最早是在英国出现的，后来扩展到很多国家。所以英国的议会被世人视为议会之母。议会是英国的最高立法机关，它又分为议会上院和议会下院。议会上院是由贵族组成的，而下院是由民选产生的。凡是年满18周岁的英国公民都有选举权。议会的主要责任是制定和修改法律，并对政府的行为进行监督。

英国议会开始于13世纪，最早是作为国王的扩大会议出现的，只有国王和贵族能够出席这样的会议。到了后期，一些小贵族和市民也开始出席，所谓扩大会议就被议会这一称谓所取代。在中世纪时期，议会完全听命于国王，他们有权召开议会，也有权解散议会。

17世纪，英国发生了资产阶级革命，在君主立宪制成立之后，议会成为名义上的国家最高立法机关。但是由于贵族阶级仍然拥有强大的实力，所以英国议会直到1832年进行改革之前，仍然受贵族和王权的势力控制。

从18世纪后期开始，英国爆发了工业革命，国家的社会面貌和经济水平发生了很大的变化。在原先比较落后的英国西北地区，新建立了一大批工业城市，大量人口流入这些城市中。用了不到100年的时间，英国就成了全世界的工厂。

当时的议会制度十分腐败，虽然法律规定，只要农民每年收入40先令以上就有选举权，但是农民受到地主阶级的控制，在选举中无法表达自己的自由意志。议员名额的分配也十分不合理，不论选区大小还是人口多少，都需要选派两名议员。到了工业革命时，新兴的工业区没有多少议员席位，平均五六万人才能有一个议员的名额，而在议会制度进行改革之前，曼彻斯特竟然连一个议员名额都没有。

为了争取政治权力，新兴的资产阶级于18世纪中叶率先开始了争夺议会权力的改革运动。1815年，随着拿破仑战争的结束，英国的经济陷入了低谷，粮食价格下跌。为了保护农场主和大地主的利益，保持粮食的高价，英国政府颁布了《谷物法》，限制国外的粮食进口。高价的粮食增加了人民的生活支出，严重损害了人民的利益。1818年到1819年，人民在英国的很多城市中都举行了集会，要求改革选举制度并取消《谷物法》。

到了1830年11月，在社会各界的压力下，议员表示考虑进行改革。经过斗争，1832年6月，英格兰和威尔士的改革方案得到了通过。改革的重要内容之一是重新调整选区和分配议员名额，有100多个袖珍选区被取消或者减少了名额，在新生的工业城市成立了40多个新选区，增加了选民的人数。代表工业资产阶级的资本家们大量进入了议会，从地主和贵族手中争取到了一部分权力。

进入议会意味着他们在政治上有了自己的发言权。尽管这时他们发出的声音还很小，但是道路已经开辟，发展即将到来。在这以后他们利用议会将贵族和寡头们一步步赶出统治阶层，扩大了民主的范围。到19世纪中期，英国之所以能够成为世界头号资本主义强国，正是由于1832年的改革奠定了政治基础。

从这之后，英国议会还进行了许多改革，到了19世纪末英国的成年男子都拥有了选举权。在20世纪初，妇女也能够参加选举了。

在如今的英国，年满18周岁的公民都有选举权。正是1832年开始的议会改革，促使英国发展成一个真正意义上的资本主义国家。资产阶级的权力通过议会制度得到了保障，英国之所以能够成为世界的工厂，也和议会改革有着密切的联系。

## 法国启蒙运动

在18世纪，法国还处于君主专制的封建体制下，这个国家的社会秩序以及人民的思想都被牢牢控制在专制政权和天主教会的手里。封建主和教会的神职人员对农民大肆盘剥，贵族们过着骄奢淫逸的生活，国家的财力被大大削弱了。法国的天主教会与封建主勾结在一起，在人民中推行愚民政策和专制主义，对异教徒和思想进步人士疯狂迫害。在封建势力已经严重衰落的时候，与之相对的是，资本主义得到了迅速的发展，资产阶级的力量逐渐壮大起来。这一新生的阶级有着打破旧制度的强烈愿望，想要在政治、经济和文化方面冲破桎梏和枷锁。在这样的背景下，一场在人类历史中占有重要地位的思想和文化革命爆发了，这就是法国的启蒙运动。启蒙运动从某种程度上来说是法国大革命的序曲，这一革命运动从思想和理论上为之后的大革命做好了准备。

在法语中，"启蒙"的意思是启迪。启蒙运动就是说，要用光明取代黑暗，让人们心中树立起反对封建专制统治的意识。启蒙运动的过程横跨整个18世纪，所以18世纪也被人们称为启蒙世纪。这个运动没有一个明确的组织核心，许多思想家都提出了不尽相同的主张，但是从本质上来说，这场思想革命的目的始终都是一致的。

思想家们认为，人生而自由，生而平等，每个人都有生存的权利，都有追求幸福的权利。这就彻底否定了封建专制的合理性。同时，启蒙运动还在大众中普及科学知识，宣传科技的最新成果。在思想家们看来，封建专制之所以能够维持，其中的一个重要原因在于长期存在的由于落后的知识水平造成的蒙昧。他们推崇科学，批判愚昧，让人们的思想获得了启迪，同时也让人们掌握了更多的知识。思想家们呼吁理性，憧憬建立一个理性的国家。他们将封建制度比喻成黑夜，试图用理性的光芒驱散黑暗。他们号召人们消灭王权和神权，追求平等，开启一个民主和自由的新时代。

在法国启蒙运动中，涌现出了一大批卓越的思想家。其中，伏尔泰和孟德斯鸠是启蒙运动早期的两个代表人物。1694年，伏尔泰出生于巴黎的一个资产阶级家庭。他不仅是一个历史学家、哲学家，还是著名的作家、诗人和剧作家。在他的作品中，他用犀利的笔触鞭笞了封建专制制度和教会的神权。人们评价说，他的思想如闪电般敏捷，他的语言如火焰般炽热。他因为对教会和神权的深刻揭露和无情嘲讽而触怒了教会和贵族，两次被投入巴士底狱。后来，他被驱逐出法国。他于1753年定居于菲尔奈，这是一座位于法国和瑞士交界处的小城。在这里，花甲之年的伏尔泰创作出了大量的小说和诗歌。

1778年，伏尔泰在菲尔奈去世，享年84岁。后人把他的骨灰放在先贤祠中供人祭奠。伏尔泰的政治观点中最重要的是平等学说。他认为，在法律面前人人生而平等，这彻底否定了当时的封建制度。他还主张言论自由和出版自由，呼吁建立一个开明的君主制社会。他一生创作了大量的优秀作品，让人难以望其项背。他的作品风格幽默，言辞犀利，在嬉笑怒骂中对现实进行了深刻的讽刺和无情的揭露。在他的笔下，教会里的神父和教皇成了两足的动物，而教会是导致国家分裂和战争的罪恶之源。他认为，教会的权力来源于卑鄙的谎言，这些谎言是一群下流的伪君子编造出来的。他的这些言论对当时的人们产生了巨大的影响。他在《哲学通信》一书中全面地阐述了他的思想。他还著有史学方面的著作，如《查理十二史》和《路易十四时代》等。伏尔泰的影响力并未局限于法国，整个欧洲都为他的思想所倾倒，所以他也被称为启蒙运动的导师。连一些欧洲封建国家的君主都对他十分崇拜，普鲁士王国的国王甚至还邀请他成为自己的贵宾。这些人想要通过结交伏尔泰来抬高自己，并试图对他的学说中的保守部分加以利用。但是，伏尔泰最终没有令他们达到目的。

孟德斯鸠与伏尔泰不同，他出身贵族家庭，早期受到的教育来自教会。他对法律表现出了浓厚的兴趣，在19岁时就获得法学学位，并成为一名律师。1716年，他从父亲那里继承了波尔多法院院长的职位，并成为男爵。此后，他目睹了封建朝廷的腐败和贵族们奢靡的生活，并对此深恶痛绝。因为波尔多是法国最大的商业港口，孟德斯鸠本人也进行一些葡萄酒贸易，这更使他发觉封建制度对商业的阻碍作用。之后，他辞去了法院院长的职务，来到巴黎，试图找到一个能够改变现状的方法。他在欧洲的许多国家游历，对当地的社会制度和政治环境进行调研。通过30年的刻苦调查和钻研，他写出了《罗马盛衰原因论》和《论法的精神》这样不朽的著作。在《论法的精神》中，他对资本主义国家的政治格局和各项制度进行了规划，他的特别贡献在于发展和完善了英国哲学家洛克的思想，提出了三权分立的观点。

洛克曾经提出，为了保障民主和法律的公平正义，国家需要分权而治，立法权、行政权和外交事务权要彼此独立。在此基础上，孟德斯鸠进一步提出，要实行立法权、司法权和行政权的三权分立。这个学说要求：人民享有立法权；司法机构要保持独立；而君主虽然拥有行政权，但是他的权力不得超越立法权和司法权。三权分立又相互制约，这样可以最大程度保障人民的自由。孟德斯鸠提出的这一理论迅速得到很多资产阶级政治家的接受和推崇，因为它指引出了资产阶级建立自己政权的理论基础。在之后爆发的大革命中诞生的宪法，都体现出了孟德斯鸠的思想，其中的很多理论到今天都在资本主义国家中发挥着重要的作用。

到了18世纪中期，出现了一批代表平民、资产阶级等最广大民众利益的启蒙主义思想家。其中，观点最为激进且在很大程度上影响了法国大革命的思想家是小资产阶级的代表——让-雅克·卢梭。启蒙运动的众多思想家中，卢梭的出身最为卑微。他出生于日内瓦，他的父亲是一个钟表匠，而他的母亲在生下他之后没多久就去世了。后来，他的父亲为了躲避抓捕而离开了他，这让他从10岁起就无人照料，只得自己开始了流浪的生涯。他做过很多下等人从事的工作，还被当作乞丐送进了收容所，这些生活让他尝到了人世的艰辛。后来，他有了一位红颜知己，在这位女士的关照下，他得以度过了一段安稳的日子。在这个时期，他开始发奋学习，掌握了大量知识。1741

年，他来到巴黎，并结识了一批启蒙思想家。1749年，他参加第戎举办的征文比赛并一举夺魁，随后成为巴黎的名人。他创作了一批不朽的著作，因此触怒了封建统治者和教会，并再次开始了流亡生涯。1770年，卢梭才得以回到巴黎，并于1778年去世。

多舛的命运让卢梭具有异常激进的政治观点，他的这种观点在《论人类不平等的起源和基础》和《社会契约论》这两部著作中得到了淋漓尽致的体现。他深入剖析了人为何不平等的本质原因，进而提出了天赋人权的理论，表达了"平等"这一核心思想。他提出，人类并非生来就不平等，而是因为出现了私有财产和观念才造成了不平等的现象，而这种不平等因为专制政权的出现而达到了顶峰。在政治方面，卢梭主张人民主权论和社会契约论。他认为，要想实现人人平等，就要建立人民主权。所谓人民主权，是通过人民制定社会契约来体现公共意志。人民的意志需要靠法律提供保护，所以要建立一个法治国家，在这个国家中，法律面前人人平等。他的这一套人民主权和社会契约的理论体系，为底层的群众提供了思想武器，因此他对法国大革命产生的影响最为深远。罗伯斯庇尔是法国大革命的领军人物，他称自己是卢梭的学生。卢梭的思想还在法国大革命期间各派的革命主张和行动中得到了很多具体体现。

在伏尔泰、孟德斯鸠和卢梭等思想家的引领下，法国的启蒙运动逐渐发展壮大起来。到18世纪中叶，又出现了一批代表法国中产阶级利益的思想家，他们中既有狄德罗这样的百科全书派，也有魁奈这样的重农派思想家。狄德罗是18世纪杰出的唯物主义思想家，他的观点为后来辩证唯物主义的出现打下了基础。从1745年开始，他不畏艰险，开始了主编《百科全书》这一伟大著作的艰辛历程。当时的众多科学家和思想家都参与了该书的编纂工作，其中既有老一辈的伏尔泰、孟德斯鸠和卢梭，也有新生代的孔多塞和达朗贝尔等。因此，这些思想家被人们称为百科全书派。

这部《百科全书》包含了那个时代自然科学和人文科学的最高成果。除了科学技术，书中还对政治、经济、哲学、文化和艺术等诸多领域有所涉猎，不但是科学范畴内的百科全书，更在很多方面批判了封建制度和宗教迷信。这部《百科全书》对统治者和教会造成了沉重的打击。统治者们和教会的高级神职人员惧怕人们接受书中体现的科学知识和无神论思想，将该书称作新的巴别塔，并加以禁止和销毁。狄德罗也因为主编该书而被逮捕入狱。启蒙思想家们不顾艰难险阻，克服了来自政府和教会的重重压力，经过20多年的努力，终于将《百科全书》的全部35卷都编著出版，成为人类文明史上的一座丰碑。狄德罗于1784年去世，他临终时留下了一句名言：怀疑是迈向哲学的第一步。

　　启蒙运动走向了高潮。有一些原本的贵族阶级接受了启蒙思想，加入资产阶级阵营。他们想要使法国由封建主义过渡到资本主义，试图通过经济改革来建立一个资本主义社会。其中最重要的思想流派是重农派，这一派的代表人物是魁奈和杜尔哥。魁奈曾经担任法国王室的宫廷医生，他在1758年发表了著作《经济表》，在这部书中他阐述了如下理论：经济的发展是建立在人们在一切经济活动中拥有完全自由的基础上的。他的自由行动理论成为重农派的理论基础。杜尔哥受到了魁奈的巨大影响，并于1766年发表了他的理论代表著作《关于财富的形成和分配的考察》。1774年，杜尔哥成为法国财政大臣，他在任上大力推进改革，应用重农派的理论，在法国实行谷物和酒类的自由贸易。他在城市中减征粮食税，并将这部分税收转嫁到封建主身上。他同时还取消了农民的徭役税，并向拥有特权的封建领主征收道路税。他的这些改革极大触动了贵族阶级的利益，因此遭到了激烈的反对，并最终被罢免，他倡导的改革也成了昙花一现。

　　重农派认为，国家财富的根本在于土地和在土地上开展的农业，不主张通过流通领域来解决经济问题。农业作为国家唯一的生产部门，需要优先得到发展，之后才能发展工商业。要想发展农业，就要允许粮食的自由买卖。农民也不再只对封建主尽义务，而需要能够赎买自由生产力。重农派尤其反对国家干预经济，提出经济应该自由发展。他们的目标是废除国家对工商业的限制，从而发展市场经济。这一派别的思想家最早对资本主义生产方式进行了系统研究，因此被马克思称为资本主义政治经济学的鼻祖。重农派的理论也成了法国大革命中的各个派别制定经济政策的理论基础。

在欧洲和美洲，启蒙运动都获得了广泛的传播，并影响了这些地区的资产阶级革命。受卢梭的影响，美国诞生了《独立宣言》，宣布天赋人权，人人生而平等，有生存的权利、自由的权利以及免于饥饿和恐惧的权利。在俄国，爆发了反对农奴制的斗争。在意大利，宣扬启蒙思想的组织如雨后春笋般出现。中国的戊戌变法和辛亥革命也体现了启蒙思想。

18世纪从法国开始的这场启蒙运动，逐渐发展成为时代的洪流，涤荡着封建王朝和教会的权威。它带来了众多崭新的思想和理论，为人类社会的发展和思想的进步提供了宝贵的财富，书写了绚烂的篇章。

## 法国大革命

爆发于18世纪末期的法国大革命，是资产阶级发动的、推翻了法国封建君主专制的大革命。这场革命的方式最激烈，改革也最为彻底，将波旁王朝的统治者送上了断头台。这场革命体现出了资产阶级的强大力量，震撼了整个世界。在这场革命中，法国的社会面貌被彻底改变了。这场革命之火穿越国界，燃遍了整个欧洲。欧洲的封建专制制度在这场大火的炙烤下，即将崩塌。

在18世纪的欧洲大地上，法国是人口最多并且实力最强大的国家。法国实行的是君主专制制度，人民被按阶级分为三个等级。其中，贵族和教会的僧侣是特权阶层，全国的大部分土地都掌握在他们手里，这些人身居高位却无须纳税。占人口绝大多数的农民和城市中的平民以及知识分子和资产阶级被划分为第三等公民，他们用自己的劳动所得供养着整个国家，还受到贵族阶级的压迫。在路易十四时期，法国的君主专制达到了极致。他在巴黎东部修建了巴士底狱，任何人胆敢反抗，都会被送到这里，遭受残酷的迫害。但是在巴黎的西南边，法国国王和位于顶层的贵族们却在金碧辉煌的凡尔赛宫里骄奢淫逸地生活着。

法国的资本主义在18世纪得到了长足的发展。由于蒸汽机的增多和工业规模的扩大，波尔多和马赛逐渐变成了大型的商业港口。已经发展壮大的资产阶级迫切要求改变专制制度，并主张自己的政治权利。启蒙运动中的进步思想开始广泛传播，大洋彼岸新建立的美国更加佐证了这些新观点，于是人们要求推翻专制制度的愿望十分迫切。人们争取废除封建制度的两大支柱，即专制主义和封建主的特权。与此同时，法国国王路易十六还带着他的王后在凡尔赛宫里过着荒淫无度的生活。法国因为参加了北美的独立战争，损耗了大量财富，国库里已经空空荡荡。到了18世纪90年代，法国政府的财政状况已经走到了破产边缘。为了解决国家面临的财政困难，法国政府的财政大臣想要对贵族征税，但是这一做法遭到了贵族阶级的强烈抵制。

1789年5月，为了应对财政危机，路易十六决定在凡尔赛宫召开三级会议。这一会议已经停滞了175年，它要求三个等级的国民代表都出席，用来解决国家面对的政治和经济问题。在这次会议上，第三等级被要求增加缴税数额，补贴国库的亏空。实力日益强大、思想日益进步的第三等级国民代表提出了两点要求：第一个是对国王的权力加以限制，把三级会议变为常设的国家立法机构；第二个是废除过去按照等级投票的方法，改为按人数表决。这次会议引起了整个国家的关注，特别是巴黎的数十万贫穷下层群众革命情绪更加高涨。受到最广大人民的支持，资产阶级把自己称为全体国民的代表，要求召开国民会议，而且宣称只有国民会议才能决定是否征税。没过多久，资产阶级代表们在一个网球场上宣誓，并将国民会议改为制宪会议，要在法国实行立宪。这些举动意味着三等国民的代表们要从国王的手中抢过立法权，并建立一个全新的政治制度。路易十六为了解散制宪会议不惜动用武力，他调动了一支2万人的军队，占领了从巴黎到凡尔赛的全部要塞。一时间，法国的局势剑拔弩张。

巴黎街头此时爆发了大规模的游行示威和反政府的演讲活动。1789年7

月12日，巴黎民众和政府的军警发生了冲突。到了次日凌晨，巴黎全城都响起了钟声，这就是起义的信号。20多万法国群众拿着刀和斧子等简易武器冲向了要塞，并夺取了巴黎的大部分街道。14日，起义群众高喊占领巴士底狱的口号，冲向了巴黎东郊。这时的巴士底狱由一群瑞士雇佣兵驻守，他们将炮口对准了起义群众。人们经过数小时的浴血奋战，终于炸断了通往巴士底狱的吊桥上的锁链。人们冲入监狱，释放了里面关押的反政府政治犯。起义群众在广场上立起一块木牌，上面写着：都来跳舞吧！巴黎全城都成了一片欢乐的海洋。因为法国的大革命从7月14日开始，所以后来这一天被定为法国国庆节。

革命的信息从巴黎传往全国，法国其他地方也效仿巴黎，纷纷开始起义并实行自治。农民组织起来，撕毁与封建领主之间的契约，并攻占了领主的城堡。王室军队也被起义者感染了，他们自发组成国民自卫军，并戴上红白蓝三色帽徽。其中，红色和蓝色代表巴黎，白色代表国王。在三色帽徽出现后不久，三色旗也出现了。三色标志成了革命的象征，后来三色旗成为法国的国旗。这次起义挽救了制宪会议，随后会议被赋予了制定新宪法的职责。

8月26日，制宪会议上通过了宪法的序言，这就是著名的《人权宣言》。宣言在法国社会引起了巨大的反响。宣言中说：人人生而平等，每个人从出生开始，就始终是自由和平等的；每个人都天然拥有不可剥夺的自由权、财产权，以及免于饥饿和恐惧的权利；每个人都拥有言论自由和出版自由；公众的意志由法律体现，在法律面前人人平等。宣言中规定了人的权利和建立法治社会的必要，还提出了资产阶级三权分立的原则。这个宣言将启蒙运动中的思想第一次以法律的形式确定了下来，因此具有十分重要的意义。宣言的发布，打击了封建专制制度，激发了群众的革命斗志，因此对封建专制制度依然占据上风的整个欧洲都造成了重要影响。宣言中还规定，人们的私有财产神圣不可侵犯，这实际上保护了资产阶级的利益。这时出现了以拉法叶为代表的君主立宪派，这个派别主张君主立宪制度，保留国王，没有想要彻底摧毁封建专制制度。他们还宣布，法国国王依然是法国社会重建的领导者。

封建专制的既得利益者仍然想要维护这一制度，从资产阶级手中夺回自己的特权。革命刚开始，大量王室成员和贵族就逃往国外，在莱茵河畔驻扎下来。他们以科布伦茨为大本营，想要利用欧洲封建领主们手中的武力夺回特权。法国国王路易十六留在国内，他拒绝签署《人权宣言》，还向凡尔赛调动军队，想要再次以武力解散制宪会议。巴黎在这个时期出现了粮食短缺的情况，物价也开始上涨。在得知国王调动军队想要动武之后，巴黎人民被激怒了。2万多人冲上了街头，高喊："我们要面包！"他们冲向了凡尔赛，保卫制宪会议的会场，并将会议迁往巴黎。同时，他们还将路易十六全家都从凡尔赛押回了巴黎。

1791年6月20日的深夜，路易十六和家人逃出了巴黎。他们乘坐一辆经过改造的马车，想要从东北部的边境逃出法国，与国外的贵族们会合。就在即将逃出国境的时候，他的马车被截下，并再次被押回巴黎。这次逃跑行为激怒了巴黎人民，他们将街头和广场上的国王半身像都砸碎了。资产阶级代表布里索说，国王的行为破坏了王权，因此国王和宪法无法共存。全国范围内又掀起了一场要求废除君主制、建立共和制国家的运动。但是，制宪会议中主张君主立宪的派别担心对国王的清算和旧制度的批判会让他们的财产和政治主张遭到损失，于是为国王辩护。他们声称国王是在不知情的情况下被人带走的，拒绝追究国王的责任。这个决定引发了群众的不满。7月17日，5万多名群众走上巴黎街头，举行了一场和平集会，要求国王放弃王位，实行共和制。制宪会议要求拉法叶率领军队镇压这次集会，并向手无寸铁的群众开枪。50多名平民被打死，这标志着制宪会议中的君主立宪派背叛了革命。9月，君主立宪派通过了宪法并得到国王的批准，这就是1791年宪法。宪法中规定：法国是君主立宪制国家，国王拥有最高权力，并可以世袭；制宪会议解散，立法权属于新成立的立法会议。

法国爆发的革命引起了欧洲其他专制国家统治者的恐慌。俄国沙皇、奥地利国王和普鲁士国王都宣称，要和法国出现的毒瘤势不两立，通过武力手段夺回法王路易十六失去的权力。尽管这时的英国已经成为资本主义国家，但是因为它不愿意看到法国的资本主义得到发展，在国际竞争中与自己抗衡，于是联合欧洲的封建君主们一道武力干预法国国内的革命。

1792年的春天，奥地利王国和普鲁士王国组成的联军在莱茵河畔集结。随后，法国决定对奥地利宣战。此后，欧洲的封建国家先后组织了7次反法联军，与法国进行的战争绵延20多年，对整个欧洲都造成了巨大的影响。起初，由于法军的指挥官大都出身旧贵族，因此督战不力，甚至临阵叛变。法国国王也暗中与国外势力串通，导致法军节节失利。奥地利军队进入了法国境内，严重威胁到了法国革命的成功。在这个危急关头，立法会议发出号召，要求所有爱国者武装起来，共同保卫国家。法国人民组成了义勇军，从全国各地奔赴巴黎，紧接着来到前线作战。在马赛，一支500人的义勇军一路高唱军歌，表现出了法国人民誓与敌人血战到底的坚强意志。这首军歌被人们称为《马赛曲》，并很快在全国流行开来。后来，这首《马赛曲》被定为法国国歌。

1792年8月，巴黎再次爆发了起义。起义军占领王宫，并将国王全家都逮捕了。这次起义推翻了在法国持续了数百年的君主制度。随着国王被推翻，主张保留君主制的君主立宪派也失去了领导地位。1791年制定的宪法被废除，法国革命进入了一个新时期。起义结束后，巴黎的贫民选举代表组成了巴黎市府，并承担起抵抗外国入侵的责任。他们在很短的时间里就招募了一支3万人的军队，同时还对国民自卫军进行了改组。这时，法国面临的形势十分严峻，普鲁士将军布伦瑞克率领多达10万人的联军兵分三路进攻法国。联军首先占领了通往巴黎的门户——凡尔登。这时，法国革命领袖丹东发表了著名的战争动员演说，他说："我们要勇敢、勇敢再勇敢，法国才能得救。"法国义勇军奔赴前线，并于9月20日击退了普鲁士军队。这次胜利并不是一场大胜，但它是抵抗反法联军战争中法军取得的第一场胜利。德国诗人歌德见证了这场战役，他的激动之情溢于言表。他和他的同伴说，世界从此进入了新时代，在未来的某一天你将自豪地说："当时我在现场。"从这时开始，法国开始了反攻。到了10月底，所有入侵法国领土的外国军队都被赶走了。

法国义勇军在前线与敌人战斗的同时，国内也举行了历史上第一次普选。这次选举产生了新的立法机构，也就是国民公会。公会中得票最多的是以布里索为首的吉伦特派，他们因此掌握了政权。这一派别因为其中的主要代表大多来自法国西南重镇吉伦特而得名，代表大资产阶级的利益，希望彻底消灭封建的君主制度。国民公会于9月21日开幕，并通过决议，废除君主制，在法国建立共和国。法国第一共和国就此诞生了。这一年年底，国民公会对国王路易十六进行了审判，并于1793年1月21日将路易十六送上了断头台。革命者处死了路易十六，激起了欧洲其他国家君主更加强烈的仇恨。此时的法国经济面临严峻局势，因为战争导致物价飞涨和粮荒。人民纷纷要求政府平抑物价，但是吉伦特派拒绝了人们的要求，并对市民的反饥饿斗争进行镇压。他们认为，限制物价并对资产阶级征税是对私有财产的侵害，强调要保障自由贸易。这一时期，旺代地区发生了针对革命政府的暴乱，前线的局势也不容乐观。

1793年春天，英国也开始参与反法战争，并纠集了一些国家参战。在这个危急时刻，吉伦特派将领竟然在战场上临阵叛变，公然投敌。因此法军被迫从比利时地区撤出，战场再次转移到法国境内。因为吉伦特派不得人心，所以巴黎人民再次发动起义，推翻了吉伦特派。新建立的政权的当政者是雅各宾派。这一派别代表资产阶级中的革命民主力量，他们的成员因为经常在圣雅各宾修道院举行集会，所以被称作雅各宾派。这一派的代表人物是罗伯斯庇尔。雅各宾派上台执政时期，法国正面临着内忧外患的局面，义勇军在边境战场屡屡失败，英国和荷兰军队趁机向西北沿海地区发动进攻，并占领了土伦港。普鲁士和奥地利联军从北部进攻，西班牙军队从西南方翻越比利牛斯山进入法国，意大利也从东南方向开始进攻。海军方面，英国人封锁了法国的全部港口。

在法国国内,由旺代地区开始的贵族叛乱迅速向周围蔓延,并控制了西北部的10个郡。吉伦特派的势力也开始暴动,并控制了许多地区。他们联合君主立宪派,打着保卫私有财产的旗号进行叛乱,并将还在狱中的王子推为国王路易十七。在这样的不利局面下,雅各宾派采取了强硬的应对措施。他们首先解决了农民的土地问题,颁布法令将逃亡贵族的土地分成小块出售,农民可以分期支付购买土地的价款。对公有土地,按人头平均分配,并且将过去与封建主达成的契约全部废除。这个措施彻底消灭了农村中残留的封建制度,赢得了农民的支持。在经济方面,政府颁布了全面限制物价的法令,规定数十种日常必需品的最高价格不得高于1790年6月的价格。如有商户违反这一法令,重者将被处以绞刑。同时,为了推行强硬的措施,政府实行专政,开始了恐怖统治。路易十六的王后被以叛国罪处死,失去政权的吉伦特派领袖也被处死了,其中包括该派的代表人物布里索。不但叛乱者和旧贵族被大量处死,一些不遵守限价法令的商人也被处决。行刑的广场上,每天都血流成河。在整个法国,里昂和旺代被处死的人最多。里昂是吉伦特派叛乱分子的大本营,所以这里遭到了血洗,所有富人的房子都被毁掉了。行刑的刽子手嫌断头台的刀头不够锋利,于是用枪杀和炮轰的手段处死大量叛乱者。这一时期,有三四万人被政府处决,大革命进入了恐怖统治的阶段。

在对外抗敌方面,政府还在全国发出战争动员。到了1794年春天,法军兵力达到将近百万,拥有13个军的建制。军队内部进行了改革,旧贵族将领被清除出军队,并从下层士兵中提拔大量高级将领。军队着装的颜色不再是传统王室军队的白色,而改成了象征革命的蓝色。通过这些改革措施,法军面貌焕然一新,并在抗敌战场上获得了许多胜利。1793年年底,国内的叛乱得以平息,到了第二年春天,法国全境都被收复。同年,法国再次进军比利时和莱茵河畔。1794年6月26日,法国的胜利达到了顶峰。这一天,法军在弗勒吕斯击败奥地利军队,一举击溃了反法联盟。

1794年7月27日,是法国共和国历法中的热月九日。这一天,雅各宾派的代表人物罗伯斯庇尔和22名该派别成员在国民公会上被捕。他们在当天没有经过审讯就被处死，雅各宾派的统治被推翻了。这场政变史称热月政变，在这之后，代表新兴的大资产阶级的热月党人登上了历史舞台，开始了对法国的统治。

## 拿破仑的叱咤时代

1789年爆发的法国资产阶级大革命，消灭了君主专制制度，在法国建立了共和国。这场革命给整个欧洲都造成了巨大的影响。欧洲其他封建国家和英国组成了同盟，以武力干预法国革命，想要将革命的成果扼杀在摇篮里。在法国国内，一些旧贵族和保皇派也组织了叛乱，从内部破坏革命。在这种内忧外患的情况下，拿破仑·波拿巴登场了。

1799年11月9日，拿破仑率军攻入元老院，迫使元老院承认临时政府的地位，并将手中的权力移交给临时政府。这个临时政府由三个人组成，拿破仑是政府的最高领导人。这一天是共和国历法中的雾月18日，所以这次政变也被称为雾月政变。从这时开始，拿破仑成了法国的实际统治者。

拿破仑于1769年出生在法国的科西嘉岛，他的家庭是当地的贵族，所以他在10岁的时候就得以进入巴黎军校学习。在求学期间，他受到启蒙运动的影响，阅读了当时的很多思想家的著作，如伏尔泰、孟德斯鸠等，其中卢梭的作品对他的影响很大。法国大革命期间，拿破仑支持雅各宾派实行的专政。1793年，拿破仑年仅24岁，在法军中担任炮兵上尉。他受命在土伦港抵挡英军的进攻，并指挥法军炮轰英国舰队，只用了48小时就成功打破了英军的封锁，他也因为战功被破格提拔为准将。在之后发生的热月政变中，雅各宾派的统治被推翻，罗伯斯庇尔等人被处死。在热月党人对雅各宾派的清算中，与雅各宾派关系密切的拿破仑被以叛国罪逮捕，后来又因罪证不足而获释。拿破仑得以保全性命，但是他之前得到的功绩和地位都化为了泡影。后来，旧贵族和保皇派的叛乱为拿破仑的东山再起提供了宝贵的机会。他在巴黎街头用大炮直接向叛乱分子开炮，并因为平叛的功劳而再次在政坛中平步青云。

1796年，拿破仑被任命为法国革命军意大利方面军的总指挥官，率军抵抗欧洲封建主组织的反法联军。在他的指挥下，原本军心涣散、军纪不严的军队成为一支具有强大战斗力的钢铁之师，在对奥地利军队的战斗中多次取胜，并占领了意大利，逼迫奥地利与法国签署和平协定。拿破仑此时年仅27岁，就凭借在战场上获得的巨大荣誉而在法国政坛上呼风唤雨。

1798年，拿破仑率军远征埃及，以阻止英国在海外的扩张。第二年，英、俄等国再次组成反法联军进攻法国，法国国内也发生了大规模叛乱。此时的资产阶级意识到，他们需要一个强有力的政府。在这样的背景下，拿破仑从埃及带领少数心腹随从回到巴黎，并发动了雾月政变。政变后，拿破仑成为三人临时政府中的第一执政，开始了对法国的军事独裁统治。1804年12月2日，拿破仑在巴黎圣母院为自己举行加冕仪式，而没有去罗马教廷。在仪式上，当着前来观礼的8000多名贵宾的面，他从罗马教皇手中拿起王冠，为自己加冕。从这一天开始，他成了法国皇帝，并称为拿破仑一世。

法国大革命爆发以后，法国已经经历了长达10年的动乱时期，人们渴望一个和平稳定的社会。所以刚一上台，拿破仑就马上宣布法国大革命结束了，同时颁布了新宪法——《共和八年宪法》。这等于向人民表示，法国仍然是一个共和国，仍然坚持启蒙运动提倡的平等和自由的原则。这一做法既让人们感觉到了和平与稳定，同时还保留了革命成果，所以深得百姓的拥护，法国社会因此实现了稳定。他建立了一套集权制度，从中央到地方，都实行集权制管理。他组建了参政院，任命经验丰富的官员分别管理军队、财政和立法。在地方上他也实行了改革，在法国推行郡、区、市的行政区划，管理这些地方的各级官员都由中央任命。

同时，为了应对法国的财政危机，拿破仑宣布整顿税收，并从地方政府手中收回了征税权，由中央统一征税。这一做法在短时间内就充实了国库。1800年，拿破仑建立了法兰西银行，这个银行由政府管理，发行期票和证券，还发行彩票，从民间募集了大量现金。拿破仑还与罗马教皇签订了《教务专约》，以得到天主教廷的支持。条约中规定，天主教廷承认法国大革命，不再主张收回被没收的财产和恢复教廷的特权。法国政府承认天主教是大多数法国人信仰的宗教，但是教会需要为国家服务，教会活动要在政府的限制之下进行。在没有政府批准的情况下，罗马教皇发布的任何命令都不得颁布和执行。从这时开始，教皇实际上变成了法兰西帝国的臣子，天主教廷不再像之前在封建国家中那样作为精神支柱而存在，而仅仅成了拿破仑用来管理国家的工具。之后的一个多世纪里，法国一直奉行这个宗教政策。拿破仑在国家生活的方方面面采取的措施，都让法国更加稳定和团结，经济开始复苏，叛乱分子的活动也被削弱了。

1800年，在拿破仑的命令下，法国政府组建了民法典委员会，开始编纂新的民法典。4年后，在拿破仑亲自监督之下，新民法颁布了。1807年，这部法典被命名为《拿破仑法典》。这部法典确定了资产阶级财产的所有制，认为私有财产神圣不可侵犯，保护了法国大革命来之不易的成果。这部法典还确立了契约自由的原则和自由平等的原则。法典中规定，在法律面前人人都具有平等的民事权利，在民法的基础上人人平等。这部民法不再区分国民阶级，而对全体法国人都适用。这部法律和大革命期间颁布的其他法律一起，进一步摧毁了封建的专制制度，强化了资产阶级专政。同时它确定了一个在法律面前人人平等的原则，这在欧洲甚至全世界范围内都产生了深远的影响。

拿破仑的执政过程中，战争的阴云一直都笼罩着法国。在统治法国的16年间，拿破仑一共经历了6次与反法联军之间进行的战争。他凭借高超的军事指挥才能，创造了世界军事史上的很多奇迹，他指挥的众多战役都成了后世战例的典范。其中，他取得的战绩最为辉煌的是奥斯特利茨战役。这场战役发生在奥斯特利茨西部的普拉岑高地。当时，俄国沙皇亚历山大一世率领7万名俄军与奥地利国王弗兰茨二世率领的1万名奥军在这里会合，准备一举消灭拿破仑军队。拿破仑通过对战场形势的准确分析，在战役早期对外宣传法军的不堪一击，并将俄奥联军引向了奥斯特利茨附近的埋伏点。1805年12月2日清晨，反法联军攻入了法军右翼预设的埋伏圈，在那里的高地上，拿破仑早已埋伏好了一支大军。俄奥军队中计后，伏兵出动了。他们把联军拦腰分成了两段，并分别包围。法军集中兵力开始对敌军各个击破。在法军步兵、骑兵和炮兵的联合攻击下，联军被迫撤退到一处结冰的湖面上。拿破仑命令炮兵向联军开火，联军顷刻间就陷入了崩溃的境地。在这场战役中，法军共歼灭俄奥联军2.7万多人，还差点俘虏了俄国沙皇和奥地利国王。经此一役，拿破仑的威名响彻了整个欧洲。

这场战役中，拿破仑给他的皇后约瑟芬写信说："我打败了俄国皇帝和奥地利国王率领的联军，现在觉得有点累了，因为我已经在天寒地冻的野外待了8天。"这时，组织反法同盟的英国首相皮特开始绝望了。他告诉自己的侄子把欧洲地图收起来，因为起码在10年之内这幅地图都没有用了。

奥斯特利茨战役代表了拿破仑所取得的军事成就的巅峰。为了纪念这场胜利，拿破仑下令在巴黎星形广场上修建一座凯旋门，以歌颂法国军队取得的骄人战绩。凯旋门于1836年修建完工，直到今天还吸引着世界各地的游客。

拿破仑在击退了4次欧洲封建主组织的反法联军的入侵之后，实际上统治了整个欧洲。法国的领土得到了大规模的扩张，将比利时和热那亚收入囊中。拿破仑在担任法兰西皇帝的同时，还是意大利和莱茵联邦的守护者，瑞士联邦的仲裁者，他的兄弟也成了荷兰和威斯特伐利亚国王。他麾下的军队占领了整个欧洲北部所有的港口，还管理着波兰军队。奥地利和普鲁士王国都沦为战败国并被法军占领。俄国在名义上成为法国的盟国，但实际上在国际事务中对法国言听计从。

尽管法国控制了绝大部分欧洲领土，但是仍然有难以战胜的对手——英国。英吉利海峡的天然屏障，让法国对英国无从下手。拿破仑曾经说过，如果让他控制英吉利海峡6小时，那么全世界都会臣服于他。同时，英国还因为发达的海外贸易而拥有强大的实力。为了遏制英国，拿破仑下令封锁欧洲大陆沿海的所有港口，并借此机会侵略西班牙和葡萄牙。

法国人的野蛮入侵引发了西班牙人民的激烈抵抗。拿破仑麾下曾经战无不胜的大军，在这里却陷入了人民战争的汪洋大海。

这时，英国向伊比利亚半岛派出了远征军。在这支远征军的元帅韦尔斯利的指挥下，西班牙和葡萄牙人民成功地将法国入侵者赶出了家园。因为他取得的胜利，韦尔斯利被加封为威灵顿公爵，并成了英国的陆军元帅。

1812年，拿破仑调动了60万大军，想要对俄国发动一次远征，在短时间内征服俄国。在拿破仑的计划中，法军将在5到6个星期将俄军主力击溃，并攻入莫斯科，逼迫沙皇与法国签订条约。但是俄军在库图佐夫的指挥下先行撤退，留给法国人一座空荡荡的莫斯科城。沙皇因此拒绝与法国进行和谈，拿破仑率领的法军只能撤退。在法军撤退的过程中，库图佐夫率领俄军对法军不断地发动进攻，并击溃了其中的大多数军队。最后，60万大军中能够逃回法国的只有5万多人。

第二年，俄国与普鲁士王国再次联合，组织了第6次反法联军。英国和西班牙、葡萄牙等国军队也加入进来，共同进攻法国。此时，法军尚未从远征俄国的巨大失败中恢复元气，新招募的士兵没有接受足够的军事训练，部队中也缺乏有能力的指挥官。在这年10月进行的莱比锡战役中，30万反法联军击败了20万法军，并将法国从莱茵河地区赶了出去，攻入了法国本土。与此同时，韦尔斯利率军从西班牙翻越比利牛斯山脉攻入法国南部。1814年3月31日，俄普联军攻占巴黎，拿破仑回到这里时，首都已经沦陷。在此情况下，拿破仑无奈接受了欧洲联军提出的条件，放弃了法兰西帝国皇帝的皇位，被流放到了厄尔巴岛上。之后，在联军的支持下，法国波旁王朝复辟，路易十八登基。

在打败了拿破仑之后，面对到手的胜利果实，欧洲的封建君主们开始因为分赃不均而激烈争吵。就在这时，拿破仑率领1000多名士兵从厄尔巴岛上乘船离开，经过三天三夜的航行，于1815年3月1日在法国南部的儒安港登陆。路易十八听到了这个消息之后说，法国又要爆发一场革命了。他派出的军队纷纷投入了拿破仑的麾下，一些城市的守军甚至在拿破仑还未到达的时候就高喊："法兰西皇帝万岁！"在人群的夹道欢迎中，拿破仑兵不血刃地回到了巴黎。

在听说了拿破仑重掌大权之后，欧洲封建国家连忙再次组成反法大军，70万兵力从各个方向向法国本土进攻。1815年6月初，在威灵顿公爵韦尔斯利和普鲁士指挥官布吕歇尔将军的率领下，联军在尼德兰南部集结。这时，拿破仑决定主动出击，先击退英奥联军。

6月12日，拿破仑率军向普鲁士军队猛烈进攻，打算把英普联军分割开来再各个击破。拿破仑在击退了普鲁士军队后，命令格鲁希元帅继续追击普军，自己掉转方向进攻滑铁卢附近的英国军队。到了6月18日，法军与英军开始了激烈的战斗，双方纠缠不休，都出现了巨大的伤亡。拿破仑下令格鲁希元帅火速前来增援，与此同时，英军主帅韦尔斯利也在等待布吕歇尔将军的支援。在这样争分夺秒的情势下，战争的结局将取决于谁的援军先到。此时，英军等来了增援的普鲁士军队，而格鲁希还在四处寻找普军而无果。尽管格鲁希听到了从滑铁卢方向传来的炮火声，却仍然自顾自地行动，而没有赶去增援。此时的拿破仑孤注一掷，将自己的近卫军投入战场。这支军队曾经取得过辉煌的战绩，但是面对英普联军却没能延续自己的胜利。在联军的进攻下，法军被击溃了。关于格鲁希元帅为何没能及时增援的千古疑问，也掩埋在了历史的尘埃里。在经过滑铁卢的失败后，拿破仑不得不再次退位。在联军的拥护下，路易十八再次登基，波旁王朝又一次在法国复辟。

1815年10月15日，联军用一艘英国军舰将拿破仑流放到了圣赫勒拿岛上。这是一座大西洋上的孤岛，距离最近的大陆也有1900千米。拿破仑在这里孤独地生活，并于6年后据说因砒霜中毒死去，确切死因至今成谜。1840年，拿破仑终于如他的遗愿一样重返法国，被葬在了塞纳河畔。这一年12月15日，巴黎举行了盛大的仪式迎接拿破仑的灵柩。灵柩通过凯旋门，来到荣军院，并葬在这里的圆顶大堂中。尽管拿破仑身上有不少污点甚至罪恶，但是法国人民仍然视之为精神偶像。在他们看来，拿破仑是法国的一个象征，更是一个伟大英雄。

第十四章

帝国主义的发展

## 德意志的复兴

18世纪末到19世纪初,德国人民受法国大革命的启发,也想成立自己的民主自由的国家。拿破仑战争摧毁了德意志民族的神圣罗马帝国,让德意志民族极其渴望建立自己的民族国家。经过数十年的奋斗,德国终于从之前的一个衰落并且分裂的封建国家,变成一个强盛的资本主义国家。

查理曼帝国分裂之后,产生了东法兰克王国,法兰克国王奥托一世于962年在罗马加冕为神圣罗马皇帝,这就是近代德国的起源。从15世纪开始,德国就被称为德意志民族神圣罗马帝国。神圣的意思是教皇保护这个国家,罗马则代表它可以与古代罗马帝国相媲美,并且继承了罗马的光荣传统。但是这个帝国只有一个虚名,它没有统一的中央政府,也没有军队,皇帝是在候选人中经过选举产生的。

17世纪发生的30年战争给德国带来了深重的苦难。德国的政权进一步被削弱了,帝国各地的诸侯国都渴望独立。到了18世纪,德国形成了奥地利和普鲁士争霸的局面。18世纪末时,德国处于四分五裂之中。这里有将近300个诸侯国和城市,1000多个封建骑士的领地。所以实际上德国只是一个地理概念,而并不是国家的称谓。

德国之所以长期面临分裂，是因为德国皇室对国内的统治并不关心。他并不想建立一个强大的中央政权，而是把精力都投入到了对外扩张上，各个诸侯国也对建立一个统一的民族国家毫无兴趣。同时还有一个重要的原因，那就是德国的民族意识还没有觉醒。

法国大革命于1789年爆发，接下来欧洲各地都爆发了革命的民族战争。法国军队在拿破仑的带领下，先后击败了奥地利军队和普鲁士军队，攻占了维也纳。1806年8月，奥地利皇帝在拿破仑的逼迫之下宣布放弃皇位。德意志神圣罗马帝国延续千年的历史就此结束。在这之后，普鲁士和奥地利都参加了反抗拿破仑的反法同盟。在击败了拿破仑的军队之后，1814年这个战胜国在维也纳召开会议讨论恢复法国之前的欧洲秩序。在这次会议上德意志国王决定成立一个德意志联邦，这个联邦包括35个国家。通过法国大革命和拿破仑战争，德国人的民族意识开始觉醒。德意志联邦不是一个统一的国家，同时还严厉打击自由与民主。但是德国的进步人士仍然通过各种方式进行斗争。

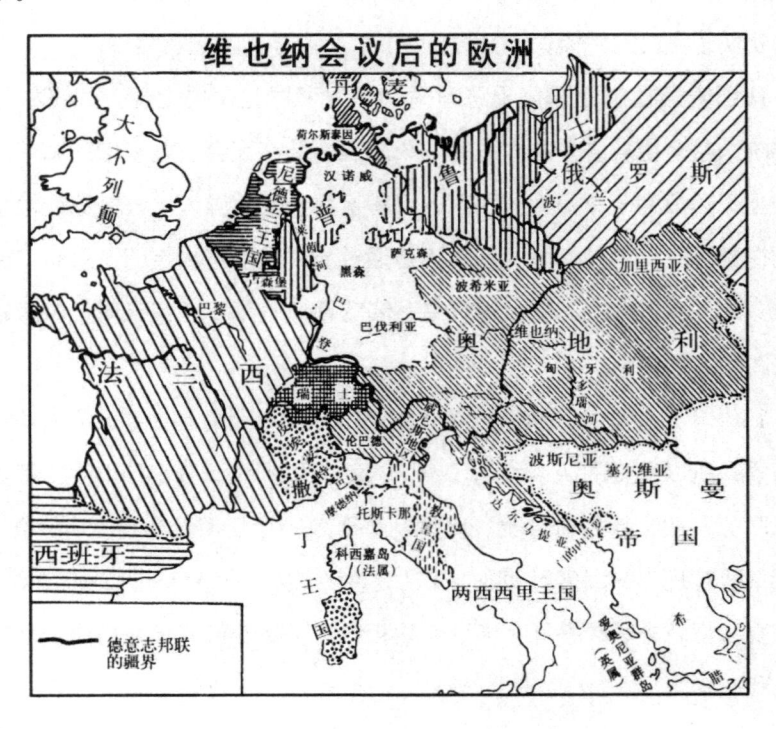

1841年德国诗人霍夫曼创作了《德国之歌》，表达了全体德意志民族的心声，1922年这首歌被魏玛共和国定为德国国歌。

1848年德国终于爆发了民主革命，从德国南方开始，革命之火一直燃烧到奥地利与普鲁士并且取得了胜利。1848年5月，在法兰克福召开了德国的国民会议，6月选举产生了中央政府。在这之后，国民议会起草了第一部德国的宪法。但是在对宪法进行讨论的时候，被打败的封建君主得到了喘息的机会，并卷土重来。1848年秋天革命被镇压了。经过长期的辩论，国民议会最终通过了一个君主立宪的宪法，选举普鲁士国王作为德意志皇帝，但是国王拒绝了国民议会的提案，这次革命失败了。

1862年，新上任的普鲁士国王在军事改革的问题上和众议院发生了矛盾。此时的威廉一世国王感到十分绝望，等他走投无路之时，国防部长向他推荐了普鲁士驻法国大使俾斯麦。俾斯麦是一个有名的铁腕政治家，他强硬地推行了军事改革。俾斯麦是一个捍卫普鲁士王权的顽固分子，同时又十分务实，能够顺应历史的潮流。统一德国的过程当中他使用了很多手段，最终成功实现了自己的目标。

俾斯麦最初担任普鲁士总理时只是为了捍卫普鲁士国王的王权，并非想要统一整个德意志。成为总理不久之后，他在议会上要求增加军费。他说普鲁士必须成为一个强大的国家，只有普鲁士足够强大，才能够让德意志的问题得到解决。他说，解决问题不是通过演讲就能够决定的，只有"铁"和"血"才能真正解决问题。这就是著名的铁血政策。正在这时，德意志与丹麦之间发生了冲突。

1863年丹麦议会通过决议吞并荷尔斯泰因，因为这个地区的大多数人都讲德语，所以丹麦的决议引起了德国人的强烈抗议。1864年2月，丹麦向德意志联邦宣战，随后普鲁士、奥地利军队攻占了日德兰半岛。这一年6月普鲁士军队对丹麦的军事行动取得了决定性的胜利，丹麦被迫议和。这一年10月丹麦和德意志联邦签订了《维也纳和约》，将一部分土地割让给普鲁士和奥地利。

普鲁士和奥地利帝国决定瓜分胜利的果实并签订了协议，但是没过多久，普鲁士便撕毁协议占领了荷尔斯泰因。奥地利要求德意志联邦对普鲁士实行制裁，得到了很多国家的响应。这时普鲁士宣布退出德意志联邦，向奥地利的盟国汉诺威进军。6月底普鲁士军队攻入奥地利本土，并最终击败了奥军的主力。8月23日普鲁士和奥地利签订了和约，这就是《布拉格和约》。普鲁士成立了北德意志联邦，奥地利与匈牙利组成了奥匈帝国。

1867年2月，召开了首次北德意志联邦会议，普鲁士国王威廉一世成为这个联邦的主席，俾斯麦成为联邦总理。德国北部已经统一了。

奥地利战败和德国北部的统一，给欧洲局势带来了翻天覆地的变化。因为种种原因，英国、俄国和法国都没有参与普鲁士和奥地利之间的战争。如果德国南部也被普鲁士统一，那么这个统一的德国就会对法国的霸权形成挑战。俾斯麦知道如果要统一南部德国就必须与法国发生战争。他想要让法国首先挑起这次战争，使之成为德意志民族的自我保卫战。

1870年俾斯麦等来了这个机会。1868年，西班牙国内发生政变。西班牙政府想要把王位传给普鲁士国王的远亲李奥博特亲王。俾斯麦觉得机会来了，于是大力支持。因为如果这个家族继承了西班牙的王位就会让法国陷入西班牙与德意志联邦的双重夹攻之中，法国人不会允许这种情况的出现。

1870年，法国大使两次受法国政府的委托会见普鲁士国王，想让他命令李奥博特不要继承西班牙王位。为了避免和法国发生冲突，威廉一世同意了法国的要求。但是法国还不满足，再次派遣使者，无视国王，让他做出书面承诺。威廉一世拒绝了这个要求，并发电报给柏林详细说明了这件事的经过。俾斯麦认为有机可乘，对电报的内容进行了删减，突出了法国的咄咄逼人，并把这些发布在报纸上。不出意料，这封电报引起了德意志人民的强烈愤慨。法国感到在欧洲的舆论界面子尽失，于是向普鲁士宣战。德国人保卫祖国的热情被激发了，德国南部国家也表示接受北德联邦的指挥。经过一番激战之后，德国迅速攻破了法国的防线。9月2日法国皇帝宣布投降，9月4日，巴黎发生起义，推翻了帝国主义，成立了法兰西共和国。9月19日德军包围了巴黎，在这次战斗中巴黎公社诞生了。第二年5月德国和法国签订了《巴黎和约》，法国被迫向德国割让了阿尔萨斯和洛林地区。

1871年，普鲁士王国迎来了成立170周年纪念。在这一年，普鲁士国王和北德联邦主席威廉一世被推举为德意志皇帝，德意志帝国就此成立，德国完成了统一大业。德意志民族从19世纪以来，统一愿望到这时已经实现了。德意志的统一，加快了德意志民族现代化的步伐，在今后的30年里，经过一系列发展，德国成了世界强国。

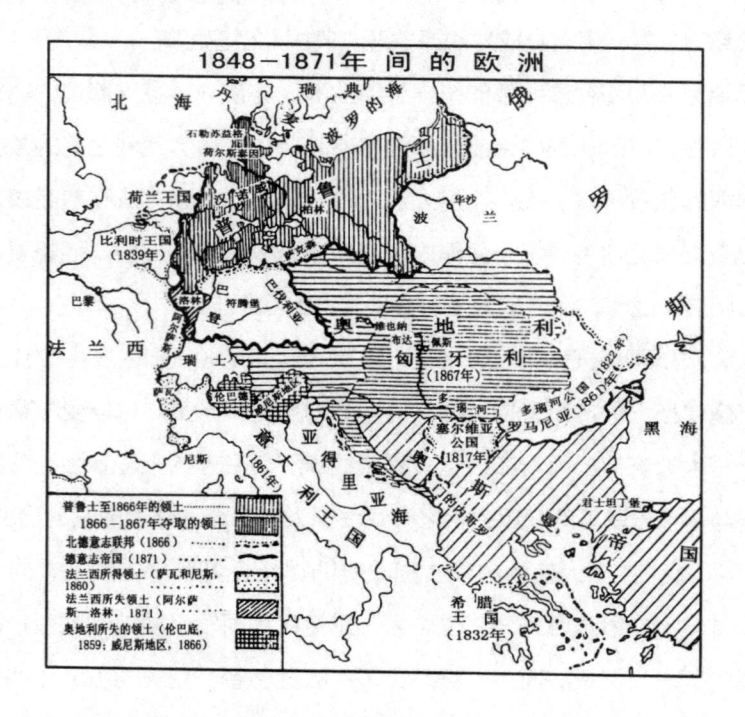

德国的统一在俾斯麦建立的铁血政策下得以实现，这奠定了德国军国主义的传统。德意志民族实现民主的愿望并没有在德意志帝国得到实现，这为德国今后的发展埋下了隐患。

## 日本明治维新

1868年，日本的新兴势力通过战争推翻了德川幕府的统治，夺取了全国的统治权。他们建立了以明治天皇为首的新政权，在经济、政治、军事和文化等领域全面推进改革，消除弊病，实行资产阶级革命，日本迅速进入资本主义国家的行列，这就是历史上的明治维新。

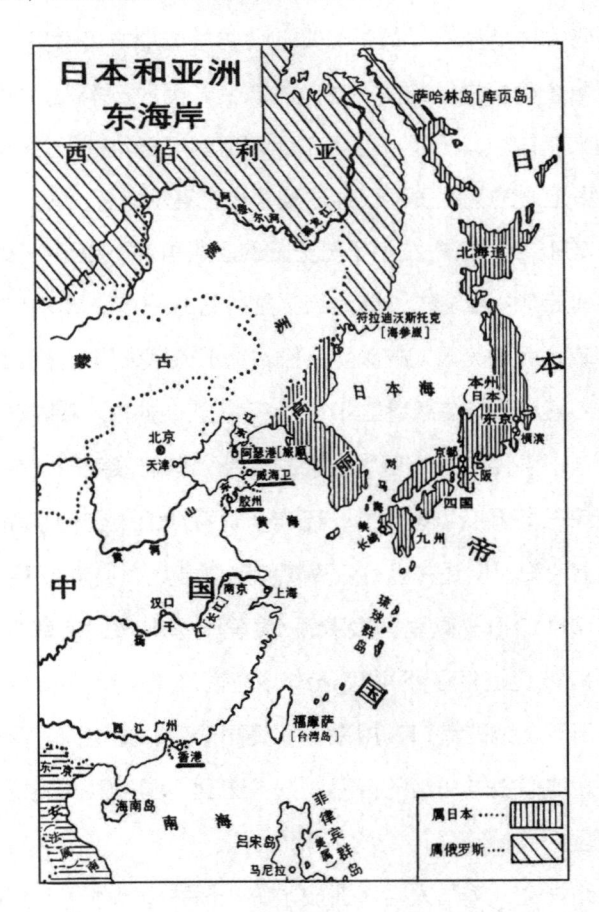

在19世纪中期，日本还是一个闭关锁国的国家，等级制度十分森严。这里有250多个封国，每个封国的统治者是大名。大名通过在自己土地上对农民征税来获取财富并且拥有自己的武装力量。这些武装是由效忠他们的武士组成的。在封国内大名拥有独立的行政和司法权，但是他们同时也需要向全国的最高统帅幕府将军效忠。

幕府本来的意思是将军带兵出征时居住的营帐，后来整个日本的统治权都被将军掌握了，幕府也成了全国最高权力机关的代名词。1603年，德川家康在江户成立了幕府，这就是历史上的德川幕府。天皇只在名义上具有至高无上的权力，实际上只是将军的傀儡，过着隐居的生活。德川幕府在日本全国实行闭关锁国的政策，想要日本与世隔绝，以便延续他们的统治。即便他们努力想要日本维持原状，但是日本社会的某些地方仍然出现了发展，这些发展带来了各个阶层之间的实力对比的改变。因为日本人口大量增长，出现了对商品的大量需求，于是商业和工业都得到了长足的发展。到了德川幕府的后期，很多地方的工业发展已经达到了相当高的水平。

1853年7月8日，日本发生了历史上的黑船事件。在这一天，美国东印度舰队司令佩里带领4艘涂成了黑色的军舰开进东京湾，要求日本打开国门，并且鸣炮示威。面对美国人的威胁，日本上下惊慌失措。这4艘战舰让日本人的梦惊醒了。德川幕府在屈辱之中接受了美国的国书，并同意第二年给美国做出答复。这一事件带来了日本政治的混乱，幕府改变了之前的独断专行的态度，不但向天皇汇报了这件事，还向全国各地的大名传示美国国书。他让各级武士献上计策，但是并没有认真对待这些意见，只想蒙混过关。

1854年2月13日，佩里再次带领7艘美国军舰来到东京湾，在美国人的逼迫下，幕府被迫签订了不平等条约，这就是《神奈川条约》。条约中规定，开放下田和函馆的港口，用来停靠美国船只。如果有美国船只在附近海域失事，要为他们提供适当的待遇，并护送回美国。同时还要求日本给予美国最惠国待遇。

按照条约规定，美国人哈里斯成了第一任驻日本领事。他以自己非凡的智慧赢得了日本人的信任，和日本签订了通商条约。在这个条约中，日本要再开放4个口岸，美国人在日本享有治外法权。在日本的外国人，享有宗教自由。在和美国签订了这两个条约之后，日本又先后和英国、法国、荷兰、德国签订了类似的条约。

西方的入侵带来了德川幕府的倒台。因为和西方国家签订了这些条约，德川幕府遭遇了内外交困的压力。一方面压力来自外国列强，他们要求日本履行条约的各项条款；另一方面的压力来自日本国内，日本人民产生了强烈的排外情绪。反对德川幕府执政的士卒们利用了人民的反对情绪，以"尊王攘夷"为口号向西方人发动了进攻。西方人对这些进攻实行了报复，于1863年轰炸了鹿儿岛，在第二年又轰炸了长州沿岸的堡垒。这些报复行动带给日本士卒以强烈的震撼，他们这时已经不顾排外情绪，强烈希望得到西方的武器。武士中的革新派和出身富商的志士们联合起来，要求德川幕府把统治权交还天皇，共同抵御外国人的侵略。这个行为最后发展成武装倒幕。

1867年，孝明天皇去世，睦仁皇太子继承天皇之位。因为新天皇这时才14岁，倒幕势力利用天皇年幼，挟天子以令诸侯，对幕府发动了武装进攻。1867年10月13日，睦仁天皇发布了密令，下令对德川幕府进行讨伐。幕府将军决定以退为进，他拜见天皇，请求将政权归还天皇，但是同时又在大阪集结了大量军队随时准备反扑。倒幕派中的有识之士西乡隆盛等人知道这只不过是幕府的计谋，于是决定仍然按照计划发动政变。

1868年1月3日的深夜，倒幕派召开会议，决定让幕府将军德川庆喜辞去一切官职，交出手中的一切权力，把幕府的领地归还朝廷。同时发布了王政复古令，以睦仁天皇为领导的中央政府成立，建立了维新政权。

大号令发布之后，德川庆喜拒不接受，认为这个号令是非法的，并且举兵反扑。1868年1月，幕府和维新派在京都南部展开了激烈的战斗。面对三倍于己的兵力，维新派取得了胜利，迫使幕府军投降了。紧接着，维新派组成的政府军继续向东讨伐，收复了东北地区，并于1869年攻克了幕府的最后一个据点。明治维新宣告胜利。

新政府于3月14日发布了《五条誓约》作为政治纲领。4月21日，发布诏书，宣布日本的所有权力都归属太政宫，并将太政宫的权力分为行政权、立法权和司法权三部分。7月17日，江户被改为东京，随后改年号为明治。

1869年3月，天皇迁都东京。为了巩固新政权，日本实行了中央集权制，废除了之前的藩属国，取消封建割据，把全国分为三府七十二县，由中央统一任命官员管理。1889年，明治天皇颁布了《大日本帝国宪法》，也就是通常所说的《明治宪法》。

1890年，日本建立了国会，从而确立了在专制主义基础上的君主立宪制，这就是日本近代的天皇制度。

日本的明治维新总体上来看是成功的，这场改革的成功使日本免于沦为西方的殖民地，进而成为亚洲唯一的资本主义强国。与之相比，中国的戊戌变法却失败了。和中国近代进行的革命比较，日本成功的原因可以总结为以下几点：第一，领导改革的人是维新派，他们把之前的统治阶级德川幕府彻底推翻了，这样能够保证一系列改革措施得以顺利推行；第二，日本维新派消灭了所有反对改革的力量，毫不动摇地推进改革；第三，采用了分步的策略，同一时期绝不树立过多的敌人，而是对反对势力进行逐一消灭。这些都与中国的戊戌变法有着很大的区别，所以能够保证明治维新得以成功。两个国家的改革一成一败，也使它们在未来走上了两条完全不同的发展道路。

明治天皇提出了振兴产业、富国强兵和文明开化的三大政策，使日本全面进入了资本主义现代化的进程。为了学习西方国家的先进经验，明治政府在1871年派出了由48人组成的使团到欧美进行考察。他们在20个月的时间里走访了12个国家，从对西方文明的震惊继而转为狂喜。他们大大开阔了自己的眼界，并决定根据日本的国情效法西方，进行改革。

1873年，这个考察团回到了日本，并且发动了十月政变，改组明治政府。这个考察团的核心成员伊藤博文和大久保利通等人还借此把持了政府的权力，让大批有识之士进入了政府，在日本全面推进改革的思想，为日本的发展指明了方向。

日本进行了地税改革，废除了之前封建时期的各种限制，允许买卖土地，允许农民自由迁移和改行。这次改革从法律层面宣布封建领主被废除了，开创了以土地私有为标志的近代土地所有制，使日本的农业生产力得以飞速发展，为政府提供了稳定的收入。

从1886年到1890年，早期的产业革命开始诞生。在和中国进行甲午战争之前，日本已经初步实现了资本主义工业化。

## 俄罗斯帝国

处于17世纪末的俄国还非常封闭和落后，它的版图北依北冰洋，东临太平洋，土地肥沃，资源丰富，但缺少一个出海口，这样就限制了它与海外的联系，而且还缺少一支正规军，学校也不像样，文盲占人口的95％以上。工农业都很落后，而此时，在欧洲的许多国家都开始出现新兴的工商业。1672年5月30日，沙皇阿列克塞·米哈伊洛维奇的一个儿子出世了，这就是后来的沙皇彼得一世。彼得一世在改变俄国的落后面貌方面倾注了巨大的精力，他向大贵族进行了无情的打击，大张旗鼓地进行各方面的改革，还延续了俄国传统的对外扩张。

就在彼得刚登基时，他的异母姐姐索菲亚煽动"御林军"发动了一场政变，将拥戴彼得的40多名大臣杀害。接着她就自任摄政，彼得的异母兄长伊凡被立为第一沙皇，而彼得则降为第二。彼得没有因此沉沦，他不仅发奋学习，还喜欢玩军事游戏，他召集宫廷和乡村少年，大家组成游戏军团，像模像样地攻城夺地，大炮发射的虽然只是皮球，但也装出伤亡效果。除了自编自导战争游戏，他还请来外国教师讲授各种知识。经过7年的学习和历练，彼得已经长大成人，成为体魄健壮的青年君主，他的游戏兵团也成为两支战斗力很强的近卫军团。1689年，彼得成婚亲政，但索菲亚拒绝交权，她再次发动军事政变，但政变没有成功，她也被囚禁在新圣母修道院，这里地处莫斯科近郊。彼得亲政后，经常到乡间和城镇进行微服私访，他的目的就是要在民间搜罗各种人才，他甚至组织大战酒神的盛大酒会，故意将人灌醉，想从人们的酒话中发现人们是否忠诚于他，从中发现谁是人才。莫斯科的侨民中有些人熟悉军事和天文地理，懂得造船和航海，通晓多国语言，彼得把他们请来为俄国服务。彼得就是通过这样的方式，搜罗了很多各类人才，他们思想开放，涉及政治、军事、外交和工业等方面。1693年8月，彼得来到阿尔汉格尔斯克港，他发现这里充斥的几乎都是外国的东西，海面上航行的是外国的商船，码头上堆放的也是外国货物，彼得决心改变这种面貌，他要用武力夺取波罗的海和黑海的要塞、亚速夫和纳尔瓦，这样，俄国的版图就能延伸到黑海和波罗的海，就能打通与外界沟通的出海口。1695年8月，彼得亲率4万俄军对亚速夫要塞发起攻击，但没有取胜，战场的失利也促使彼得下定进行军事改革和创建海军的决心。

1697年年初，彼得开始了历时18个月的欧洲出访，在出访中，他开阔了眼界，清楚了西方国家发达的原因，他非常注意学习，还聘请了一大批科研人员。回国后又进行了一系列的改革，有的改革似乎还挺别致，比如，就在他回到莫斯科的第二天，他就剪掉了觐见他的文武大臣的胡子，还剪去宽长的衣袖。这样的改革遭到了抵制，但彼得却不做任何退让。

彼得的举措虽然带有强制性，但这是向沿袭了千百年的陋习的公开宣战，对于俄国社会的进步具有深远的意义。就在彼得出访欧洲期间，射击军发动了叛乱，彼得在回国后审理了这起案子，要通过惩处射击军将改革的阻力铲除掉，于是，参与叛乱的799名射击军官兵被执行绞刑，其他射击军官兵被押往边疆服劳役。此后，两个禁卫军团担任了宫廷卫队，射击军幕后的煽动和支持者，即索菲亚时代的部分大臣和贵族被清理出皇室和政府。

1700年，当国内局势基本稳定后，俄国与土耳其签订了和约，为期30年，这样就暂时解除了俄国的后顾之忧。为了争夺波罗的海的出海口，彼得抓住时机，剑锋所指，挥向瑞典。就在这一年的8月，俄国与丹麦、波兰和萨克森组成北方联盟向瑞典宣战，持续21年的北方战争开始了。彼得于8月中旬亲率俄军在纳尔瓦将瑞典军队打败。为加强军备，彼得还下令将教堂的大钟销毁铸成大炮，从欧洲国家购买武器，征收各种名目的赋税。经过一年的努力，一支强大的讨伐瑞典的大军建成了，这支军队拥有350门大炮，数百艘战船，官兵近20万人。1702年，俄军战胜瑞典军队，将芬兰湾入海口夺取。在涅瓦河三角洲得手后，彼得又开始实施一项规划，也就是建设一个新型的海港城市，这就是俄国的新首都圣彼得堡。从1703年5月起，在一片松软的土地上，一座世界名城渐渐矗立起来。因为彼得对石头非常偏爱，而当地的建筑材料只有木材，于是彼得下令禁止俄国其他地方建造石头建筑，所有的船只和马车到圣彼得堡来都要运来石料，他还下令，要求地主在新建的城市大量建造住宅。

1708年到1709年，列斯纳亚和波尔塔瓦战役爆发，彼得亲自指挥了这场战役，将入侵俄国的瑞典军队消灭，俄国夺取了瑞典人管辖的波罗的海东岸的大片土地。1711年，彼得派兵向土耳其发动进攻，目的在于打通黑海出海口，但在普鲁特河战役中，4万俄军遭到了土耳其军队的合围，彼得只得求和，与土耳其签订了《普鲁特和约》。

1714年和1720年，为了彻底打败瑞典，彼得命令新组建的波罗的海舰队向瑞典发起攻击。两军在汉古特和克朗加姆进行了两次海战，俄军打败了瑞典海军主力，1721年8月30日，瑞典王国被迫在芬兰与俄国签订了《尼什塔特合约》，俄国赢得了长达21年的北方战争。通过《尼什塔特合约》，俄国获利颇多，获得了波罗的海的出海口，占领了大量土地，其中就包括了芬兰湾、里加湾、部分卡累利阿、爱沙尼亚、拉脱维亚。1721年10月22日，俄国枢密院授予彼得以大帝和祖国之父的称号，改俄国国名为俄罗斯帝国。北方战争后，彼得又对俄国社会生活的各个领域开始了新一轮的改革，主要分三个阶段进行。兴建通商口岸，奖励输出、限制进口，目的就是发展和保护民族工商业；为了发展农业，彼得征调数以万计的农奴开挖运河，他还规定了土地继承制原则，这样就避免了土地的游离，防止农奴的逃亡，国家的税收得以保证。为了加强军队建设，使俄国真正成为军事强国，实行义务兵役制，代替了募兵制，废除了贵族骑兵制。加强军工企业建设，组建了一支由步、骑、炮、工兵、海军组成的庞大的军队。

彼得还注意加强中央集权,在全国范围内,将原来各自为政的八大省划分为10个州,由沙皇的亲信担任地方官,直接对中央负责。为了提高政府的工作效率,彼得将中央原来的50多个官僚机构废除,设立元老院及其所属的12个院、部、委。对司法也进行了改革,颁布了《皇位继承诏》《海军条令》《宗教事务管理条例》《设立科学院敕令》等一大批法律、法令。彼得还特别注意人才的培养,兴学之风畅行,航海、造船、炮兵、医护、工程技术、矿业学校以及海军学院等相继成立。

彼得开创了许多的俄国第一,比如第一个印刷所,第一座博物馆、图书馆、剧院、公园等,他还筹建了俄国科学院,俄国第一份报纸也是彼得亲自创办和主编。彼得所发动的战争,可谓用野蛮降服野蛮,他使一个贫穷落后又闭关锁国的俄国一变而为开放性的大国。

1725年1月28日,彼得一世因患尿毒症逝世,终年53岁。经过一系列改革后的俄国仍然是一个农奴制的国家,人们生活依然贫困不堪。彼得一世以战争的手段夺取了出海口,改变了俄国内陆国的现状,开阔了俄国人的视野,在政治、经济和文化等方面与西欧的联系更加密切,同时也为后来争霸欧洲奠定了基础。1812年6月,拿破仑亲率60万大军进攻俄国,经过激烈的战斗,双方互有伤亡。

面临拿破仑大军压境,俄军统帅库图佐夫率领俄军进行了有序的撤退,并在撤离莫斯科时放火烧城,使都城成为一片焦土,法军一无所获,又正值冬季严寒,法军缺少食物和住所,只好撤军。对于拿破仑来说,这次进攻使法军损失惨重,只有5万多人回到法国。而对于俄国来说,这却是一个历史的转折点,战后俄国资本主义迅速发展,工厂林立的同时,商业也得到了繁荣,在农奴制的内部,资本主义的思想意识在逐渐深入人心,逐渐取代野蛮落后的经济制度,西方资产阶级文化也在冲击着俄国,自由主义思潮席卷俄国大地,改革的呼声日益高涨。

1825年,针对沙皇的暴政,俄国爆发了武装起义。因为起义发生在俄历12月,所以起义者被称作十二月党人,称起义为十二月党人起义。军官组成了秘密团体，他们主张俄国改革，基本要求就是废除专制制度，在政治上实现自由。从1816年到1825年，十二月党人曾组建了5个秘密团体。1821年春，北方协会在彼得堡诞生。同年3月，南方协会在乌克兰诞生，彼斯特里被任命为协会首领。在政治见解方面，不同派别的十二月党人也存在分歧，但总体来说，他们的目标是一致的，他们的力量也在不断发展壮大。为了达成南北的统一，南方协会的领导人彼斯特里与北方协会的领导人雷列耶夫在彼得堡举行会谈，谋求思想上的协同。这次会谈实现了南北协会的高度团结，并且决定举行武装起义。

为了起义的成功，南北两个协会经常互派代表共商起义计划。经过两个协会领导的筹划，起义的发动时间最初定在1823年，但因为准备工作的原因而未能按时进行。沙皇政府派出宪兵四处搜查十二月党人，两个协会的领导人因为担心组织被破坏，于是决定起义最迟在1826年秋举行，由北方协会首先在俄国首都夺取沙皇政权，南方协会在乌克兰做积极的策应。

亚历山大一世于俄历11月19日，也就是1825年12月1日突然死亡。亚历山大的弟弟康斯坦丁已经明确表示放弃皇位，按照亚历山大一世生前的密旨，其二弟尼古拉成为皇位的继承人。但这个信息只有皇室成员知道，对外一直没有公布。当亚历山大一世去世的消息传到彼得堡时，人们都认为康斯坦丁自然是皇位的继承人，于是在12月9日，也就是俄历11月27日这一天向新皇帝举行了宣誓效忠。这时宫廷又突然宣布新沙皇是尼古拉，要求重新举行宣誓效忠，皇位问题变得非常复杂起来，俄国的皇帝似乎出现了一个真空状态。北方协会决定利用皇位交替的时机发动起义，所以，在这一段时间里，彼得堡的十二月党人活动频繁，他们决定利用重新宣誓的机会在首都发动起义，夺取政权。南方协会则根据雷列耶夫的建议决定在12月26日举行起义。1825年12月26日，他们首先做起士兵的工作，鼓动士兵反对宣誓效忠，他们将起义官兵带到参政院广场，由十二月党人别斯图热夫兄弟率领的莫斯科禁卫团率先来到广场。

全团800名士兵携带武器于上午11时抵达广场，在彼得一世的铜像前列阵，等待与其他起义团队会合。沙皇尼古拉一世得到消息非常恐慌，急忙派彼得堡总督前往广场，对起义军加以劝说，让他们撤回兵营。就在总督走向起义军时，起义军参谋长奥博连斯基抓住时机用刺刀刺伤了总督，十二月党人卡霍夫斯基随后朝总督开枪。总督遭到了致命的一击，同时消除了起义军的瓦解危机。这个消息传到尼古拉耳中，他立即亲率骑兵来到参政院广场，却没能实现用骑兵冲散禁卫团的计划。

接着，沙皇下令射杀起义军，起义军奋力反击，最终因为力量对比过于悬殊，起义被残酷镇压了。首都立刻进入戒备状态，对起义人员开始了全城大搜捕。北方协会的很多成员被捕，他们被押往彼得保罗要塞。起义失败后，沙皇尼古拉一世对起义者进行了残酷的报复，579名起义者被提交法庭审判，其中五人被执行绞刑。有120多名十二月党人的贵族称号被剥夺，他们被流放到西伯利亚，参与起义的士兵也受到了惩罚。

## 第十五章

**旧列强的衰落与新列强的诞生**

## 奥斯曼帝国的兴衰

奥斯曼土耳其帝国是一个强大的伊斯兰帝国，在15世纪到20世纪横跨亚、非、欧三大洲。它兴起于小亚细亚地区，凭借着草原上游牧民族的传统，在和拜占庭帝国还有其他伊斯兰国家的长期战争中发展了起来。土耳其人于14世纪到15世纪期间来到了巴尔干地区，1453年，这些土耳其人攻占了君士坦丁堡，并继续入侵西亚、中欧和埃及，把巴尔干半岛与整个伊斯兰地区都紧密联系在了一起。17世纪之后，西方国家开始了资本主义革命并迅速崛起，巴尔干和埃及地区也发生了民族独立运动，奥斯曼土耳其帝国衰落了。土耳其人是黄种人，在中亚地区，曾经生活过的游牧民族突厥人是他们的祖先，实际上"土耳其"这个名称就是"突厥"两个字的变音。

奥斯曼的土耳其人属于西突厥，他们的祖先曾经与中国的汉唐王朝发生了激烈的冲突，并被赶出了中亚地区。7世纪之后，西突厥人一路辗转向西，来到了伏尔加河以东、咸海以北的广大草原上。受到这里的伊斯兰教商人和苦行僧的影响，这些突厥人信奉了伊斯兰教。

11世纪初，西突厥人中的一支——赛尔柱人入侵巴格达，挟持了阿巴斯王朝的哈里发，成为伊斯兰帝国的实际统治者。从这个时候起，原本已经停止向外扩张的伊斯兰帝国开始了新的发展。拜占庭帝国从这时起不断遭到侵扰。突厥人狂热地信奉伊斯兰教中的圣战，他们把自己称为勇士，自称为主作战。他们联合了拜占庭帝国边境地区的土库曼人，对这里信奉基督教的平民时常进行骚扰，使得拜占庭皇帝不得不积极迎战。

1071年，拜占庭皇帝在率军出征突厥人的过程中，大败于曼希卡特城，突厥人趁机控制了安纳托利亚，于1077年建立了罗姆苏丹国。从这个时候起，罗姆苏丹国就成了拜占庭文明与突厥人的草原文明以及阿拉伯地区的伊斯兰文明相互斗争和融合的平台。小亚细亚地区从这时起开始突厥化了。

这些突厥人的崛起，引来了西欧国家的关注，并且让罗马教廷找到了借口，打着拯救耶路撒冷圣地的旗号，开始了绵延两个世纪的十字军东征。

1243年，蒙古人征服了罗姆苏丹国。1261年，尼西亚帝国皇帝麦克尔八世从突厥人手中夺回了君士坦丁堡。小亚细亚地区再次成了突厥人的战场。在土耳其人建立的数十个小国中，奥斯曼土耳其开始独领风骚。

奥斯曼土耳其人是著名的土耳其族长奥斯曼的后代。1337年，奥斯曼的儿子奥尔汗吞并了这一地区的其他突厥王国，把首都迁往库鲁萨，并且自称加齐苏丹。这个国家的国土一直延伸到马尔马拉海和爱琴海岸，为日后进军巴尔干半岛打下了基础。1341年，在拜占庭大臣、后来的皇帝约翰六世的要求下，奥尔汗率军参与拜占庭内战，并趁机夺得了巴尔干半岛，占领了加里波第地区。1365年，奥斯曼人把首都迁到了亚得里亚堡，作为入侵欧洲的跳板。在近东地区，奥斯曼人占领了安卡拉，势力伸向了安纳托利亚。

之所以奥斯曼人能够在巴尔干半岛上快速扩张自己的势力，是受到很多因素的影响的。首先是因为巴尔干半岛地势平坦，没有利于防守的天险，而且河流水系发达，便于敌人进攻。其次，巴尔干半岛上没有一个统一的国家，拜占庭帝国、塞尔维亚、保加利亚等国家一直处于互相争斗中，使奥斯曼人能够坐收渔人之利。

在西欧的基督教世界，还没有出现统一的民主国家，英国和法国之间正在进行百年战争，罗马教廷也陷入了混乱，这让他们都无暇顾及在巴尔干半岛上发生的事情，也没有意识到奥斯曼人的扩张会如何影响欧洲未来的政治格局。

奥斯曼帝国生存下来并得到发展的几大关键因素是：草原上游牧民族的传统，加齐勇士的理想以及伊斯兰的传统。这些都代表着奥斯曼帝国是渴望战争并且以战争为荣的。这就决定了奥斯曼土耳其是靠征服和战争行为立国的。在奥斯曼人的价值观里军人至上。在奥斯曼帝国中，处于社会最底层的是进行生产和劳动的非穆斯林。为了保证这些军人的财产和地位，奥斯曼实行了孤狼制度。

孤狼制度保证了奥斯曼帝国能够有足够的人来补充兵力和行政管理人员。孤狼指的是受到精良的军事训练，并且在军队和国家机构中服役的奴隶。在基督教徒集中的地区，奥斯曼人会定期在基督教家庭中选择一些男孩，让他们接受伊斯兰教的教育和严格的军事训练，并把他们补充到苏丹的禁卫军中去。用这样的方式训练出来的禁卫军，是奥斯曼人对外扩张的重要力量。后来这些人也成了反对土耳其的民主革命的力量。

奥斯曼人就像时钟的钟摆一样来回扩张，时而向东，时而向西。1389年，奥斯曼人赢得了科索沃战争，虽然它本身也付出了沉重的代价，但是它巩固了巴尔干半岛的统治权。1396年，欧洲国家组成联军，想要阻挡奥斯曼人向西扩张，但是遭受了沉重的失败。

1444年，匈牙利人洪亚迪带领的巴尔干人和一部分来自西欧的十字军再一次败给了奥斯曼人，罗马教廷的十字军梦想，破灭了。

1453年5月，奥斯曼统治者穆罕默德二世占领了君士坦丁堡，最后一任拜占庭皇帝君士坦丁十一世殉国。奥斯曼人得到君士坦丁堡之后，感受到了拜占庭帝国的荣耀，于是穆罕默德自称为罗马皇帝。

奥斯曼帝国的黄金时代，从1453年开始，一直到1566年结束，繁荣长达100多年。他们先后攻占了大马士革、开罗和麦加，还把圣城耶路撒冷也收入囊中。从此奥斯曼苏丹自称为伊斯兰教的守护者和穆斯林文化的代表。

到了苏莱曼二世苏丹时期，奥斯曼人向多瑙河的上游扩张。1526年，他们战胜了匈牙利骑兵，三年后，奥斯曼吞并了匈牙利。在长期对外战争的同时，奥斯曼帝国也巩固了内部的政治和军事管理。在统治集团中，苏丹位于最顶层，他专制的程度达到了当时能够想象的极限。

在穆罕默德二世之前，奥斯曼帝国由国务会议来管理国家事务。统治机构的官员由军事长官和文官组成。奥斯曼帝国在这个时候社会十分稳定，也不存在明显的不公平的现象，人民的税负不重，生活比较安宁。这让奥斯曼帝国达到了空前的繁荣。这个时期奥斯曼帝国的对外贸易也十分繁盛，和欧洲国家的商人，包括法国人、威尼斯人都进行了贸易，欧洲各国也都向奥斯曼帝国派遣了大使。

在苏莱曼苏丹的命令下，奥斯曼帝国出现了标准的法典。在他统治奥斯曼时期，帝国的文化开始了长足的发展。它融合了草原游牧民族和波斯人的文化，还吸收了拜占庭人与阿拉伯人的政治制度与宗教。

16世纪，咖啡传入了奥斯曼帝国，这成为奥斯曼帝国生机勃勃的象征。英国人随后带来了新大陆出产的烟草，民间的文化运动更显示了奥斯曼帝国的繁荣。

在苏莱曼苏丹时期，伟大的建筑师锡南一生中留下了300多座建筑。其中最著名的是1557年建成的苏莱曼清真寺。这座清真寺是奥斯曼帝国征服亚洲、欧洲和非洲的胜利标志，清真寺拥有4座尖塔和10条长廊，代表了奥斯曼的征服。其中，4座尖塔象征着苏莱曼是统治君士坦丁堡的第4位苏丹，而10条长廊代表了苏莱曼是奥斯曼帝国的第10位苏丹。在当时的欧洲，能够与苏莱曼一较高下的，只有法兰西一世、英王亨利八世和神圣罗马帝国皇帝查理五世。苏莱曼看待这些人的时候都是以征服者的形象出现的。在苏莱曼写给法国国王的信中，他称呼自己为苏丹中的苏丹，国王中的国王，四海之内任命君王的人，真主在人间的投影，所有国家的苏丹和君主。

在地中海地区，奥斯曼人还和威尼斯人与西班牙人进行了长期的斗争，最终控制了地中海的制海权。1571年发生了落班多海战，这是人类历史上规模最大的帆船海战，在这场战役中，威尼斯人战胜了奥斯曼人，整个基督教世界为之欢欣鼓舞。但是到了1573年，当威尼斯人想要收复塞浦路斯时，奥斯曼人毁灭了他们的庞大舰队。之后奥斯曼占领了摩洛哥，西班牙人出于想要和英国人抗衡的需要，放弃了摩洛哥。从此之后，奥斯曼帝国以直布罗陀海峡为界，与哈布斯堡帝国隔海相望。

16世纪中期，奥斯曼帝国成为欧洲实力最强的国家。这个时期，西欧国家经历了文艺复兴，实现了科学技术和文化的进步，奥斯曼人的时代即将结束。

1566年之后，奥斯曼土耳其人终于停下了他们扩张的步伐。在印度洋，他们需要面对葡萄牙人的大炮。在维也纳，奥地利人也阻止了他们的征服之路。在这一时期，由于新大陆的发现，世界贸易的中心由地中海地区转移到大西洋沿岸，奥斯曼土耳其人不再拥有地中海贸易带来的庞大财富。

17世纪之后，奥斯曼人的扩张受到了奥地利和俄国的强力阻止。

1606年奥斯曼人在和奥地利发生的战争中战败了，奥斯曼人第一次与别人签订了平等条约，并向中欧地区撤退。

1683年，奥斯曼人再次输给了奥地利人。

1687年，莫哈奇战役宣布了奥斯曼人无可挽回的衰败。

1699年，奥斯曼的时代终于结束，新欧洲的历史开始了。

在黑海地区俄罗斯人和土耳其人进行了4次战争，俄罗斯沙皇最终吞并了克里米亚，控制了黑海和博斯普鲁斯海峡。不可一世的奥斯曼帝国，此时再也没有了嚣张的气焰。

除了连续失利于对外战争，奥斯曼帝国国内也开始了各民族的独立运动。西欧国家密切关注着奥斯曼帝国的内斗，他们提出了既不让土耳其灭亡，也不让土耳其强大的观点。19世纪末20世纪初，法国人控制了突尼斯，英国人得到了巴勒斯坦，德国人开始染指巴格达，奥斯曼帝国已经走向了崩溃的边缘。

## 英帝国的兴衰

在欧洲西部的不列颠群岛上，诞生了一个伟大的国家，这就是大英帝国。这个国家由大不列颠和爱尔兰的东北部，以及周围的众多小岛组成。在16世纪，英国开始了向外扩张，并且逐渐成为近代最大的殖民国家。在1914年第一次世界大战爆发之前，英国的海外领土已经达到了本土的137倍之多。因为它的殖民地遍布全球，任何时候都有殖民地能见到太阳，所以也号称日不落帝国。第一次世界大战是英国由盛及衰的转折点。

英国是世界上最早发展资本主义的国家之一，在14世纪时，英国就开始了资本主义的发展。随着15世纪开始的海外扩张，英国在世界各地尤其北美地区开拓了大量的殖民地，肆意掠夺这些殖民地上出产的财富。随着商人们源源不断地把殖民地上获得的商品运回英国或者加以贩卖，英国得到了数不清的财富，完成了原始的资产积累。

18世纪下半叶，人类历史上第一次工业革命率先在英国爆发。这个欧洲历史上曾经的蛮荒之地一跃成为全世界最发达的国家之一。蒸汽机的轰鸣声和纺织机的纺线声，一起说明了英国工业的快速发展。

到了19世纪初，英国不但在欧洲领先，而且在全世界都成了霸主。英伦三岛成为全世界的工厂。这个时期的英国，需要一个更为广阔的原料产地和商品市场。1850年，全世界接近一半的棉花都由英国人来进行加工。英国严重依赖外国提供的原料。1845年到1849年，纺织业中使用进口原料达到了43%，而在所有英国进口的商品中，工业原料和生产资料达到了95%。正是因为急需海外市场和原料产地，英国开始了大规模的殖民地扩张行为。

英国的早期殖民地主要位于北美洲。北美洲的原住民都是印第安人，英国人来到这里之后，建立起了自己的殖民地，把原来的土著驱赶到偏远地区，或者实行残忍的屠杀。

英国还成立了东印度公司，开始的时候只是在印度沿海地区建立一些进行贸易的据点，并在其他地区展开征服和贸易活动。1757年，东印度公司在入侵孟加拉地区的普拉西战役中取得了胜利，从此之后，英国开始对印度大规模入侵。到了19世纪中叶，英国彻底征服了印度，1858年英国全面接管了东印度公司在印度的统治权。19世纪，英国还先后发动了三次侵略缅甸的战争，并且最终达到吞并缅甸的目的。

1775年，北美地区的13块英国殖民地开始了反抗英国殖民统治的武装斗争，这就是美国独立战争。1783年，美国赢得了这场战争的胜利，美利坚合众国诞生了。同时，英国对外侵略的重心从美洲转向了东方。1786年，英国占领了马来西亚的槟榔屿。1819年又占领了新加坡。到19世纪后期，马来西亚群岛也逐渐被纳入英帝国版图。

英国在很早之前就想要拓展在澳洲的殖民地。1788年，英国的第一任澳大利亚总督菲利普带领几个军官和一批遭流放的罪犯来到了澳大利亚，成了澳大利亚最早的英国移民，建立了第一块殖民地。随后的数年中，英国人逐渐占领了整个澳大利亚和新西兰群岛。

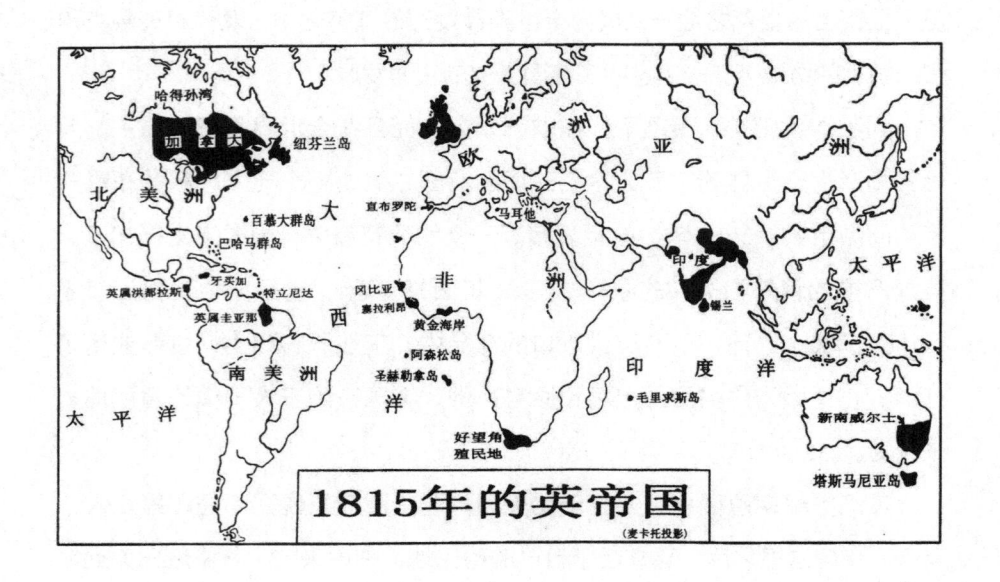

1815年的英帝国
（麦卡托投影）

1840年，英国对中国发动了第一次鸦片战争，通过武力迫使中国的清朝政府签订了中国近代史上的第一个不平等条约——《南京条约》，在这个条约中，中国把香港岛割让给了英国。

1860年，第二次鸦片战争结束后，英国再次迫使清政府签订《北京条约》，使中国割让了九龙半岛。到了1898年，又和清政府签订了《展拓香港界址专条》，租借新界地区99年。此外，英国还从中国地区攫取了大量的利益。

19世纪末期，列强们掀起了瓜分非洲的热潮。英国是第一批参与侵略非洲的资本主义国家之一。在拿破仑战争期间，英国就从荷兰人手里夺走了开普敦地区。1882年，英国攻占了埃及，并打算从埃及和开普敦也就是非洲大陆的两端向中间进发，想要夺取非洲南部、东部和东北部的大片领土，建立一个庞大的纵贯非洲的殖民帝国。因为埃及首都开罗的首字母是C，开普敦的首字母也是C，所以这个疯狂的扩张计划被称为2C计划。

英国想要在非洲独大的野心遭到了其他殖民国家的挑战。法国也打算在非洲建立一个帝国，西起大西洋沿岸的塞内加尔，东至索马里。因为塞内加尔的首字母是S，索马里的首字母也是S，所以法国的这个扩张计划被称为2S计划。

英国和法国在非洲因为争夺殖民地发生了激烈的冲突。1898年，两国的扩张几乎同时到达了尼罗河上游的苏丹地区。两国军队展开对峙，几乎要发生一场战争。最后，英国和法国经过谈判达成协议，法国放弃占领苏丹并从尼罗河流域撤出，这场危机宣告结束。

到了第一次世界大战爆发时，非洲只存在两个独立的国家，分别是埃塞俄比亚和利比里亚，非洲的其他地区都被欧洲列强瓜分了。光是英国就在非洲拥有10多个殖民地，占地超过370万平方英里。

到1914年，大英帝国的版图空前庞大，领土遍布世界各地，约占地球陆地面积的1/4，但是我们接下来将要讲到，第一次世界大战即将开始了。这场人类历史上出现的第一次世界范围的大战，彻底改变了欧洲的格局和全世界的实力对比。英国从一战开始走向衰落，到第二次世界大战之后，英国彻底告别了日不落帝国的荣光。

## 俄国大革命

1904年，俄国在日俄战争中连吃败仗，加剧了国内的社会矛盾，沙皇尼古拉二世拿不出应对时局的良策，如坐针毡。1905年1月中旬，彼得堡的工人组织"彼得堡工厂工人大会"决定组织和平请愿活动，伸张工人的正当权益。21日，他们向当局提出请愿申请，并递交了请愿书副本，得到当局批准。

1月22日，也即俄历1月9日，正好是星期日，一大早，彼得堡上百家工厂的罢工工人，以乔治·加邦神父为首，顶风冒雪，扶老携幼，举着圣像和沙皇尼古拉二世画像，唱着东正教圣歌，从四面八方涌向街头，前往冬宫和平请愿，要求当局停战、实行免费教育、8小时工作制、涨工资并改善工作条件。沙皇预先在通往冬宫的一些路口、桥头以及冬宫广场，布置了大批军警。许多人遭到军警的殴打、拦截，未能抵达冬宫。而进入冬宫广场的请愿队伍，未及递交请愿书，就遭到军警的伏击和砍杀。

到了中午，被军警打死打伤者无数，鲜血把地上的积雪都融化了。这一天究竟死了多少人？说法出入很大，民间说2000人，政府声称几百人，后来史书大多采用1000余人的说法。傍晚，加邦神父对人群发表演说："亲爱的弟兄们，我们对沙皇的信任已被他的无情屠戮毁掉了，我们应该向他复仇，向他的大臣和这片土地上的作威作福者复仇。去吧！去洗劫沙皇的宫殿吧！"传统上，善良的俄国民众对沙皇一直抱有崇敬之情，呼之为"巴尤施卡"沙皇，意即"爱民如子的父亲"。游行民众万万想不到这位"父亲"竟然用子弹和马刀来"招待"他们。此后，俄国民众对沙皇的幻想彻底破灭，正式和罗曼诺夫王朝分道扬镳，下层群众越来越乐于接受激进党派的鼓动。

"流血星期日"作为一个突发事件，触发了1905年的俄国大革命。次日，在布尔什维克的号召和组织下，许多地方爆发了抗议沙皇暴行的大罢工。2月17日，当沙皇尼古拉二世的叔父谢尔盖·亚历山大罗维奇大公的马车通过莫斯科克里姆林宫大门时，一名刺客将一枚炸弹扔进他的怀里，大公当场被炸死。这个飞扬跋扈的莫斯科总督，以其残忍和昏聩而臭名昭著。4月，俄国社会民主工党"三大"召开，制订了武力颠覆沙皇专制的计划。此后，革命运动在俄全国不断扩大和深入。6月，黑海舰队"波将金"号装甲舰水兵起义；10月，莫斯科—喀山铁路工人罢工，并发展成全国性总罢工；12月，莫斯科工人武装起义，把革命运动推到了顶点。所有俄国人都起来反抗沙皇的统治。从属于俄国的部分国家也趁势起事，要求沙皇给予更多的自治权。

尼古拉二世和其父亚历山大三世一样，认为俄国不适合欧洲式的民主和宪政，主张俄罗斯国家三位一体说，即俄国是由专制君主、大俄罗斯民族主义以及传统的东正教义三者来维系的。他相信俄国人从传统上不能接纳欧洲的社会民主，民众只能由挥舞着鞭子的"慈父"来调教。

10月9日这天，财政大臣谢尔盖·维特向沙皇尼古拉二世坦言，要平息动荡的局势，只有两种选择，要么开设议会，给人民政治自由，要么实行军事独裁，严酷镇压。万般无奈的沙皇尼古拉二世，基于避免再度发生杀戮流血和没有优势兵力足以掌控全局的考量，经过一番权衡，决定采纳财政大臣谢尔盖·维特的建议，任命财政大臣谢尔盖·维特等人撰写《十月诏书》，借以缓和局势。10月30日，沙皇尼古拉二世抽出在案头压了三天的谢尔盖·维特等人上呈的《十月诏书》，签署并公告全国。诏书允诺给予俄国公民言论、出版和结社组党的自由，赋予国家杜马中央立法权，延伸普选权，召开国民会议，决定俄国前途。沙皇尼古拉二世此举，对缓和局势确乎产生了一定效力。各地、各派势力纷纷组建政党准备参加杜马竞选，光全国性政党就成立了50个，还有数倍的地方性政党。可是，激进派并不满意《十月诏书》的结果。当自由派志在必得地准备国家杜马选举之时，激进派却呼吁民众武装起义，用暴力革命终结沙皇的暴政。

但是，这时沙俄政府已经具备力量回击激进派的反抗了。原因是：一则1905年9月日俄战争结束，大批军队撤回国内，加强了维稳的军力；二则沙俄政府刚刚从英法两国获得4亿美元贷款，改善了维稳的财力。因此，自1905年11月26日的巡洋舰"奥恰科夫"号兵变至12月18日的莫斯科工人起义，无不遭到沙俄政府的强力弹压。

1906年3月，第一届国家杜马进行选举，限25岁以上男性国民为合格选民，并对不同社会阶层选票给以不同权重，比如地主就比农民与工人有较高的选票权重。最后当选共566人，主要有179名宪政民主党员、136名劳动团体党员、121名非俄罗斯民族代表、18名社会民主劳动党员、17名十月党员。其他左翼社会主义人士、社会革命党与布尔什维克则主张抵制杜马选举。

1906年4月23日，亦即国家杜马正式运作的头一天，沙俄政府颁布基本法，规定沙皇为俄国君主，拥有绝对权威，全面控制行政、外交政策、教堂事务以及军事武力，国家杜马能够参与立法，法律的制定经国家杜马与大臣会议核准后，由沙皇签署方能生效。5月10日，国家杜马举行会议，拒绝接受政府单方面制定的基本法。他们强烈谴责沙俄政府。7月21日，沙皇尼古拉二世宣布解散国家杜马，而国家杜马则号召国民拒向政府纳税，但是应者寥寥。直到1907年3月，第二届杜马重新开幕。这一次俄国社会民主党、布尔什维克等党派也参加了竞选。让沙皇尼古拉二世感到意外和不能接受的是，这一届杜马的激进派力量比上一届更强势。沙皇尼古拉二世遂以"阴谋颠覆国家"为罪名逮捕了所有社会民主党议员，宣布解散第二届杜马。至此，俄国革命惨淡收场。

欧洲各国，没有不以俄国革命为当时国际间大事的。诸多报刊媒体皆对俄国民众表示同情。内中与俄国结盟的法国对沙俄政府抨击最甚。其报刊大多认为俄国民众不持武器，为平和之要求，沙俄政府以强暴手段待之，实为无理之甚。各国纷纷募捐，以恤俄国难民。后来流亡国外的布尔什维克领袖列夫·托洛茨基认为："1905年革命，不仅是1917年革命的总演习，而且是一种实验室，在其中造成了俄国政治生活内所有基本的派别，又反映出俄国马克思主义内部各种不同的倾向。"

## 美国的崛起

1861年，美国爆发了内战，这场战争到1865年结束，使美国消灭了奴隶制。在美国通往合格的资本主义国家的道路上，不再存在绊脚石。从这时起，美国开始了全面的崛起之路。直到第一次世界大战在欧洲爆发，美国先后经历了南方种植园的重新建设和社会结构的重大变革，迎来了经济的飞速发展，从一个以农业为主的国家向一个工业国转变。到1894年的时候，美国的工业生产总值在全世界排名第一，美国做到这一切，只用了不到30年的时间。英国已经衰落，美国取代它成为新的世界霸主。这个年轻的发达国家是如何发展到如此强大的呢？

在美国的南北战争时期，北方的工业资产阶级打败了南方的奴隶主。从内战结束一直到1877年，美国都在重点进行南方社会的重建工作。战争使美国付出了很大的代价，公路被毁坏，农田无人耕种，到处都是战争带来的废墟。很多地区处于崩溃边缘。在美国的首都华盛顿，人们对重建南方展开了激烈的争论：联邦政府应该以怎样的态度对待南方各州，是应该以战胜国的姿态，还是敞开怀抱欢迎它们重新加入联邦；南方的领导人能否再担任政府官员；这些被解放了的黑奴要在南方谋生，他们是否还会受到歧视。最终，联邦政府选择了宽容对待南方联盟。

1865年4月11日，美国总统林肯在白宫发表演讲，他宣布欢迎南方各州重回联邦，还提出了重新建设美国南方的构想和计划。这是他生前发表的最后一次演讲，不久之后他就被刺杀了。林肯遇刺之后，约翰逊接任总统。

1865年，他发表了大赦宣言，之后又发表了重建北卡罗来纳州等7个州的重建宣言。根据总统发布的宣言精神，南方各州选出了代表大会和州议会，建立了州政府。但是美国的南北双方并没有因为战争结束就停止争斗。由于约翰逊总统的施政纲领显得过于宽容，南方的一些反动分子更加嚣张。南方各州的激进分子再次操纵了州议会和州政府，想要恢复之前奴隶主的统治。南方各州先后剥夺了黑人的选举权，还有的州成立了三K党组织，对黑人进行各种暴力活动，引起了黑人和全体美国人的愤怒。

在19世纪80年代到20世纪初期，美国还有少数地区存在着种族隔离和种族歧视的现象。黑人的行动自由和平等的权利遭到了严重的侵害，有些地方出现了有组织地针对黑人的暴力活动，对黑人进行威胁、恐吓甚至暗杀。这些行为在群众中引起了大规模的反暴力运动。

在美国国会的内部，一些激进的共和党领导人也开始了反对约翰逊软弱的重建纲领的斗争。国会中成立了一个重建联合委员会，这个委员会的核心是激进派的共和党人。1867年3月到1868年3月，国会先后提出4个重建南方政府的方案。这些方案中都规定，在没有成立共和制的政府之前，南方各州不得加入联邦。废除黑人法典，以保证黑人公民的权利不受侵害。参加叛乱的人员不得担任公职，还要确保国会在重建中起监督作用。

1868年3月2日，由激进派的共和党人提出的重建方案正式开始实行，南部各州进入了重建阶段。参加叛乱的10个州被分成了5个军区，联邦政府负责进行军事管制。在1867年到1870年，南方各州政府先后承认了黑人拥有选举权，并重新制定了宪法，选举产生州议会。各州先后建立了以激进派共和党人为核心的黑白混合的民主政府。各州宣布废除奴隶制，承认了联邦统一，并且恢复了联邦的地位。1877年2月，就总统选举的问题，民主党和共和党达成了一致，这意味着，在南北双方的妥协下，美国实现了重建民主政府的愿望。

美国内战结束之后，北方已经开始萌芽的资本主义迅速在全美蔓延开来。从这时开始，美国由自由竞争的资本主义转向垄断的资本主义。在1860

年之前，美国的工厂都是独资或者几个人合伙经营的，规模很小。但是到了19世纪70年代，因为行业竞争日趋激烈，生产高度集中，随着制造业和对外贸易的不断发展，在美国产生了体量巨大的垄断企业。

在这个时期，美国也在不断向外扩张。西进运动已经持续了长达一个世纪，此时的美国国界已经延伸到了太平洋沿岸。在内战爆发之前，美国有36个州，内战结束之后到1900年，联邦又迎来了9个新成员。这时的美国已经拥有45个州。到19世纪末，美国本土的西部和南部边界都得到了确定，美国这时已经成了庞大的国家。

随着疆域的扩大，美国人口也随之快速增长。大批移民从欧洲涌入美国，追寻自己的美国梦。1875年到1900年，就有1000万移民来到了美国。其中在1890年，100万名加拿大人来到了美国定居。在1880年到1890年的10年间，美国人口增加了25%。这些移民中也包括不少中国人，他们集中在加利福尼亚州，在19世纪70年代时，当地的华人有6万多人。

工业的发展和人口的增加，使美国开始了大规模的城市化。人们都集中到了城市里。在1870年，一个城市如果拥有超过10万人口就能被称为大城市，以这个标准衡量，当时的美国有13个大城市。1880年时，3/4的城市人口都集中在新英格兰地区和五大湖地区。

在美国自由竞争的资本主义向垄断的资本主义过渡的时期，铁路建设和造船业发挥了巨大的作用。1839年，当英国的曼彻斯特到利物浦的铁路通车时，美国人也开始在国内铺设铁路了。

在美国建立的初期，道路交通十分不便。因为美国没有强大的运河系统，公路的情况又十分糟糕。和英国这样的岛国不同，美国无法做到通过小型铁路连接整个国家。因为美国幅员十分辽阔，在国土上有很多高山和大河，各地之间相距十分遥远，这造成了交通的困难。在这种情况下，铁路成了美国加速成长的兴奋剂。这种运输方式在美国得到了最高效的利用。通过铁路，美国人可以把商品运到各地，还能够四处旅行。

美国修建的第一条铁路是从巴尔的摩到俄亥俄的铁路。火车的机车由英国人提供，道路全长只有13英里。到了1860年，美国铁路的总长度达到了3万英里，比世界上其他国家的铁路里程之和还要多。到了1890年，这个数字变成了15万英里，成为全世界最庞大的交通网。1869年5月10日，第一条横跨美国大陆的铁路建成通车，之后的30年里，又有4条类似的线路建成了。

美国的大都市主要集中在东部地区，所以完全能够理解为何铁路首先从东部开始发展。但是美国人对西部也十分关心，他们想把工业向西部推进，也鼓励人们去开发西部。铁路是到达那里的唯一途径。铁路从美国东部修起，向前推进时，由沿途各地提供所需的材料。东部的工厂建造火车头、车厢和铁轨，全国范围内的森林都提供木材，这样一路向西，横贯美国大陆，连通了美国的东西海岸。

在这个铁路飞速发展的时代，出现了垄断的铁路公司。到了1900年，以洛克菲勒和摩根家族为首的六大家族控制了美国70%的铁路。

除了铁路之外，美国还大力发展汽车工业。美国被称为轮子上的国家，汽车工业是美国工业的重要组成部分，得到了飞速的发展。19世纪70年代时，美国只有汽车的模型，到了1893年，出现了第一辆试验用的汽车。到了1900年，美国举办了第一次车展，并且当年就卖出了超过4000辆汽车。1902年，被称为美国第一辆汽车的奥尔德牌汽车量产，一年之后，美国的汽车工业就位居世界第一了。1913年，福特发明了流水线，美国的汽车生产开始了一场革命，汽车的价格大幅下降。1926年，一辆汽车用160美元就能买到，汽车进入了美国的千家万户。随着汽车工业的发展，汽车公司之间也出现了竞争。福特公司以新技术和高质量占有市场，同时在英国开始发展汽车生产线。美国的垄断汽车公司除了福特之外，还有通用和克莱斯勒公司。

美国于1913年开始修建遍布全国的公路网，在美国的运输业中，汽车运输所占的比重也越来越大。因为大量使用机械，而且采取联邦政府和州政府两级共建的政策，到了20世纪20年代末，美国初步形成了全国的公路网。

运输业随之开始了高速发展，打破了传统的区域经济，使货物能够在全国流通，形成统一的市场。

无论是修建铁路还是制造汽车和轮船，都离不开钢铁。提起美国的钢铁工业，就一定要谈到钢铁大王卡内基。1892年，卡内基钢铁公司成立，公司资产达到了2500万美元。但是摩根财团在1900年收购了这家公司，经过重组，形成了美国钢铁公司。这个公司的总资产超过了1万亿美元，在当时的世界位居第一。

农业的资本主义为工业资本主义打下了坚实的基础。美国本来以农业为主，在这个时期，农业也稳步向前发展，因为大规模机械化，美国只用很少的人就能耕种大片的土地。1900年，美国大型农场的面积占总耕地面积的1/4，全国共有600多万个大农场，每个村子的平均占地面积达到了139英亩。美国农业迅速发展的根本原因是农业机械的发展。欧洲国家普遍是在第一次世界大战之后才开始大规模应用简单的农业机械，但是在18世纪，美国就开始了农业机械化的进程。

1739年，美国的惠特尼发明了轧花机，使棉花脱粒的效率提高了整整1000倍，这使美国超过了印度，成为世界上最大的棉花出口国。惠特尼还在机械中使用了大量可以互换的零件，这使得大批量生产农业机械成为可能，为大规模工业生产打下了基础，成为美国产业革命开始的标志。

1797年，美国再次颁布了犁的专利权，从而促进了犁的改进。到了1869年，仅仅属于犁的专利就有250多项。

19世纪初，美国人造出第一台收割机，30年代，陆续出现了播种机和脱粒机等农业机械。1907年，美国出现了履带式拖拉机，给农业生产带来了革命性的变化。

1860年到1916年，美国的大型农场的数量从200万个上升到了640万个，耕地面积也在25亿亩的基础上翻了一番。加上棉花、玉米等作物的种植，化肥的大规模使用，美国的农产品产量得到了巨大的提高。1870年到1910年，小麦的产量增长了2倍，棉花更是增长了4倍。美国的农产品出现了过剩，于是向外国大量出口粮食和经济作物。

美国的农业革命之所以能够发生，政府起到了十分重要的作用。1862年美国就通过立法，由政府出资在各州建立大学，普及科学知识，促进农业技术和机械制造技术的发展。美国还成立了农业部，领导美国的农业科学研究。1887年，美国国会又通过立法，在州立大学中建立农业实验站。

美国的资本主义进入垄断阶段后，政府开始制定一系列法案，对经济发展积极干预，使经济发展保持正常和规范。

1887年，美国联邦政府通过了州际商务条例，成立了州际商务委员会，打击铁路系统中的私人垄断，惩治运输收费不合理的现象。这是联邦政府第一次动用行政权力干预私人的经济活动。为了禁止垄断，美国联邦政府还在1890年通过了第一部反托拉斯法，宣布了垄断贸易的限制，以及为了达到垄断目的的所有合同、合并和暗中勾结都是非法的。美国政府的强力介入，使经济走上了良性发展的道路。

垄断企业的出现说明美国已经由自由竞争的资本主义发展成了垄断的资本主义。19世纪70年代开始，美国出现了大型的托拉斯。1870年，洛克菲勒与其他几家石油公司组成了俄亥俄美孚石油公司，总资产达到100万美元。这是美国的第一家垄断企业。到了1880年，全美的石油产量90%控制在它的手里。

这个时期，美国还出现了科学技术的革命。美国的独立战争为美国科技水平的发展提供了巨大的推动力量。1787年美国通过的宪法，用法律形式要求国会促进一切科学技术的进步，在有限的时间内对发明者给予专利权。1790年，又通过了专利法，政府对发明和创新给予奖励。因为把经济和科技发展结合到了一起，美国出现了可观的科技发明。

在这股发明的浪潮中，最为突出的是美国大发明家托马斯·爱迪生。他创办了美国第一个工业实验室。从1868年到1910年，仅仅以爱迪生的名字命名的新发明就有1300多项，平均每11天就有一项新发明。这个实验室也被戏称为发明工厂，这些发明中最为著名的是1877年发明的留声机和1879年发明的白炽灯泡。爱迪生的实验室后来发展成了美国通用电气公司。美国人把爱迪生作为他们的骄傲，称他为发明大王。

1875年6月，亚历山大·贝尔发明了世界上的第一部电话。1889年，贝尔成立了贝尔实验室。1900年时，贝尔生产了86万部电话机，在美国，平均每1000个人就有一部电话。

1844年，莫尔斯发明了电报，到第一次世界大战爆发之前，美国已经有了375个工业实验室。1903年12月17日，莱特第一次驾驶飞机成功进行了飞行，人类终于从陆地来到了天空。电力的发明进一步推动了美国的工业革命和近代的科技革命，使美国从蒸汽机时代一跃进入了电气时代。

以电力的发明为标志，全世界的科技中心从欧洲来到了美国。新的科学发明与国内公司的经济实力互相结合，使实验室中的研究成果能够迅速转化为工业产品。

19世纪中叶，美国很多工业上的发明居于世界领先位置，而且有完善的机器制造业，能够生产和制造各种机械，拥有各种功能的机车和机床。

到了1860年，美国造船业的吨位在全世界排名第一，纺织品和煤炭产量位居第二，生铁产量世界第三。到了19世纪末，美国工业水平达到了世界第一。1889年，美国的钢产量第一次超过欧洲，居世界第一，年产量达到400多万吨。美国的汽车工业和航空工业也促进了石油工业的发展，在化学工业方面超越了德国。

从1865年美国结束内战到1914年第一次世界大战爆发，美国的西部和南部疆域得到固定，资本主义得到了发展。到了1894年，美国只用了不到30年，就超过了英国成为世界头号工业强国，工业生产总值达到95亿美元，是英国的将近两倍。美国从这时起，成了世界上最强的帝国主义国家。

## 民族主义运动的起源

到1914年为止，欧洲在全世界的霸主地位还是坚不可摧，并且要永远存在下去的。但是我们只要稍微清醒一些就能够注意到，在帝国主义的海外殖民地中，潜藏着复仇者。如今它们开始缓慢地觉醒，对西方的霸权发起挑战。

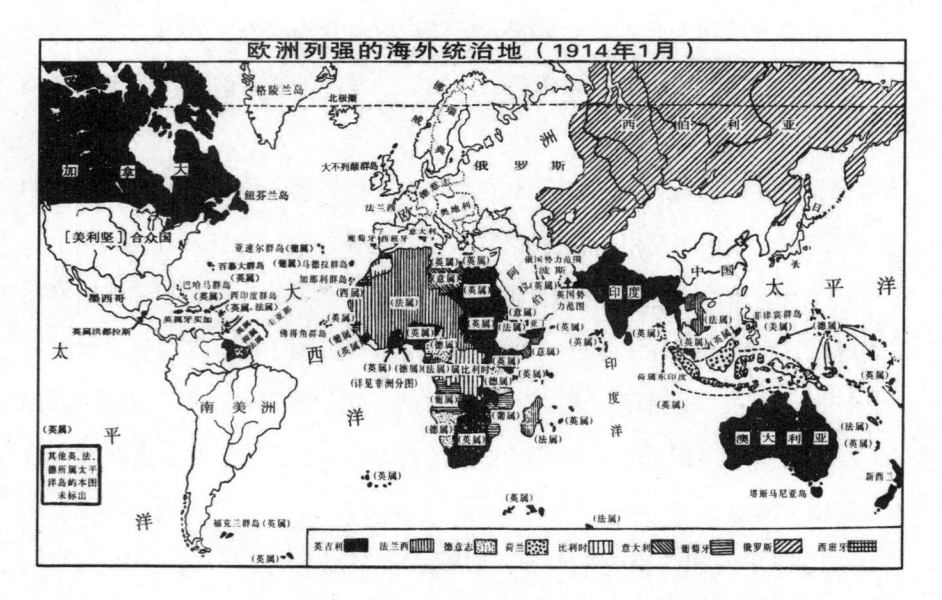

纵观整个世界历史，我们能够发现，每当实力较弱的社会遭遇比它们强大而好斗的社会时，通常会产生两种心理：一种是切断与外界的一切联系，退回到与世隔绝的境地，在自己的领地和传统中寻求一些安慰。另一种是尽力吸收对方身上具有的吸引人的长处，这些长处能够让人们以平等的地位与外国相处，从而更好地对外国人的侵略做出抵抗。第一种心理是逃避的心理，表现为退却和忍让。第二种心理则是反抗的心理，表现为对自身的调整和适应。前者喊出的是重回美好的过去。而后者的口号是，向敌人学习，与敌人战斗。

日本民族是亚洲第一个能够通过对外敌的适应来成功进行抵抗的民族。前面我们已经说过，通过种种偶然的机会，日本人接触到并且学习了西方强大的经济实力和军事技术，并利用这些技术摆脱了西方人加诸他们身上的不平等条约，就像他们对中国做的那样。日本还更进一步向它的老师欧洲列强学习，开始海外扩张的计划。它们在1894年到1895年的甲午战争中打败了衰落的中华帝国，又在1904年到1905年的日俄战争中战胜了沙皇俄国。

一个来自亚洲的小国战胜了来自欧洲的强大帝国，这在世界近代史上成了一个转折点。这个事件带给整个殖民地国家的是极大的刺激和巨大的希望。和日俄战争一样对西方产生深刻影响的，是由日俄战争引发的俄国第一次大革命。俄国的沙皇政府将要垮台的消息，与日俄战场上日本获胜的消息一样，使全世界被压迫的民族兴奋不已。

1905年，波斯爆发了革命，这场革命为此时的殖民地国家起义做出了很好的注脚。这是一场主要反对西方对该国的经济控制，同时也反对本国无能统治者的消极领导的革命。而且波斯革命在本质上是受到俄国的影响而发生的。1905年俄国爆发的革命不但为他们树立了一个强大的榜样，还起到了阻止沙皇镇压波斯起义者的作用。

我们还应该注意到1908年发生在土耳其的青年党革命。这场革命结束了君士坦丁堡的独裁统治。它也明显受到了俄国和波斯革命带来的影响。当时派驻君士坦丁堡的一位英国外交官在他为本国政府撰写的报告中说，俄国自古以来都是土耳其的敌人。日本在战场战胜了沙皇俄国，让土耳其人浑身都受到了刺激。这个有着光辉历史的民族的自尊心显然受到了伤害。他们在这个时期看到的景象是，应该被他们轻视的波斯人都开始尝试得到更好的生活，而他们自己却在苏丹的专制统治下，面临着比以往任何时候都要强烈的、由西方国家带来的威胁。这种威胁是卑劣的，而且与日俱增。

在亚洲，中国开始了反对西方和本国软弱无能统治者的革命。在当时的背景下，俄国被日本战胜的情景让人十分激动，因为这场战争本身就是在中国的土地上进行的。而且，有大批的中国学生来到日本留学，接受高等教育。1905年，日本的中国留学生数量是8000人，到了1907年，这个数字达到了1.786万人。所以当孙中山说出"我们认为日本对俄国的胜利是东方对西方的胜利，我们认为日本的胜利就是我们自己的胜利"这样的话的时候，我们丝毫不觉得奇怪。这场战争之后，在俄国发生的大革命也给中国带来了巨大的影响。中国的一个革命家在他的一篇文章中认为，俄国发生的革命就是中国的清朝将要面临的命运。他说，世界上唯一的专制国家，沙皇俄国最终遭到革命的下场。他断定说，既然俄国的沙皇在俄国的地位，比清政府在中国的地位更加牢固，所以清朝如果想要避免革命，就要马上进行自我改革。

印度受到这些起义和动乱的影响相对来说比较少，不但是因为它与这些动乱距离遥远，也因为英国对他们实行直接的统治，从而减少了动乱带来的影响。但是即便是印度的温和派领袖达达巴依在1906年也向印度的国民大会发出强烈的质疑。他说："日本已经觉醒了，中国和波斯正在觉醒的路上，俄国也在努力摆脱专制的统治，难道在世界上最早创造了文明的印度人民还能继续在专制的枷锁下生活吗？"

我们能够得出一个结论，那就是在1914年的时候，尽管欧洲在世界范围的霸权看起来是坚不可摧并且将永远存在的，但是实际上，它在很多地方和很多方面都开始遭受挑战。这些挑战有些是直接的，比如在中亚和印度，民族主义者要求从英国和俄国的专制统治中解脱出来。有些挑战是间接的，他们针对的目标是清政府、奥斯曼帝国和卡扎尔王朝，之所以发生了这些挑战，是因为他们没能阻挡西方的侵略者。在1914年之前，欧洲的强大帝国还能直接使用武力镇压，或者支持保守的袁世凯，反对激进的孙中山。但是这个时期的反抗成了一个时代的开端，这就是民族主义运动。在第一次世界大战之后，这些民族主义运动将以势如破竹的趋势发展下去。

## 第十六章

### 第一次世界大战

## 大战爆发

  1879年，为了达到孤立法国、阻止沙皇俄国在巴尔干地区的势力增强的目的，德国和奥匈帝国签订协议，成为军事上的同盟。这个同盟的本质是防御性的，是为了使德国免遭法国的攻击，同时也让奥匈帝国能够不再惧怕俄国。因为法国的阿尔萨斯-洛林地区在1871年被割让给了德国，沙俄同奥匈帝国之间在巴尔干地区也冲突不断。到了1882年，由于在北非地区的利益争夺，法国和意大利产生了矛盾。德国趁此机会拉拢了意大利。这一年的5月20日，德国、奥匈帝国和意大利签订协议，标志着同盟国的形成。这个军事同盟的本质依然是防御，为了保护意大利不受法国的攻击。这个同盟的建立，让法国人和俄国人走到了一起。

  同时，随着德国的力量的增强，威胁到了英国在非洲、远东和近东的利益，使它的海上霸权受到了威胁。英国不得不放弃了长期以来坚持的孤立政策。1904年和1907年，英国分别与法国和俄国签订了协议，初步形成了协约国集团。同盟国集团和协约国集团都积极扩张军队，战争的阴影笼罩了20世纪的初期。随着各国之间的利益矛盾的加深，战争的气息越来越浓厚了。

  巴尔干地区地处欧洲、亚洲和非洲的连接处，是交通要道，有十分重要的战略意义。这里曾是一片宁静祥和的绿洲，但是自从罗马人征服了这里之后，灾难开始不断地降临了。这里出现了很多帝国，拜占庭帝国、奥斯曼帝国和沙皇俄国都在这里显示过他们的武力，踏过他们的铁蹄。得胜之人要分封土地，失败的人又把土地割让给别人。这里的势力范围不断被重新划分，导致当地原本的民族区域被瓦解了，产生了错综复杂的民族关系。

20世纪初期，帝国主义的大佬们纷纷向巴尔干地区派遣自己的势力，使得这里出现了各种各样的矛盾交织的情形。帝国主义国家之间存在矛盾，巴尔干地区的国家与帝国主义之间存在矛盾，而且巴尔干的各国之间也存在着矛盾。这些矛盾混杂在一起，只需要一个导火索就能爆发。

1908年，俄国在日俄战争中失败，趁此机会，奥匈帝国吞并了波斯尼亚和黑山，并打算进一步吞并塞尔维亚。塞尔维亚在经历了两次巴尔干战争之后，自己实力大增，渴望建立一个大塞尔维亚，实现南斯拉夫民族的大一统。波斯尼亚和黑山也期望能够并入塞尔维亚，从而摆脱奥匈帝国的控制。德国支持奥匈帝国的进一步扩张，而俄国则是南斯拉夫背后的支持者。这样一来，德奥集团和俄国在巴尔干地区形成针锋相对的局势，两个军事集团的焦点都集中在这一地区，只要有风吹草动，就可能擦枪走火。

战争的导火索很快到来了。1914年6月28日，奥匈帝国王储费迪南大公和他的妻子在访问波斯尼亚时，在它的首府萨拉热窝遭遇刺杀，当场身亡。行刺他的是一个塞尔维亚的青年学生。这个名叫普林西普的年轻人在对他的审判中详细地阐述了他的动机。他说："我丝毫都不感到后悔，因为我坚信自己做了一件好事，我消灭了带给我的家乡痛苦的人。这里的人民生活越来越艰难，我作为农民的儿子，亲眼见到了乡村里的惨状，这都深深影响了我。我知道这个所谓'大公'是德国人，还是我们未来的君主。他是斯拉夫人民的敌人，会把我们分隔开来，实行与我们的意愿相违背的政策。"

这个年轻人不是单枪匹马作战的，他背后有一个秘密组织作为后盾。这个塞尔维亚的秘密组织名叫"黑手社"，宗旨是"不统一，毋宁死"。黑手社是1911年在贝尔格莱德成立的，它公开的目的是想要实现民族的理想，即统一整个塞尔维亚。黑手社的社章中说，他们不愿意进行常规的宣传，而是要通过恐怖手段来达成目的，所以在组织以外要绝对保密。按照这个原则，新成员加入组织时，要在一个黑暗的房间里进行。这个房间里只有一根蜡烛，黑色的桌布上放着匕首、手枪和十字架。黑手社有自己独特的标志，那是一个骷髅、一把匕首、一瓶毒药和一颗炸弹组成的图像，图像旁印着他们的口号："不统一，毋宁死。"

黑手社的口号和行为体现了它的成员的狂热和忠诚。尤其是在波斯尼亚，黑手社十分活跃。塞尔维亚的政府对黑手社是持反对态度的，在政府看来，这是一个危险且好战的组织。但是就算没有政府的支持，黑手社依然成了一个鼓吹革命的地下恐怖组织。据一位塞尔维亚的外交官说，在波斯尼亚，成立了很多所谓的革命组织，这里的每个人都在高喊着："革命！革命！拒绝空谈！"这里的年轻人心里没别的，只想用暗杀和炸弹来消灭一切，摧毁一切！

所以，当费迪南大公同意访问波斯尼亚时，他的不幸也就开始了。他的到访，为塞尔维亚的革命者提供了机会。他到访萨拉热窝的这一天，6月28日，事后被证明是一个极度缺乏远见的决定。因为这一天是科索沃战役的纪念日，在1389年的这一天，中世纪的塞尔维亚被土耳其人征服了。在这一天，所有塞尔维亚人的强烈的民族情感都被唤醒了，尤其是在黑手社的鼓动下，每个人都很激动。当费迪南大公和他的妻子坐在马车里游行时，他的行进路线前方至少有6名刺客带着手枪和炸弹等着他。当他的车队在一条街的拐角处停下时，就像命中注定一样，普林西普出现在了那里。他掏出手枪开了两枪，一枪瞄准费迪南大公，第二枪想射中波斯尼亚总督波西奥莱克将军。第二枪射偏了，击中了大公的夫人。没等医生赶到，大公夫妇就已经没有了呼吸。

这次发生在萨拉热窝的刺杀事件看起来像是一个偶然的事件，但是它最终成了第一次世界大战的导火索。其中主要的原因是当时的帝国主义国家之间的政治情况十分紧张，而战争就是政治的延续。萨拉热窝事件之后，各国都纷纷向奥匈帝国发来唁电，此时正渴望战争却找不到理由动手的德国皇帝威廉二世十分兴奋，他甚至公开说，这是个千载难逢的机会。费迪南大公被刺杀后，奥匈帝国的皇帝弗兰茨·约瑟夫沉浸在丧子之痛中，但是他没有因为冲动而贸然向塞尔维亚宣战，而是派人去了柏林，寻求德国对他的支持。

1914年7月5日，在萨拉热窝事件发生一个星期之后，德国皇帝威廉二世公开宣布了对奥匈帝国的支持。他说，不管奥匈帝国采取何种行为，即便是与俄国之间发生了战争，德国都将站在奥地利一边，给予它所能提供的一切支持。这个声明使维也纳坚定了发动战争的决定，也在一个月内打破了欧洲的和平。

奥匈帝国在打定了发动战争的主意之后，于7月23日向塞尔维亚发出了最后通牒，提出了15条对塞尔维亚十分苛刻的要求，并限塞尔维亚政府于48小时之内做出答复。这些要求包括禁止出版反奥刊物，镇压发对组织，还要在有奥地利官员参与的情况下追究刺杀事件的凶手的责任，还要起诉杀手的同党。塞尔维亚在7月25日回复了这一通牒，看起来似乎是接受了奥地利的要求，但是实际上是推诿责任的。在这种情况下，奥地利马上断绝了与塞尔维亚的外交关系，于1914年7月28日对塞宣战。到了战争开始的第二天，奥

1914年德国原来的计划示意图

匈帝国的炮弹就已经打到了塞尔维亚的首都贝尔格莱德。

针对奥匈帝国的行为，俄国在7月30日做出了激烈的回应。俄国宣布要进行全国军事总动员，表示对塞尔维亚的支持。对此，德国向圣彼得堡也发出了最后通牒，要求俄国12小时之内取消军事动员。对德国的通牒，俄国沙皇丝毫没有回应。于是德国在8月1日对俄国宣战。受此影响，法国也宣布进行战争动员。8月3日，德国再对法国宣战。8月6日，奥匈帝国对俄国宣战，而塞尔维亚对德国宣战。意大利此时表示中立。从奥匈帝国向塞尔维亚宣战开始，在不到一个星期的时间里，英国也卷入了战争。战争的阴霾超出了巴尔干地区，成为世界性的帝国主义国家之间的全面厮杀。第一次世界大战就这样爆发了。

## 欧洲战场

德国引发这场世界大战，是抱着很高的期望值的。它的财富与资源极为雄厚，而人民又非常具有爱国主义精神。在装备的完善上，世界上其他国家的军队远远不及德国军队，其武器也更加先进。加之德国在1866年与1870年至1871年战争中，获得了丰富的速战速决经验，战斗力也更强。战争甫一开始，德国就摆出了一副势在必胜的架势。

与德国相比，俄国的军队也够强大，不惧战，而且俄国的资源也是很丰饶的。但俄国有一个软肋，那就是它的铁路系统特别落后，这导致兵力的集结速度十分缓慢。俄国要在德国的东部边界采取行动，那就更加迟缓了。鉴于此，德国的如意算盘是：先对抗西面，抢在英国能予法国以有力帮助之前，把法国给打瘫痪；之后，在东面与奥匈帝国联合攻打俄国，并战而胜之，夺取最后的胜利果实。在多次战役中，德国与奥匈帝国，貌似正按照他们的既定计划迈向胜利。

1914年8月初，德军越过卢森堡，计划和比利时一道，对法国发起突然袭击。在越过卢森堡这个小小公国的时候，德军很幸运，没有遇到什么困难险阻，可是比利时不干了，对德军的行为表示强烈的抗议，并且奋起反击。虽然比利时人打了败仗，但他们有效地阻碍了德军前进的脚步，让法国有时间来布置防御，也让英国有时间派遣军队支援法国。比利时的做法，自然让德国人大为光火。

德国派了一名军人总督入驻布鲁塞尔，将比利时当作德国的一个被征服的行省。德国人在比利时烧毁了很多公共建筑，包括鲁汶大学珍贵异常的图书馆。德国人还拿枪逼着比利时人帮助他们筹集军资。比利时的残军于是加入到了法军与英军的队列，与德国为敌。

德国人铁与火的漫长战线，最终还是烧到了法国的境内，差不多快到巴黎了。里尔、色当与兰斯等城市，与成百上千的市镇以及农庄，落入了德国人之手。

9月初，法军在马恩河一带固守，防线的东面跨过了凡尔登。德国人总算被法国人遏制住了，之后又被法国人击退了一段距离。在法国人的奋勇抵抗下，德国人进占巴黎的梦彻底破碎了。双方在马恩河一带挖壕对峙，中间隔着死寂的"无人地带"，蜿蜒陡峭的自孚日山脉直抵北海，大约有600英里长。

与此同时，俄国在东部开始发起对德国与奥匈帝国的攻击。奥匈帝国的反抗弱爆了，因为塞尔维亚和奥匈帝国打得正酣呢，奥匈帝国实在是三拳难抵四手。但是，顽强的德国很快就在9月底的坦能堡战役中，将俄国人打趴下了。俄国军队的人数虽然特别多，但很多士兵都是大字不识一个的文盲，也没有经过任何严格、专业的作战训练，而装备又很差。更为关键的是，俄国政府专制独裁、不得民心，官僚们又腐败无能，俄国人民的子弟兵自然不会在前线为专制政府及其腐败官僚卖命。综合种种原因，俄国要是不战败，都没天理了。

直至1915年春，疲于奔命的俄国停止了进攻，像彻底泄了气的皮球。到了夏天，兴登堡将军统率的一支强大德军，摧枯拉朽般击溃了俄国的战线，连俄属波兰全境也被德国人征服了。1917年春，俄国的布尔什维克革命推翻了沙皇，建立起了共和国。至1918年春，俄国竟然溃乱到向德国和奥匈帝国单独投降及和谈的地步。对作为中欧列强的德、奥来说，这一切堪称一场重大的胜利。同时，在西面，德国和奥匈帝国的阵地也保住了，虽然向凡尔登发起的另一场进攻失算了。

1914年秋，土耳其加入中欧列强的行列。1915年春，意大利加入协约国。协约国在试图夺取君士坦丁堡的时候，损失极其惨重。意大利在高山地带攻打奥地利的过程中，也死伤好几万人。

1915年秋，在进攻塞尔维亚、门的内哥罗以及阿尔巴尼亚时，保加利亚不再甘于做战争的看客，迫不及待地站到了奥、德与土耳其一边。

1916年8月，罗马尼亚加入协约国，入侵奥匈帝国，不料很快就被中欧列强的联军所征服。一直观战的希望继续保持中立。希腊国王虽是德皇的妹夫，但许多希腊人同情的是协约国。

这场世界大战，费时长久，耗费惊人，与以前的历次战争在性质与方法上，都存在天壤之别。为了应战，整个国家都被武装动员起来了：以前参战的士兵不过是上千人，而现在却高达上百万人。上百万士兵散布在各个战场，躲藏在一条条漫长的战壕里，随时准备逃命或发起新的冲锋。西面的战壕长达600英里，东面的战壕则长达900英里。以前，也有几次用过壕沟与隧道，比如美国内战，从1864年至1865年，在弗吉尼亚州的彼得斯堡。可是，这场世界大战的战壕与隧道的确是太深了，也太长了，并且全都如此。

在对峙双方的战壕之间的空白地带，设有铁丝网，倘若企图夺取敌方的战壕，军队就必须跨过这些人为设置的重重障碍。

在这场世界大战中，骑兵很少出动，炮兵的作用被发挥到以往想象不到的极致程度。机关枪也得到了大量使用。整条战线上都放置了许多大炮，用来清除"无人地带"的障碍，摧毁敌人的阵地并掩护步兵的冲锋。最初，德国人在炮兵方面占据优势。后来，他们还拥有了一些射程更远的巨炮，能从60英里之外或是更远的地方炮击巴黎。但很快，法国与英国硬是在炮战中挺了下来。

除了大炮发送的炮弹，还添加了手投、飞机投放等方式，就连海里，也安放得有种种炸弹。德国还使用致命的毒气，协约国也不甘示弱，跟着效仿。协约国造出了可以翻山越沟、喷烟射火与发射子弹的铁坦克。双方甚至使用作战能力很强的飞机，展开空战。战机的投入使用，可谓这场世界大战的显著特征。上百架飞机在战壕上空飞来蹿去，拍摄与侦察敌方的行动，驱逐敌机，并在敌方战线的战略要点投放炸弹。

倘若没有汽油发动机，这场战争将会呈现为另外一番面貌。安装上汽油发动机的笨重坦克，如虎添翼，毫无阻挡地冲倒树木、柱子和栅栏。

和德国相比，英国海军无论是人数还是火力，都是德国的两倍以上。在战争中，英国海军充分发挥了舰队的威力。这与英国将主要的战斗力量放在舰队上有关。

首先，英国海军让德国的军舰与其余船只，大部分时间不得不困守在德国的海港内，出不了窝。这样，等于扼杀了德国利用军舰和船只运送军队进攻英国的可能，让英国免于遭受如比利时、法国以及波兰被闪击的恐怖。

其次，英国凭借海军的绝对优势，可以及时为法国提供人力的支援。英国不但可以从不列颠群岛，还可以从英帝国各地——加拿大、澳大利亚、新西兰、南非、印度等地迅速集结人力，送往法国，同法军、比利时军一起并肩作战。此外，军火与粮食的供给，也是通过英国船只运至法国的。

再次，英国海军掐断了德国大部分对外贸易。在全球各地，英法俄的军舰一同张开巨网，夺走了德国几乎所有的远洋贸易。失去了远洋贸易，德国在国外市场上就无法出售货物，也无法购买所需的商品。

最后，英国人在这场世界大战中，四处进攻夺取敌人的殖民地。1914年，英国在日本、澳大利亚与新西兰的帮助下，夺取并占领了德国在太平洋上的所有岛屿。作为交换，英国默许日本夺取在中国胶州湾的德国商港。

在非洲，英国人在法属殖民地军队的协助下，于1914年征服多哥，于1916年征服喀麦隆。从南非开拔的英军，于1914年平息布尔人的暴动，于1915年横扫德属西南非洲，又于1918年完成对德属东非的占领。

1915年，土耳其在加入中欧列强的战队中以后，一支英法联合舰队企图强行通过达达尼尔海峡。达达尼尔海峡是从爱琴海横贯马尔马拉海与君士坦丁堡的一条狭长海峡。但是，当面对土耳其用来控制这条狭窄海峡的堡垒和炮台时，英法联合舰队尽了，眼睁睁瞅着好几条船被土耳其击沉，无计可施。

强行闯关的计划宣告失败。协约国的陆上军队，也是在这里被土耳其人击败的。虽则如此，幸好有这支英国海军的牵制，使得土耳其的一支大军不得不留在达达尼尔海峡，预作防备。1915年10月，协约国攻占希腊的萨洛尼卡港，这是一个具有战略性质的基地。

英国的海上势力不断扩张，对中欧列强与土耳其的威胁也不断增加。德国军舰偶尔与英国军舰狭路相逢，但没有占过上风。1914年11月1日，德国远东舰队在智利海岸外科罗内尔角附近，击败了一支英国军舰。但是，好景不长，下个月它就被另一支更庞大的英国军舰，在福克兰群岛海面围歼了。1916年春，德国的战斗舰队驶入北海，在日德兰战役中予英国舰队以重创，但自己也损失不小，被迫退回本国领海。有时，德国的巡洋舰会偷偷地驶过北海，炮轰英国的临海城镇，但须快速折返，要不然有些舰艇就会被炮火击沉。

在潜艇方面的实力，德国与英国不相上下。潜艇是一种携带鱼雷的小型船舶，可在水下航行较远距离，瞄准敌方舰艇的两舷，在水中发射威力较大的鱼雷。可是，与潜艇交战，英国海军还是十有八九会获胜。

战争初期，德国人不但使用潜艇攻击敌军战舰，还用它来轰击商船。德国人对潜艇抱有信心，大量生产潜艇，将潜艇的作战范围扩展到不列颠群岛四周，甚至还派潜艇驶入地中海。德国利用潜艇来掐断与英国的往来贸易，企图等到时间久了饥荒暴发，困死英国。

潜艇方案要成功，必须摧毁进出大不列颠的全部商船。但是，倘若不幸击沉中立国家的船只，中立国家便会提起抗议。再说，被击沉的船只多了，惹恼中立国家，它们有可能加入协约国来对抗德国。因此，使用潜艇对英德双方说来，都不是件划算的事。

1915年5月，德国潜艇在爱尔兰外海击沉英国一艘巨轮，名叫"卢西塔尼亚"号，旅客死亡人数高达1200人，包括100多名美国人。消息传至美国，激发了美国人对德国的愤慨。美国政府提起措辞强硬的抗议。德美两国的外交照会长达一年，其间偶或有潜艇的暴行来助长危机。直至1916年5月，德国承诺在未警告或是未采取救助旅客脱险的相应措施时，不再对商船发射鱼雷。几乎有一年的时间，德国担忧引发美国的敌对行为，停止使用潜艇。同时，英国则死死抓住德国的商业与殖民地不放。

## 1917年的俄国革命

当俄国以西的世界都在发生着天翻地覆的变化时,俄国还在按照19世纪的节奏,缓慢地过着旧日子。至19世纪末,俄国与19世纪初相比,没有什么两样,仍然是一个17世纪晚期类型的大帝国,以未开化的民众为统治基础,还处在由宫廷阴谋和皇室宠幸支配其国际关系的阶段。俄国建造了一条横贯西伯利亚的铁路,未曾料及在终点遇上了对日战争的灾难。不能说俄国人不求进取,在它不发达的工业制度和只有少量人员受到充足教育的条件下,俄国人也在尽量使用现代方法和现代武器。正如陀思妥耶夫斯基曾经设想过的一种神秘帝国主义,它是以神圣俄罗斯及其使命这种观念为基础的,并且还沾染上了种族幻想和反犹主义激情;但事实证明,这只是作家个人的幻想,并未渗入俄国的一般群众的想象。

一种简化的、夹杂着大量迷信的基督教,流行于目不识丁的农民生活中,可以说俄国这时的农民生活,与法国或德国在宗教改革以前的农民生活几乎没什么差别。帝俄时代的农民,被认为是崇敬沙皇,并乐于为绅士服务的。1913年,反动的英国作家们还在他们的著作中,赞美帝俄时代农民的纯朴和忠诚。但是,正如西欧农民在起义中的情形一样,这种对君主政体的尊崇要求君主和贵族必须是善良和仁慈的。要不然,农民的纯朴和忠诚,一旦受到足够的刺激,就会演化成像1358年法国爆发的由吉约姆·卡尔领导的"乡巴佬"起义那样,愤怒的农民提出"消灭所有贵族,一个不留"的口号,用摧毁一切的极端方式表达对社会不公的绝望。一旦人民被激怒了,在教育不普及的帝俄时代,没有互相谅解的桥梁来减缓这一场发作起来的狂风暴雨。下层阶级对上层阶级,犹如对非我族类的动物那样,毫无任何同情。这些帝俄时代的农民,距德国所显示出来的那种民族国家的帝国主义,悬殊三个世纪。

另一方面，帝俄与近代西欧没有共同处，倒是和西欧中世纪时的状态颇有几分类似，比如：帝俄时代的大学是一个和官僚政治的专制政体既无联系又无同理心的很多贫苦学生聚集的地方。1917年前，这两个革命因素——滋生不满的燃料和自由思想的兴起——互相接近的意义，欧洲人还没有认识到。很少有人能够觉察，在俄国比在任何别的国家，更加具备根本性革命的可能性。

1917年年初，俄国崩溃。这时，战争的极度紧张正严重影响着欧洲的所有居民。各国的运输混乱到了极点，航运、铁路等的正常维修和更新也中断了。各种物资匮乏，粮食产量锐减，越来越多的民众被工厂解聘，教育工作也近乎停顿，日常生活所需的安全感不断减少。要做一个正派人也越来越难了。

欧洲居民从他们所习惯的环境和条件中，被移送到新的环境，这使他们深受刺激，备觉痛苦，堕落成道德败坏之辈。但是，在文明被普遍连根拔起的危局中，俄国受害最早，也最深。这时，俄国的专制政体虽竭尽狡诈之能事，但也无力回天。末代沙皇尼古拉二世和他的许多祖先一样，陷入近乎疯狂的迷信里不能自拔，屈从于宗教骗子拉斯普丁的摆布，把整个宫廷搞得乌烟瘴气。拉斯普丁是何许人，竟然有这等本事，连沙皇尼古拉二世也奉他为国师，被他所操纵？其实，揭开拉斯普丁的老底，这人不过是以装神弄鬼来欺世盗名的下流货。

1869年1月10日，拉斯普丁出生于俄罗斯萨拉托夫省的农家，父亲叶菲姆·维尔金早年好赌，后携家带眷移居西伯利亚秋明地区的波克罗夫斯科耶村，并改姓"诺维赫"（意为"新人"），成为富农。年轻时，拉斯普丁就是个无赖，做过偷马贼，被同村人斥为淫逸放荡之徒。在30多岁时，拉斯普丁开始装大神，以"神人"自居，用到处散播预言和施展巫医之术来蒙骗乡邻，讨点生活。有一次，拉斯普丁因预言出俄罗斯某地的3月干旱，并治好了尼古拉二世的叔父尼古拉大公的狗，一时间名声大噪。1905年俄国发生革命，拉斯普丁被黑色百人团成员发现，带到首都。

拉斯普丁原本只是西伯利亚一介农夫，其宗教信仰可能与东正教的神秘支派有些瓜葛，自从拉斯普丁以"神人"自居后，经常喃喃自语，夸有通灵预言的本领。从外表看拉斯普丁，并没有什么值得俄罗斯皇室瞩目的过人处，不过是个浑身油腻腻、整天醉醺醺的下流鬼，举止和猪一样粗鲁，而且狐臭熏人，简直与妖孽无异。追根究底，拉斯普丁之能进宫，并与皇室建立密切关系，系因亚历珊黛皇后晚年得子，但王子患有血友病，容易受伤，且一受伤就流血不止。每每在太医们束手无策时，只要拉斯普丁振振有词地为王子祈祷一番，王子就能很快痊愈，这使得笃信神秘主义的皇后对拉斯普丁刮目相看，任命他为皇室与上帝进行沟通的"灵媒"。由于沙皇对皇后言听计从，而皇后又听命于拉斯普丁，拉斯普丁于是成为能够左右朝政的宠臣。

沙俄皇室宠信拉斯普丁，造成了难以形容的邪恶，在世界面前展现为一种散发着尸臭的奇耻大辱。在这种龌龊的神秘主义统治下，怠惰和卑鄙风行俄国。战端一起，乱成一锅粥，也就可以想见了。

俄国的普通士兵，在没有后方炮火的支持下冲锋陷阵，有时甚至连来复枪的子弹都没有。他们在军国主义者狂热的谵语中，让长官和将军们给白白地葬送了。在一段时期里，他们像野兽忍受痛苦那样，默默忍受着。但是，即使最愚昧的人，他的忍耐也是有限的。对沙皇专制政体的厌恶情绪正在这些被放弃的、被损害的军人中蔓延。自1915年年底以来，俄国几乎成为它的西方盟国的包袱，令西方盟国焦虑日深。对罗马尼亚来说，俄国也不曾有任何帮助。在整个1916年的大部时间里，俄国始终保持守势，以致谣传四起，说俄国将同德国单独媾和。

1916年12月29日，在彼得格勒的一次宴会上，亡国妖孽拉斯普丁被谋杀，帝国官僚还做了一次整顿沙皇专制政体的尝试，可是为时已晚。到了3月，事情的发展快得出乎人的意料：彼得格勒的粮食骚动酿成一次革命起义。起义曾试图镇压代议机构杜马，逮捕自由派领袖，并组建以里沃夫亲王为首的临时政府。沙皇（于3月15日）退位了。

起初，一场温和的有限革命看似是可能的。或许，在新沙皇之下存在这样的可能。此后，事情变得再明白不过了。沙皇的统治已严重破坏了民众对政府的信心，任何在既有政治框架之下进行的调整已不可能。对欧洲的旧秩序、对沙皇、对战争、对列强，俄国民众已经厌烦透顶了。他们希求的是尽快从难以忍受的苦难中挣脱出来。协约国对俄国的现实懵懂无知，外交官们也不了解俄国人的真实想法。这些文人雅士的注意力在俄国宫廷，而不在俄国民间。因此，他们对新局势的估计，总是不断犯下方向性的根本错误。在外交官中，对共和政体有好感的人士很少。而更为危险的是，外交官们有一种倾向，那就是要尽可能给新成立的政府难堪。俄国临时政府的头头是克伦斯基，此人善辩，形象鲜明，有领袖群伦的风采，但生不逢时。他发现，自己在国内受到"社会革命"的澎湃力量所袭击，在国外又受到协约国政府的冷遇，可谓里外不是人。他的盟国又火上浇油，既不同意他给俄国人民以越过边界之外的土地，也不同意他给他们以边界之外的和平。这时，法国和英国的报刊也不甘寂寞，发起新的宣传攻势，滋扰它们这个已精疲力竭的盟国。但是，没过多久，当德军从海上和陆上猛烈攻击里加时，英国海军在出征波罗的海时却退缩了。值得注意的是，协约国在整个战争期间，除了有一些潜艇攻击外，几乎是一任德国人控制波罗的海。

俄国民众坚决要求结束战争。在彼得格勒，成立了一个代表工人和普通士兵的团体叫苏维埃，这个团体呼吁在斯德哥尔摩紧急召开社会主义者的国际会议。这时，柏林爆发粮食骚动。在奥匈帝国和德国，厌战情绪蔓延。毫无异议，按照日后发生的事件来看，这样一次会议，早就会在1917年促成一次在民主线路上的合理、平和的德国革命。

克伦斯基央求他的西方盟国同意召开这次会议，但西方盟国害怕爆发一场世界范围的社会主义和共和主义革命，竟枉顾英国工党微弱多数的赞同而拒绝了克伦斯基。这个"温和的"俄罗斯共和国政权，既没有协约国的道义支持，又没有它们的物资援助，还得势单力薄地继续战斗，并在7月发动了最后一次拼死的自卫。在赢得一些初步胜利后，又失败了。俄国人又一次惨遭屠戮。

俄国人再也忍耐不下去了。这时，俄国军队发生了哗变，尤其是在北方前线。1917年11月7日，克伦斯基领导的共和国被颠覆，苏维埃夺权，苏维埃是由列宁领导下的布尔什维克社会主义者控制的。苏维埃置西方列强于不顾，单方面立誓媾和。这一回，俄国人干脆"退出了战争"。

## 美国参战

1917年1月的最后一天，德国人公然违背对美国人许下的承诺，声明自此之后，英国各岛、法国与意大利周围的一定区域以内，所有海上交通运输将"不再做进一步通知，使用所有武器进行遏止"。这意味着，在一定地域内，德国舰艇只要看见敌国或是中立国的船只，就有权将它们击沉。德国的野蛮声明，背离了美国一向所要求的每项关乎海上自由的权利。

第一次世界大战刚开始时，美国政府正致力于推行威尔逊"新自由"的改革纲领，一直恪守1914年的中立宣言。在这段时期内，威尔逊为确保更宽泛、灵活的外交政策，警告美国公民不要在交战阵营中选边。在1914年的国会演讲中，威尔逊说道："这样一个发生在我们当中的分裂，对于我们的和平思维将是致命的。而且，还会妨碍我们作为一个强盛的和平国家正当地行使自己的职责。作为个人，我随时准备着在一场公正的调停中发挥作用，并以朋友而非党徒的身份，与双方讨论关于和平与和解的可行方案。"

此番德国的声明，激起了美国舆论的敌意。它们要求政府必须保护美国的海上自由。至此，威尔逊仍然不希望参与战争，只是宣布断绝和德国的外交往来。

1917年2月15日，德国关于"支持墨西哥收回19世纪中期与美战争中失去的土地"的密报，被英国情报局破译并传给美国政府，威尔逊得知后认定这是对美国的侮辱和挑衅。美国舆论界将电报公之于众后，全国一片哗然，反德风浪席卷美国。

德国人说到做到，毫无顾忌地击沉了美国的大批船只，致使大批美国人民死亡，以致激化了美国人民的反德情绪。到这个时候，威尔逊认定第一次世界大战已变成了一个对人类的真正威胁。1917年4月2日，威尔逊在宣战演讲中说道，美国如不参战，整个西方文明都将被摧毁。威尔逊在演讲的最后承诺：将进行一场"结束一切战争的战争"。这说明了威尔逊有意建立一个和平的基础，以防将来战祸再临而招致不必要的死亡与摧毁。1917年4月6日，美国正式向德国宣战。同年12月，向奥匈帝国宣战。

为打击国内的反战势力，威尔逊相继于1917年和1918年推动国会通过了反间谍法和反煽动法，以压制反英、亲德和反战声音。他宁愿和诸如沃尔特·李普曼这样支持战争的社会主义者合作，也无法容忍那些企图阻碍战争甚至刺杀政府官员的反战者。他援引反间谍法相关条例，授意美国邮政系统拒绝投递任何被视作可能是批评美国战争行为的书面材料。约60多家报纸因此被剥夺了二级邮递权。

威尔逊还组建了美国公共情报委员会，由乔治·克里尔领导。委员会在全国范围内鼓动美国民众的爱国主义情绪，并实施各种信息审查。除了公共宣传外，政府还将战争工作引入多个领域。伯纳德·巴鲁克领导的战争工业委员会为美国的工厂制定战时目标和政策；赫伯特·胡佛被任命为食品管理局局长，该局鼓励美国民众参与到"无肉星期一"和"无麦星期三"的活动中，以为海外作战的军人节省食物；亨利·加菲尔德领导的联邦燃料管理局引入夏时制，并对煤炭和石油实施配给供应来确保军需。许多这样的委员会和管理机构的领导者，都是由威尔逊征召的商界人士。

在威尔逊的任期内，美国劳工联盟、铁路工人协会和其他"温和"工会的会员和这些行业工人的工资都得到显著增长。由于没有实施配给制，消费品价格飞涨。而因为个人所得税的增加，使得中产阶层利益受损。不过，鼓励购买战争债券的工作还是获得了成功。这些债券，使得战争开销转化为20世纪20年代的繁荣。

美国参战后，美国第一步兵抵达法国，在巴黎街道举行检阅游行。1918

年4月，威尔逊在巴尔的摩发表演讲，宣称美国将无限度地使用武力消灭一切自私的统治，以达到恢复世界秩序的既定目标。美国的参战对协约国来说，犹如天助。美国可以为它们提供上亿的美金、有用的金属、充足的粮食、不计其数的船坞、庞大的舰队、巨大的人力，以及最为重要的信念支撑。

差不多在美国向德奥宣战的同时，俄国爆发了十月革命，沙皇尼古拉二世的统治被推翻，成立了苏维埃政府。在1917年至1918年间，世界上的多数国家，都或主动或被动地卷入了第一次世界大战。古巴与巴拿马也迅速紧随美国之后，向中欧列强宣战。1917年后期，希腊、暹罗、利比里亚、中国与巴西加入对德战争。1918年，危地马拉、哥斯达黎加、尼加拉瓜、海地与洪都拉斯等小国，也加入了对德作战的行列。直至这个时候，已有25个国家，包括经济最富裕和人口最众多的国家，团结在一起反抗德国、奥匈帝国、保加利亚与土耳其的中欧同盟。

1917年8月，念及世界的混乱与痛苦，胜负又非一时能见分晓，教宗本笃十五世发出了一项关于和平的特别呼吁。他请求交战国遵从"正义的精神力量"，而非用强权说话，创建"公正与长久的和平"来结束可怕的战乱。

美国总统威尔逊代表协约国回应教宗本笃十五世的呼吁。他说，他赞同教宗的倡议，尽力追求公正与长久的和平，正是美国卷入第一次世界大战的初衷。同时，他还认为，鉴于德国政府目前的所作所为，还没有到与之讨论如何达成和平的程度，因而战争不得不持续下去。

确实，中欧列强能否在威尔逊回应教宗呼吁的那个时候，同意结束战争是值得怀疑的，因为他们仍然心怀侥幸，说不定取得战争的胜利呢。1917年至1918年，的确出现了预兆他们似乎要取胜的三个重要因素：

1.潜艇战的进展。1917年1月至6月，德国潜艇击沉船只吨位达330万吨。他们指望照此下去，潜艇战会很快导致英国暴发饥荒，并阻止美军运抵欧洲。

2."失败主义"的增加。战争激起的矛盾越来越多，金钱与生命的损耗日趋严重，双方都有不少国民企盼和平。可是和平主义，或者说"失败主义",在俄国、意大利与法国都步入高危阶段。在法国,1917年4月埃纳河以北的战斗失败后,士兵哗变。随后,意大利在卡波雷托及其他一些地方吃了败仗。在俄国,布尔什维主义的和平主义者成功夺权,让俄国退出了战争。1918年3月,他们以对中欧列强与土耳其极为有利的条件媾和了。

3.俄国的退出。俄国在对中欧列强与土耳其有利的条件下退出战争,给中欧列强打了一针强心剂,趁机在国内煽惑民众的取胜心理,基本上逐出了"失败主义"情绪。中欧列强重新与军阀团结在一起,去追求"自胜利赢取的和平"。

## 第一次世界大战结束

1917年至1918年冬季,德国为了对抗驻扎法国的协约国军队,尽力做了很多精心的准备。中欧帝国的军队战力,在统一作战机关——德国总参谋部的整顿下,提升很快。兴登堡元帅与鲁登道夫将军是德国总参谋部的领袖。他们在西线集结了大量军队,准备了海量的巨炮与军火。

1918年3月,德军在圣康坦附近的索姆河河谷攻打英军,并在亚眠附近辟了一条通道。4月,德军在里尔的西侧攻打英军,向前推进了15英里左右。5月,他们顺着埃纳河攻击法军,向南推进,跨越山冈的障碍,来到马恩河上的蒂埃里堡,距巴黎约40英里。

德国人大槌式的猛烈攻击让德国捞取了不少领土和战利品,一度几乎把战线推进到1914年马恩河战役前夕占据过的阵地。但德国人也付出了极其高昂的代价,杀人三千,自损八百,伤亡惨重的不只是法国人与英国人,还有德国人。协约国顽强的抵抗,使德国的军火与人力也日渐损耗殆尽。

1918年6月,在意大利东北部,奥匈帝国为了击败沿着皮亚韦河活动的意大利人,进行了一场殊死的搏击。他们从多处蹚过皮亚韦河,在某处前行了5英里,被集结起来的意大利军队赶走了,这让他们遭到惨重的损失。

奥军在皮亚韦河上的失败，标志着形势发生了彻底的转变。条顿人的胜利成为过去时，协约国的成功开始了。虽然俄国土崩瓦解了，意大利被迫撤退到皮亚韦河，法国人再次退回到马恩河，但中欧列强并没有赢得这场战争的胜利。协约国在意大利、法国与在海上的反击都在逐渐增强。这一切的后果，德国潜艇战役的失败要负主要责任。

在战争中，不说德国潜艇遭到惨败，至少也是被协约国的顽强反击所抵消了。1917年上半年，虽说德国潜艇击沉协约国的船只吨位高达330万吨，但此后，德国潜艇便走起了背运。由于英美海军不屈不挠的持续警戒，潜艇的破坏作用日趋降低。1917年下半年，德国潜艇只击沉了230万吨。到1918年上半年，不足175万吨。而相反的，美国与英国的造船能力却在持续稳定地上升，到1918年，商船下水的吨数远远超过了被损毁的吨数。

所以，英国并没有被德国困住，海运亦没有被掐断。英国加强对德国的围堵，并与美国合作，持续不断地将人力与军火运至法国与一些战线。别的很多国家基于对潜艇战的愤慨，受到英美威望日益增加的鼓励，在1917年至1918年早期，纷纷加入协约国。

1917年至1918年，除了德国潜艇战的失败，还有两个有利于协约国的成果，美军训练速度之迅疾与运输过大西洋之快速。直至1918年7月底，已有100万以上的美国士兵前往法国，计划加入对德国的总体攻击。此外，还有一个显著的成果是：各协约国加强了战时政府的权力，以利于统一军事指挥。

1916年12月，大卫·劳合·乔治担任英国首相，在各政党有力人物的协助下，为英国注入了新鲜的力量与雄心壮志。1917年11月，乔治·克列孟梭担任法国总理，而维托里奥·奥兰多担任意大利首相。二人均是精诚干练的政治家与充满爱国热忱的仁人志士。他们压制"失败主义"，强力推进战争。美国总统伍德罗·威尔逊能力卓越，擅长演说，他真诚地与奥兰多、克列孟梭、劳合·乔治进行合作。

中欧各帝国困兽犹斗，欲借力于统一的军事制度力挽颓势。1918年3

月，法国、英国、意大利与美国，为了因应中欧各国的新近变化，经过一番权衡利弊之后，最终答应将各自的军队全部交托给最高统帅来指挥，以保证军令的统一。最高统帅这个重任后来选定了斐迪南·福煦将军。斐迪南·福煦将军是法国人，已经65岁，身形矮小、两鬓花白、双眼深邃。归福煦统率的有：贝当元帅统领的法军、黑格元帅统领的英军、狄亚斯将军统领的意军、约翰·J.潘兴将军统领的美军。不久，这项英明决定的益处显现了。

福煦将军机敏地使德军于1918年春在西线行军的过程中白白地耗损力量，而无法赢得决定性胜利。之后7月，德军企图在蒂埃里堡与埃佩尔奈之间穿过马恩河，福煦将刚到的美军与他的英法老战士们一同投入战斗。

1918年7月，协约国在第二次马恩河战役中赢得了胜利。不但阻遏住了德军的推进，还让法美军队占领了蒂埃里堡，将敌军向北赶过了埃纳河。

于德国人而言，第二次马恩河战役的损失比1914年的第一次马恩河战役惨重多了。1914年，德军企图利用占据优势的炮兵与充裕的军火储备，在埃纳河高地的壕沟中坚守他们在法国与比利时的阵地，使之不被攻破。但到了1918年，德军已成强弩之末，后援乏力，损失惨重。结果是：德国人无论在兵力方面，还是在装备方面，都无法与协约国匹敌。

协约国趁着胜利之势，四处猛烈攻击德军阵地。1918年11月初，德军几乎全被逐出了法国，还被夺走了比利时的多数地区。协约国的成功，并非局限于法国与西线。1917年12月，艾伦比将军统率着一支英军自埃及推进至巴勒斯坦。在与一支阿拉伯军队会合后，他们一起战胜了土耳其军队，还占据了耶路撒冷。1918年，英军与阿拉伯军北上夺取大马士革与阿勒颇。同时，还有一支英军在美索不达米亚自巴格达沿底格里斯河向上游推进。1918年10月，土耳其丧失了整个美索不达米亚、阿拉伯、巴勒斯坦与叙利亚。

1918年9月，协约国军队在萨洛尼卡得到法军与英军，还有塞尔维亚、希腊与意大利军队的有力支援，以其兵力上的优势摧垮保加利亚军队，重新占领塞尔维亚、阿尔巴尼亚与门的内哥罗。

最终，奥匈帝国支撑不住了。捷克斯洛伐克人、波兰人、南斯拉夫人纷纷宣告独立。协约国军队从南方经塞尔维亚发起对匈牙利的进攻。罗马尼亚人再度加入战争，从东方威胁奥匈帝国。意大利人将奥匈帝国军队赶出皮亚韦河，乘胜追击，直至于1918年11月占领特兰托与的里雅斯特。

　　条顿人的中欧联盟已摇摇欲坠，其军队打了败仗，士气颓靡，将军们也厌战了，民众也高声疾呼"要和平"。见此情状，君王与政客们顿时慌了手脚。保加利亚是最后一个参加条顿联盟的国家，却是第一个退出的。它于1918年9月30日，向协约国递交无条件投降书。一个月以后，土耳其与奥匈帝国也随之投降。

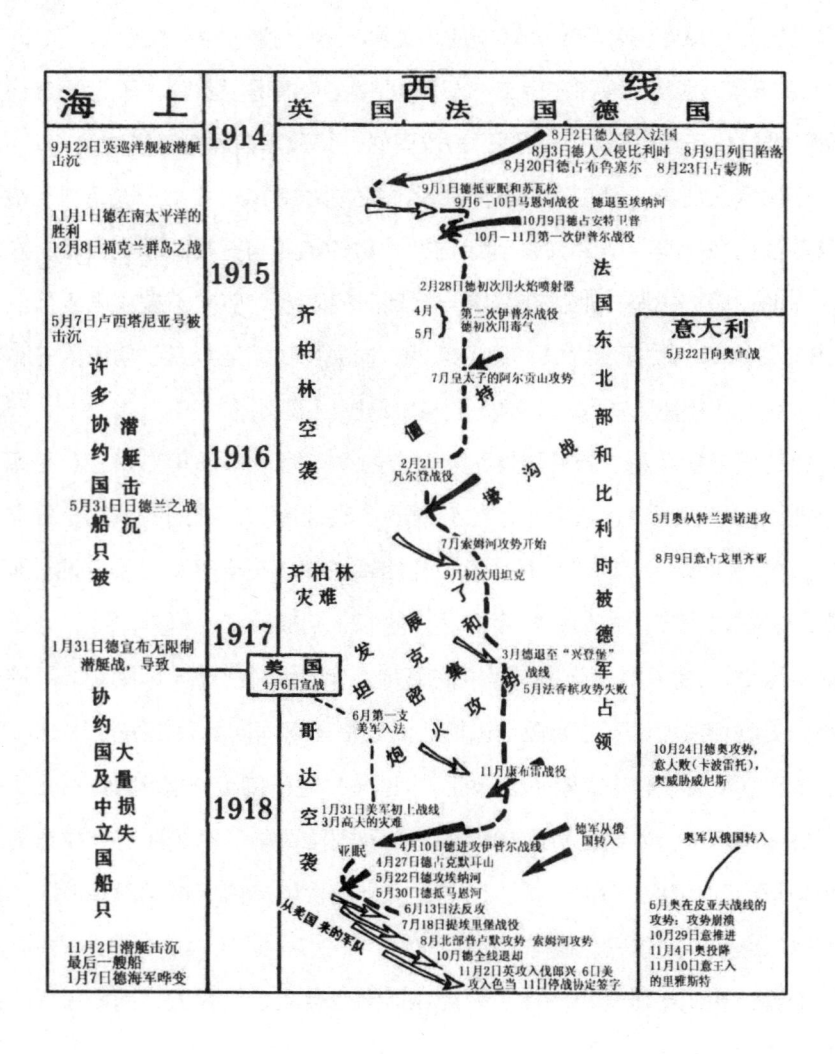

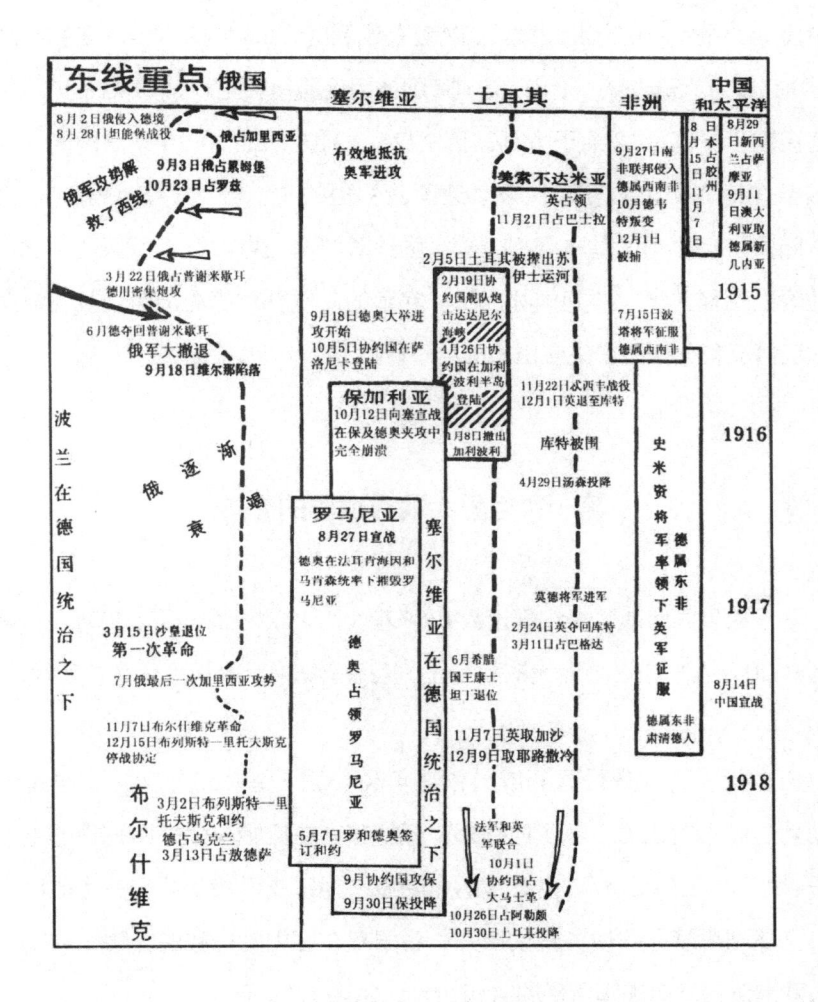

1918年11月11日，德国与协约国签署停战协议。协约国占据莱茵河左岸法国一侧的全部领土，法国得到阿尔萨斯-洛林，占据美因茨。美军驻守在科布伦茨，英军驻扎在科隆。

德国向协约国交出全部战舰与潜艇、大批火车头、摩托运货车与火车车厢。条顿联盟倒台并土崩瓦解。德国、奥匈帝国与保加利亚被全面缴械，败在成功的协约国脚下。

1918年1月，美国总统威尔逊提出了著名的"十四点原则"：1.废除秘密外交；2.保证海上自由；3.取消经济壁垒；4.削减各国军备；5.公平调整一切对殖民地的主张；6.自俄国撤兵；7.复兴比利时；8.将阿尔萨斯-洛林归还法国；9.完成意大利的统一；10.奥匈帝国各民族拥有自主权；11.给予巴尔干半岛各民族自主权；12.给予土耳其自主权；13.波兰独立；14.建立国际联盟。德国要在停战协议上签字，必须遵照威尔逊的"十四点"。关于威尔逊的"十四点"，协约国基本上都赞成，唯独对"海上自由"有所保留，它们清晰地附上解释文字："德国陆、海、空军的入侵，对协约国民众及生命财产造成巨额损失，这些损失应由德国给予赔偿。"

## 第一次世界大战对世界的影响

第一次世界大战，协约国出兵4000万人，中欧列强出兵2000万人，总数高达6000万人！在这个庞大的数字里，几乎有900万人丧失生命，2000万人受伤。

伤亡士兵，大多是家庭成员中最年轻、最干练、最壮实的，也是最生机勃勃、最具前途的。除了他们外，还得算上在饥饿与病痛中死亡的上百万男子、妇孺。战后，全球生育率明显降低。为了支付战争冲突产生的巨大费用，交战国所承担的债务直线飙升。各国都在国内发行战时公债，向公民筹款。欧洲协约国向美国所借的款额，大约为100亿美元。

各国债务剧增的同时，世界财富的生产却不断下降。在长达4年多的战争期间，欧洲主要国家从农场、工厂、商铺中带走上百万人力，有的派到战场当兵，有的安置在军工厂做工人。生活费用也在普遍上涨。有些国家的政府面临破产，民众尤其不堪其苦。

财产的损失与战争债务的加重给之后的日子带来了严酷的后果。战后，参战各国大多得偿还战争债务和利息，还得重建城市设施。贸易的恢复慢得像蜗牛爬行，而且恢复的范围也有限。部分政府计划发行更多的纸币来填补财政开支的缺口，结果导致钞票严重贬值，物价飞涨，民不聊生。1919年1

月，在巴黎召开的和平会议需要解决重大的问题：世界大战宣告结束，世界的版图得重新勾画；得遵照威尔逊的"十四点原则"签订合约；得拟就国际联盟的宪法。

巴黎和会是一个总统、首相、政治家、外交家、地理学家、银行家、军事将领等各色人物的秀场。其中佼佼者有三名，他们分别是法国的"老虎"克列孟梭、精干的英国首相劳合·乔治、美国总统伍德罗·威尔逊。这"三巨头"掌控了和会的所有决定。和会的代表总共有70人，其中多数代表曾在战争中反抗德国的32个国家。德国却没有自己的代表，俄国也没有，有的中欧列强也没有。协约国打算写好条款，之后强迫战败国接受这些条款。

和会的70位正式代表由上百个秘书、地理学家、历史学家、银行家，以及一些各方面专家协助工作。虽则如此，条约的准备工作还是耗费了好几个月的时间。最后，敌对各国被召集至巴黎，准确地说，是来到巴黎附近的市镇，分别被命令在协约国单方面拟定的条约上签字。1919年6月28日，德国的条约在凡尔赛宫著名的镜厅签订；9月10日，奥地利的条约在圣日耳曼签订；11月27日，保加利亚的条约在讷伊签订；1920年6月4日，匈牙利的条约在三角厅（位于凡尔赛）签订；1920年8月10日，土耳其的条约在色佛尔签订。这五个条约与同时所签署的其余条约一起，统称为1919年至1920年的《巴黎和约》，也称《凡尔赛和约》。依据《凡尔赛和约》，西欧列强对于它们所遭受的人财物方面的惨重损失得到了部分赔偿。西欧列强一心想让德国降为二等国，在工商业方面无法平等地和它们竞争，还想解除德国的武装。它们夺取了德国的所有殖民地，没收了德国的所有海军与大多数商船，强逼德国放弃义务兵役制并停止军火的生产。协约国还强迫德国答应支付赔款几十亿美元，现金不够，可以用实物比如煤来偿付因德国所导致的损失。在德国偿清赔款前，协约国军队必须占据莱茵河左岸地区。

德国梦想取得的世界霸权被协约国，尤其是英法两国获取。在《凡尔赛和约》中，英国以全球第一的海上与殖民强国的身份出现在世界舞台上。在亚洲，英国和阿拉伯国家希贾兹与波斯建立了秘密的庇护关系，从土耳其手中夺取了巴勒斯坦与美索不达米亚。在非洲，英国巩固了它是埃及的保护国的地位，与法国一同瓜分了德属殖民地多哥与喀麦隆。英国人除了帮自己获得德属东非的大部分外，还帮大英帝国的南非联邦得到德属西南非洲。在太平洋，英国将赤道以南的德属岛屿与新西兰、澳大利亚瓜分。

在欧洲，法国获得了阿尔萨斯-洛林的控制权，霸占了萨尔河流域的丰富煤矿。在欧洲之外，法国又获得了对叙利亚和喀麦隆及多哥各一部分的所有权。法国养着一支庞大的常备军，还与比利时、波兰、捷克斯洛伐克订下盟约，变成了欧洲大陆最重要的军事强国。

意大利完成了国家统一。奥地利将特兰托、的里雅斯特、伊斯的利亚半岛及亚得里亚海的部分岛屿割让给它。1924年，意大利通过新条约取得了阜姆这座城市。没收复的意大利领土均一一收复了。意大利在利比亚与索马里的非洲殖民地都得到不小的扩张。

日本在远东的实力与威望，都得到了极大的增强。日本还获得了太平洋赤道以北的德属岛屿以及德国在中国经济方面的租让权。日本不顾中国抗议，霸占胶州湾商埠。后来，胶州湾商埠于1922年归还中国。日本不但从德国的失败和中国的衰弱中获利，还从沙皇俄国的崩溃中大赚特赚。

美国是获胜大国中，唯一没在战后占领他国领土，也没在《凡尔赛和约》中要求割让土地的国家。战争虽然结束了，但1914年至1918年这段噩梦般的岁月带给亿万人民的痛苦记忆，像幽魂一样挥之不去。亿万人民深刻地感觉到，倘若这场战争早些日子结束，那将会是最大的收获。

新版图勾画好了，新法律也制定了不少。在不同的国家中，政府与社会情况的变迁之巨和革命无异。民主主义与民族主义都获得了明显的增进。

《凡尔赛和约》的结果，让大多数欧洲国家的领土以民族为基础重新界定。德国的非日耳曼各省一律被剥夺，1871年德国占领的阿尔萨斯-洛林也被要求归还法国。1864年，德国从丹麦手里夺得的石勒苏益格北部又回归丹麦。普鲁士的波兰地区交予新建立的波兰共和国。虽然居住在但泽的主要是日耳曼人，但波兰对其享有特殊的商业权利，因为波兰没有其余的海港。所以，为了照顾但泽主体居民的民族情绪，但泽被规定为"自由市"。

奥匈帝国的领土被它的诸民族悉数瓜分。奥地利与匈牙利成为两个各自为政的小国，前者的居民都是日耳曼人，后者的居民都是匈牙利人（马扎尔人）。捷克斯洛伐克各省联合产生了新独立的捷克斯洛伐克共和国。加里西亚省交给了波兰。特兰西瓦尼亚与附近的部分地区割让给了罗马尼亚。特兰托、的里雅斯特同别的地区并给了意大利。南斯拉夫人的地方与塞尔维亚合为"塞尔维亚人、克罗地亚人与斯洛文尼亚人的王国"，简称南斯拉夫。

《凡尔赛和约》规定了按民族界线分割奥斯曼土耳其帝国的条款。埃及与阿拉伯小国希贾兹都成为在英国荫庇下的"独立"王国，受到英国较大程度的掌控。亚美尼亚获得独立，但没有获得维护独立所需的相应帮助。因此，亚美尼亚的多数地区仍为土耳其实际占领。土耳其的色雷斯则分给了希腊。

巴勒斯坦另外成立了一个国家，受到英国管制。这是打算为企图久居巴勒斯坦的犹太人成立一个"民族之家"。叙利亚由法国托管，法国人曾经在该地修建了几条铁路，创设了几个基督教会。美索不达米亚交予英国，后者将它改为"伊拉克"，虽由阿拉伯国王管理，但受英国掌控。

第十七章

新秩序的建立

## 布尔什维克在俄国的胜利

十月革命期间,列宁多次强调:"自由派资产阶级及其政党力图使革命半途而废,把君主制保留下来,由君主即旧政府来召集立宪会议,实现君主立宪制。无产阶级及其政党则力求把革命进行到底,彻底废除君主制,由临时革命政府来召集立宪会议,实现民主立宪制,即民主共和国。"

然而,11月12日至15日进行的选举投票,大大出乎列宁的意料。在703个席位中,布尔什维克只获得163席,远低于社会革命党所获得的席位。到了1918年年初,召开立宪会议之前的选举结果揭晓:在总共707个席位中,布尔什维克得到175席,仅略高于最初结果。而社会革命党得到410席,各民族政党86席,立宪民主党17席,孟什维克16席,其余席位属于几个不起眼的零散组织。显然,布尔什维克输掉了选举。

一个多月后,排除了立宪民主党人的立宪会议于1918年1月5日召开。会前列宁决意"用武力更正票箱",宣布在彼得格勒戒严,调集忠于布尔什维克的军队进入首都。开会当天,布尔什维克代表建议立宪会议按人民委员会要求,把权力移交苏维埃并自行宣布解散,遭到多数立宪会议代表的拒绝。布尔什维克遂用武力驱散立宪会议。

布尔什维克的夺权方式招致不满。和布尔什维克一样，在选举中获得大多数席位的社会革命党，认为俄国社会需要进行全方位的改革，但他们痛恨布尔什维克垄断革命果实。于是，他们在地下组织起来与布尔什维克暗中较劲。右派分子则在哥萨克地区集结军队公开叛乱，但并没有发起任何像样的反抗。

在布尔什维克签订了《布列斯特-里托夫斯克和约》后不久，西方列强给俄国边境地区出现的几个反革命政府派去军事顾问和特遣队的同时，还支援了一批军用物资和资金。他们误以为布尔什维克是德国用来对付协约国集团的工具，所以企图端掉他们，让俄国再次卷入战争。不料，俄国的内战开始没多久，第一次世界大战就宣告结束。

巴黎和会上，协约国领导人就是否要进一步干涉俄国内战展开了讨论。美国总统威尔逊和英国首相劳合·乔治不谋而合，都一致认为应该立即停止插手俄国的内战。但法国总理乔治·克列孟梭持反对意见，他认为俄国的革命会给欧洲带来威胁，必须抢在布尔什维克于全世界范围内掀起革命浪潮之前，将他们悉数消灭。由于威尔逊和劳合·乔治有大量的本国政务等待处理，先期离开巴黎，未能坚持己见。而英美两国留下的与会代表和法国人持有相同观点，他们一致达成了继续支持俄国叛军的决议。

起初，布尔什维克接二连三遭遇失败。原因在于布尔什维克掌握的军队数量严重不足，面对来自各个方向的围攻疲于应对、顾此失彼。同时，因为军官的大量流失而导致士兵们缺乏专业的组织、管理、约束和指挥。被留用的军官则有相当部分的忠诚度受到怀疑，难以充分发挥其作用。和新政权生死与共的红色军官，也往往因为军队内部组织纪律涣散而难以建立权威，发挥与白军军官相当的作用。

1918年年初，布尔什维克颁布组建工农红军和工农红海军的法令；3月4日成立最高军事委员会，由列夫·托洛茨基担任主席，统一指挥全国武装力量；4月成立地方军事机构，全国普及军训；5月29日，通过关于实行普遍兵役制的法令。布尔什维克还决定动员全国的人力、物力，将全部工作转入战时轨道。到了1918年年底,红军的数量达到50万。

1919年3月,西伯利亚的高尔察克攻克乌拉尔以西的乌法城;8月,克里米亚的邓尼金抵达基辅;10月,爱沙尼亚的尤登尼奇深入彼得格勒。但到年底时,高尔察克便被捕获并处决,邓尼金则被赶回克里米亚,尤登尼奇撤退至波罗的海地区。红军的组建以及战时政策的施行,扭转了内战初期迭遭失败的颓势,为胜利奠定了基础。

第一次世界大战结束后,波兰民族英雄约瑟夫·毕苏斯基成为独立不久的波兰元首,他素有雄心壮志,不满足于把波兰从罗曼诺夫王朝、哈布斯堡王朝和霍亨索伦王朝统治下解放出来,而是企图借助三个王朝的覆没,以及英法两国需要在东方寻找策应伙伴以牵制德俄的外交战略,实现波兰民族的复兴,把波兰的版图恢复到1772年的状况,即大致以今天的德维纳河和第聂伯河为界。巴黎和会对于波兰东部边界的规定,远远不能满足波兰的硕大胃口。

"十月革命"后的苏俄陷于内战,红军同高尔察克、邓尼金、尤登尼奇激战正酣,毕苏斯基判定:必须抓住机会向东拓展,倘若苏俄内战结束,则恢复故土的宏图壮志就很难实现了。1920年4月,波兰人趁俄国人疲惫不堪之际,悍然侵入乌克兰。苏俄鉴于内战尚未结束,为避免被内外两条战线拖垮,遂于1919年12月22日向波兰政府发出和平谈判邀请,然而,因双方的诉求相悖,数月谈下来毫无结果。很明显,拖延对波兰没有好处。4月25日,毕苏斯基在西南方向的日托米尔挥戈东进,于5月7日拿下乌克兰首府基辅。但仅仅5个星期后,他们就被赶了出去。7月时,波兰军队被迫撤回本土。布尔什维克乘胜追击,于8月14日掩杀到波兰首都华沙城外。在法国人的援助下,俄国军队又被赶回了俄国。10月,这场战争宣告结束。1921年,波兰和俄国签订《里夫条约》,规定波兰和苏联的国境线。两国此后赢得了短暂的和平,直至第二次世界大战爆发。

当布尔什维克政权解决了与波兰的争端之后,掉转枪口开始对付弗兰格尔。弗兰格尔是邓尼金的继承者,在法国人的支持下,占领了南部俄罗斯的广大地区。苏俄著名将领伏龙芝统率的红军一不做二不休，径直把弗兰格尔赶到了克里米亚半岛。此时，红军在其他战线也取得重大胜利。在西线，尤登尼奇对彼得格勒的第二次进攻被击退，其残部逃入爱沙尼亚并被解除武装；在北线，红军于1920年2—3月先后占领阿尔汉格尔斯克和摩尔曼斯克；在东线，红军于1919年秋从托博尔河地区转入新的进攻，至翌年1月全歼高尔察克军队。至此，苏俄内战和外国武装干涉基本结束。1922年10月下旬，盘踞在远东地区的日本干涉军也被逐出苏俄。

在布尔什维克的各路敌人当中，有忠于诺曼洛夫王朝和沙皇的高尔察克、邓尼金，有借机复国争取民族独立的曼纳海姆、毕苏斯基，有独占一方割据称雄的彼得留拉，也有纯粹就是看不惯布尔什维克的政策、方针和路线的哥萨克，甚至还有干脆就是打家劫舍的流寇——马赫诺。这些力量虽然都与布尔什维克为敌，但他们的信仰和目标却千差万别，存在着无法调和的矛盾。即使是目标和立场大致相同的力量，也缺少能够服众的领袖人物。

不仅他们，参与苏俄内战的外国干涉军也是各怀鬼胎：德国是为了彻底解除俄国继续与其作战的能力，消除两线作战的威胁，同时以俄国的资源补充本国原材料和农产品的损失；英国是为了恢复和维护一个对本国和协约国集团既依赖又合作的俄国政权；法国是为了防止德国利用俄国的资源和协约国援助俄国的武器物资继续战斗；日本是为了攫取俄国在远东地区的领土和权益。

不但各国目标各异，左翼的社会革命党人与右翼分子的天然对立，也给了布尔什维克以转圜之机。相比之下，布尔什维克拥有纪律严密的党组织和监察系统，且前所未有的团结。在内战中，虽然政府控制的地区一度只占全国领土的很少部分，但全俄的核心区域却一直控制在政府手中。这里所说的核心区域，既是指地理形势上的，也是就工业交通而言。由于核心区域为政府所控制，不仅从地理上隔绝了各路白军之间的实质联系，更重要的是政府掌握了西部乃至全国的工业精华区与铁路、内河航运的枢纽和干线。依托工业区，红军不仅武器弹药的生产供应占据压倒性优势，且因着这些地区聚居的产业工人而有了稳定而可靠的兵源保证。借助完整的水陆运输网,红军的兵员和武器可以便捷地输送到需要的地方,达成局部的优势。

最后,还得提到红军的政工制度。虽然早在法国大革命时期,便已出现军队政工制度的萌芽,但军队政工制度的真正确立,是苏俄红军的首创。政工制度加强了党对枪杆子的领导,保证了军队将士的稳定和忠诚。也许正如美国的一位史学家所说,西方列强的武装干涉非但没有削弱布尔什维克,反而增强了布尔什维克本身的力量。倘若西方列强没有盲目地干涉俄国局势,布尔什维克能否在俄国占据统治地位,也说不定。

长期的内战和列强的干预,给俄国人带来了灾荒和饥饿。更为严峻的是,恶化了苏俄与西方的外交,使苏俄领导人滋生"被资本主义所包围"的忧患意识。而西方政治家对苏俄发起的第三共产国际也深感疑惧。双方的这种彼此忌惮和猜疑,使他们原本就已糟糕透顶的外交关系更加恶化了。

## 德国的势力均衡

专制德国是被军事推翻的。普鲁士与德意志的霍亨索伦王朝独裁,归根结底,靠的还是军队的实力与忠诚。1918年,第二次马恩河战役,德军表现出致命的弱点,守不住在法国与比利时的阵地。德国国内过去的一些尚未彻底接受过俾斯麦计划的团体,强烈表达了立即谈和的意愿,并要求民主改革。这些团体包括社会党、天主教党与民主党。

迫于压力,德皇威廉二世委派民主党人——巴登的马克西米利安亲王为帝国宰相。马克西米利安亲王初任宰相即许下进行民主改革的诺言,同时开始与协约国讨论停战协议。但为时已晚,协约国拒绝与独裁政府进行谈判。德国国内的民主团体怀疑,只要德皇威廉二世大权在握,宰相实施自由主义改革的允诺可能是句空话,多半会泡汤。同时,德军在战场上接二连三吃败仗,危难之际,有几个军团与海军造反了。威廉二世在失败与叛变迫在眉睫之时，方才意识到德国专制政体的末日就要到了。

1918年11月9日，威廉二世在德国与协约国签署停战协议的前两天，悄悄逃往荷兰。普鲁士皇储与霍亨索伦家族的其余成员也随之仓皇出逃。不几天，巴伐利亚、符腾堡、萨克森的国王不是逊位就是被废黜。

威廉一世的霍亨索伦帝国是靠俾斯麦的铁血政策创建起来的，又在威廉二世的治下沦亡于第一次世界大战的铁血交锋。

威廉二世出逃，德国的民主革命几乎未流一滴血就获胜了。巴登的马克西米利安亲王将帝国宰相的职权移交给了社会党的领导人弗里德里希·埃伯特。埃伯特出身于工人家庭。他授权和谈代表在与协约国的停战协议上签字，并进行国民议会选举。在国民议会选举中，德国全部年届20岁的公民都投了票。这显示出青年一代对民主体制的认可。

几乎同时，普鲁士、巴伐利亚与别的德意志邦，都成立了临时共和政府。德国的国民议会于1919年2月在魏玛举行，主要受社会党人、天主教党人与民主党人的联合控制。国民议会宣布德国属于"共和国"，埃伯特被推选为首届总统。《凡尔赛和约》被批准了，还投票通过了一部新的民主宪法。1919年8月生效的新宪法宣布，全部德国人在法律面前一律平等，出身、阶级或是宗教上的所有特权统统废除。新共和国的联邦政府与诸邦政府均以人民主权原则作为基础，以共和政体为形式，以民主主义为宗旨。全体德国公民，不分男女，在全国与地方选举中均享有选举权和被选举权，投票采取公平、直接与不记名的方式。

在新共和国，总统由人民普选选出，任期为7年。法律由国民议会与联邦议院制定，交由向国民议会负责的内阁施行。国民议会代表全体国民。联邦议院代表诸邦。组成新共和国的18个邦全都启用民主主义宪法。根据宪法，普鲁士成为德国的一个邦，即"普鲁士自由邦"，实行地方自治，其领土即原普鲁士王国的疆域。普鲁士位于德意志北部，是德意志境内最强大的邦国，存在于从中世纪至第二次世界大战结束这段时限内。19世纪，普鲁士通过三次王朝战争统一了德意志。1871年，时任普鲁士王国国王的威廉一世在普法战争中击败法国，于凡尔赛宫加冕成为德意志帝国皇帝。1920年11月，普鲁士自由邦政府在德国社会民主党和天主教党的执政联盟领导下，重造普鲁士，完成了普鲁士的政治改革。

起初几年，德国新政权陷于多面夹攻，遭受了严峻的考验。一方面，由于与协约国签订了丧失民心的和约而备受指责；另一方面还得为战后重建担负起重任。同时，新政权必须打败与之敌对的政治团体。普鲁士的容克贵族与部分资本家尝试恢复君主体制，挖民主体制的墙脚。另外，共产党人也没歇着，他们处心积虑地试图在德国建立一个苏维埃政府。

在哈布斯堡王朝的二元君主国里，被统治民族长时期处在惊惶不安之中。1918年10月，奥匈军队最终战败，等于点着了哈布斯堡帝国革命的引信。捷克斯洛伐克人与波兰人都建立了各自为政的共和国；南斯拉夫人与罗马尼亚人分别加入民主性质的塞尔维亚王国和罗马尼亚王国；奥地利的日耳曼人公开宣布建立民主的日耳曼人的奥地利共和国；马扎尔人成立了没有国王的匈牙利王国。

1918年10月21日，奥地利帝国议会中的210名日耳曼议员，自行组成德意志-奥地利国民议会，继而于10月30日宣布德意志-奥地利为独立国家，其领导机构国务委员会包括3个主要党派的领袖及其他民选委员。维也纳市内的革命骚乱，尤其是有关德国革命的消息，迫使国务委员会走上共和道路。11月12日，国民议会一致决定："德意志-奥地利为民主共和国"，并称"德意志-奥地利为德意志共和国的组成部分"。1920年，制宪议会通过了与德国一样彻底的民主宪法。1920年2月29日，捷克斯洛伐克脱离奥匈帝国，以法国宪法为榜样起草并通过了捷克斯洛伐克宪法。宪法规定：人不分男女，均享有选举权。

同样是在1920年，希腊人打倒了维尼泽洛斯，使亲德国的国王君士坦丁重获王位。希腊人的这一行动，深受协约国的厌憎。协约国拒绝承认君士坦丁政权，并停止对希腊的财政援助。1922年9月27日，君士坦丁国王被迫传位给他的长子乔治二世。由11名军官组成的革命军事法庭处决了君士坦丁国王的6名军政要人。希腊发生了共和党人与保皇派人民党之间的斗争。这场斗争,使继位不久的乔治二世国王于1923年12月被迫离开希腊。1924年经公民投票,希腊废除君主立宪制,宣布为共和国。1928年维尼泽洛斯出任共和国总理,先后与意大利、南斯拉夫签订友好条约,并与土耳其改善了关系。不料,好景不长,在20世纪30年代经济大萧条的冲击下,希腊经济状况恶化,负债累累。1935年,保皇党上台,取消共和制,迎接君士坦丁的儿子乔治二世回国,复辟君主制。

1917年至1918年,在俄国崩溃之际,波兰籍士兵有从俄国回来的,也有从普鲁士与奥地利回来的。这些回来的士兵意图集结在约瑟夫·皮苏兹基将军的麾下,加入协约国作战。皮苏兹基返回波兰后,被占领波兰的德国人囚禁了。不过,大部分波兰士兵确实加入了协约国一方。战争结束时,1918年11月,波兰成了一个自由与独立的共和国,并再次统一,皮苏兹基将军被选举为总统。

## 意大利成为法西斯国家

正如我们在历史的动乱中看到的,没人可预知战争或是革命会造成何种结果。在俄国,第一次世界大战后,布尔什维克夺取了政权。在意大利,法西斯主义升至权力之巅,而且与布尔什维克一样,各地的人们对此都抱有极大兴趣。

自意大利取得解放与统一的1871年到第一次世界大战发生的1914年,意大利政府始终是民主政府,通过了很多法律来改善人民的社会福利与经济幸福。

意大利的民主主义并没有削弱其爱国主义。意大利人特别渴望收复特兰托,还有的里雅斯特,这种期待历时悠久。1915年,意大利退出三国同盟,加入法国、英国与俄国一边,抵抗德国与奥匈帝国。意大利在两个关键地点投入战斗，一是亚得里亚海，奥地利海军已在那里部署了舰队。但是，意大利相信它自己的舰队更为强大。二是意大利同奥匈帝国接壤的西北边界。在那里，国王维克多·伊曼纽尔的军队，面临着奥地利善于山地作战且随时可能得到德军增援的难缠部队。

战后，意大利获得了特兰托、的里雅斯特，还有别的一些地盘。可是意大利并不满意，它所期待获得的战利品远远不止这些。热诚的爱国者抱怨胜利果实遭到别国抢劫。经济的困顿也引起了不满。在战争债务的重负下，生活费用高涨，引得民怨沸腾。由于在议会中没有一个政党占多数，导致政府相当弱势，无法满足各方的需求，左支右绌，穷于应付。

参加大战的复员军人从前线回来，很难找到工作。农民嚷着要地种，尽管他们在有些地方夺得了有钱人的土地。工人也愤愤不平，用罢工的方式来表达抗议。对于所有这一切的混乱与不幸，政府理应受到指责，没有人会体谅政府的难处。这时，法西斯组织趁势兴风作浪。1919年3月，墨索里尼来到米兰，在这里建立了意大利第一个法西斯组织——"战斗的意大利法西斯"。所谓法西斯，原指中间插着一把斧头的"束棒"，在古罗马是权力和威信的标志。其政治意涵为"个人服从集体，集体服从领袖"。有着恺撒情结的本尼托·墨索里尼选择用"法西斯"这个古罗马的名字命名自己的党派，其习俗礼仪全部沿袭古罗马遗风，他们以黑衫做制服，以古罗马的笞棒图案作为党徽，并提出一个以"恢复古罗马的光辉业绩"为口号的政治纲领，从而为法西斯主义赢得民众的广泛支持奠定了基础。形形色色的忧国忧民之士，战后复员的军人，农民与产业工人，一拨一拨地加入法西斯组织，成为本尼托·墨索里尼的追随者。本尼托·墨索里尼曾是一位新闻编辑，又是参加过战争的复员军人，以前还曾经是一个激进的社会党人。墨索里尼曾写道："古罗马传统主张强力意志，在法西斯主义学说中帝国不但是领土的或军事的、贸易的表现，而且是精神或道德的表现。"

在墨索里尼的煽惑下，极端的民族主义宣传开始在意大利鼓噪起来。加入法西斯的党徒身着黑色制服，成群结队地招摇过市，自称是意大利的救星。

起初，没有人把他们当一回事。1920年5月，"战斗的意大利法西斯"决定把使用暴力手段作为其行动方针。1921年11月，该组织改组为"意大利国家法西斯党"，由墨索里尼出任领袖。随后，法西斯党整顿组织、强化纪律、建立武装，解散地方政府，准备夺取全国政权。

形势发生了逆转。墨索里尼及其党徒利用政府高层对共产主义的恐惧心理，大力打击社会党和共产党人，到处破坏工人集会，捣毁社会党的活动中心，借此壮大自己的声势。1922年7月，法克特政府发生危机，邀请墨索里尼的"意大利国家法西斯党"参加政府。社会党发起了抵制行动，并于8月总罢工。墨索里尼的"意大利国家法西斯党"乘机打击工人力量，夺取了米兰市政府。

1922年10月16日，"意大利国家法西斯党"在米兰开会，成立四人领导小组，提出"向罗马进军"的口号，并为此组建了三个武装军团。20日，四人小组在佛罗伦萨开会，制订了进军计划。主要内容是：法西斯分子实行总动员，占领各大城市公共建筑物……不惜一切代价占领罗马，一旦失败向意中部翁布里亚撤退，在意中部城市建立法西斯政府，重新向罗马发起进攻。10月22日，墨索里尼在那布勒斯召集3万余名武装到牙齿的法西斯党徒开大会，叫嚣罗马、意大利以及政府的权力是属于他们的，并宣布向罗马进军。法西斯党的声势日渐壮大，引起了民众的注意。

10月29日下午，意大利国王屈服于法西斯势力的崛起，低声下气地任命了法西斯党头头墨索里尼担任首相。议会投票，通过了给予墨索里尼独裁的权力，承认墨索里尼是一位"领袖"（il duce）。墨索里尼的性格确实极具吸引力，善于巧妙地在民众面前将他自己伪装成运动健将，一个天不怕地不怕的英雄，一个无与伦比的爱国者和超级能人，不但可以胜任首相一职，而且还可以同时兼任七个内阁成员的工作。墨索里尼的出现，让很多人想起了恺撒与拿破仑。

墨索里尼上台后，竭尽全力阻止任何有损于他的评论，报纸必须称颂他，要不然就会被查封。凡倡言反抗他的大学教授几乎全被解职。反法西斯主义的领导人被迫流亡国外。反对党派彻底被铲除。一切言论自由、出版自由、集会自由，都没了。这个首脑打算用国家纪律代替个人自由。所有国民都必须遵从国家意志，而国家意志就是墨索里尼的个人意志。

墨索里尼上台后，第一件任务就是消除经济贫困。墨索里尼用削减财政支出来平衡国家预算和稳定币值。排放沼泽地区的积水，让意大利的粮食产量得以增加。利用意大利取之不尽的水能来发电，再用电能来代替高昂的进口煤炭。

墨索里尼利用自己的权柄来弹压劳资间的争斗。社会主义者与共产主义者的工会均遭到破坏，取而代之的，是1926年劳工关系法规定的、在政府的严控下清除了革命鼓动者的官方工会组织。雇主也被收纳进官方工会。工资、工时与劳动条件等问题，用相应的契约来予以解决。禁止罢工与关停工厂，劳工纠纷呈交专门法庭判决。

这些举措，只是墨索里尼实现法西斯理想的初步措施。墨索里尼的理想需要一个建立在以经济组织而不是以政党为基础的民族国家。

1928年至1929年，意大利的法西斯党人展开了以经济集团取代政党的试验。首先，13个大经济集团给新国民议会荐举了800名候选人。法西斯主义者全国理事会从这800名候选人中挑选出400名。之后，选民只要在选票上标上"同意"或"不同意"的记号即可。当然咯，结果是几乎全部850万以上的选票都标上了"同意"。令人惊异的是，竟有13.6万人投了"不同意"，而这种票可以在颜色上区别出来。显然，这是对法西斯主义者全国理事会的挑战。

墨索里尼想尽一切办法企图解决的最难问题之一是罗马问题。1870年，意军夺得罗马，教宗拒绝允诺给他失去领土的赔偿金，引起教会与国家的对抗。1929年2月11日，为了阻止这场争端，墨索里尼成功地与教会达成了一份协议。协议规定，意大利认可教宗是独立国家的首脑，拥有在罗马境内的梵蒂冈城的主权；作为交换，教宗须得放弃对一些地方的主权要求。

虽然梵蒂冈城只包括一些建筑物、圣保罗教堂与邻近花园，总共约有100亩土地与仅有的1000个居民，可是却足以使教宗不用受意大利辖制，而拥有独立的地位了。据当天与教廷签署的条约，在教会与国家间的关系方面，比如教育、婚姻法与任命主教权等，双方都达成了友好的协议。

在对外关系方面，墨索里尼不关心国际关系的培育，只关心领土的占有。他说，意大利若要恢复古罗马的荣光，唯一的道路就是向外扩张。通过与英法两国的谈判，墨索里尼在非洲获得了部分土地，还通过1924年与南斯拉夫签署的条约得到了存有争议的亚得里亚海的阜姆港。事实上，阿尔巴尼亚已变成意大利的附庸国。

世界大战后的欧洲，最重要与最让人感兴趣的独裁统治是意大利的法西斯统治。当然，还存在别的独裁统治样式，我们将予以简短的阐述。

作为一战的结果之一，波兰民族国家获得了自由与再度统一。起初，它曾与邻国爆发武装冲突，但于1921年平息后，制定了一部宪法。该宪法与法国宪法近似，遗憾的是并未得到有效施行。1923年，毕苏斯基将军宣称波兰需要一个强力政府，进攻华沙并夺得了政权。毕苏斯基将军当政后，成了一个独裁者，通过当时的共和形式来实现独裁。1935年，毕苏斯基将军去世后，披着共和外衣的独裁统治在修改后的宪法中一直得到了延续。

立陶宛也是独裁统治。这场世界大战结束时，匈牙利建立的共和国于1919年被共产主义者推翻了。但很快又被保守派的独裁者、海军上将霍尔蒂取替。在霍尔蒂统治时期，匈牙利设立议会和内阁，议会形同虚设，并不民主，内阁也极为保守。

1924年，自称是共和国的希腊在独裁统治与民主主义之间摇摆。经历了11年的游移，1935年的希腊决定召回流放的国王。有几年，保加利亚是被一个农民出身的总理所统治的。该总理严厉镇压反对派和所有反抗他的人，但他最终还是被推翻并死于非命。阿尔巴尼亚也有一个窃用国王尊号的独裁者。在南斯拉夫，国王获得了独裁权。有一段时期，国王亚历山大握有绝对的权力。1934年，亚历山大被暗杀，年仅11岁的孩子继承王位。

1923年，西班牙立宪政府被普里莫·德·里维拉将军弃置一旁，采行军事独裁统治了6年多，备受军官和商人的拥戴，还获得了国王的明确认可。但是，大学师生、劳工领导人与自由主义政客们对普里莫·德·里维拉将军的军事独裁统治并不满意，抗议不断。1930年1月，普里莫·德·里维拉卸任，另一位将军接任首相。1931年，西班牙爆发革命，成立了共和国。

## 印度的非暴力运动

英国在19世纪末到20世纪初的这段时间里，进入了帝国主义国家的行列。印度是英国的一个规模最大和物产最为丰富的海外殖民地，不但是英国重要的原料产地和交易市场，还是最大的海外投资目的地。英国人在印度修建铁路、开办工厂、创立银行，把握了整个社会的经济命脉。英国对印度的压榨也开始变本加厉。

英国在这里投资建厂的同时，印度本地的商人也开办了自己的工业，主要是棉纺织业，但是政府不但不支持他们的发展，还处处压制和排斥他们。印度的工商业者发出了强烈的呼声，要求政府平等对待本民族的工商业。为了向庞大的殖民政府和众多商业公司输送人才，印度从19世纪30年代开始，成立大批高等学院。1857年，印度创立了加尔各答、孟买和马德拉斯三所大学。印度近代社会的第一批知识分子就从这些学校中诞生了。其中虽然有为殖民主义者卖命、讨统治者欢心的洋奴，但是也有越来越多的人发出了自己的声音，反对英国人的压迫和歧视。

印度的资产阶级政治运动在这种背景下发生了。19世纪中后期，印度各地先后出现了各种社会政治组织，提出了改革的要求。

1885年12月，印度国大党成立了，这是一个遍布全印度的民族主义组织，它的成立也标志着印度的民族主义运动进入全国性的阶段。

一直到20世纪初期，国大党并没有设定争取独立的长期目标。而第一个提出追求民族独立的目标，并为了这个目标在群众中开展政治运动的，是党内出现的小资产阶级激进派。

在这些极端分子的推动下，1905年到1908年，印度出现了争取民族独立的高潮。但是党内的温和派并不急于求成，仅仅在1905年通过决议，要求印度实现自治。

第一次世界大战爆发之后，国大党中的两个派别都宣布支持英国参战。130万印度籍士兵和英国士兵共同奔赴战场。面对国大党的压力，英国殖民政府宣布，战争结束后，印度将作为英国的一个自治领，实行民族自治。但是战后，英国没有兑现承诺，却制定了新的治安法，加强了镇压民族独立运动的力度。

面对英国殖民者的丑恶嘴脸，虽然国大党人十分气愤，却毫无办法。老套的示威和抗议显然无法起到任何作用，党内的温和派又反对进行任何激烈的反抗。当他们正在一筹莫展的时候，甘地和他倡导的非暴力不合作思想出现了，这种思想马上就吸引了资产阶级和普通民众的注意。

1869年，莫汉达斯·卡拉姆昌德·甘地出生在卡提阿瓦的一个信奉印度教的官员家庭中。他早年在英国留学，毕业后回到印度，成了一名律师。1893年，他接受了一位在南非经商的印度商人的聘用，远赴南非为他处理一些债务纠纷。他没有想到的是，竟然在那里停留了20多年，而且他的人生完全被改变了。他放弃了律师的工作和它带来的稳定收入，带领印度侨民开展反对歧视的斗争运动。在斗争中，甘地形成了自己的非暴力思想。他认为，人性的真谛是爱，要爱一切人，即便是对压迫者也要用爱来感化他们。野兽才会使用暴力，暴力只能带来更大的仇恨，导致人性的丧失。他的高尚人格和牺牲精神传回印度本土后，赢得了广泛的赞誉。诗人泰戈尔称他为圣雄，意思是伟大的灵魂。

甘地于1915年年初回到了印度，想要将在南非的运动中总结的经验和方式在印度应用。和通常的政治家不同，甘地有一套属于自己的思想体系。他主张宗教政治化、政治宗教化，还宣称自己将要实现这个使命。

甘地认为，要把政治和宗教结合成一个整体。政治以宗教追求的目标为指导，宗教的追求也要通过政治的方式实现。宗教追求的目标是什么呢？甘地的理解和普通人不同。他对人们说，不要盲目崇拜神灵，或者严格地尊重宗教的各项规则和制度，用来换取最后的解脱。人们需要做的是在现实世界中努力追求真理。这个真理在甘地看来就是正义、完善与和谐。从这里我们能够看出，甘地推崇的是通过人自身的精神境界，从而达到提升整个社会的道德标准。但是他同时认为，在现世的世界中存在很多不平等和歧视，还有政治上的压迫，因此想要实现在宗教方面的诉求，就必须依靠政治，通过政治手段去实现。另一方面他还认为，政治需要把宗教的目标作为指导才会变得有意义，否则就成了纯粹的追逐权力和利益的活动，没有任何价值可言。

甘地对现代文明的看法是，西方的资本主义制度下产生的现代工业文明，会使社会出现巨大的两极分化，并由此产生一系列弊端。印度不应该走这样的一条道路，而应该成为一个以家庭的自给自足为基础的，不存在剥削和暴力的小农社会。已经存在的大型工业体系可以保存，但是需要为小型生产提供服务。现有的城市也可以向前发展，同时也要为农村服务。他的思想被认为是复古和空想，在国大党内没有人赞同和支持他。所以，尽管他的精神和人格值得敬佩，他仍然受到了政治上的冷落。但是，在国大党出现危机和面临权力真空的时候，不为人看好的甘地却显示出了他的独特魅力。

从前，甘地是想要和殖民政府的统治者进行合作的。在他看来，尽管英国对印度的专制统治有违正义，但是英国人是追寻真理和正义的，可以通过非暴力斗争让他们改正错误。殖民政府出台新的保安法后，甘地就表示出了他的态度。他号召社会全体成员进行总罢业并绝食一天，表示对统治者的抗议。他的号召得到了热烈的响应。总罢业就是全社会所有行业统一行动，商人罢市、工人罢工、学生罢课。

旁遮普地区是这次斗争进行得最激烈的地区之一。1919年4月13日，近万名印度群众在阿姆利则市的贾利安瓦拉-巴格举行集会。这是一个出口窄小得近乎封闭的广场。英国将军戴尔以这次集会违反了保安法为由，率领军队包围了会场，并且在没有事先警告的前提下向人群开枪。这场屠杀持续了10多分钟，仅在官方的通报中就宣布有379人被打死，另有1200多人受伤，这就是阿姆利则惨案。消息传出后，激起了各地的强烈抗议。但是1919年5月发表的调查报告为戴尔进行了辩护，并称印度人自己要为这次事件负责。这让甘地感到十分痛苦。

另一件让甘地对英国感到不满的事件是，英国在如何处理奥斯曼帝国的问题上背信弃义，严重伤害了印度穆斯林的感情。甘地总结说，英国人是不道德与非正义的，没有资格让印度人民再与他们进行合作。因此他提出了两个反抗殖民统治的近期目标：一个是争取联合印度教徒和穆斯林，结成统一战线；另一个是说服国大党，实行全国范围内的非暴力不合作政策。

1920年9月和12月，经过两次特别讨论，国大党决定接受这个策略，并赋予甘地领导的权力，实施这个政策。从这个时期开始，甘地成了国大党内毫无争议的领导者。

国大党接受甘地提出的策略，并不是由于理解了甘地的思想体系，而是根据国大党的自身需要。甘地认为非暴力是一种宗教，是必须坚定执行的原则，但是国大党人只把它当成一个斗争策略，是在政治斗争中经过权衡利弊最终得到的选择。国大党之所以做出这个选择，是因为它认为即便和英国殖民政府不展开暴力斗争，也能够取得民族独立。而不进行暴力抗争有助于保持与英国之间的良好关系，更有利印度未来的发展。在这一点上，国大党和甘地是一致的，他们都反对暴力，尽管出发点是完全不同的。同时，国大党认为不合作的策略也很好，因为能够最大限度地发动群众。而且这个策略的包容性很强，也有强大的力量，而且非暴力运动能够更方便地控制群众。这个结果是国大党求之不得的，所以很容易就接受了。

1920年，印度开始了第一次不合作运动。社会各个阶层都积极响应，除了抵制英国货物，还有人放弃官职和社会称号，抵制法庭，抵制学校，其中对英国生产的烟、酒和布匹抵制最为显著，到处都能看到焚烧英国货的场面。

11月17日，英国王储威尔士亲王访问印度，群众响应国大党的号召，用总罢业来欢迎他。这位亲王所到之处，商业停业，街道上也空无一人。殖民政府震怒，开始了大规模镇压，逮捕了3万多人。国大党内部出现越来越多的声音要求甘地领导抗税，加大不合作运动的抗争力度。但是甘地担心抗税会引发当局的暴力镇压，所以十分犹豫，最后决定以孟买的苏拉特为试点先进行抗税尝试。

就在人们还在对抗税活动进行准备时，1922年2月5日，联合省的一个名为曹里曹拉的地方发生了暴力事件，游行群众放火烧毁了警察局。这一事件发生后，甘地马上决定停止抗税。他说，神已经表明了他的旨意，如果再不停止就违背了对神的誓言，这是一种犯罪。他还进一步决定停止不合作运动，转而领导国大党开展建设工作，提倡宗教团结、推广纺织业、建设新农村等，这才让殖民政府松了口气。

1922年3月，殖民当局逮捕了甘地，判处他6年监禁。在监狱中服刑的国大党领导人谴责了甘地的政策，认为他只因为个别地方出现问题就把整个运动停止了，这样做是错误的。

1930年，甘地再次领导了第二次不合作运动。这时，国大党内部出现了以贾瓦哈拉尔·尼赫鲁和苏·鲍斯为代表的左翼激进分子。他们积极推动了新斗争的进行。这次不合作运动的特点是抵制政府的法令，所以也被称为不服从运动。因为政府对食盐进行垄断经营，所以甘地选择从抵制食盐法开始，这样有利于发动群众，并造成全国性的影响。

1930年3月12日，甘地带领由他挑选的78名成员开始了历史上著名的向食盐进军。他们从阿迈达巴德的萨巴玛蒂真理学院出发，历经20多天，于4月5日到达了丹地，从海边捡拾盐块，表示他们破坏了食盐法。同时他还号召群众抵制英国货物、法庭和学校。这意味着这次运动结合不服从和不合作，在多个层面共同展开。殖民政府从一开始就实行了镇压，但是群众充满了强烈的斗志，以被捕入狱为荣。4月中旬以后，在白沙瓦、吉大港和绍拉普尔等地出现了武装暴动。甘地不赞成使用武力，但是因为与左派有言在先，所以没有停止运动。为了坚持进行非暴力运动，同时想要提高运动对政府的打击力度,甘地决定要把活动升级。他将带领一批特别选出的志愿队队员,通过非暴力方式进入政府控制的达拉沙拉盐场,并向群众分发食盐。但是在行动开始之前,甘地就被捕了。按照他的计划,国大党领导人继续执行这个行动,2000名志愿者在5月21日那天到达了盐场。进占盐场的过程十分惊心动魄。按照甘地的指示,这些志愿者任凭盐场的卫兵用棍子抽打,绝不还手,只要还有一丝气息,就继续前进。第一组人被打倒了,第二组再跟上,遍地伤者、血流成河。这场进占盐场的运动一直持续到了中午,有两名志愿者被打死,320多人受伤。他们一往无前的气概极大地震惊了在场的美国记者,描绘事件经过的报道出现在了全美1350家报纸上,全世界各大报纸进行了转载,全世界舆论都为之哗然。

在印度各省,不服从运动进一步开展起来。在一部分地区,比如巴多利的一些县城里,国大党还组织了局部的抗税斗争。随着运动的开展,殖民政府对他们的镇压也越来越严重。国大党的领袖几乎全部遭到了逮捕。同时还有数十家报社和印刷厂被关闭。除了使用武力镇压,政府也使用了政治手段来瓦解不合作运动。他们宣布将在伦敦召开圆桌会议,邀请印度各大党派代表参加,共同制定印度下一步的改革方案。甘地和国大党领导人认为,继续实行抵抗运动没有希望,于是妥协了。甘地决定参加这次会议。1931年3月5日,甘地在德里与印度总督欧文签订了德里协议,停止了不服从运动。

## 资本主义大萧条和希特勒上台

1929年,美国经济日趋繁荣,实业家、学究式的经济学家和政府领导人都表示对未来充满信心。财政部部长安德鲁·梅隆也于1929年9月向公众保证:"现在没有理由担心,美国经济繁荣的高潮将会继续下去。"没想到1929年快接近尾声时,华尔街的股价就像扎了孔的气球一样暴跌,损失达到几十亿美元。可这还只是一个序曲。全球性的经济萧条随之而来,工厂倒闭，银行破产，被雇用的劳动者失业，对外贸易缩紧，农民出售的农产品无法获取公道的价格。

经济萧条蔓延到欧洲，又以加倍的压力返袭美洲。法国银行家收回了给奥地利银行的贷款，但这并不足以偿还债务。德国银行家为了自保，延期偿还外债，进而危及在德国有很大投资的英国银行家。资本的短缺，在所有工业化国家中，都带来了出口和国内消费的锐减：没有市场必然导致工厂关闭。货物越少，运输也就越少，危及船运业和造船业。在所有国家中，经济萧条的后果是大规模失业。截至1933年，全世界的失业工人高达3000万。大萧条对拉丁美洲也产生了重大影响，使得在一个几乎被欧美银行家和商人企业家完全支配的地区失去了外资和商品出口。据估计，大萧条使全球的钱财损失达2500亿美元。

1932年至1933年，各国的经济状况稍有好转。在好转逐渐明显时，人们期望经济萧条已然成为过去。不料，1937年至1938年的冬天，人们又发觉经济状况再度恶化了。共产党人声称资本主义完蛋了。资本家抱怨是世界大战与政府的失当政策带来了麻烦。

危机期间，大部分国家的政府想尽一切办法照顾失业工人，扶植农业，对商业与金融进行政策调整。至于调整程度应当如何，大部分工业国家意见纷纭，各行其是。

饱受危机摧残的民众期盼政府慷慨出手，力挽颓势。人们对那个古老的命题生发了更多的兴趣：究竟什么样的政府才是最好的政府？一些国家给出的答案是独裁，大部分西方国家却声称民主自身的问题还得依靠民主来解决。

我们都知道，战后民主获得了极大的发展。1935年，代议制政府扩大到印度。同年，美国给菲律宾制订了一个用10年时间实现彻底独立的计划，这个计划的实施，使菲律宾获得了更多的自治权。1937年的印度，自治权也获得了进一步的完善。另外，一战后，俄国、意大利、波兰、匈牙利、南斯拉夫、土耳其、波斯以及中国都纷纷建立起了独裁政权。德国与奥地利也加入其中。

1933年1月，阿道夫·希特勒被冯·兴登堡总统任命为德意志共和国总理。翌年，兴登堡逝世，希特勒控制了最高权力，取消总统称号，自命为"元首"，还将德意志共和国改为"第三帝国"。1919年的共和国宪法，希特勒并未废除，而是束之高阁，弃置不用，将自己的权力凌驾于诸邦政府之上，把众议院作为履行执政合法性的橡皮图章，镇压纳粹党之外的所有政党。纳粹党人无端戕害犹太人，甚而威胁基督教的信仰自由。政府调整财政、工业与农业，取消工会，禁止罢工。虽则如此，德国的经济恢复与民主国家相比，仍然落后了一大截。但是，希特勒的声望却盛极一时。报纸、广播、剧院、电影与学校，无不用于宣传纳粹，受着政府的全天候控制。不仅如此，不少德国人还对希特勒赞誉有加，说他对待外国有胆有识。希特勒不接受《凡尔赛和约》的束缚；拒不偿还依照双方达成的协议本该偿还给协约国的赔款；退出国际联盟；收回萨尔盆地。最具欺骗性的是，希特勒整日在德国国内宣称自己会让德国强盛起来，使德国成为拥有不差于任何一个国家的强大陆军、海军与空军的伟大国家。

1933年，希特勒并吞奥地利的危险日益逼近，或者说纳粹阴谋家将要夺得维也纳成为路人皆知的事实。为了拯救国家，扶大厦于将倾，奥地利总理多尔夫斯在国内禁绝纳粹党，推行独裁，还颁布了一部新宪法，企图让奥地利变成基督教式的"社团"国家。在工业和农业上，多尔夫斯想组建协会或者"社团"来实现社会的公平。1934年，多尔夫斯被纳粹党徒暗杀，不过，他的政党在他死后还在坚持他的政策。1938年春，奥地利人在1933年忐忑不安并一直希望能永远避免的事情，还是不幸地发生了。希特勒的力量获得快速进展，已经强大到能够颠覆奥地利总理库特·舒士尼格博士的政府，在奥地利建立起纳粹统治。德国吞并奥地利不久，便在全国进行了一场公民投票，以此确定德国与奥地利的兼并。

德国答应与意大利维持友好，推动两国间的贸易，并在政治和外交上保持步调一致，对世界上的其他国家来说，德国和意大利之间的沆瀣一气与臭味相投，不过是公开的秘密罢了。许多人都看懂了，德国对奥地利的野蛮占领，不过是迈向罗马-柏林轴心的一步。

捷克斯洛伐克的纳粹党，作为同捷克斯洛伐克离心离德的叛国集团，主张捷克斯洛伐克与德国合作。希特勒计划给予他们相应的援助。这可比吞并奥地利更让其他国家忌惮，尤其是令法国与英国睡不安寝。对当时的世界和平而言，多亏捷克斯洛伐克政府非常决绝，不与本国的纳粹势力相妥协，使得希特勒不得不改变他的原始计划。

在民主国家中，商业的日渐复苏，让人们对他们的政府形式产生了愈益坚定的信心。正如我们所目睹的，英国的经济迅速恢复繁荣。在换届选举中，还选出了一个保守党内阁。法国在货币问题、财政舞弊与时常的内阁变动上，有过诸多麻烦，可是商业危机的伤害和很多别的国家比起来要小得多。相形之下，美国的危机严重多了。胡佛的共和党政府并不是被枪弹摧垮，而是在1932年的选战中被选票给颠覆了。新总统富兰克林·罗斯福于1933年任职时，美国银行次第倒闭。在金融恐慌的重重压力下，美国政府动辄得咎。任事有担当的富兰克林·罗斯福，加强对银行的管理，让美元贬值。一美元的实际价值下降到了原来的60美分。富兰克林·罗斯福还限制农产品价格上涨，大力投资公共工程来提供就业机会，允许雇主利用规则在竞争中谋利，还对劳工阶层试行上涨薪资、缩短工时与改善劳动条件等举措。富兰克林·罗斯福的经济改革政策，被称作新政。1935年，最高法院宣告新政的主要立法违反了宪法。可是，这时的美国经济已得到恢复。美国没有乞灵于独裁政治，也度过了这场波及全球的经济危机。

希特勒出生在奥地利布劳瑙的一家名为波麦的小客栈里。他是奥匈帝国一个海关职员在第3次婚姻中所生的第3个孩子。当幼年的希特勒在父亲的注视下受洗归信天主时，小小的希特勒也没想到他将来会成为深刻影响世界历史进程的恶魔。

1905年，16岁的希特勒开始热衷于政治，他对哈布斯堡王朝和奥匈帝国境内的所有非日耳曼民族产生了强烈的憎恨，对凡是日耳曼民族的一切，都有着强烈的热爱，成了一个死不悔改的狂热的日耳曼民族主义者，并忽然喜欢起读书来。他参加了林茨的成年教育图书馆和博物馆学会，大批大批地借阅图书。他的少年友人回忆，他总是埋头在书堆里，其中，最喜欢阅读的是关于德国的历史与德国的神学著作。成年后的希特勒后来写了一本自传，名为《我的奋斗》。该书是希特勒被捕入狱后写成的，它被宣传得好像是德国的《圣经》。

除了著书立说，希特勒还善于演讲。他在群众集会上施展演说才能，巧舌如簧，竭力向到会的大学生、小业主、军官们煽动对《凡尔赛和约》的仇恨。他的演说通俗易懂，因此令一般民众备感亲切。就这样，希特勒以其语言的才华、雄辩的论据很快吸引了大批追随者，纳粹党高层也开始对他刮目相看，任命他为"宣传部长"。希特勒一朝权在手，就把令来行。他重新安排了党的日常管理工作，接着又和党的主席起草了新的25条党纲，基调是反犹主义、国家主义、社会要求。新党纲的内容，除了犹太人之外，几乎所有人都可以从中尝到一点甜头。希特勒指控犹太人犯下了诸多罪行。他用武装纳粹党徒来巩固自身的权力，让民众不得不遵照他的命令行事。他训练了一支身着褐色衬衫、戴有纳粹标志（卐）的"冲锋队"和一支身着黑色衬衫、佩戴骷髅徽章的小团队"党卫军"，使纳粹党的势力一下子显赫了许多。由于希特勒的积极行动，纳粹党得以迅速壮大起来。

1921年7月，希特勒前往柏林，准备同德国北部的民族主义者建立联系，把纳粹运动扩大到全国。这时，党内有人反对他的领导，希特勒立即赶回慕尼黑以退党相威胁，迫使党同意他当元首，并享有指挥一切的权力。他消灭了所有的反抗者，将所有权力都集中在纳粹党的手里。他还扫除了党内的温和派与可疑分子，解散工会，没收基金，将全部共产党人与和平主义者置于非法境地。

希特勒得势后，在政治上整肃内部的同时，又把全部经济都纳入受国家控制、适应政治需要、实行强制生产的轨道，以便于扩军备战。各个党派里若干信奉天主教与新教的德国人与犹太人以及共产党人，悉数被抓起来并关进集中营，受尽严刑拷打。许多犹太人与一些饱受摧残的人逃亡到外国。公共舆论与思想都必须听令于全国教化及宣传部长约瑟夫·戈培尔的临时教谕。所有人都得尊敬元首，盲目服从。人民活着的目的不是为了自己，而是为了国家。

德国人被高抬成天资独具的种族。为了令每个德国人在脑海中树立起种族的自豪感，戈培尔在报纸、杂志、电影与广播节目中不厌其烦地重复。纳粹党牵头发起了种种狂热的游行场面，男女老少涌上街头，齐欢呼，同呐喊，挥舞着纳粹的旗帜。教育与科学悉数成为强化纳粹纲领的侍妾。依据纲领的要求，青年男子的职责是成为国家的战士，青年女子则有义务在家生儿育女，烧菜做饭服侍自个儿的丈夫。

在纳粹党徒开始监禁天主教神职人员、掠夺教会财产，并关停天主教学校时，教宗表示抗议，但无济于事。天主教与纳粹的关系，比起19世纪70年代的文化斗争时，要来得更糟糕。几个新教教会表面上一统于帝国主教，其实貌合神离。纳粹还曾尝试过用日耳曼经典取代《圣经》，将基督打扮成纳粹战士的典型。对这一切，比较保守的基督徒们自然是很反感，他们完全不把帝国主教的传经布道当一回事，很多牧师因此被关入监狱或是遭受迫害。

纳粹政府的手越伸越长，其掌控范围延伸至生产、贸易与银行。为了满足强大军备的需要，经济生活只好唯军方马首是瞻。对外贸易减少了，科学家们发明了橡胶、石油等主要原料和种种食物的替代品。纳粹政府竭力让德国实现自给自足，虽然仍有不可或缺的进口货物需要买进，但纳粹政府除非万不得已，要不然宁可从附近地区获取，比如巴尔干半岛一带。但是，希特勒的经济改革并未一一取得意料中的效果。1933年后，大地主仍拥有自己的地产；大百货商城也未关闭；富得流油的资本家（并非犹太人）在政府的管控下保住了自己的工厂、矿山与银行。

一战的飞行英雄赫尔曼·戈林被希特勒委以扩展空军的重任。坦克与飞机的数量翻倍地增长。1935年，希特勒公开违背《凡尔赛和约》关于限制德国军备的规定，实施兵役制。

希特勒与墨索里尼狼狈为奸。萨尔河流域的收回与墨索里尼对埃塞俄比亚的野蛮征服,壮大了希特勒的胆子。他不只号召奥地利人,还号召在但泽、默麦尔、石勒苏益格与捷克斯洛伐克苏台德区居住的德意志人到第三帝国聚集。1936年,德国公开挑衅法国,军队挺进莱茵地区并布防。同年,纳粹党徒帮助西班牙的佛朗哥上台执政,建立了柏林-东京轴心。很快,意大利也加入这一轴心。

1938年,希特勒夺得奥地利,并将它并入第三帝国。翌年,希特勒攻占捷克斯洛伐克,从立陶宛手中夺取德裔居住的默麦尔镇。1939年9月,德军因但泽方面的冲突而进攻波兰,第二次世界大战爆发。英国与法国发布公开声明,声明认为,德国入侵波兰就是对它们宣战。

德国得到波兰的西半部,苏联得到波兰的东半部。英法两国并未及时给予波兰有效的支援。法国人在萨尔河流域攻击过德军,这是确凿的事实。可是,希特勒用"闪电战"以迅雷不及掩耳之势击败了波兰之后立即掉头攻打法国时,法国人就尿了,退回防线死守。法国人在沿着边境修筑的对抗德国的庞大筑垒体系马其诺防线后面躲藏起来,等候英国派来的援军。法国与英国原先准备与德国打一场持久战,可是它们在飞机与战事配备方面,远远地落后于德国。不幸的是,法国军队不仅被纳粹的宣传整蒙了,还被各个政党的扯皮与社会各阶层的不满给大大削弱了。

为了跟上德国的步调,苏联强迫爱沙尼亚、拉脱维亚与立陶宛向苏联开放部队驻地、机场与海军基地。芬兰拒绝,苏联便于1939年11月侵略芬兰。弱小的芬兰军队英勇果敢地展开反抗,从英法两国获得军火,又从美国借钱打仗,可是抵抗了4个月之后,芬兰还是不得不将重要领土割让给苏联。国联开除了苏联,可苏联根本没把国联放在眼中,公然夺取爱沙尼亚、拉脱维亚与立陶宛。不久,在希特勒的协助下,苏联又吞并了罗马尼亚的一部分。

1940年春,当英国在挪威海岸外的海面上用布雷来拦阻德国的铁砂航运时,德国迅速占领了丹麦与挪威的主要城市。尽管英国千方百计予以援助,也无济于事了。直至5月初,挪威实际上已彻底沦亡于纳粹之手,瑞典也已在德俄两国的掌控之中。同月，德国横贯荷兰、卢森堡与比利时，从马其诺防线西北部突袭法国。虽说遭到德国侵略的这些国家，都不同程度地进行了相应的抵抗，可是不久就被征服了。于是，德军东自马其诺防线的后面快速插入法国境内，西进英吉利海峡，让沿海的几十万法军与英军都掉进了陷阱。不过，幸好仰赖英国海军与辅助船只的紧迫努力，并付出高昂代价，英法两国还是营救出了一部分军队，自法国敦刻尔克海港撤退。

剩余的法军英勇有加，可是战力有限。1940年6月14日，纳粹军团未遇任何像样的抵抗，便进入巴黎。法国政府如鸟兽散，第一次世界大战中的凡尔登老英雄贝当，在维希成立新政府，与希特勒签订了一份停战协议。协议规定：德国占据法国北部与西部，贝当所领导的法国新政府保留对法国剩余部分表面上的统治。贝当拒绝了英国人让他退到法属非洲殖民地的建议，尽管有部分法军这么干了，并且在那里发起了对纳粹的战斗。

墨索里尼见法国土崩瓦解，趁机与他的轴心同伙希特勒分赃。故而当德军自巴黎横扫而下时，墨索里尼也没有消停，他夺取了尼斯与一些靠近意大利的法国海岸地区。这些地区，向来是意大利人主张获得的。

# 第十八章

## 二战前夕

## 三足鼎立的博弈局面

20世纪20年代末,世界范围的大萧条比史上任何一次经济衰退都要来得深远,人类再次走到战争的边缘。这是令人幻想破灭和感到绝望的年代。在整个欧洲大陆,对旧秩序的怀疑日甚一日,一则是因为世界大战带来的创伤未愈,二则是因为受到了俄国革命的刺激。激进派遭到保守势力的镇压,各种试图解决问题的政府粉墨登场,传统的议会机构也因经济困难、大规模失业和内阁不稳而被滥用。在大萧条促成或导致第二次世界大战的一系列国内危机和国际危机之前,欧洲正在殚精竭虑于如何恢复常态,或者说看起来是这样。

第一次世界大战结束后,为解决战争所造成的问题以及奠定战后和平秩序,美国总统威尔逊、英国首相劳合·乔治、法国总理克列孟梭,在巴黎召开了把战败国德国以及苏维埃俄国排除在外的和平会议。会议签订了处置德国的《凡尔赛和约》,同时还分别同奥、匈、土等国签订了一系列和约。这些和约构成的凡尔赛体系,确立了第一次世界大战后由美、英、法等主要战胜国主导的国际政治格局。同时,美、英、法等主要战胜国,又企图通过筹组国际联盟来建立理想的国际外交规则。

在20世纪20年代，和解的目标貌似实现了。但是，在接下来的10年里，形势急转直下。德国和日本置和平条约于不顾，大量制造武器，大力发展军事工业，并悍然发动一系列挑衅，打破了战后的势力平衡。实力稍逊的意大利法西斯政府也积极展开许多军事行动和外交攻势，企图将意大利发展成为"新罗马帝国"。这时，英国、法国以及欧洲大陆上的其余国家，在国际会议上振振有词地念叨着和平，努力维持旧秩序下的和平局面。而在德国、意大利和日本看来，表面的和平不过是他们亟待捅破的窗户纸。

苏联作为当时世界上唯一的社会主义国家，成为红色孤岛。更加严峻的是：苏联缺乏工程技术人员和科研人员。到1927年，苏联还有50%的人是文盲。国防力量也较为薄弱。为使苏联成为工业强国，1929年4月苏联共产党召开第十六次代表大会，通过了国民经济第一个五年计划（1928—1933年）的方案。到1933年1月，苏联政府宣布第一个五年计划提前9个月完成。在4年零3个月的时间内，苏联建成了1500多个现代化大型工业企业，拖拉机、飞机制造、汽车、重型机械、机床制造、化学合成工业、精密仪器制造等新兴的工业部门也都粗具雏形。因为第一个五年计划的成功，实力得到加强的苏联在国际上所起的作用也水涨船高。在全世界，形成了以德意日为一方，英法美等国为一方，苏联为一方的三足鼎立局面。三方力量交错，互相博弈、彼此渗透，终致第二次世界大战的爆发。

日本在第一次世界大战后，不费吹灰之力就把先前德国占领的部分岛屿和中国的山东半岛收入囊中。但是，这些零敲碎打的小块土地哪里满足得了日本的胃口？1915年1月18日，日本驻华公使日置益觐见中华民国总统袁世凯，递交了二十一条要求的文件，并要求袁氏"绝对保密，尽速答复"。如若中国满足日本所提条款中的全部要求，无异于把中国的领土、政治、军事及财政等都置于日本的控制之下，成为日本的附庸国。

日本人的无理索求，受到了中国的抵制。中国人一面有意拖延谈判进程以谋求转机，一面故意泄露中日交涉的谈判内容以借助外力牵制日本。

果然，《二十一条》条款外泄后，引起了各国密切关注，其中尤以美国为甚。美国在给北洋政府和日本的电文中称:"凡中国政府与日本政府业经议定或将来仍须议定之合同,并所允认各节,美国政府对于该合同与所允认各节内所有损害美国政府及美国人民按约所有权利之处,并损害中国国政主权、领土权、或各国与中国邦交,一概不能承认。"时任美国国务卿的威廉·詹宁斯·布赖恩也警告日本说,美国不会承认任何致使中国的领土完整遭到侵害的条约,同样,任何违反一战结束后商定的"门户开放"原则的条约,也不会得到承认。

此后,历时五个月交涉,袁世凯被迫签订了在《二十一条》的基础上修改而成的中日《民四条约》。一战后的中国,非常混乱。袁世凯的北京政府得不到尊重;内战频仍,南北军阀互不买账。士兵与匪徒一样到处烧杀抢掠,胡作非为。这一切,对本国人民与居住在中国的外国侨民,都极其危险。列强为实现在华利益的最大化,也没有闲着,今日扶植这个,明日扶植那个,加剧了中国的混乱,致使中国走向了被瓜分与民族灭绝的边缘。

内忧外患的中国,教育了一代中国青年。他们身无分文,心忧天下,问道向学,为中国寻找复兴的道路,正像马志尼时期的意大利青年那样。一个主要由大学生拥护的国民政府,建立于南方的广州。国民政府由国民党组建,国民党是由孙逸仙博士发起的革命政党。孙逸仙博士提倡三民主义:1.民族主义——让中国脱离外国的辖制;2.民权主义——建立主权在民的政府;3.民生主义——改良社会与经济状况。

1921年后,北京政府与广州政府都声称自己才是中国的合法政府。在北京,相互争斗的军阀成立了政府,又被推翻了。各个互相看不顺眼的党派,都争相夺取北京。原因在于:北京拥有像样的政府建筑与设备,并掌握着重要的税收来源。再说,北京是各国使馆、列强代表的入驻地,中国与世界诸国的往来都在北京。另外,北京还是千年古都,从古迄今都是备受珍视的权威之地,因而北京成了一种象征。谁掌控着北京,谁就拥有中国的统治权。

被逐出北京的国民党党员与其他一些仁人志士集结在南中国的广州,建立起了他们自己的政府。1921年,他们推选孙逸仙为"中国的总统"。1924

年10月，冯玉祥、段祺瑞、张作霖等军头，先后电邀孙逸仙北上共商国是。孙逸仙接受了邀请，并提出废除不平等条约、召开国民会议作为挽救时局的办法。11月，孙逸仙离开广州北上，先抵上海，再绕道日本赴天津。12月底，抱病到达北京。1925年3月12日，孙逸仙因患肝癌不治，病逝于北京。孙逸仙在病逝前没多久，开始接受苏俄的帮助，结果为了这个事情，党内产生了严重分歧。不过，广州政府总体说来，仍然是一个有活力的组织。

在北京与广州之外的部分地盘，有地方统治者。这些地方统治者大多是军阀，少则统治着一两个省，多则是四省或五省。这些地方上说一不二的军事独裁者，有的早在1912年就迈出了独霸一方的步伐，有的则是最近才打出了割据称雄的一方天地。他们靠枪杆子建立权威，所以政权基础不是很牢靠，城头变幻大王旗是常有的事。

1925年，在上海与广州的骚乱加重了中国人与外国人之间的彼此憎恶。为了应对中国的普遍混乱与保护本国侨民，有的国家在中国的港口城市驻扎了部队。混战的中国各方军队，均不得进入外国驻军的地盘。

在国民党内，出现了一位继承孙逸仙博士的精诚干练之士，他就是蒋介石。至1927年夏，蒋控制了长江以南的整个华东。在1928年年底前，他进占北平（现名北京），重新一统中国，虽然有些地方军头继续谋反，但也没掀起多大的浪来。蒋迁都至南京，担任总统之职，统领三军。由于蒋以党治国，其时只有国民党才是真正的政府。在地方事务上，国民政府推行自治，地方政治开始朝民主主义方向发展。

蒋的政府兴建水利、改革农业，通过一些惠农措施来帮助农民，并草拟了保护雇佣劳动者的法律。制造业也同样得到了政府的鼓励和支持。现代教育得以推行，美国的专家被蒋聘来进行财政改革。蒋还统一铁路系统，修筑公路，主要城市之间的航空邮政也开通了。

然后，励精图治的蒋政府却在满洲遭遇了灾难。满洲是一片广阔而富饶的区域，全都属于中国。在这里，日本军队护卫着几条铁路。1931年，日本军队开始争夺满洲的城市。在日本入侵满洲的6个月前，日本的本庄将军在呈送给军事大臣的备忘录里说过:"为了加强我国的国家实力,提升我国的国际地位,有必要在苏联尚未完成五年计划和中国尚未实现真正的统一之前,立即进攻满洲和蒙古。现在世界经济正经历前所未遇的困难,我们应该把握住这个千载难逢的时机,实现早先远征西伯利亚那样的目标。无论是苏联的发展壮大,还是中国的统一,都不符合日本的利益,都是对日本的有力威胁。"

1931年9月18日夜间,东北军北大营西南柳条湖方向的南满铁路上传出一声巨响——日本关东军处心积虑策划的"柳条沟计划"终于实施了。爆炸炸毁的铁路线长度约有80厘米,只有两根枕木在铁轨外侧的部分被炸坏,其余的完好无损。十几分钟后,一列火车顺利地通过这里,只是车身有些颠簸。事后,由于日本人禁止记者去现场采访,很多人猜测是日本人故意制造了这个事件。在二战结束后的东京审判上,据战犯币原喜重郎供述,是当地的日本军官策划了这一事件,他试图阻止过,但未能成功。

事件发生后,日本关东军在24小时之内占领了长春和沈阳,之后以这两座城市为据点,迅速向周围扩展。1932年1月,关东军继而占领哈尔滨,这意味着满洲结束了对日本人的有组织抵抗。1932年3月,日本占领整个满洲之后,并未将之吞并,而是给该地区取了个新名字——"满洲国",扶植先前的中国皇帝溥仪做"满洲国"的国王。事实上,"满洲国"是受日本人掌控的傀儡国。日本人还着手将治权延伸至蒙古与华北。日本的独立与民族统一,经历了太长的时间,民主的斗争仍在进行着。按照1889年的日本宪法,选举权只给了财产条件达到一定要求的少部分人。由于日本国民多年的民主奋斗,终于在1925年通过了一项法律,取消财产限制条件,将选举权惠及全部男子,不论贫富。不只是这样,由议会占多数的党派组建内阁的原则也逐渐被采行。不幸的是,这个政府却于1931年落入了军方的掌控之中。

面对日本的野蛮侵略,蒋政府向国际联盟与美国提起申诉,请国际社会为中国主持公道。但各国进行的所谓商讨,不过是空谈,未能给予蒋政府任何实质上的帮助。时任美国国务卿也只是做做样子,表示"由衷的同情",

但拒绝依照《巴黎公约》对日本进行制裁。

日本对满洲的侵略事件，使德国的希特勒和意大利的墨索里尼深受刺激。在两个战争狂人看来，国际联盟已经成为起不了任何作用的摆设。作为旨在维护国际势力均衡的外交结构，国际联盟对他们再也没有任何约束力了。而英法等国，这个时候在希特勒和墨索里尼的眼里，也不过是只会口念"要和平、要和平"的无能之国。以后完全可以像日本那样，放开手脚大胆地入侵他国，不必有任何顾虑了。国际联盟和英法等国的绥靖，赢来的不是和平，而是日益迫近的第二次世界大战。

## 外交集团的建立

日本人占领满洲的野蛮行径，严重挑战了远东地区的现存秩序。但是相比之下，在西方国家看来，希特勒在欧洲的挑衅行为更加令他们寝食难安。在日本、德国、意大利未出么蛾子之前，法国联盟体系是可以不费吹灰之力即可维系欧洲大陆的和平与稳定的。墨索里尼在意大利得势后，与奥地利、匈牙利、保加利亚和阿尔巴尼亚等国家达成协议，试图借此挑战法国联盟，事实证明毫无作用。而新近崛起的社会主义国家苏联，与西方国家分庭抗礼，一边在国内埋头苦干，一边输出革命，扩大自己的影响范围。务实的德国人希望以民主体制为基础重建整个国家，在加入国联的同时，即与之前的敌国议和，企图融入国际社会，成为国际大家庭中的正常一员。

但是，德国的民主努力并不成功。面对糟糕透顶的国内外局势，德国民众对民主失去了耐心。1933年，在不满现状的德国民众的支持下，纳粹党头子希特勒当选为德国总理。这时，普通的欧洲人还没有意识到，他们不可能一如往昔那样，过着和平安详的日子了。纳粹党头子希特勒的出现，犹如一道凝重的不祥的乌云，笼罩在欧洲上空。希特勒这个失败的艺术家，自从改玩政治以后，在很长一段时间里，一直把为德国人争取更大的生存空间当作他的使命。这个家伙不是从石头里蹦出来的猴子，他有他的根基和抱负。早在他因发起啤酒馆暴动而坐牢时，他就在《我的奋斗》一书中讲述了他对世界的一整套看法和想法。其中，他最核心的思想是宣扬雅利安人优越论，以及"反犹"和"反共"。

欧洲的政治精英对希特勒的思想并不陌生。因此，当希特勒最终爬上德国最高统治者的宝座时，欧洲各国的当政者虽然心存侥幸，但亦不敢掉以轻心。在战后的最初几年里，企图闷声求发展的几个小协约国，开始彼此接触，抱团取暖。

1933年2月，捷克斯洛伐克、南斯拉夫和罗马尼亚达成共识，成立常设委员会，派各国的外交部部长做该常设委员会的代表，共同协商对德策略。法国人也从当时的政治空气中嗅出了一丝危险的味道。在同一年的春天，法国外交部部长路易·巴尔都以巡视各个小协约国的首都为名，试图加强法国和它在东欧的盟邦的联系。

在最初的时候，意大利独裁者墨索里尼对希特勒并不太感冒，甚至有一些视为等闲之辈的意思。当希特勒提出"同一个民族、同一个帝国、同一个元首"的扩张主义口号时，墨索里尼方才从托大的迷梦中醒悟过来，因为在南蒂罗尔就有很多德意志少数民族，墨索里尼可不想把南蒂罗尔割让出去。墨索里尼对希特勒的纳粹政权开始有些忌惮了。这时，墨索里尼还想象不到他有一天，会和希特勒结成"罗马-柏林"轴心。1933年7月，墨索里尼为了驱除内心的不安全感，主动和英国、法国、德国签署《四国公约》。公约强调，《四国公约》的签署国必须遵守国联盟约和其他具有约束力的条约。未经四国同意，不得对《凡尔赛和约》做出任何改变。但事实证明，这个做法于事无补。因为对惯于出尔反尔的希特勒而言，这些条约不过是为他打掩护的满纸废话，根本用不着当真。1933年10月，希特勒索性剥下爱好和平的伪装，宣布德国退出裁军会议和国际联盟。事到如今，虽然希特勒没有马上宣称他退出裁军会议和国际联盟的目的，就是为了重新恢复德国的军事力量，但是几乎所有的人都知道，希特勒已经在为战争做准备了。

为了对付德国的潜在威胁，土耳其、希腊、罗马尼亚和南斯拉夫四国决定联合起来，共同维护欧洲东南部的和平与稳定。罗马尼亚和南斯拉夫之所以参与四国俱乐部，是因为其境内都居住着数量可观的德意志民族。1934年8月9日，土耳其、希腊、罗马尼亚和南斯拉夫签署了《巴尔干公约》，公约规定任何一协约国受到巴尔干国家进攻时，其他协约国应予援助。

苏联的态度也在发生转变。1933年12月，当美国记者沃尔特·杜兰蒂访问苏联，问斯大林对国联是否始终持否定态度时，斯大林回答说："不，不会永远这样，不是在所有情况下我们都否定国联。你们可能不太理解我们。因为尽管德国和日本退出了国联，但是国联仍然有能力阻止战争的爆发。如果它能够做到这一点，那么我们把国联本身的缺点先放在一边从而支持它，也不是不可能的。"

此一时彼一时。斯大林转变他对国际联盟的看法，是因为他看到了希特勒的一系列动作对世界和平的威胁。他认为，国联是能够组织国际社会共同抵抗纳粹对各国侵略的有力工具。对苏联领导人这一新态度，法国外交部部长路易·巴尔都甚为赞许。路易·巴尔都在国内问题上一贯保守，但在外交方面，却是个积极的进取派。他除了加强和各小协约国以及波兰的关系，一直着力推进的就是：建立一个包括苏联在内，能够阻止希特勒扩张野心的国家联盟。正是由于路易·巴尔都的长期努力，国际联盟才做出了邀请苏联加入进来的表态。对国际联盟的邀请，苏联自然是乐见的。1934年9月，苏联给了国际联盟积极的回应。第二个月，法国外长路易·巴尔都和南斯拉夫国王亚历山大在马赛不幸被人刺杀。这次刺杀事件，成为欧洲外交史上的一个转折点。因为在路易·巴尔都之后，法国的历任外长都奉行着一些错误且自相矛盾的对德政策。尤其是皮埃尔·赖伐尔。他的所作所为曾经激怒了罗马尼亚外交部部长尼古拉·蒂图列斯库。后者破口大骂说："赖伐尔简直是头猪！"关于这个人的一个经典例子是，1935年1月7日，赖伐尔和墨索里尼达成了一项和解。协议中规定，如果希特勒采取了侵略行动，双方要共同对付德国。他们还解决了双方在非洲的一系列领土争端，同意将位于意大利殖民地接壤处的一部分荒凉的地区让给意大利，作为回报，墨索里尼则放弃了对有很多意大利居民的突尼斯的主权要求。但是，关于埃塞俄比亚的归属问题，双方发生了争执。墨索里尼宣称，他被允许在那个国家拥有完全自由的行动权利。但是赖伐尔宣称，那是仅限于经济领域的协定。在安东尼·艾登看来，这个协议的真实内容没有人会知道，这两个善于诡辩的人在赖伐尔下台之后还在继续争论。在得到了两个人的解释之后，我倾向于认为，赖伐尔说得十分模糊，使墨索里尼能够利用他的暧昧态度进行反击。不可否定的是，他得到的是最差劲的书面约定和最好的口头允诺。

1935年3月，德国正式宣布放弃《凡尔赛和约》中关于解除德国人军事武装的条款，开始征兵，并宣布德国的军力将会达到36个师。在4月11日召开的斯特雷萨会议上，英国、法国和意大利对德国的这一举动做出了回应。他们同意一致行动，反抗德国的威胁。后来发生的事证明，这个斯特雷萨联合阵线与两年前他们和德国签订的《四国公约》一样，毫无用处。没多久，这几个签约国就开始各自为政。意大利忙着进攻埃塞俄比亚，英国在6月18日单独与德国签订一份海军协定，允许德国建立海军，拥有的力量不得超过英国海军的35%。法国和苏联结成了同盟，这个同盟的有效时间为5年。双方同意，在有效期内任何一方遭遇了无端的入侵，另一方将无条件予以协助。捷克斯洛伐克也和苏联签订了类似的条约，但是苏联对捷克斯洛伐克提供的协助要取决于法国，因为在1924年签订的一份和约中，法国也必须为它提供援助。

在希特勒带领的德国的频繁刺激下，两年内，欧洲就出现好几个目的明确地反对这个元首的侵略行径的协约国集团。它们包括巴尔干协约国，从一战后复活的小协约国，法苏同盟和捷苏同盟。但是这些外交集团彼此之间也存在分歧，比如英国和德国签订的海军协定就让法国人十分不满，1934年签订的德国和波兰互不侵犯条约也没能得到法国的认可。法国的赖伐尔对他的盟国苏联毫无信任感可言，宁愿私下和其他国家交易。随着墨索里尼进攻埃塞俄比亚，这些集团之间的分歧成了彻底破坏国际联盟和战后欧洲外交结构的肇始。

## 意大利入侵埃塞俄比亚

意大利早在墨索里尼上台前就已经有了侵略埃塞俄比亚的预谋，但当时时机尚不成熟，所以没有行动。因此在墨索里尼上台后，意大利政府加紧了这项预谋的进度，在如何对待英法两国的外交政策上，做出了必要的调整。1925年，意大利和英国签订了将埃塞俄比亚划入两国势力范围的协定。1935年，意大利和法国签订将埃塞俄比亚划入意大利自由行动区域的协定，并和远东的日本达成埃塞俄比亚是意大利自由行动区域的默契。同时，意大利对日本的侵华行动也给予了军事与外交上的大力支持。1933年到1934年，意大利在总参谋巴多里奥的支持下，制订了入侵埃塞俄比亚的军事计划，将入侵所需军事物资全部运往东非殖民地。1934年下半年，意大利在索马里与厄立特里亚频繁对埃塞俄比亚发动军事挑衅。1934年12月5日，埃塞俄比亚的一支护送勘察英属埃塞俄比亚和索马里边界的英埃混合委员会成员的军队，在途经意属地华尔华尔时，突然遭到了意大利军队的伏击，埃塞俄比亚军队被迫反击。

在这次冲突中，双方互有伤亡，史称华尔华尔事件。意大利作为肇事方，却要求埃塞俄比亚向意大利道歉并赔偿损失，埃塞俄比亚自然是严词拒绝意大利的无理勒索，并于1935年向国际联盟提出申诉。埃塞俄比亚万万没有想到，国际联盟根本没把意大利入侵埃塞俄比亚当一回事。埃塞俄比亚遭到了冷落。

为了避免双边关系的进一步恶化，埃塞俄比亚心怀幻想，意图通过谈判解决双方争端，和意大利在日内瓦展开了长期谈判。埃塞俄比亚做梦也想不到，谈判于意大利而言，不过是一个争取时间扩军备战的良机。至1935年8

月，意大利在东非兵力已发展壮大到近30万人。欧美国家出于自身利益的盘算，对于华尔华尔事件的肇事者意大利采取了睁只眼闭只眼的纵容态度。德国通过外交渠道，对意大利入侵埃塞俄比亚的计划予以大力支持。美国也不甘寂寞，于1935年贷款给意大利，高达6亿美元。英国对意大利的侵略则采取的是默许态度，并私下提出条件：埃塞俄比亚交出塔纳湖，并修改与英属索马里、肯尼亚、苏丹的边界。

就这样，在欧美列强明里暗里的支持下，1935年10月3日凌晨，发誓必须惩罚埃塞俄比亚的墨索里尼亲自率领30万意大利军队，在不宣而战的情况下对埃塞俄比亚发动了大规模进攻，试图一举占领埃塞俄比亚。10月3日，埃塞俄比亚的皇帝海尔·塞拉西一世发布动员令，号召埃塞俄比亚人民拿上武器，保卫自己的祖国。10月5日，埃塞俄比亚政府致电国联，并且坚决表示，埃塞俄比亚人愿意流尽最后一滴血，保卫国家独立，保卫主权与领土完整。在短短的两天时间里，埃塞俄比亚军队增加到60万。当时意大利分兵三路，作为主力的北路军由意大利东非总督德·波诺将军亲自率领，从厄立特里亚进攻提格雷省和北方重镇阿杜瓦。经过顽强抵抗，由塞乌姆公爵率领的埃塞俄比亚军在最后一刻才离开阿杜瓦，退守马卡累，这场战役一直打到11月8日。由于埃塞俄比亚军队里出现叛徒，坚守月余的马卡累终于被12万的意大利军队攻克。埃塞俄比亚军事重镇被攻克后，军队转入马卡累以南地区和西部地区，以及东部沙漠，抗击意大利军队。意大利进攻埃塞俄比亚一个多月来，已经占领了埃塞俄比亚的部分地区。

但是，在埃塞俄比亚军民的顽强抗击下，意大利侵略者的闪电计划遭到挫折，没能达到迅速占领整个埃塞俄比亚的目的。墨索里尼被迫于11月16日撤掉侵略军总司令德·波诺，替换为参谋总长巴多里奥担任东非意军总司令。这一个月里，埃塞俄比亚人民的遭遇获得了第三世界人民的同情和支持。法属西非各国、印度等亚非拉人民举行了集会游行示威。不少国家还成立了保卫埃塞俄比亚独立委员会，为其募捐资金和医药食品等。在南非的德班、开普敦与英国荷兰法国的一些西方国家港口的码头工人拒绝为意大利船只装运货物。

叙利亚、埃及、南非开始组织援助埃塞俄比亚的志愿军，就连意大利本国的人民也举行了反战游行示威活动。与之相反，倒是欧美老牌帝国一如既往地对意大利采取支持和纵容的态度。直到10月7日，国联才在世界舆论的压力下宣布意大利是入侵国，然后拖到19日才通过对意大利实施经济制裁的决议。可这份决议并没有禁止意大利运送军备物资石油，而且英法也没有对苏伊士运河进行封锁。这样一来，意大利的军备物资和军队被一批又一批地运送到了埃塞俄比亚。虽然美国宣布对意大利和埃塞俄比亚实施武器禁运，可它并没有中断与德国人之间的武器交易，就这样，意大利通过德国，一样得到了需要的武器装备。法国和英国也在幕后交易，提出了所谓和平解决的方案：埃塞俄比亚将北部的提格雷省和达纳基尔地区割让给意大利，将南部的欧加登省的东部划为意大利的势力范围。

除此以外，埃塞俄比亚的中部则归于以英、法、意为代表组成的国际联盟顾问的监督之下。埃塞俄比亚保持独立，将意属阿萨布作为它的通外海口，但要为此付出补偿费。但如果以此方案为基础，那么埃塞俄比亚将面临大部分国土被瓜分、国家丧失独立的困局。这样的和平方案埃塞俄比亚当然严词拒绝。埃塞俄比亚政府向英国和法国表示，任何有利于意大利侵略者的方案，埃塞俄比亚都一律拒绝。当然，对于和平解决争端的形式，埃塞俄比亚还是愿意采纳的，于是他们提出了自己的和平方案：一、意大利必须全部撤军，并赔偿所有的战争费用；二、由国联指派委员会来划定有争议地区的边境；三、埃塞俄比亚在财政和行政范围延聘外国顾问，意大利人除外。这份重申维护国家独立、领土完整的议和方案也被意大利拒绝了。1936年1月，双方终止了和谈，下旬，双方在埃塞俄比亚北部的坦皮恩再次展开激战。虽然意大利派出了自己最强的黑衫军，但经过10个昼夜激战，埃塞俄比亚获得了最终的胜利。意大利军队死亡3000人，伤5000人，损失坦克18辆、火炮33门、机枪725挺、步枪3654支。

同年2月，在欧美列强的支持下，意大利在埃塞俄比亚的军队增加到了

60万人，军事优势一下转向了意大利这方。2月10日到15日，在坦皮恩遭重挫后，意大利军队集中兵力，加强了对安太洛的攻势，牺牲2000名士兵，但最终占领了该地。下旬，意大利空军在埃塞俄比亚的德西埃等地狂轰滥炸，还使用了毒气弹，埃塞俄比亚军队大败。3月31日，埃塞俄比亚皇帝海尔·塞拉西亲率军队在梅丘对意大利军队发动了进攻。

在这次进攻中，埃塞俄比亚皇帝海尔·塞拉西的军队虽然重挫意大利军队，给意大利军队造成了8000人左右的伤亡，但对扭转整个战局毫无效果，埃塞俄比亚皇帝海尔·塞拉西的军队还损失了很多重要官员和将领。4月1日，埃塞俄比亚北部重镇古都冈达尔失守；4月15日，德西埃沦陷。南部，军事态势也对埃塞俄比亚非常不利。在意大利空军压倒性的进攻下，埃塞俄比亚控制的季季加、哈拉尔两个城市相继沦陷。就这样，到同年4月下旬，意大利军队的北路军已经逼近埃塞俄比亚首都亚的斯亚贝巴。5月1日，埃塞俄比亚皇帝海尔·塞拉西一世不得不从前线回到自己的都城，5月2日偕皇后乘专列向东，抵达吉布提后，乘英国军舰"冒险"号逃往伦敦。5日，意大利攻陷亚的斯亚贝巴。9日，墨索里尼宣布意大利实际控制埃塞俄比亚全境。

意大利国王爱曼努尔宣布自己是埃塞俄比亚皇帝，并任命巴多里奥为埃塞俄比亚全权总督。接着，意大利将埃塞俄比亚、意属厄立特里亚、意属索马里合并为意属东非。从1935年10月到1936年5月，埃塞俄比亚抵抗意大利入侵只坚持了7个月，最后以失败告终。其原因无非是四点：一、欧美老牌帝国包庇纵容意大利，外交与军事上都给予了大力支持；二、两国力量对比过于悬殊；三、面对强敌，埃塞俄比亚军队的阵地战打法并不妥当；四、统治阶级内部不团结，无法发动全民抗战等。

埃塞俄比亚皇帝海尔·塞拉西一世逃亡之后，埃塞俄比亚的抗意卫国战争进入新的阶段，开始了游击战。其战区遍布整个埃塞俄比亚。组成游击队的战士们都是普通的农民和牧民，游击队的领导是各地封建主和爱国军官。他们伺机而动，袭击敌军和警察署，破坏交通线路。伊姆鲁公爵领导的西部游击队，人员以撤退的士兵和新成立的爱国组织"黑狮会"为主，队伍最壮大时，人数多达3万人。1936年12月，伊姆鲁不幸被俘。德斯太公爵在南部领导了1万人的游击队，最后殉国。直到1937年夏，埃塞俄比亚的爱国者们在亚的斯亚贝巴附近的安特成立了"团结合作委员会"，召开会议，建立了统一指挥部，任命阿贝贝·阿拉盖男爵为指挥部的参谋长，并且决定发展游击队伍的武装力量，筹备粮草和军需物资，为游击战争和抵抗运动提供支援。

## 西班牙内战

在第二次世界大战爆发之前的1936年，西班牙国内发生了血腥内战，这场战争一直持续到1939年。以弗朗西斯科·佛朗哥为首的叛军得到了纳粹德国和意大利的支持，推翻了西班牙共和国政府，并在这里建立了独裁统治。西班牙人民为了反对独裁和外国的武装干涉，开始了保卫民族独立的民族战争。

在15世纪和16世纪，西班牙曾经十分强大。但是到了1588年5月，号称"无敌舰队"的西班牙舰队，在拥有巨大优势的情况下，在多佛海峡被英国舰队击败，从此之后，西班牙的好日子一去不复返了。

直到20世纪30年代初期，在欧洲国家中，西班牙还处于落后的位置。在政治上，西班牙实行半封建的君主制。工业十分不发达，国家的主要产业是农业，全国有40%的人口是文盲。少数地主占有了西班牙全国大约2/3的土地。天主教教会在这里实力强大。1929年在欧洲爆发的资本主义经济大萧条，使西班牙受到了巨大的打击。直到1936年，西班牙的很多城市中，失业率仍然高达30%，全国有100万人失业。而且因为缺乏救济，物价又十分昂贵，西班牙的局势一直动荡不安。

西班牙在1931年爆发了民主革命。封建的君主制度被推翻了，人们在这里建立了共和制度。这也使原来的国王阿方索十三世逃往法国。西班牙新成立的共和政府积极推进民主改革，宣布人们拥有言论和出版、集会的自由，同时实行政教分离。在局部地区开始实行土地改革，降低土地租金。人们热烈地希望这次改革能够让西班牙实现现代化，走上发展的道路，但是他们难以避免地失望了。这场改革遭到了保皇派、地主阶级和军队中的右翼将领的强烈反对，而且这些反对改革的人得到了纳粹德国和意大利法西斯的大力支持。

1933年10月，西班牙的法西斯分子成立了长枪党。11月西班牙举行议会选举，选举产生了右翼的联合政府，他们宣布停止改革，并对反对者进行镇压。在1936年西班牙举行大选之前，全国的监狱中关押的政治犯已经多达3万名。右翼联合政府在西班牙执政的这两年，被称为西班牙的黑暗时期。为了与法西斯分子做斗争，西班牙左翼的各种力量在1936年1月，成立了联合阵线，全称为反法西斯同盟人民阵线，其中包括社会党、共和党、共产党、自由派和无政府主义者。人民阵线提出了释放政治犯、恢复人民的民主权利等要求。他们要求政府解散法西斯组织并努力改善人民的生活。随着政治形势的不断恶化，改革派与保守派的较量从议会中的政治斗争逐渐转变为武力对抗。

1936年，画家达利创作了《内战的预兆：带熟豆的软结构》。在这幅作品中，他用挣扎分裂的形象表现了一个内在的冲突，以此来暗示西班牙内战的爆发。在这一年，达利还创作了《秋天的食人狂》，表现了内战的痛苦。

1936年2月，人民阵线在议会大选中获得胜利，打败了右翼分子和法西斯暴徒，成立了共和国政府。这个左翼联合政府释放了3万名政治犯，并宣布改革的重启。他们在全国实行土地改革，保障工人权利。还和苏联之间建立了外交关系，西班牙的共产党也恢复了活动。

西班牙法西斯分子在失去了大选之后，决心不再采用合法手段，而是进行武力暴乱来重新夺取政权。法西斯分子开始在军队中积极奔走，策划发动军事政变，军队中有很多右翼将领都参与了这次反对共和国的阴谋，其中包括曾经担任西班牙总参谋长的何塞·圣胡尔霍和弗朗西斯科·佛朗哥等人。

佛朗哥对西班牙的独裁统治以残暴闻名。他出生于军人世家，15岁时进入了步兵学校。20岁时，他跟随部队到了西班牙殖民地摩洛哥，并在那里参加了对摩洛哥人民起义进行的武装镇压。后来，因为他在镇压起义中做出了突出贡献，1920年，年仅28岁的佛朗哥成了西班牙的军团副司令。31岁时担任总司令。他对摩洛哥里夫共和国的镇压行动，受到了摩洛哥国王的赏识。西班牙成立了共和国之后，他在右翼政府中担任军事统帅，并且在1934年带领军队对矿工起义进行了镇压。1935年，他成了西班牙军队的总参谋长，在人民阵线上台之后，他被罢免了。但是他不甘心就这样退居政治舞台的幕后。

实际上，西班牙的大部分军队都控制在不忠诚于政府和宪法的反革命将领手里。按照他们拟订的政变计划，圣胡尔霍将军作为叛军首领，将在政变取得成功之后担任国家的领导人。圣胡尔霍将军一直和德国、意大利的法西斯政府进行紧密联系，获得了希特勒和墨索里尼的保证，还得到了大量军事支援。尽管法西斯分子进行军事政变的企图变得越来越明显，很多人也开始警告西班牙政府，但是政府没有采取有效的措施对抗这个即将开始的阴谋。

1936年7月17日深夜，在西班牙的海外殖民地摩洛哥的一家电台里，播出了一条异常的天气预报：西班牙全国阳光普照。这个信号标志着政变正式开始。很快，佛朗哥等人带领叛军发动政变，西班牙内战正式爆发了。没过多久，西班牙军队中超过80%的兵力，大约12万名军人加入了叛乱。叛军队伍从南方和北方两个方向向首都马德里进军，想要在几天之内就平定全国，建立独裁的军政府。起初的几天里，西班牙的共和国政府还在震惊中徘徊和犹豫，甚至因此更换了总理。18日，何塞·希拉尔接替想要和叛军进行谈判的前任，成为西班牙共和国的新任总理。他下令给工人发放武器，并且号召群众起来反抗叛军。全国各地的工人群情激愤，主动拿起了武器保卫共和政府。短短几天时间里，就有超过30万人报名参加政府的平叛队伍。西班牙的海军和空军也宣布反对叛军。在马德里和巴塞罗那等城市里，政府军和叛军展开了激烈的战斗，19日和20日，进攻这两个地区的叛乱分子相继被打退。这时，叛军首领何塞·圣胡尔霍死于飞机失事。叛军想要快速消灭共和国政府，夺取全国政权的妄想无法实现了。

就在这时，佛朗哥成了叛军的新的首领。他派出特使向德国和意大利求援。法西斯德国和意大利早就参与到了这个叛乱中，在内战开始之前，两国的情报机关就在这里活动，参与制订政变计划，并向西班牙国内偷运武器。

西班牙内战正式爆发之后，德国和意大利公然开始武装干涉内战，希特勒和墨索里尼决定帮助法西斯夺取西班牙政权，一方面反对社会主义和共产主义，一方面打着这个旗号争得英国和法国的支持，还想要通过掌控西班牙来间接控制地中海地区，并对英国和法国造成威胁。只要控制了西班牙，欧洲一旦开战，德国和意大利就能迅速把英法和它们殖民地之间的联络通道切断，并使法国处于腹背受敌的局面。

共产国际在苏联的带领下向西班牙的共和国政府提供军事支援，随之而来的，很多国家的进步人士也陆续投入到对西班牙共和国政府的支持行动中。西班牙内战逐渐演变成为共同抵抗法西斯的民族革命战争。

虽然英国和法国并不希望西班牙成为法西斯的傀儡，这样会对自身的利益造成损害，但是他们同时不愿意为亲近共产主义的西班牙共和国政府提供支援。在这样的情况下，法国政府在8月2日宣布法国保持中立，停止向西班牙提供援助，并且号召其他的欧洲国家都不干涉西班牙内政。英国和美国也效仿法国做出了类似的声明。

这样一来，西班牙内战具有了独特而复杂的国际背景。德国和意大利以及同属伊比利亚半岛国家的葡萄牙支持叛军，苏联等国家支持共和国政府，而英法等西方国家保持中立，采取纵容法西斯国家的绥靖政策。

德国和意大利法西斯迅速向叛军提供了军事支持。7月30日，德军和意军派飞机从摩洛哥运送叛军来到西班牙，用来增援遭到政府军沉重打击的叛军。整个西班牙内战期间，意大利为叛军提供了2000门大炮、1000架飞机、900辆坦克以及许多其他武器，还派出15万人的意大利军队直接奔赴西班牙参战。德国也向西班牙叛军提供了大量援助，包括5万名德军直接参战。在政府军方面，苏联向西班牙共和国派出数千名军事专家担任顾问，并提供了大量军事援助。一些欧洲的进步力量也对共和国政府做出了支援。

8月12日，第一批支援西班牙反法西斯斗争的国际纵队抵达西班牙。这支部队是共产国际和许多国家共产党和进步力量组成的志愿军，其中包括来自苏联、美国、英国和法国等54个国家的志愿军战士，总数大约为4万人。

到了1936年下半年，在得到德国和意大利大规模援助和英国奉行的不干涉原则的共同作用下，叛军取得了巨大的军事优势，得以重新向政府军发动进攻。同时，佛朗哥建立了军事独裁政权，并宣布自己为西班牙的元首和总司令。11月，法西斯德国和意大利先后承认了佛朗哥政权。

在1936年，西班牙内战呈现出胶着的态势，叛军控制的地区越来越多。8月5日，叛军占领巴达霍斯，来自南北两个方向的叛军会师。紧接着，他们将西班牙北部与法国连接的地方切断了，随后向首都马德里进军。9月30日，共和国政府军将大批民兵紧急加入政府军序列，组成了人民军。11月6日，因为首都情况危急，共和国政府将首都迁至巴伦西亚。第二天，叛军在德国坦克的掩护下朝马德里发动了总攻。第一次马德里保卫战开始了。

马德里城内，几乎所有能拿起武器的人都自发走上了前线。持不同政见的人并肩战斗。马德里的很多房屋变为废墟，街道到处是血泊。在人民军的顽强抵抗下，叛军没能马上攻占马德里。11月11日，政府军发动反攻，一直到25日，终于击退了叛军。

1937年2月，叛军和意大利军队联手卷土重来，再次向马德里发动了进攻，一度冲破了防线。但是共和国军队顽强抵抗，再次将叛军击退了。3月，以意大利军队为主的叛军第三次进攻马德里，并再次失败。4月26日，西班牙小镇格尔尼卡遭到了法西斯飞机的轰炸，平民大量伤亡。受到这次事件的震撼，毕加索创作了传世名画《格尔尼卡》，表达内心的悲愤之情。

共和国军队尽管成功保卫马德里不落入叛军之手，但是在其他战场上却接连失败，损失惨重。叛军在6月攻占巴斯克，又在10月攻克工业重镇希洪港。共和国军队多次尝试进行反攻，但是都没能阻挡叛军的进一步深入，陷入了战略上的被动。

1938年，法西斯叛军得到了德国、意大利和来自梵蒂冈的教权主义者的大力支援，向政府军发动了越来越猛烈的进攻。因为得到了大批外援，叛军在武器装备上占据了极大的优势。而英国和法国严格执行不干涉政策，不但不为西班牙政府提供援助，还封锁了西班牙与法国的边境，政府军补充军火和物资变得更加困难。共和国政府陷入了内外交困的局面。1938年1月到2月，政府军在特鲁埃尔地区遭受沉重的打击。6月到11月，又在内战期间进行的最大规模的战役埃布罗河战役中再次遭遇了失败。政府军从此一蹶不振。同年9月，因为英国和法国的反对，国际纵队不得不从西班牙撤出。共和国政府做出这个妥协，是希望德军和意大利军队也能撤军。

但是德国军队和意大利军队根本不为所动，苏联几乎在同时停止了对西班牙共和国政府的军事支援。12月，叛军进攻加泰罗尼亚，并于第二年1月26日攻占了重要的战略城市巴塞罗那。20万政府军和政府工作人员随后进入了法国，并放下武器。此时的西班牙境内，只有马德里在继续战斗。

逃往法国的共和国政府建立了国防委员会，国防委员会提出要与佛朗哥谈判，遭到拒绝，西班牙共和国瓦解了。随后，马德里战线也崩溃了。3月28日，法西斯联军进入马德里。4月1日，佛朗哥宣布战争结束，并建立了独裁政府。

西班牙内战中，佛朗哥屠杀了数十万西班牙人，战争结束后，又对残余势力进行了残酷镇压，在监狱和集中营关押了100万人。法西斯主义获得胜利后，佛朗哥更为猖獗。仅仅在5个月以后，第二次世界大战就爆发了。

## 二战的爆发

欧洲的意大利和德国，分别在1922年和1933年就建立了法西斯政权。日本军队侵略中国的同时，德国和意大利也在非洲和欧洲进行着疯狂的侵略和扩张。1935年10月，意大利派出将近40万兵力，从三个方向进攻埃塞俄比亚，遭到顽强抵抗。但最终，埃塞俄比亚军民不敌意大利军队，首都亚的斯亚贝巴于1936年5月5日失守，被意大利军队占领。对于意大利法西斯的残酷侵略行为，英国和法国操控的国联虽然对外宣称意大利是侵略者，并且对其进行了经济制裁，但实际的态度却是默许，并且向意大利出口大量能源，以供其军备所需。就这样，法西斯的侵略气焰在西方国家绥靖政策的助长下越烧越旺。1936年夏季，西班牙国内的反动军官受到德意法西斯的策动，发起了叛乱活动，西班牙政府军队镇压叛军，却遭到德意的干涉。德国和意大利认为西班牙共和国政府受到共产主义的影响，必须除掉。叛军从德国和意大利方面获得大量的武器装备和人员支援，与政府军作战，持续将近三年之久。直到1939年4月，叛军首领佛朗哥率领叛军占领西班牙全境，夺得政权，建立了法西斯独裁统治。

在这场战争的过程中，德国和意大利结为柏林-罗马轴心。1936年11月，德国和日本签订了《反共产国际协定》，一年后，意大利也加入进来。至此，德国、日本、意大利三国的轴心国侵略集团成立。德国建立了法西斯独裁统治后，希特勒一步一步地摧毁了《凡尔赛和约》，并着手扩充军队，宣称要扩大德国的领土。1938年3月，德军占领奥地利，将其纳入德国领土范围。对此，英国和法国都没有提出反对意见。1937年，张伯伦被任命为英国首相，他对法西斯的侵略行为更加姑息。于是，希特勒也更加肆无忌惮，将目光投向捷克斯洛伐克。在欧洲，捷克斯洛伐克的地理位置相当重要，是整个欧洲的中心，因此，希特勒不会放过这一区域，在他的侵略计划中，占领捷克斯洛伐克是非常重要的一步。捷克斯洛伐克是个多民族国家，西北边境的苏台德地区居住着大约300万日耳曼人。捷克斯洛伐克并非弱不禁风的小国，它实行民主制，拥有发达的工业，军队也很强大。

然而，希特勒上台后，派纳粹特务来到苏台德地区，向日耳曼人宣传法西斯主义。纳粹分子的鼓动轻而易举地深入了这些日耳曼人的内心，他们中的大部分人开始反对布拉格。在这里，要详细讲一下苏台德这个地区的情况。这个地区具体指的是捷克摩拉维亚北部边境的苏台德山脉一带，包含了捷克斯洛伐克的一大半边境。捷克国内的日耳曼人基本上都聚居在这一带，因此，捷克国内的全部日耳曼人聚居地都统称为苏台德地区。

一战前的几百年间，这个地区属于波希米亚和摩拉维亚，受奥地利及此后的奥匈帝国统治。一战结束后，奥匈帝国瓦解，波希米亚和摩拉维亚被纳入新建立的捷克斯洛伐克。

这样一来，这300万日耳曼人原本是奥匈帝国的主要民族群体，在捷克斯洛伐克却变成了少数民族群体。虽然这种划分方式曾遭到苏台德地区日耳曼居民的强烈反对，但捷克在1918年11月占领此地后，依然通过《圣日耳曼条约》实施了这一举措。自古以来，捷克人与境内的日耳曼人就冲突不断，再加上奥匈帝国长期压迫捷克人，因此，捷克斯洛伐克建立国家后，延续了对日耳曼人的仇视，苏台德地区的日耳曼人的土地遭到掠夺，上学、找工作都受到歧视，并且无法公平地得到应得的救济物资。当时的捷克斯洛伐克总统爱德华·贝奈斯认为，要想妥善解决这种民族矛盾，最好的办法就是把全部日耳曼人口逐步迁走。与此同时，境内的日耳曼人始终受到整个社会的剥削和压迫，忍受种种不平等，在这样的痛苦煎熬中，在捷克斯洛伐克的日耳曼人的生活看不到任何希望。

不过，说苏台德地区投向纳粹的怀抱实际上是捷克斯洛伐克人自作自受，并不妥当，虽然捷克斯洛伐克人极端的民族主义的确给他们自己带来了麻烦。希特勒打出的"回归帝国"的口号，在苏台德地区造成了危机，在苏台德地区的日耳曼人看来，这样的危机对他们自己未尝不是好事，似乎可以视为一种拯救。从1929年开始，全世界都陷入了经济危机的恐慌中，世界各地经济状况转入低迷，捷克斯洛伐克也包括在内，每天都有大批人失业，而苏台德地区的经济状况比捷克斯洛伐克境内其他地区还要差，损失也更大，几乎可谓重创。尤其是，经济危机导致国外贸易市场严重缩水，而苏台德地区的日耳曼人长期依赖国际贸易生存，这对他们来说是致命的打击。根据统计数字来看，仅1929年，苏台德地区的失业人数就达到了41600人左右，5年后，这个数字达到了738300人。

捷克斯洛伐克政府采取救助措施应对这种局面，并且宣称救助措施不分民族。将近三成的苏台德失业人口获得了政府发放的救济金，但该地区的失业率依然远远超过了国内其他地区，这是因为在就业方面依然存在着很多歧视。因此，苏台德地区的日耳曼人怨声载道，指责捷克斯洛伐克政府无法妥善处理民族关系，无法从根本上为国内的日耳曼人解决生存问题。1936年，德国在莱茵区取得了巨大的成功，整个世界的局势都随之发生了变化，德国与诸多国家之间的关系因此也有了改变，其中也包括捷克斯洛伐克。莱茵区再一次进入军事化状态，这预示着德国将向中欧地区和东南欧地区进军，而西欧地区各个国家的沉默态度则让希特勒信心倍增。

根据捷克斯洛伐克政府的预测，希特勒将会先以奥地利为目标，占领奥地利后，下一步就是进攻捷克斯洛伐克。虽然汉莱因多次表示不会背叛布拉格政府，但政府高层依然顾虑重重，因此，捷克斯洛伐克逐渐做出决定，要做出一些让步，以此来回应英国施加的压力，并且安抚国内的日耳曼人。就这样，"布拉格政策"于1937年出台，它规定：允许德意志人按比例参加捷克斯洛伐克的公共服务；在德意志人居住的地方以社会福利为目的发放公共开支，并用德意志人的合同取代政府合同；在德意志人居住区，德语将和捷克语一样成为官方语言。从这个政策不难看出，布拉格政府已经向德国做出了实质性的妥协。

但还是不能满足苏台德德意志人党关于在捷克斯洛伐克境内获得完全的自主权的要求，而且让苏台德地区的德意志人对希特勒更加崇拜，对德国更加感激，在他们眼里，正是纳粹德国的强大才使布拉格做出了让步。值得注意的是，苏台德德意志人党也在发生巨变，一方面是德国在莱茵区取得了巨大的成功，这就使得苏台德地区更多的德意志人越发倾向于德国，纳粹分子也更倾向于加入德国，他们并不主张高度自治。克洛德·汉莱因关于把苏台德地区建成一个名义上隶属于捷克斯洛伐克的国中之国的提议于1937年4月被布拉格否决，此后的纳粹分子更加倾向于德国。

还有就是在德国经济得到复苏的时候，捷克的经济却持续走低，在资金上，克洛德·汉莱因以及德意志人党对德国的资助更加依赖，对这一点，他曾在1936年的一次讲话中说得非常明白："我宁可因为与德国合作而被憎恨也不愿意因为憎恨德国而得不到任何好处。"纳粹的党卫队和希姆莱也更多地插手德国的对外事务，1936年，希姆莱将"境外德意志人办公室"完全掌控在自己手中，对苏台德德意志人党来说完全纳粹化已经难以避免。1938年4月，由希特勒的追随者建立的苏台德日耳曼人党召开代表大会，会议决定自治，将苏台德区从捷克斯洛伐克割出。这样做的目的就是为了制造借口，以便德国武装入侵捷克斯洛伐克。虽然捷克斯洛伐克政府同意就苏台德地区的自治问题进行谈判，但法西斯分子变本加厉不断提出新的无理要求，导致谈判中断。这时，希特勒在德捷边境集结重兵，以武力向捷克斯洛伐克施加压力，这就酿成了五月危机。

捷克斯洛伐克总统贝奈斯紧急召集会议，决定实行部分动员，40万预备役军人应征入伍，接着就走上前线，进入阵地，准备防御德军的进攻。看到捷克斯洛伐克已经有所准备，德国的入侵企图暂时有所收敛。

捷克斯洛伐克人民准备迎战德国入侵，他们表现了高昂的爱国热情，这让张伯伦等非常惊恐，他们不愿自己也被卷入战争的旋涡。英法两国通过外交途径向希特勒表示不会为捷克斯洛伐克牺牲一兵一卒。他们还向捷克斯洛伐克政府施加压力，要求捷克斯洛伐克将苏台德地区让给德国。希特勒也使出两面手段，一边抓紧备战，用武力相要挟，向英法两国进行威慑，同时又摆出一副伪善的面孔，宣称苏台德区是他在欧洲的最后要求。张伯伦和法国总理达拉第果然就相信了，于是对希特勒一再迁就。美国总统罗斯福也在一边帮忙，希望成全此事，并建议意大利总理墨索里尼从中斡旋。

9月28日，希特勒邀请英、法、意三国首脑到慕尼黑开会，然而，讨论苏台德问题，捷克斯洛伐克政府却不在被邀请的行列。9月29日中午，希特勒、张伯伦、墨索里尼和达拉第讨论了由德国起草、以墨索里尼名义提出的意大利建议。就在午夜时分，参加会议的四国首脑签订了《慕尼黑协定》，这份臭名昭著的协定要求捷克斯洛伐克在10天之内把苏台德区及其附着的一切设备无偿地移交给德国，英法保证捷克斯洛伐克的新国界不会遭到侵略。这个协定反映了大国以牺牲中小国家的利益来纵容法西斯的侵略行径。特别令人难以容忍的是，就在会议进行时，捷克斯洛伐克的两个代表就坐在会议室隔壁的房间里，却不能参加会议。只是在会后他们被告知，这个判决无权上诉也不能做出修改。张伯伦于9月30日早晨再次看望希特勒，他出示一张《英德宣言》希望希特勒签字。这个宣言表达了一个愿望，就是英德两国人民再也不想交战。希特勒看后欣然同意，很快就在上面签了字。此情此景让张伯伦非常感动，他以为如此一来和平就有了希望。

西方大国为什么要实行绥靖政策？原因主要有以下几点：首先是第一次世界大战后，英法对德殖民地进行了瓜分，在这样的形势下，为了维护他们的既得利益，不惜牺牲中小民族，做自我的保全。其次，作为殖民大国，英法对全世界进行剥削，两国人民生活条件相对较好，人民希望和平，统治者也要考虑人民的意愿。再次，法国和西班牙都先后建立了人民阵线的政权，英法认为这些都是红色政权，对他们构成了极大的威胁，他们希望把希特勒的视线引向东方，希望希特勒去和苏联争斗。《慕尼黑协定》刚刚签订，希特勒就急忙出兵，于1939年3月15日占领了捷克斯洛伐克全境。而英法则无动于衷。意大利也趁机于4月入侵阿尔巴尼亚。

顷刻间欧洲笼罩在一片战云中，战争的危险随时都会发生。在这种形势下，苏联邀请英国和法国来莫斯科举行会谈，希望组成联盟，以抗击德意法西斯的侵略。但英国和法国都对苏联不抱信任的态度，他们更希望希特勒将侵略的矛头指向东方，也就是苏联，所以，莫斯科的谈判无疑是不会成功的。这时，英国也试图同德国沟通，但谈判也是无果而终。与此同时，德国与苏联也进行着秘密的接触，欧洲的外交形势异常微妙。

　　苏联所面临的形势也是非常复杂多变，它既要防备来自东方也就是日本的威胁，又担忧来自西方的反苏攻势。日本在1938年7月和1939年5月至8月，在中苏及中蒙边境进行挑衅，但在苏军的沉重打击下，终于以失败结束。在西方，苏联担心德国与英法结成反苏的联盟，这样一来，苏联就面临着来自东西两线的压力，面临两线作战的危险。基于此，斯大林希望将希特勒稳住，这样就能为战争赢得准备的时间。而希特勒也有同样的想法，他此时正酝酿着进攻波兰，再进攻英法，也需要首先稳住苏联。于是在1939年8月23日，德国外长里宾特洛甫飞抵莫斯科，两国签订了一个秘密议定书，划定了两国在立陶宛和波兰的势力范围。对于德国来说，它就避免了两线作战，可以放心地向波兰发起攻击了。

# 第十九章

## 第二次世界大战

## 从一战到二战

在正式开始讲第二次世界大战前，我们再简单追溯一下第一次世界大战的情况。一战发生在1914年至1918年。这场战争以德国及其盟友为一方，以英法美俄及其他国家为一方。战争由德国首先挑起，在袭击了比利时后又向法国发起攻击，但战争最终以德国战败而收场。在1870年的普法战争中法国遭到重创，当一战结束后，法国力图在经济上对德国进行报复，于是就出台了最后的和平协定，也就是《凡尔赛和约》，和约对德国采取了极为严厉的经济和军事制裁措施。

战后的德国废除了君主政体，出现了一个新的魏玛共和国。从战争的阴霾中走出，共和国经历了短暂的繁荣期，但在接踵而至的全球金融危机中又遭遇困境，经济状况又开始下滑，右翼势力趁机疯狂叫嚣。这时，由阿道夫·希特勒掌控的纳粹党也异常活跃起来，他们将造成德国窘境的原因归于《凡尔赛和约》对德国的制裁，还有就是共和国的软弱，以及掌握着德国经济命脉的犹太人。这种理论一时得到了许多人的共鸣和支持。到了1933年，原先还是小字辈的纳粹党居然一跃而成国会的第一大党。魏玛共和国总统保罗·冯·兴登堡元帅也于1933年1月30日正式任命希特勒为总理。希特勒政府通过行使宪法赋予总统在紧急情况下的特殊权力来执行公务，也就是说希特勒可以越过联邦议会实行独裁统治。兴登堡于1934年8月2日逝世，依据宪法希特勒继任总统，成了德国真正的独裁领袖——"元首"。

一战后的意大利也同样面临着困境，中央政府无力控制地方，举国上下处于一种无政府的状态。工会被共产党人和社会党人所掌控，人们担心一场布尔什维克式的共产革命即将到来。在这样的危急形势下，意大利国王维克多·爱麦虞埃三世于1922年10月30日邀请右翼政客本尼托·墨索里尼以及他所领导的法西斯党组成政府。法西斯党拥有自己的非正规武装，在赢得政府的领导权后，这支武装被保留下来，其目的就是对无政府主义者以及共产党人和社会主义者进行打击。

墨索里尼在国内实行法西斯统治，经过几年的经营，逐渐稳固了自己的独裁统治。1935年1月7日，墨索里尼和法国外长皮埃尔·赖伐尔签署了意法和约。同一时期，德国稳定了国内政局，纳粹党的统治也得到了稳固，于是，外交方面就成了一个新的重心，一个个冒险行动也纷纷出笼。对《凡尔赛和约》耿耿于怀的希特勒于1935年宣布重整军备，实行兵役制，显示了对和约的藐视和破坏。

希特勒的冒险行为只是遭到了英法两国的抗议，对于和约中的制裁方案，英法似乎更在意有关经济方面的制裁，有的人甚至认为和约的制裁过于严厉，希特勒所做本来就是不该受到限制的。这样，希特勒就更加有恃无恐，于是他又开始派兵进驻莱茵区。根据和约规定，莱茵区属于非军事区，遗憾的是，德国的行动并未受到英法的阻止。德国逐渐放开侵略的魔爪，开始了实际的侵略活动，首先就将侵略的矛头指向奥地利，并于1938年3月12日宣布兼并奥地利，这样，奥地利就成了德国的一个省。

下一个目标就是捷克斯洛伐克。希特勒意欲吞并捷克斯洛伐克东北与德国接壤的苏台德区。在慕尼黑，经过一番烦琐的谈判，在希特勒的武力威胁下，英国首相尼维尔·张伯伦与法国领导人都采取了妥协和姑息的态度，苏台德被放弃了。这次谈判甚至没有捷克斯洛伐克的政府代表出席，虽然这时候才被告知，捷克斯洛伐克也提出了抗议，但面对德国的武力威胁以及英法拒绝出兵干预，捷克斯洛伐克只得接受了这样的结局。而希特勒的野心是没有尽头的，在占领了苏台德后，他又破坏原来的承诺，占领捷克的其他领土。斯洛伐克于1939年3月14日宣布独立，德法英予以承认。

意大利曾因为入侵埃塞俄比亚遭到国际联盟的谴责，之后于1939年5月与德国缔结了《钢铁盟约》，"罗马-柏林轴心"得到加强。很快，日本也于1940年加入轴心国，三国签署了《三国公约》，"罗马-柏林-东京轴心"就这样形成了。

## 战火弥漫

对于欧洲战场来说，最强大的两个对手就是德国和苏联，莫洛托夫和里宾特洛甫曾代表苏德两国签署互不侵犯条约，条约还包含一个"秘密附属议定书"，内容是在波兰、波罗的海三国与芬兰划分势力范围。

德国于1939年9月1日大举入侵波兰，二战在欧洲的全面战争爆发了。在此之前，英法已经承诺确保波兰的安全。9月17日，苏联从东方对波兰展开进攻。在两面夹击下，波兰很快沦陷。

东部战场硝烟滚滚，而西部却是一片寂静。直到1940年5月10日，法德才爆发冲突。这段相对平静的时期德国人称之为"静坐战"，西方则称之为"假战争"。迫于压力，波罗的海三国（立陶宛、拉脱维亚、爱沙尼亚）于1939年9月28日允许苏军进入其领土。苏联于11月30日进攻芬兰，芬兰被迫割让10%的领土给苏联。

1940年4月9日，德国占领丹麦和挪威，对此德国声称是为了防止英法首先占领中立的挪威，因为那样的话德国从瑞典进口矿石的道路就会被截断。挪威战役中，英军战败，瑞典和芬兰与西方国家的联系被切断，德国借机向瑞典施加压力，要求允许德国的军队和物资过境。

1940年3月18日，墨索里尼和希特勒议定协同作战，共同对付英法两国。5月10日，德军绕过马其诺防线入侵比利时、荷兰和卢森堡，西部的安宁终于被打破了。对这些国家的占领尚未完成，希特勒就把侵略的矛头对准了法国。德军于5月13日突破阿登防线进入法国。盟军在阿登的抵抗失败，在色当遭受了更为严重的打击，德军的两个坦克师在高炮的掩护下跨过缪斯河，突破盟军的中央防线。5月19日，有7个德军的装甲师已经进至距离英吉利海峡仅仅50英里处。5月24日，德军甚至已经望见法国北部的港口敦刻尔克。奇怪的是，正当德军即将一举拿下敦刻尔克时，却传来了停止前进的命令。危在旦夕的盟军借机开始了一场大撤退，这就是"发电机计划"。850艘不同类型、不同动力、不同大小的船只组成庞大的船队营救聚集在敦刻尔克的盟军。5月27日至6月4日，共有33万人成功撤退，其中23万为英国远征军。敦刻尔克大撤退为英国保留了元气，对英国人民也是一个极大的鼓舞。

　　法国战败后，希特勒与法国签署了停战条约，他特意选择在1918年德国战败投降时签署条约的车厢，借此羞辱法国。

　　占领法国后，德军空军在法国北部集结，准备实施登陆战，也就是海狮计划。第一步是进行空战，消灭英国皇家空军，也就是不列颠战役。对于这个计划，很多人认为是不可能实现的，原因是即使德国空军有能力将英国皇家空军从南英格兰赶出，英军还有剩余的空中力量，他们足以对德军的登陆作战形成威胁。

　　德军对此似乎没有给予足够的重视，"鹰计划"于8月5日开始实施，其内容是对英国进行大规模的空中打击，为登陆作战扫清障碍。从8月24日至9月6日，德军平均每天出动1000多架飞机，英军损失了1/4的空军飞行员。

　　在战争的关键时刻，德军突然改变了战略，为了摧毁对方的信心，他们集中轰炸英国的主要城市，企图以此打垮英国，迫使英国投降。这就让英国空军得到了喘息的机会，但轰炸毕竟对英国造成了惨烈的创伤，工业重镇几乎都遭到了轰炸，损失惨重，其中就包括了工业城市考文垂和伯明翰。从9月7日至11月3日，首都伦敦连续57天被轰炸。一些港口和海军基地也遭受损失。

这一时期的战争基本都是在空中进行，地面上基本没有大规模的冲突。英国皇家空军也利用夜间对德军占领的欧洲大陆实施轰炸。8月25日夜晚，皇家空军对德国首都柏林进行了轰炸。不列颠战役为英国赢得了时间，也赢得了胜利，希特勒不得不下令"无限期推延"海狮计划，德国对英国发动登陆作战的企图宣告破产。希特勒取消海狮计划的原因还有一个，就是准备进攻苏联。

德国的盟友意大利也在1939年4月7日入侵阿尔巴尼亚，接着又在1940年10月28日入侵希腊，但在希腊的抵抗下意大利的企图没有得逞。德军介入战争，于1941年开始与希腊人开战，同时对南斯拉夫发动进攻。英国支持希腊，但也未能取胜，德军于4月27日进入希腊首都雅典，接着又发动了对克里特岛的攻势，德军伞兵从英军手中夺得该岛。虽然德军占领了克里特岛，但伞兵的运用并不顺利，在此后的作战中，德军就不再使用伞兵。德军占领希腊后，英军和希腊的几支武装力量撤退至埃及。扫清巴尔干后，希特勒就可以腾出手来集中力量对苏联发动进攻了。

德国对苏联的进攻开始于1941年6月22日，行动代号"巴巴罗萨"。德军的闪击战在初期进展顺利，苏军节节失利，许多苏军被包围和俘虏。意大利、匈牙利和罗马尼亚军队也在希特勒的要求下对苏联发起进攻。

芬兰也于6月25日宣布进攻苏联。本来芬兰是保持中立的，但为了收回两年前所丧失的领土，也加入对苏联的进攻中。这场被称为"继续战争"的冲突，一直到1944年才结束。

德国闪击苏联一开始进行得非常顺利，但闪击计划本身还是存在很大的隐患，这就是后勤保障问题。苏联国土辽阔，德军要深入纵深，就要有充足的后勤保障。如果后勤跟不上，战争将无法持续进行。在1941年德军进至莫斯科郊外时，进攻被迫停止了，因为后勤补给线已经到了极限。苏联的游击队趁机频繁袭击德军，德军的前线补给难以为继，进攻就更难以进行。德军以为战争到了冬季，苏军就会崩溃，但事实上苏军一直都在进行有效的阻击，苏军的抵抗迟滞了德军的进攻，也赢得了反攻的时机。

造成德军后勤保障困境的还有一个原因，就是苏联在撤退时采取了焦土政策，毁坏工具，烧毁庄稼，使德军什么也得不到。加上严寒来临，很多德军冻伤而死，苏军的反攻更加剧了德军惨败的到来。德军的进攻虽然停止了，但还是侵占了大片的苏联国土，苏联对国土的收复，直到1944年才最终完成。

列宁格勒，也就是圣彼得堡，是二战中异常惨烈的战场。德军和芬兰军队从南北两个方向进至列宁格勒外围，他们得到了希特勒的命令"将列宁格勒从地球上消除"。德军对其形成包围的态势，这样就切断了来自外部的物资和军火的援助。德军对城市进行了频繁的炮击和轰炸。在持续900天的包围中，列宁格勒有大约100万平民死亡，其中死于饥饿的有80万人。

在经过了1941年年末至1942年年初的严寒后，德军将进攻方向改为斯大林格勒，也就是伏尔加格勒。这座城市位于高加索附近。在付出惨重的代价后，德军占领了这座城市。

希特勒的犹疑不定，进攻计划的改变使高级将领们大为不满，加上补给线过长，所有这些因素都加剧了斯大林格勒巷战的惨烈。苏联红军发起反攻，切断了德军20个师包括2个罗马尼亚师的退路，德军第六军团被完全包围。德军的燃料和食品以及弹药越发不足，阵地也随之缩小，到了1943年年初，最后一部分德军终于投降。希特勒提升第六军团司令弗雷德里希·保罗斯为陆军元帅，在德国历史上还没有一位陆军元帅投降过，所以，希特勒此举显然是要确保前线军官不投降，一直战斗下去。虽然保罗斯没有投降，但也没有像希特勒所命令的那样战至一兵一卒一枪一弹，苏军俘虏了他。斯大林格勒战役是血腥和惨烈的，双方大约有200万人死亡，其中包括50万平民。这样的结果在战争史上也是少见的。

随着惨烈的斯大林格勒战役的结束，德军也逐渐失去了进攻的主动权，但希特勒依然命令德军保持进攻的态势，于是，由冯·曼施坦因将军组织了一场攻势，时间是1943年夏季，地点在库尔斯克。这是一场绝望的进攻，一场在东线发起的最后的攻势，也是一场规模空前的坦克大战。苏联在战前已经得到情报，因此为战役制订了一个周详的计划，这样，当战役开始后，苏军进行了有效的防御和反击，德军的进攻最多也只是前进了17英里。苏军始终控制着战场的主动权，并最终赢得了战役的胜利。

战争给苏联造成巨大的人员伤亡和财产损失，苏联人民付出了惨重的代价，战争中大约2700万苏联人死亡，其中包括1300万平民。德军所到之处，对平民进行了残酷的杀戮，纳粹分子将斯拉夫人视为劣等民族，进行了种族大屠杀。随着反攻时刻的到来，苏军勇猛进攻，将德军驱逐出国土，他们又奋勇前进，直至攻克柏林，将胜利的旗帜插上德国国会大厦。

## 盟军行动

1940年，北非战役开始了。英军的小部队将来自利比亚的意大利军队击退，此后，由埃尔温·隆美尔亲率的德军进入北非，英德之间的较量也由此开始，直至1941年阿拉曼战役爆发，使非洲战事进入了高潮。1942年7月1日至7月27日爆发了第一次阿拉曼战役。德军首先占领了阿拉曼。阿拉曼是亚历山大港和苏伊士运河之间最后一个战略点，但德军占领后，后勤补给同样没有跟上，这就使英军赢得了战场的主动权。10月23日至11月3日，爆发了第二次阿拉曼战役，英军发起了有效的进攻，德军被迫撤退至突尼斯。

1942年11月8日，英美军队发起"火炬行动"，在摩洛哥和阿尔及利亚登陆。当地的维希法国军队几乎没有任何抵抗。德意部队遭到来自阿尔及利亚和利比亚部队的两面夹击，盟军从东西两个方向对德意部队发起进攻，于1943年5月13日将其赶出非洲，俘获25万轴心国士兵。

盟军占领北非后，就赢得了进攻欧洲的另一条途径。1943年7月10日，盟军首先向意大利的西西里岛发起进攻，墨索里尼在党内的支持因此丧失殆尽。1943年7月25日，作为墨索里尼橡皮图章的法西斯党最高委员会通过决议，要求恢复意大利的君主立宪制，并将军队的指挥权交给国王。当天晚上国王召见墨索里尼。墨索里尼来到王宫后立即被逮捕并被解除所有职务，接着被软禁在一座与外界隔绝的别墅。1943年9月8日，墨索里尼的继任者彼得罗·巴多里奥元帅与盟军达成停火协议。此时，由乔治·史密斯·巴顿将军率领的美国第七军团以及由伯纳德·劳·蒙哥马利将军率领的英国第八兵团成功会师，完成了对西西里的占领。

墨索里尼垮台的消息传到德国，希特勒立即下令出兵意大利，并在意大利的北部构筑了防线。

1943年9月3日，盟军在意大利本土登陆，美军在萨累诺登陆，英军则登陆塔兰托。

希特勒没有忘记老朋友，他派出救援小分队，由奥托·斯科尔兹内率领，成功救出墨索里尼。墨索里尼被安插为意大利社会共和国领袖，这个伪政府位于意大利纳粹占领区。但墨索里尼的日子已经不会长久了，当盟军会师米兰时，他也被逮捕。

就在德军控制着意大利北部地区时，盟军进入罗马。1944年9月10日，英军对德军防线发起攻击。

当进攻罗马时，对法国的攻击也开始了。1944年6月6日，盟军在诺曼底登陆，标志着欧洲第二战场的开辟。经过两个多月的激战，美军、英军与加拿大军队逐渐占据优势，德军的阻击逐渐减弱。最后致命的时刻即将到来，由巴顿率领的美军推进至德法边界，将原来在诺曼底作战的德军包围起来。

盟国空军也深入德国城市进行猛烈的轰炸，对城市造成破坏，也使平民造成伤亡。而在德国国内，暗杀希特勒的行动多次发生，但希特勒都侥幸逃脱了。1944年7月20日曾发生最严重的一次政变企图。这次行动由克劳斯·冯·施道芬堡策划，埃尔温·隆美尔及阿尔弗雷德·台尔普等人参与。计划原本准备用炸弹谋杀希特勒，但因为一些偶然的因素导致预谋失败，希特勒只受了轻伤。

　　1944年8月15日，盟军又发起"骑兵行动"，从法国南部发起攻击。到9月，三支盟军部队已经进至德国边境，在很多人看来，战争有望在1944年年终结束，人们对此充满了乐观和喜悦。

　　为了实现该目标，尽早结束战争，盟军于1944年9月17日至24日发起了"市场花园行动"，试图进入德国并解放荷兰北部地区。但盟军似乎低估了德军的力量，实际上德军依然非常顽强，英国第一空降师与德军交手后几乎全军覆没。

　　1944年的冬天是非常寒冷的，盟军遇到困境，西线战事处于僵局。美军在1944年9月13日至1945年2月10日所进行的赫尔根森林战役中试图消耗敌人的实力，因为这片森林阻碍了盟军的进攻，只要德国人还据守这片森林，盟军就无法快速推进。1944年12月16日，德军发动了一次反攻，在阿登展开攻击，初期德军成功地包围了一些美军部队，但是盟军发起反击，最后还是成功地击退了德军。

　　这时，盟军的最后障碍只剩下莱茵河了。他们在1945年4月渡过莱茵河，对德国腹地的进攻就要开始了。1945年4月25日，美国与苏联的部队在易北河会师，将德国分为两半。

　　第三帝国的终结时刻就要到了。1945年4月30日，眼看着末日降临，希特勒在自己的碉堡中与自己的情人（新婚妻子）爱娃·勃劳恩一起自杀。希特勒在遗嘱中任命海军上将卡尔·邓尼茨为他的继承人，约瑟夫·戈培尔为德国总理。但戈培尔也在5月1日与家人一起自杀。邓尼茨与盟军就投降问题进行了谈判。最后的投降文件在5月7日由阿尔弗雷德·约德尔将军签字。邓尼茨在1945年5月23日被捕。前第三帝国的领土被盟军分区占领，苏联控制东德，英国、法国和美国控制西德。

　　战时德国建造了许多集中营，有大批的人被关押在这里，其中受害最重的是欧洲的犹太人。战争结束后，盟军也发现了多个纳粹集中营，据估计纳粹利用这些集中营囚禁与谋害了大约1200万人。根据纽伦堡审判时的证词，有大约一半的犹太人死于纳粹的迫害和屠杀。还有吉卜赛人、斯拉夫人、天主教徒、同性恋、残疾人等也遭到残酷的迫害与毁灭。奥斯维辛集中营在所有的集中营中堪称人间地狱，大约有200万人在这里死去。这些集中营成了纳粹法西斯统治的血证。

## 太平洋战场

在亚洲和太平洋地区，从20世纪30年代就弥漫着战争的阴霾。为了扩大在朝鲜半岛的势力范围，日本开始了向中国的扩张侵略。20世纪20年代的中国还处于四分五裂的状态，军阀混战，各自为政，中央政府无力掌控全国的大部分地区。日本就在这种情况下，通过签订不平等条约对中国施加影响。但这样做同样需要冒一定的风险，这是因为中国一旦陷入无政府状态，任何协议都将无法执行，而中国一旦强盛起来，这些不平等条约就有可能被废除。

1931年发生的"九一八"事变，是日本蓄谋已久的阴谋，它暴露了日本的狼子野心。日本占领东三省后扶持末代皇帝溥仪做了伪"满洲国"的傀儡皇帝。

事实上，日本对华侵略并非其称霸世界的第一步，当西方殖民者开始对世界的瓜分时，日本就打起了掠夺中国自然资源的算盘。日本发动"九一八"事变遭到了国际联盟的谴责，最终退出国联。在整个20世纪30年代，中日之间的关系陷入僵局。在中国国内，蒋介石集中力量"围剿"共产党，认为共产党才是更大的威胁。直到西安事变爆发，蒋介石才被迫与共产党达成合作抗日，抗日民族统一战线宣告实现。而卢沟桥事件的爆发，使中日之间处于全面的战争状态。中国军民奋起反抗侵略。共产党领导的敌后战场有力地配合了国民党的正面战场。共产党领导的抗日武装深入发动群众，大打人民战争，建立了广大的抗日根据地，陷敌于人民战争的汪洋大海。正面战场组织了一些规模较大的战役,迟滞了日军的进攻。

此时在日本国内,秘密社团的暗杀与大萧条导致民选政府逐渐丧失了对政府的控制权,军人势力兴盛一时,他们开始执掌国家政权。但军人内阁对军队无法实施有效的控制,很多时候会出现这样的情况,军队可以为自身的利益而不是国家利益采取行动。同时随着民族主义与反西方情绪的上升,日本在中国的行为被人种理论合理化。很多日本人开始相信,中华文明的精华传承在日本,而不是中国。

1939年日本军队试图从满洲对苏联发起进攻,但很快就被苏蒙联军击溃,日本向北扩张的政策宣告失败,苏联与日本之间维持了一种脆弱的和平,直到二战末期。

日本的最终失败从根源上讲要归于其20世纪30年代的政策,这种政策建立在一种假设的基础之上,即日本在没有获得稳定的自然资源供应之前无法与欧洲强权对抗,但又必须挑起一场它自知无法获胜的战争,以便取得所需要的自然资源。在侵华战争中,日本侵略者采取了异常残忍的行径,在中国建立傀儡政权,所有这些做法与日本的最终目标一脉相承,日本在战争中所采取的做法是丧失人心的。而在日本国内,许多政治精英当时也对此有所警觉,意识到这种自取灭亡的做法将会为日本带来灾难,但他们都没有试图加以制止。

在1941年,日军已经侵占华北和华中的大部分地区,但来自国民党正规军和共产党游击队的抵抗一直也没有停止,他们在正面战场和敌后战场上给予日寇有力的打击。日本在华建立了很多傀儡政权,但他们一般都没有什么实权,都要听命于日本主子的驱使,加上日军的残暴和高压统治,更激起了民众的反抗怒火。

日本发动侵华战争后,美国、英国以及控制着东南亚大片石油资源的荷兰流亡政府,纷纷停止向日本供应原油与钢铁。在日本看来这就是一种挑衅,而战争资源一旦缺乏,对日本来说将是致命的打击,它的战争机器将无法运行。于是,日本在1941年12月7日向马来亚半岛与菲律宾发动进攻,并实施了占领，同时对珍珠港的美国舰队发起袭击。日本偷袭珍珠港，美国奋起应战，太平洋战争由此爆发。日本当然非常清楚，要想与美国进行一场持久的战争，它是没有这个能力的，但他们却希望发动一场突然袭击，能使美国坐下来接受日本对华侵略这个事实。但他们的如意算盘还是打错了。仅仅四天后，日本的盟友德国也对美国宣战，美国被迫两线作战，在此之前尽管美国不断向英国和苏联提供战争物资，但还是一直试图保持中立，这一次却被彻底激怒了。

对于亚洲和太平洋战场来说，盟军由于欧洲战事的拖累无法在亚洲进行针对日本进攻的有效抵抗。1941年12月10日，日军击沉了英军在马来西亚的多艘重要军舰，中国香港也在1941年12月25日沦陷。几乎就在同一时间，日军还占领了美国在关岛和威克岛的基地。1942年1月日本又对缅甸、所罗门群岛、荷属东印度以及新几内亚发起攻击，而马尼拉、吉隆坡和拉包尔被日军占领。日军的进攻速度是惊人的，他们在1942年2月占领新加坡、巴厘岛与帝汶，3月占领仰光和爪哇，5月占领曼德勒。这些地区的空域也在日军的控制之中，美英的空军被完全赶出这些地区。日军还对澳大利亚北部发起突然袭击，英国舰队被迫撤出锡兰。

在日军的进攻面前，盟军也加强反击，而且攻势日趋凌厉。对于东京的空袭在很大程度上来说尽管还是象征性的，却鼓舞了士气，美军在珊瑚海海战中虽然失利，却挫败了日军进攻莫尔斯比港的企图。在中途岛海战中，美军掌握了战场的主动权，给予日本联合舰队毁灭性的打击，扭转了太平洋战场的态势，使之朝着有利于盟军的方向发展，从而成为太平洋战场的转折点，日本联合舰队的元气再也无法恢复。

在陆地作战中，英军和印度军队在缅甸的撤退速度慢了下来，澳大利亚的军队在新几内亚成功地守住了莫尔斯比港。日本地面部队在米尔恩湾战役中首次遭到重创。此时，美军和日军都试图占领瓜达尔卡纳尔岛，双方为此展开激战，美军最终击败日军，取得了胜利。自此之后，盟军逐渐进入进攻态势，逐渐掌握了战场的主动权，而日军则逐渐转入防守，变得被动挨打。

由于瓜达尔卡纳尔岛战役的失利，日军在其他战场上也丧失了优势，太平洋战争的胜券逐渐被掌握在盟军手中。

太平洋上战火弥漫，敌我双方展开了拼死的决战，在塔拉瓦、硫黄岛、冲绳以及其他战场上，双方都竭尽全力攻守，人员都遭受了巨大的伤亡，但各个战场的进程都是以日军的缓慢撤退而告终。为了进行最后的一搏，日军组织了神风敢死队，他们驾机直接冲击军事目标，试图以此来迟滞盟军的进攻，挽救自己必然的战败结局。1945年2月3日，苏联同意介入太平洋战事，并于8月8日对日宣战，苏军出兵中国的东北，百万苏军横扫日本关东军，给予关东军沉重的打击。在中国战场上，国民党和共产党领导的抗日武装也对日军发起大反击，收复了大片失地。同月6日和9日，美国在日本的广岛和长崎分别投下原子弹。

在亚洲和太平洋战场的沉重打击下，日本裕仁天皇与内阁开始考虑投降，并于8月15日正式宣布无条件投降。1945年9月2日，在美国"密苏里"号战舰上举行了签字仪式，各方代表出席了这个隆重的仪式，昭示着战争的结束。

## 第二次世界大战对世界的影响

1945年9月2日的东京投降仪式上，美国驻日总司令道格拉斯·麦克阿瑟站在"密苏里"号战舰的甲板上，向全世界宣布二战结束："今天，枪炮沉默了，一场大悲剧结束了，一个伟大的胜利赢得了。天空不再降临死亡，海洋只用于贸易，人们在阳光下可以到处行走。全世界一片安宁和平，神圣的使命已经完成……我们体验了失败的痛苦和胜利的喜悦，从中领悟到决不能走回头路。我们必须前进，在和平中维护在战争中赢得的东西……"

在人类的历史上，6年是个不起眼的时间长度，但是1939年到1945年这6年的第二次世界大战，却带给全人类最漫长而煎熬的时光。这场战争是从古至今人类历史上发生过的一切战争中规模最大、损失最惨重、伤亡人数最多、破坏性最严重的全球性战争。当战争发展到最激烈的时候，全世界有60%的国家参与其中；波及20亿人口，占当时全世界总人口数量的80%；欧洲、美洲、亚洲、非洲、大洋洲这五大洲以及大西洋、太平洋、印度洋、北冰洋这四大洋，全都无一幸免地被战火覆盖；战争区域总面积达到了2200万平方千米，各参战国家投入总兵力达1亿人，消耗的军费总计大约3万亿美元，相当于参战国国民总收入的60%~70%，损失物资的总价值高达4万亿美元。

这是一场决定了全人类命运的生死浩劫，给全世界带来了广泛而深远的影响。从很大程度上来讲，二战的结局决定了战后世界的政治格局和经济格局：美苏两极格局取代了以往以欧洲为中心的国际格局；欧洲和日本经济状况严重衰退；美国成为经济和军事头号大国；苏联在政治和军事方面的威望迅速提升；社会主义运动和民族解放运动高涨，殖民体系逐渐走向崩溃。

这场战争从根本上提高了全人类的军事作战水平，人类掌握了与以往不同的现代军事技术，人们在战争中学会了使用装甲坦克部队进行大规模交战，掌握了战略轰炸这一足以影响二战结局的重要作战手段。现代化军事武器的应用也成了战争的一大亮点，在作战中发挥了极其重要的作用，从喷气式战斗机到火箭，从雷达到导弹，这些武器都是此前人们难以设想的；在战争后期，人类首次将核武器运用到作战中，全世界都目睹其无与伦比的破坏能力；除此以外，计算机这一史无前例的高科技工具也成了操纵战场的独特手段。通过这场战争，人们深刻地意识到，在现代战争中，科技、经济、技术的水平对战争结果有着多么重要的影响。军事科技的发展使得人类智慧与自然能量融为一体，释放出最大限度的威力。从此，人类的战争活动从盲目、浮躁、稚嫩，走向自觉、理智、成熟，开始了一个崭新的历史阶段。

然而，不可否认的是，虽然战争的结局将人类社会从法西斯的魔掌中解救了出来，但即便在战争结束很久之后，经历过此次战争的人们依然生活在这场血腥大屠杀带来的阴影之下，并且不断弥补着大破坏造成的所有损失。

这场持续6年的血雨腥风造成了史上最惨重的大规模平民伤亡，无论是纳粹德国对犹太人和其他东欧人种采取的种族灭绝行动，还是日本对中朝两国平民进行的大屠杀行为，抑或是战争末期盟军对德日两国境内民用目标发起的大肆轰炸，都让一批又一批无辜生命沦为战争的牺牲品。全世界共有5000万人在二战中丧生，远远超出了史上任何一次战争中的伤亡人数。无限化的战争要求激发了人们心底最残暴的本性，让人们在彼此的虐待中无所不用其极地加入各种极端残忍的手段，例如，德国法西斯在集中营中对犹太人进行的割器官、活剥人皮等骇人听闻的虐杀，以及日本法西斯对中国人进行的化学实验、毒气实验、细菌人体实验等超出人们想象的暴行。然而，在法西斯眼中，这些惨无人道的行为仅仅是战争中理所当然的一道程序，而那些暴行的实施者在长期的环境熏陶下，早已习惯于折磨他人，成为战争机器中一个个麻木运转的冰冷零件，这在人类历史上也算得上是一个奇迹。

## 第二十章

大战结束与冷战开始

## 雅尔塔会议

　　1943年年底，第二次世界大战进入尾声，德意日法西斯败局已定，结束战争和安排战后秩序亟须迅速解决的一系列政治问题，特别是制订盟军在反希特勒德国战争最后阶段的协同军事行动计划，处置战败德国的基本原则，对日作战，实现战后国际安全的基本原则，客观上迫切地需要三大盟国举行新的最高级会晤。

　　奋战在亚洲太平洋战场的美国将士感到："前往东京尚有一段艰难、漫长的道路要走。美国必须准备在太平洋从事代价高昂的长期斗争。"正是基于这一认识，美国的军事将领都迫切希望苏联早日参加对日作战，以便牵制日本在中国领土上的军队，使之不能增援日本本土。1945年2月，美国总统罗斯福按事先的约定，如期前往苏联的克里米亚半岛参加即将在雅尔塔举行的会议。这时，盟军在希腊雅典的战斗刚刚结束。

　　三国首脑都带来了各自的议程。罗斯福希望游说苏联对日宣战，支持盟国在太平洋作战；丘吉尔希望东欧在战后能组建民主政府；斯大林则希望控制东欧。在远东问题上，三国首脑几乎没有任何争执，很快达成了协议。斯大林承诺，欧洲地区的战争一旦结束，苏联保证在60天内对日宣战。作为回报，斯大林要求：外蒙古的现状须予维持；库页岛南部及邻近岛屿以及千岛群岛须交还苏联；苏、中共同经营中东铁路和南满铁路，大连商港国际化，旅顺港须租借给苏联作海军基地。面对斯大林的索取，罗斯福和丘吉尔未征得中国同意，和斯大林签订了牺牲中国主权的"秘密协定"，允诺苏联有权得到所要求的回报。

与会三巨头一致同意将战后德国划分为包括法国占领区在内的四个占领区，由盟国成立的对德管制委员会来进行协调管理。其中，苏联占领区中的德国首都柏林，由四国共同占领。同时规定，战后德国必须赔付盟国的战争损失并彻底肃清德国的军国主义和纳粹主义势力。

关于波兰问题，三国首脑决定，波兰东部边界大体以寇松线为准，苏联可以得到经过修正的寇松线以东的波兰领土。作为对波兰的补偿，同意波兰在北部和西部可获得新的领土，其边界的最后勘定留待和会解决。关于波兰政府的组成，三国首脑经过激烈争论，同意在以卢布林为首的波兰临时政府基础上进行改组，容纳国内外其他民主人士。

为维护战后世界的和平秩序，罗斯福、丘吉尔和斯大林一致认为有必要建立一个国际机构来促进世界的和平与安全。在斯大林的提议下，罗斯福、丘吉尔原则上同意苏联的加盟共和国乌克兰和白俄罗斯为联合国创始会员国。在联合国内，美、英、法、苏、中五国为安理会常任理事国，实质性问题践行常任理事国一致同意的原则。

雅尔塔会议还讨论了希腊、南斯拉夫、意大利等欧洲国家的相关议题。三国首脑一致承诺，帮助重获自由的欧洲各民族建立一个能广泛代表所有公民，并能够通过民主选举尽快组建民治民有民享的临时政府。会议签署了《雅尔塔协定》，通过了《自由欧洲的宣言》和《克里米亚宣言》等文件。从表面上看，似乎斯大林对英美做出了巨大让步。允许处在苏联掌控之中的东欧进行自由选举。但这个所谓的让步，于斯大林而言，不过是文字游戏而已，没有丝毫实质意义。何谓自由，何谓民治民有民享，都是可以在阶级斗争理论的框架下重新予以定义的。

雅尔塔会议前后共开了八天。全世界都认为，美国人和英国人在雅尔塔得到了他们所希望的一切，甚至更多。一位西方观察家做了这样一个简单的结论：西方至少在纸上取得了重大胜利。确实，倘若按照字面解释来理解《雅尔塔协定》，英美两国自然对会议的结果满意了。在东欧没有渗透势力的美国认为，斯大林既然允诺东欧可进行自由选举，那是再好不过了。英国则认为，依照《宣言》的字面意思，英国岂不是有权重新获得它在罗马尼亚和保加利亚两国的地位吗？但在斯大林看来，《宣言》只是一个好看的摆设。

雅尔塔会议解决了不少摆在盟国面前的迫切问题，巩固了美、英、苏三国的战时联盟，对协调盟国对德、日作战，加速反法西斯战争的胜利进程，促进战后的和平稳定局面，起到了积极的推进作用，并为联合国的建立夯实了基础，是战后世界格局形成的催产婆。1945年8月2日，美、英、苏三国首脑召开的波茨坦会议，实际上是对雅尔塔会议的决议和规定做进一步修缮，解决对美、英、苏三方意义重大的分歧。

在波茨坦会议上，美国国务卿詹姆斯·贝尔纳斯对苏联外交部部长莫洛托夫强调，美国期待苏联能够与邻国友好相处，但是这种友好不应该局限于政府和政府之间，而应该将人民和人民之间的友好也考虑进去。正是基于这一理念，美国希望这些国家的政府，是可以真正代表民意的政府。和在雅尔塔会议上的反应不同，斯大林这一次坦率地回应美国人说，任何通过自由选举产生的政府，无一不是明里暗里以苏联为敌的，苏联人不愿与敌视自己的国家为邻。斯大林不惮于成为自由的对立面的说法，令美国人大为震惊。不过，这都是后话了。总而言之，雅尔塔会议纵有诸多缺憾与遗留问题，但不可否认，是雅尔塔会议奠定了战后的世界版图和秩序。甚至可以说，美苏冷战的种子，在雅尔塔会议上就播下了。

## 联合国的建立

德国、意大利和日本法西斯发动的第二次世界大战,是对人类物质文明的一次巨大毁灭,是人类历史上破坏性最大的一次战争,战火遍及欧、亚、非洲陆地和大西洋、北冰洋、太平洋、印度洋广阔水域。据不完全估计,按1938年的价值算,仅在欧洲,战争破坏造成的物资损失即达2600亿美元。军民伤亡5120余万人,仅苏联就达2000余万人。

第二次世界大战给人类带来了深重的苦难,也激起了人类反对战争、祈祷和平的强烈渴求。面对战争留下的断壁残垣和成片废墟,人类再也不想自己的子孙后代重复战争的悲剧。但如何确保战后的和平秩序呢?最初,是美国总统富兰克林·罗斯福想到了维护战后的和平与稳定,不能靠各自为政的民族国家,而应该成立一个类似国际联盟的组织来居中转圜和协调,保障战后各国的共同安全。

1941年8月14日,在"威尔士亲王"号战列舰上的一次会议上,美国总统罗斯福和英国首相丘吉尔签署了《大西洋宪章》。在这份协议中,罗斯福和丘吉尔首次提出了成立一个包含绝大部分国家的、持久的国际组织的构想。罗斯福认为,无论在世界的任何地方,人类生而具有不可让渡的几项基本权利:言论自由;信仰自由;免于战争的自由;免于饥饿和恐惧的自由。罗斯福认为,新的国际组织的成立,应该以有利于保障人的四大自由为基本准则。

1942年1月1日,26个以美、英、苏三国为首的反对轴心国德意日的同盟国代表在华盛顿举行会议,商讨有关二战同盟的成立事宜。在会前的私人会晤中,美国总统罗斯福曾建议英国首相丘吉尔将"二战盟国"改为"联合国"。博学的丘吉尔随即指出,英国诗人拜伦在他的长篇叙事诗《恰尔德·哈罗德游记》中,曾以"联合国"一名来描述滑铁卢战役中英勇奋战的盟国:"这里,联合国剑已出鞘,同胞将于彼日踏上战场!这一切都将亘古永存。"会议上,罗斯福将他的想法再度提出来,供与会代表讨论,得到了与会代表的赞同。"联合国"这一说法,第一次被正式纳入与会代表签署的《联合国家宣言》。

1943年,第二次世界大战的形势渐趋明朗,盟军认为即将获得战争胜利。这时,建立一个世界性的国际组织主导战后格局,就显得十分必要和迫切了。美国总统罗斯福主张成立一个以大国为主导的国际组织,防止世界上再次爆发大规模的侵略战争。在罗斯福看来,只有美国、英国和苏联等大国通力合作,才能有效地维护战后世界的和平与稳定。有鉴于此,罗斯福建议成立一个由大国组成的强力组织,在该组织的旗号下,一旦大国达成一致意见,即可对世界任何地方出现的紧张局势随时予以干预。罗斯福认为,在这个大国集团里,必须将中国考虑在内。

罗斯福拉拢中国作为大国俱乐部的一分子,考量有三:其一,在全世界的反法西斯战争中,中国独力抵抗日本法西斯多年,做出了不可磨灭的巨大贡献,这种贡献理应得到国际社会的充分肯定;其二,中国人口众多,疆域广阔,未来的发展潜力不容小觑,倘若新成立的国际组织将中国这样的大国排除在外,这个组织就谈不上有什么代表性;其三,中国在历史上一直是亚洲的传统大国,任其弱化对世界的和平与稳定不利,相反,强化其大国地位,有利于发挥中国在远东地区牵制日本、在东北亚制衡苏联的重要作用。

1943年10月30日,美国、英国、苏联和中国的代表在莫斯科召开外长会议,共同签署了《苏美英中关于普遍安全的宣言》。宣言号召尽早建立一个维护世界和平与安全的国际机构。同时,四国外长为这个孕育中的国际机构定下了三个原则:第一,所有成员国享有平等主权;第二,会员资格具有普遍性;第三,以维护世界的和平与稳定为宗旨。

1943年12月1日,美国、英国和苏联的元首在德黑兰召开会议,就将要建立的国际组织展开协商。在这次会议上,罗斯福又提出了关于成立国际组织维护普遍安全的具体设想。他认为，该组织的最高领导机构应该由大国组成的常任理事会构成。斯大林同意罗斯福的设想，但是他反对将中国纳入大国俱乐部。斯大林坚持认为，常任理事会的会员只能由美国、英国和苏联组成。斯大林之所以强烈反对将中国纳入大国俱乐部，是因为他不希望看到苏联的旁边出现一个强大的邻邦，他认为一个强大的中国将会对苏联的优势地位造成威胁。同时，他也担心美国利用中国在东北亚遏制苏联的扩张。英国和苏联的想法一致，主张应由三国集团而不是四国集团来主导战后格局。英国的担心在于，如果中国拥有了大国地位，意味着中国必然会收回英国在中国香港的租借权，损害英国在中国地区的既得利益。但是，在美国的一再坚持下，英国和苏联不好继续反对。中国最终成了这个强力集团中的一员。为了与美国达成均势，英国的丘吉尔又设法帮助法国加入这个强力集团。

1944年9月21日至1944年10月7日，在华盛顿特区一座名为敦巴顿橡树园的庄园里举行的会议上，联合国蓝图第一次被美、英、苏三国勾画出来。在会议的第一阶段，美、英、苏三国同意将这个未来的国际组织命名为联合国，并共同签署了《关于建立普遍性国际组织的建议案》。在这个建议案中，规定了联合国的宗旨、原则、会员国资格以及其主要机构的组成和职能。会议的第二阶段讨论中国提出的补充议题。参会的有中国、美国和英国代表。中国的代表团团长是当时中国驻美国大使顾维钧。在这次会议上，顾维钧大使代表中国对美、英、苏三国的建议案做出了补充。最后，经过严谨的论证和协商，中国的意见在共同签署的建议案中得到了体现。

敦巴顿橡树园会议上，美国、英国和苏联三国对否决权的适用范围和创始会员国的资格问题产生了分歧。三国一致认为，常任理事国应享有否决权，但对否决权的适用范围有不同意见。英国和美国代表认为，如果争端双方中有一方是常任理事国，它就不应该享有否决权，但是苏联人担心英美两国会利用这一点联合起来对付苏联，因而主张在任何情况下常任理事国均享有否决权。三国一致认为，《联合国家宣言》的签字国自动获得联合国创始会员国的身份，为了增强联合国的代表性，理应增加创始会员国名额。但新增创始会员国应该将哪些国家包括进来，发生了争议。美国认为应该将几个拉美国家包括进来，但是苏联担心美国的势力范围扩大，提出应该让苏联的16个加盟共和国都享有创始会员国资格，以此来反制美国。双方代表各执一端，互不相让，导致在对否决权的适用范围和创始会员国的资格问题上没能达成协议。

1945年2月4日，罗斯福在雅尔塔会议上就否决权问题提出了一个折中方案。方案称，在实质性问题上，常任理事国拥有否决权。但在程序性问题上，倘若争议双方有一方是常任理事国，它将无法行使否决权。罗斯福的方案当即得到丘吉尔的赞同。苏联经过一天的内部协商，在次日也接受了这个方案。在创始会员国问题上，斯大林为了表示诚意，也做出了相应的让步。斯大林提出，苏联的16个加盟共和国中，至少应该有2~3个能够成为创始会员国。美英苏三国经过多轮磋商，同意苏联的加盟共和国乌克兰和白俄罗斯成为创始会员国。拉美国家中，除了阿根廷，一律成为创始会员国。雅尔塔会议解决了先前遗留的问题，为联合国的正式成立撤除了路障。

1945年4月25日，联合国制宪大会在美国旧金山召开。会议的任务是以1944年8月至10月召开的敦巴顿橡树园会议建议案作为基础，制定联合国宪章。50个国家的282名代表、1726名随行人员参加了这次制宪大会。中国代表团的团长是宋子文，中国共产党的重要领导人之一董必武，作为中国代表团成员之一，也参加了这次制宪大会。制宪大会历时长达两个月。对于常任理事国的否决权问题，参会的中小国家代表争论十分激烈。澳大利亚、加拿大、墨西哥、古巴等国代表认为，倘若常任理事国有否决权，岂不意味着在国际政治舞台上由强权说了算吗？出于维护中小国家权益的考虑，他们要求削减或干脆取消大国特权。古巴的代表提议，在对一国实施制裁时，用不着五大国一致同意，只要超过三分之二的非常任理事国同意就可以作数。一些国家代表则认为不能把联大会议当摆设，建议赋予联大修改联合国安理会决议的权力。广大中小国家的不满触动了美国、英国、苏联和中国，它们迅速做出回应，联合发表《四发起国代表团关于安理会表决程序的声明》，坚持大国拥有否决权的原则，主张大国的否决权也可用于决定某一事项是否属于程序性问题。四大国的共同声明，终止了中小国家对削弱或取消大国特权的妄议。经过两个月的多番协商，《联合国宪章》终于起草完稿。6月25日，与会代表在旧金山歌剧院一致通过了《联合国宪章》。6月26日，制宪会议在旧金山退伍军人纪念堂礼堂进行最后一项，也是此次制宪大会最庄重的议程——与会代表在宪章上签字。一共有来自50个国家的153名全权代表分别依次在以汉语、英语、俄语、法语和西班牙语5种语言写成的宪章上签字。中国代表团第一个签字，之后是苏联、英国和法国代表团签字。随后，其他国家代表团按照国名英文首字母的先后顺序一一签字，美国作为东道国，最后一个签字。整个签字仪式，持续了8小时。后来，宪章签署的这一天，被定为联合国宪章日。

《联合国宪章》规定：联合国以维护世界和平与稳定为宗旨，致力于促进各国之间的友好关系，加强各国在经济、社会和文化方面的互联互通。《联合国宪章》规定，联合国的主要机构由6部分组成：第一是由全体会员国代表参加的联合国大会，大会的重要决议需要与会成员国的三分之二多数票通过；第二是安全理事会，由5个常任理事国和6个非常任理事国组成，常任理事国拥有否决权，安理会通过的决议对所有会员国都有约束力；第三是秘书处，它是联合国的行政中心；第四是国际法院，它是联合国的司法机构；第五是经济和社会理事会；第六是托管理事会。《联合国宪章》确定了联合国的5条国际行为准则：各会员国主权平等、互不侵犯领土完整、互不干涉内政、和平解决国际争端、和平共处。

1945年10月24日，五大国和其他24个签字国批准了《联合国宪章》，《联合国宪章》正式生效。后来，这一天被定为联合国日。

1946年1月10日至2月14日，第一届联合国大会第一阶段会议在伦敦举行。51个创始会员国的代表参加了会议，联合国组织系统正式开始运作。会议决定接受美国国会的邀请，将联合国总部设在美国纽约曼哈顿。

联合国官方正式使用的语言有6种，按英文字母顺序为阿拉伯语、汉语、英语、法语、俄语、西班牙语。6种语言同等有效，代表发言时可任选一种。秘书处日常使用的工作语言则是英语和法语，但实际上英语使用更广泛。

联合国的成立，是人类社会经历了两次世界大战后积极反省的产物，反映了人类要求和平、反对战争的强烈愿望。联合国成立半个多世纪以来，在维护世界和平，缓和国际紧张局势，解决地区冲突方面，在协调国际经济关系，促进世界各国经济、科学、文化的合作与交流方面，都发挥着相当积极的作用。

## 欧洲战后问题和冷战开始

1945年8月15日，日本裕仁天皇以广播《停战诏书》的形式，正式宣布日本无条件投降。至此，第二次世界大战在远东地区的战争终告结束，反法西斯同盟国开始专心致志地筹划战后事宜。各国的外交部长在伦敦、巴黎和纽约依次展开了旷日持久的谈判。1947年2月，各国在巴黎与意大利、罗马尼亚、匈牙利、保加利亚和芬兰分别签订了和平条约。这些条约都规定战败国要缴纳战争赔款，限制军队，并且它们的边界需要重新划分。意大利向希腊割让了多德卡尼斯群岛，向阿尔巴尼亚割让了萨扎尼岛，把一些小块的土地让与法国，向南斯拉夫割让了威尼斯朱利亚。意大利还被迫交出的里雅斯特地区，将这个地方建成一个自由区。到1954年时，这项安排还无法实施。意大利重新夺回了意大利人口占多数的的里雅斯特城。而南斯拉夫则占领了"自由区"周围的农村地区。

保加利亚将它在巴尔干半岛占领的原本属于希腊和南斯拉夫的领土重新

交给了这两个国家，但它被允许收回了1919年被罗马尼亚占领的多布罗加南部地区。苏联得到了罗马尼亚的比萨拉比亚和布科维纳北部地区。这两个地方一个曾是俄国的领土，一个是乌克兰人生存的土地。罗马尼亚得以收复了战争期间被匈牙利人侵并占领的特兰西瓦尼亚北部地区。东欧地区还出现了一些领土变更是不包括在条约内的，比如苏联从捷克斯洛伐克接过喀尔巴阡－拉瑟尼亚地区，这里生活着很多乌克兰人。苏联还占据了拉脱维亚、立陶宛和爱沙尼亚这三个波罗的海国家。苏联对这几个国家提出主权要求是因为这几个地方曾经属于沙皇俄国。但是西方国家不愿意承认苏联的吞并。

和这些大国的卫星国条约一样重要的是在谈判过程中双方一直存在的外交争论。这加快了同盟国的分裂和冷战的到来。这一次谈判的氛围和雅尔塔会议的氛围是有着本质区别的。苏联极力为轴心国的这些在它势力范围内的卫星国争取有利的条件。西方国家出于类似的考虑，也拼命保护意大利的利益。条约最终得以签署的时候，意大利已经被西方国家接纳为它们的军事同盟国，保加利亚、匈牙利和罗马尼亚这个时候也变成了忠于苏联的卫星国。后来的人记得这些条款可能是因为它里面承认了东欧出现新的共产党政权。战争进行期间，丘吉尔总是说，他坚决不会让苏联的触角向西深入到北起什切青、南到的里雅斯特的一条线上。但是，正是西方国家在签订《巴黎和约》时允许了苏联把势力扩展到这里。他们这样做，等同于承认了欧洲出现了一种新的平衡，这个平衡当中，布加勒斯特、索菲亚、布达佩斯还有布拉格和华沙都是面向莫斯科，而不是面向柏林和巴黎的。

盟国在签署了卫星国条约后没有立刻和别的敌对国家订立相应的条约。几年以后，才和日本以及奥地利达成了和平协议，但是和德国始终没有签订和平协议。这种情况的出现反映了东方和西方国家之间的严重矛盾。这种矛盾本质上是由于德意志帝国和日本帝国崩溃之后，欧洲和亚洲都出现了很大的权力真空。在政治领域和在任何其他领域中，真空都是同样不自然的。很明显的是，一旦征战结束，就需要填补这些真空。但是问题在于，这些真空该由谁填补，以及怎样填补。

这个问题十分重要，因为它关系到权力从本质上的重新分配。即便在最有利的情况下，也很难做出这样的调整，这十分危险。就像拿破仑战争之后出现的危机和第一次世界大战以后爆发的危机一样。第二次世界大战结束之后，在传统的权力斗争的基础上又增加了意识形态的争执，权力的再分配在这样的情况下变得更加危险和复杂。

远东地区，因为美国在对日本的战争中起到了十分重要的作用，而且毫不迟疑地想要和平解决争端并且在战后积极扮演相应的角色，所以情况相对简单。但是在欧洲，这个问题变得十分复杂。美国对它在欧洲所处的地位十分矛盾，因为美国人从来不喜欢在和平时期被卷入从前的话题。这种不喜欢的情绪让美国民间出现了"让孩子们回家"的呼声，而且实际上这个任务十分迅速地完成了，战争刚结束时美国有1200万军队，两年后已经缩减到150万。

美国制定政策的人认为，由联合国出面去处理这些政治、社会和经济方面的恢复这样比较大的问题会弥补他们的撤离带来的角色缺失。他们还认为，战争结束之后，在被解放了的欧洲国家里建立的众多临时政府很快就会被之后选举产生的政府取代。所以他们估计，随着苏联控制东欧，英国支配地中海和中东，法国掌管西欧，所有参战的同盟国共同控制德国这些局面的出现，这个旧社会总能找到好的处理方法。

但是这些设想被一一证明是行不通的，是异想天开的。因为苏联行使否决权，联合国安理会陷入了瘫痪状态。东欧也没有出现民选政府，而是出现了在苏联控制下，美其名曰人民民主国家的傀儡政权。他们预测的欧洲的均衡势力也不复存在，因为尽管英国和法国在名义上依然号称是大国，但是实际上它们已经无法和苏联对抗了。

美国从欧洲撤离时，苏联却正在加紧让自己在东欧地区拥有更强大的影响力。苏联的目的如下：第一是领土扩张，想要恢复第一次世界大战之前沙皇俄国的国土面积；第二是索取巨额的战争赔款，来弥补战争的破坏导致的损失；第三是在东欧建立所有友好的政权，防止西方国家对它可能的入侵。因为苏联追求这些目标，于是与西方国家发生了越来越严重的直接冲突。西方国家都拒绝承认这些所谓的人民民主国家，认为它们不过是苏联的傀儡，不能代表它们国家里的人民。苏联人作为回应将人们的注意力吸引到了对希腊右派的报道上。在希腊，英国支持他们在雅典战役之后的每一届政府。人们已经注意到了，每当苏联人碰到了棘手的问题，就会想办法在希腊找出一些与英国和美国有关的新闻，然后进行舆论上的反攻，这已经成了他们标准的工作流程。

在德国，东方与西方产生的矛盾更加严重，因为双方都在这里下了很大的赌注。随着战争结束，德国没有了统一的中央政府，只有各地的地方官员。在德国东部，连地方官也不存在了。因为在苏联红军到达这里之前，这些人就已经逃走了。同盟国把德国分为了四个占领区，分别是苏联占领的东区，英国占领的西北区，美国占领的南区和法国占领的、与法国本土接壤的西南区。为了保证共同占领，柏林同样被划分成了四个区，为了保证盟国能够采取一致的政策，他们在柏林设立了盟军对德管制委员会。

占领国面对管理德国的具体措施时，发现各自想要达到的目标和准备实施的政策是完全不同的。苏联索要巨额赔款，还想在他们的占领区内进行一场革命，使该地区转变为一个人民民主国家。他们甚至希望整个德国都按照他们的设想成为一个人民民主国家。为了达到这个目的，他们赞成德国建立一个中央集权的政府。法国人和苏联人在赔款方面的目标相同，但是他们的政治诉求是在德国建立松散的联邦制国家，因为一个团结不紧密的国家能够较少地威胁法国的安全。和法国人一样，英国人和美国人也赞成这里建立联邦制的国家，但是在经济方面，他们不同意俄国和法国的政策。

1944年9月，罗斯福和丘吉尔都接受了摩根索计划，这是一个由美国财政部部长亨利·摩根索提出的包含苛刻条件的计划，这个计划的目的是要将德国改变成一个田园式的国家，将德国原本工业化整为零。这个计划在那个时期显得相当诱人，但是不久就被放弃了。因为除非敢于使大批德国人吃不饱肚子，否则这个目标没法实现。英国和美国终于发现，经济上已经出现了很现实的问题，他们必须向人口稠密的占领区运送大量的粮食。大量的德国难民纷纷流入占领区里，他们原本是其他国家的日耳曼少数民族，在东欧和中欧生活了几个世纪。为了能够养活与日俱增的占领区人民，英国人和美国人发现，不但不能减少德国的工业生产，反而要扩大规模。面对这个改变，苏联人做出的反应是显而易见的不满和表示怀疑。

在赔偿问题上，各方的争论已经到了白热化的程度。在1945年7月召开的波茨坦会议上，英国、美国和苏联一致同意德国应当付给苏联100亿美元的战争赔款。想要得到这笔赔款，需要在德国的海外账户中提取财产，并且拆除苏联占领区的工业设备和西方占领区已经不需要的设备。所以苏联人要拆除德国工厂，把设备运回苏联，还把工厂中的产品顺便拿走了。最后一种做法是《波茨坦公告》中禁止的。所以苏联人不准别人来检查东德的经济情况。英国和美国随后展开报复，他们不再将自己占领区里的赔款交给苏联人，并且一再提高德国被允许达到的工业水平。1946年12月，英国人和美国人又继续采取行动，把他们的占领区合并成为经济双占区。

到1947年年初的时候，对德国进行的四国占领和管理实际上宣告失败。为了解决彼此间的冲突，四个国家于1947年在莫斯科召开会议。在这次会议上，美国和英国坚决主张德国实行经济统一，但是苏联和法国不同意这样做。经过6周漫长而无意义的争论后，会议宣布休会。这次试图讲和的会议失败，和在这个时期诞生的杜鲁门主义一起被人视作冷战开始的标志。

# 结　语

　　第二次世界大战彻底废除了欧洲在全球范围的霸权统治。因为世界大战，世界发生了巨大的改变。人类开始厌战。对于两次世界大战这种无节制无底线的战争，人类感到惶恐，有识之士都在思索怎样来避免再次发生像两次世界大战这样的毁灭性破坏。所以，战后绝大多数国家经谈判和协商，达成契约，建立联合国，希望通过联合国以和平的方式来解决国际争端、限制大规模杀伤性武器的使用等等。应该说，二战后的几十年世界的稍微平息与联合国的斡旋和协调是不可分的。当然，在利益的巨大分歧面前，联合国的效力是有限的，所以局部战争在人类生活其上的这颗星球，始终没有停止过。但是，联合国的存在，毕竟给了所有国家一种道义上的约束。

　　第二次世界大战使西方列强疲惫不堪，美国和苏联崛起，世界形成意识形态与政治体系完全对峙的二元格局。起初，两种势力相互制衡，呈现出短暂的平衡态势。此外，西方列强的殖民地在第二次世界大战后纷纷独立，这些新独立的殖民地国家为了维护自己的独立地位，与其他弱小国家联合起来——比如联合国七十七集团的建立等，让世界达成动态的均衡。战后来之不易的相对和平，为经济的全球化提供了可能，让落后国家觉醒起来，在经济、政治和文化等方面，逐渐融入全球的分工合作体系。对于发达国家来说，从别国进口相对廉价的原料经过现代科技的加工处理，然后以不菲的价格再出口到他国，也无疑是有利的。在交易中，弱国也看到了科技含量对于强国的重大作用，进而着力培养本国的创新型人才，让国家走出靠原材料贸易来发展经济的阴影。这种重视科技的趋势，越来越突出，许多后发国家因而异军突起，走上了强国富民的康庄大道。

19世纪，工业革命首先在英国发生，并迅速传遍整个欧洲和美国。到了20世纪，革命的成果又惠及亚洲的日本和非洲的印度等国。经过了第二次世界大战，这种传播变得更快了。科学在欧洲得到了广泛的接纳，几乎所有国家、所有民族都渴望得到知识。科学的方法论也让西方之外的民众能够接受。尽管这些地方的人可能对欧洲其他方面的成果，比如艺术或宗教等毫无兴趣，却普遍接受了科学。因为科学能够带来实实在在的技术进步和经济发展。欧洲实际上失去了在科学方面的垄断地位。在亚洲和非洲，一些最贫穷和不发达的国家也获得了一丁点的科技进步，但是其他一些新兴国家却凭借丰富的人力和物力资源取得了长足的进展。这种情况在印度和中国体现得尤为明显。

我们已经知道，人类从诞生时的蛮荒状态到农业革命，耗费了100万年的时间。但是在此之后，人类只用了1万年就开始了第一次工业革命。接下来到第二次工业革命爆发时，人类仅仅用了不到两个世纪。我们不知道人类在未来将会到达何处，但是我们确切地知道，我们一定会到达那里，而且很快。